Le Français, ça me plaît

Paulette Collet et Rosanna Furgiuele

Canadian Scholars' Press Inc.
Toronto

Le Français, ça me plaît
Paulette Collet and Rosanna Furgiuele

First published in 2011 by
Canadian Scholars' Press Inc.
425 Adelaide Street West, Suite 200
Toronto, Ontario
M5V 3C1
www.cspi.org

Canadian Scholars' Press Inc. gratefully acknowledges financial support for our publishing activities from the Government of Canada through the Canada Book Fund (CBF).

Copyright Acknowledgments:
Image 1.1: © iStockphoto.com/Benedek Palais Garnier Opera Paris; Image 1.2: © iStockphoto.com/Apatrmonio human anatomy; Image 1.3: © iStockphoto.com/Ruthyoel open hand; Images 2.1, 3.3, 6.2, and 17.1 (line drawings): Estelle Boissier; Image 3.1: © iStockphoto.com/tbd birthdaycake; Image 3.2: © iStockphoto.com/Aasha champagne; Image 3.4: © iStockphoto.com/Robynmacplace setting; Image 4.1: © iStockphoto.com/Asiseeit man comforting crying baby; Image 4.2: © iStockphoto.com/Viorika world of books; Image 4.3: © iStockphoto.com/Diane39 water running from faucet; Image 5.1: © iStockphoto.com/dibrova chimera of Notre Dame de Paris; Image 6.1: © iStockphoto.com/Jeremkin artist; Image 7.1 (jewellery): courtesy Paulette Collet; Image 8.1: © iStockphoto.com/koun ghost; Image 9.1: © iStockphoto.com/neomistyle Buddhist temple in city ; Image 10.1: © iStockphoto.com/Ace_Create African animals silhouette; Image 11.1: © iStockphoto.com/Alptraum homeless; Image 11.2: © iStockphoto.com/Lloret Notre Dame de Paris; Image 13.1: © iStockphoto.com/AtlasImages Emperor Penguins and Chick, Antarctica; Image 13.2: © iStockphoto.com/bkindler polar bear mum; Image 14.1: © iStockphoto.com/GlobalP red fox (4 years); Image 14.2: © iStockphoto.com/Andyworks black wolf portrait; Image 14.3: ©iStockphoto.com/GlobalP camel; Image 16.1: © iStockphoto.com/Spanic ; Image 16.2: © iStockphoto.com/Duncan1890 two fine young dandies; Image 18.1 (Kielburgers): courtesy Free the Children; Image 18.2: © iStockphoto.com/MissHibiscus African girl washing clothes; Image 19.1: © shutterstock.com/Andrea Danti ; Images 20.1 and 21.1 (stage photos): courtesy Paulette Collet.

Library and Archives Canada Cataloguing in Publication
Collet, Paulette
Le Français, ça me plaît / Paulette Collet et Rosanna Furgiuele
ISBN 978-1-55130-393-2
1. French language—Textbooks for second language learners—English speakers.
I. Furgiuele, Rosanna II. Title

PC2129.E5C56614 2011   448.2'421   C2010-906932-3

Text design by Susan MacGregor/Digital Zone
Cover design by Em Dash Design

Table des matières

Avant-propos

Le Français, ça me plaît est un manuel complet, à la fois de lecture et de grammaire.

- Il s'adresse à des adultes, jeunes et moins jeunes, ayant déjà acquis les éléments de base de la langue française.

- Il comprend une révision complète des règles essentielles de la grammaire, présentées dans une langue claire et concise, ainsi que les tableaux des conjugaisons en annexe.

- Les lectures, classées thématiquement, sont nombreuses afin d'offrir un choix. Leur grande variété, à la fois du point de vue du style et du contenu, permettra aux étudiant(e)s d'enrichir leur vocabulaire dans des domaines divers.

- Le manuel est accompagné d'exercices d'écoute et de phonétique disponibles en ligne. Ceux-ci permettront aux étudiant(e)s d'améliorer leur compréhension auditive et leur prononciation.

- L'enseignant(e) pourra se procurer le *Corrigé* et des exercices supplémentaires.

Remerciements

Nous remercions vivement

le Collège universitaire Glendon (Université York), qui nous a fourni un appui financier fort apprécié;

James McNevin et Colleen Wormald, nos éditeurs;

Duncan Appleton, Jean-Philippe Avon, Mark Béhar-Bannelier, Eli Morad, Geneviève Proulx, Shodja Ziaian, qui nous ont aidées à réaliser ce manuel.

Section I : Racontons au présent

CHAPITRE 1 : Le Surnaturel

Textes à l'étude
- Lisons I : Une salle maudite
- Lisons II : Êtes-vous superstitieuse? / Êtes-vous superstitieux?

Vocabulaire et structures
- croire à / croire en
- expressions avec *coup*
- fois / moment / temps
- les parties du corps
- la chance

Aspects grammaticaux
- Le présent de l'indicatif
- Quelques expressions à retenir : *depuis, depuis que, il y a ... que, voilà ... que, cela fait ... que, être en train de, venir de, aller + infinitif*
- expressions avec *avoir*
- les verbes pronominaux

Lisons I : Une salle maudite

L'Opéra de Paris

Le fantôme de l'Opéra existe. Depuis quelques mois, il se promène dans les couloirs et le sous-sol de l'Opéra de Paris. On le décrit ainsi : « Il est squelettique, porte un habit noir et a une tête de mort. » En réalité, le fantôme est un homme, un homme amoureux. Il aime Christine Daaé, petite chanteuse qui interprète des rôles secondaires. Il veut qu'elle remplace la prima donna[1], la Carlotta. Le fantôme exige qu'on lui réserve la loge numéro 5 pour tous les spectacles, mais les nouveaux directeurs de l'Opéra ne croient pas au fantôme et n'ont pas peur de lui. Ils décident que, pour la représentation de *Faust*[2], ils vont occuper cette loge. Ils ont tort!

Le matin du spectacle, les directeurs, MM. Richard et Moncharmin, trouvent dans la loge une lettre du fantôme :

Mes chers directeurs,

Si vous voulez la paix, voici mes conditions :

1° Vous me rendez ma loge immédiatement.

2° Le rôle de Marguerite[3] doit être chanté par Christine Daaé. Carlotta, la prima donna, va tomber malade.

3° Vous allez donner une lettre à madame Giry, mon ouvreuse[4], certifiant que vous me payez 20 000 francs par mois.

Si vous n'acceptez pas mes conditions, vous jouez Faust *dans une salle maudite.*

Tout à coup, madame Giry entre, une lettre à la main.

« Pardon, mes excuses, messieurs, une lettre du fantôme me dit que vous avez quelque chose à me… »

Elle ne finit pas sa phrase. M. Richard, rouge de colère, lui donne un formidable coup de pied.

Vers la même heure, la Carlotta reçoit aussi une lettre :

Ne chantez pas ce soir. Si vous chantez, une tragédie plus terrible que la mort vous attend.

À cinq heures du soir, une deuxième lettre anonyme arrive :

Vous avez un rhume. C'est folie de chanter ce soir.

---

1 la première chanteuse, celle qui interprète le rôle principal
2 opéra très célèbre de Charles Gounod (1859)
3 le rôle féminin principal
4 personne qui conduit les spectateurs à leur place; elle **ouvre** les loges

La Carlotta ricane. Elle est sûre d'elle-même.

Le soir, à l'Opéra, ses amis sont là. Tout paraît normal, excepté la présence de MM. Richard et Moncharmin dans la loge numéro 5.

Le premier acte se termine sans incident. Les directeurs se sourient :

« Le fantôme est en retard, dit Richard.

— Nous avons une belle salle pour une salle maudite! » dit Moncharmin.

Richard montre à Moncharmin une grosse dame assise au milieu de la salle.

« Ça, c'est ma concierge, déclare Richard. Elle est invitée ce soir. Demain, elle va remplacer Madame Giry, qui nous embête. »

Au deuxième entracte, les directeurs quittent leur loge. Quand ils reviennent, ils remarquent une boîte de bonbons anglais sur un fauteuil. Ils questionnent l'ouvreuse. Elle ne sait rien. Quel mystère! Ils n'ont pas envie de rire. Et ils sentent, autour d'eux, un étrange courant d'air.

Tout à coup, la salle applaudit. C'est la Carlotta qui entre. Sûre de ses amis, sûre d'elle-même, elle chante avec enthousiasme. Mais, tout à coup, quelque chose de terrible se passe. La salle, d'un seul mouvement, se lève. Dans la loge numéro 5, les directeurs poussent une exclamation d'horreur... Le visage de la pauvre prima donna révèle une atroce douleur. Carlotta reste la bouche ouverte. Mais cette bouche ne chante plus...

Car de cette bouche vient de sortir... un crapaud!

COUAC[5]!... COUAC!... Ah! le terrible COUAC!

On parle ici de crapaud au sens figuré. On ne le voit pas, mais on l'entend.

La Carlotta ne comprend pas. Pauvre, désespérée Carlotta.

Dans la loge numéro 5, les deux directeurs sentent le souffle du fantôme. M. Moncharmin tremble un peu. M. Richard passe son mouchoir sur son front ... Oui, il est là ... Ils ne le voient pas, mais ils le sentent. Ils regardent la Carlotta. Son COUAC est le signal de la catastrophe promise par le fantôme. La salle est maudite.

« Eh bien, continuez! » ordonne Richard à la Carlotta.

Elle recommence :

... Et je comprends ... COUAC! ...

Le crapaud aussi recommence.

Une clameur extraordinaire monte de la salle. Les directeurs ne bougent pas. Ils entendent le rire du fantôme derrière eux! Enfin, ils entendent distinctement sa voix, la voix sans bouche qui dit :

« Elle chante ce soir à décrocher le lustre! »

Ensemble, ils lèvent la tête au plafond et poussent un cri terrible. L'immense lustre se détache, glisse. Décroché, il plonge dans la salle. Il s'écrase au milieu de l'orchestre, parmi les cris. Il y a de nombreux blessés et une morte.

La morte est la malheureuse concierge de M. Richard. Madame Giry conserve sa place d'ouvreuse et le lendemain, le fantôme reçoit ses 20 000 francs.

Gaston Leroux, *Le Fantôme de l'Opéra*, adaptation de Frank Milani et de Paulette Collet, Toronto, Copp Clark Pitman Ltd., 1991, p. 31–35.

---

5   le cri du crapaud

Avons-nous bien saisi le sens du texte?

I. Remplacez le tiret par une expression tirée du texte.

1. Les directeurs ne _croient_ pas au fantôme.
2. Le fantôme est très maigre : il est _squelettique_.
3. M. Richard donne un _coup_ de _pied_ à Madame Giry.
4. La lettre dit que la prima donna va _tomber_ malade.
5. Quand elle reçoit la deuxième lettre anonyme, la Carlotta _ricane_.
6. Quand la Carlotta entre, la salle _applaudit_.
7. De la bouche ouverte de la Carlotta, sort un _crapaud_.
8. Les directeurs ne voient pas le fantôme, mais ils sentent un _souffle_.
9. La _concierge_ de M. Richard est assise au milieu de la salle.
10. Le _lustre_ plonge dans la salle.

II. Les phrases suivantes ne respectent pas le texte. Corrigez-les.

1. Le fantôme est amoureux de la ~~prima donna~~. _Christine Daaé_
2. La loge numéro 5 est généralement réservée pour les ~~directeurs~~. _fantôme_
3. Le fantôme exige qu'on lui paye 20 000 francs par ~~semaine~~. _mois_
4. Dans *Faust*, c'est ~~Christine Daaé~~ qui chante le rôle de Marguerite. _Carlotta_
5. ~~Madame Giry~~ laisse une boîte de bonbons anglais dans la loge numéro 5. _Le → fantôme_
6. La concierge de M. ~~Moncharmin~~ est assise au milieu de la salle. _Richard_
7. Quand un couac sort de la bouche de ~~Christine Daaé~~, la salle se lève. _Carlotta_
8. Quand le lustre plonge dans la salle, il y a de nombreux ~~morts~~. _blessés_

Rappelons-nous

croire une personne – **croire à** + article (**au** fantôme, **à la** bonté) – **croire en** Dieu
   Je ne **crois** pas cet homme. Il ment.
   Nous ne **croyons** pas **à la** générosité de cette personne.
   Il **croit en** Dieu.

III. Complétez les phrases en employant le verbe **croire** avec ou sans préposition.

1. Il _croit_ la réussite de la jeune chanteuse.
2. Est-ce que vous _croyez_ ce monsieur? Il ne semble pas très honnête.
3. À l'Opéra de Paris, presque tout le monde _croient_ fantôme.
4. Est-ce que tu _crois_ Dieu?

Enrichissons notre vocabulaire

IV. Relevez, dans le texte, tous les mots qui ont trait au théâtre.

V. Complétez les phrases en vous servant des mots qui suivent.

pièce – places – spectacle – instruments – opéra – guichet – rideau – ouvreuse – billets – fauteuils – programme – spectateurs

Louise et Charles vont ce soir au théâtre, voir un ___*opéra*___ de Gounod, *Roméo et Juliette*, inspiré par la ___*pièce*___ de Shakespeare, naturellement. Quand ils arrivent au théâtre, Louise va au ___*guichet*___ prendre les ___*billets*___. Elle a réservé deux ___*places*___ à l'orchestre. Le ___*spectacle*___ commence à huit heures. On ouvre les portes à sept heures quarante-cinq. Quand Charles et Louise entrent, les musiciens sont en train d'accorder leurs ___*instruments*___. L'___*ouvreuse*___ conduit les ___*spectateurs*___ à leurs ___*fauteuils*___ et leur vend un ___*programme*___ qu'ils lisent en attendant que le ___*rideau*___ se lève.

VI. L'*ouvreuse* ouvre les portes.

Comment s'appelle a) un homme b) une femme

i)   qui chante
ii) qui danse
iii) qui regarde un spectacle
iv) qui dirige une entreprise
v)   qui joue d'un instrument
vi) qui joue dans une pièce de théâtre

Quelques expressions à retenir

M. Richard, peu poli, donne un *coup de pied* à madame Giry. Le mot *coup* est utilisé dans une foule d'expressions. En voici quelques-unes :

donner un coup de (poing, coude, pied, tête, etc.)	frapper avec une partie du corps
donner un coup de (couteau, poignard, d'épée, etc.)	frapper avec une arme blanche
tirer un coup de (fusil, canon, revolver, etc.)	utiliser une arme à feu
entendre un coup de (sonnette, fusil, feu, tonnerre, etc.)	entendre un bruit soudain et bref
donner un coup de main	aider
jeter un coup d'œil	regarder rapidement
boire un coup	prendre un verre (d'alcool)
avoir le coup de foudre	tomber soudainement amoureux
agir sur un coup de tête	agir sans réfléchir

VII. Remplacez le tiret par l'expression qui convient.

1. Les boxeurs se donnent des _____.
2. Cet homme cruel donne un _____ au pauvre chien.
3. Il va y avoir un orage. J'entends des _____.
4. Donne-moi ton exercice. Je vais y jeter un _____.
5. Tu as trop de travail. Laisse-moi te donner un _____.
6. Il voit cette belle fille et tout de suite, il a le _____.
7. Tu as envie d'un verre de vin : viens _____ chez moi.
8. Il n'aime pas cette femme. Il se marie sur un _____.

Maîtrisons la grammaire

Le présent de l'indicatif

Il y a trois conjugaisons :
    les verbes en –**er**
    les verbes en –**ir**
    les verbes en –**re**

verbes en **er**	verbes en **ir**	verbes en **re**
chanter	**applaudir**	**rendre**
chant-**er**	applaud-**ir**	rend-**re**
je chant**e**	j'applaud**is**	je rend**s**
tu chant**es**	tu applaud**is**	tu rend**s**
il/elle/on[6] chant**e**	il/elle/on applaud**it**	il/elle/on rend
nous chant**ons**	nous applaud**issons**	nous rend**ons**
vous chant**ez**	vous applaud**issez**	vous rend**ez**
ils/elles chant**ent**	ils/elles applaud**issent**	ils/elles rend**ent**

Remarques générales

a) **je** devient **j'** devant une voyelle ou un **h** muet.

   j'arrive, j'habite

b) La liaison est obligatoire entre le pronom et le verbe qui le suit.

   ils‿arrivent, nous‿avons, vous‿êtes

c) Dans un grand nombre de verbes irréguliers, la première et la deuxième personnes du pluriel ont le radical de l'infinitif.

   avoir : j'ai, tu as, il a, nous **avons**, vous **avez**, ils ont
   aller : je vais, tu vas, il va, nous **allons**, vous **allez**, ils vont

---

6 **on** est en réalité un pronom indéfini (voir le chapitre 20).

1. **Les verbes en –er**
   a) Les verbes en –er, les plus nombreux, sont tous réguliers, sauf **aller** (voir l'appendice).
   b) Certains verbes présentent toutefois des particularités orthographiques (voir l'appendice).
   c) Le singulier et la troisième personne du pluriel ont la même prononciation.

2. **Les verbes en –ir**
   a) Les trois formes du singulier ont la même prononciation, même dans les verbes irréguliers.

   > j'applaudis, tu applaudis, il applaudit
   > je pars, tu pars, il part
   > j'ouvre, tu ouvres, il ouvre

   b) Pour la conjugaison des verbes irréguliers en –ir, tels **partir, dormir, ouvrir**, etc., voir l'appendice.

3. **Les verbes en –re**
   a) Les trois formes du singulier ont la même prononciation.
   b) De nombreux verbes en –**re** ont une conjugaison irrégulière (voir l'appendice).

Exerçons-nous

VIII. Mettez les verbes au pluriel.

> Modèle : **Je chante** un air de *Faust*.
> **Nous chantons** un air de *Faust*.

1. Tu dis la vérité sur le fantôme.
2. Elle décrit un homme squelettique.
3. S'il veut la paix, voici mes conditions.
4. Combien le paies-tu?
5. Je vais donner une lettre à l'ouvreuse.
6. Tu dois chanter devant une salle hostile.
7. Je sens le souffle du fantôme.
8. Pourquoi lèves-tu la tête?
9. Elle sort de scène.
10. Vois-tu souvent le directeur?

IX. Mettez les infinitifs au présent de l'indicatif.

1. Je *savoir* que vous *croire* aux fantômes.
2. Le fantôme *vouloir* que les directeurs lui réservent la loge numéro 5.
3. Est-ce que vous *recevoir* beaucoup de lettres? – Moi, je n'en *recevoir* pas.
4. Tu *parler* trop; tu *révéler* les secrets de ton ami.
5. Les directeurs ne *voir* pas le fantôme, mais ils le *sentir*.
6. La Carlotta *paraître* calme parce que ses amis *être* là. Ils *applaudir* quand elle *entrer* en scène; mais quand elle *ouvrir* la bouche, un crapaud en *sortir*.

Quelques constructions à retenir

1. Avec les expressions **depuis, depuis que, il y a … que, voilà … que, cela (ça) fait … que,** le présent est utilisé pour exprimer une action commencée dans le passé et qui continue dans le présent.

> **Depuis** quelques mois, il **se promène** dans les couloirs.
> **Il y a (Voilà, Cela [Ça] fait)** quelques mois **qu'il se promène** dans les couloirs.

> **Remarque**
>
> Les locutions **il y a … que, voilà … que, cela fait … que** se placent en tête de phrase.
>
> > **Cela (ça) fait (Voilà, Il y a)** deux jours **que** la Carlotta est malade.

2. **être en train de + infinitif** insiste sur le fait qu'une action est en cours. Cette structure équivaut à l'anglais *to be* + participe présent.

> Les directeurs sont **en train de regarder** *(are looking at)* le plafond quand le lustre plonge dans la salle.

3. **venir de + infinitif (passé récent)**, anglais *to have just*, est utilisé pour décrire une action récente.

> Les directeurs **viennent de recevoir** *(have just received)* une lettre du fantôme quand Madame Giry entre.

4. **aller + infinitif (futur proche)** est utilisé pour exprimer une action sur le point de se passer[7].

> La Carlotta **va tomber** malade si elle chante.
> Demain, la concierge de M. Richard **va remplacer** Madame Giry.

Expressions avec *avoir*

avoir chaud, froid	avoir peur + de + nom ou infinitf
avoir faim, soif	avoir hâte + de + infinitif
avoir lieu	avoir raison, tort + de + infinitif
avoir sommeil	avoir mal + à + nom
avoir envie + de + nom ou infinitif	avoir l'air + adjectif
avoir besoin + de + nom ou infinitif	avoir l'air + de + nom ou infinitif

> Les directeurs n'**ont** pas **peur du** fantôme.
> Les directeurs **ont tort.**
> La Carlotta n'**a** pas **envie de** chanter; elle **a l'air** fatigué(e)[8].

---

7   Souvent **aller** + infinitif est utilisé pour exprimer une action qui n'est pas nécessairement proche.
    Un de ces jours, elle **va venir** nous voir.
8   Après **avoir l'air,** l'adjectif s'accorde avec **air** (masculin) ou avec le sujet (féminin ici).

Exerçons-nous

X. Complétez les phrases en utilisant *depuis, depuis que, il y a ... que, voilà ... que,* **etc.**

1. _____ il est amoureux de Christine Daaé, le fantôme menace la Carlotta.
   _____ trois ans _____ la Carlotta chante le rôle de Marguerite.
2. Le fantôme occupe la loge numéro 5 _____ quelques mois.
3. _____ l'accident, les spectateurs ne sont pas nombreux.
4. _____ trois semaines _____ elle a un rhume.
5. On attend la chanteuse _____ hier.

XI. Complétez les phrases en utilisant aller + infinitif, venir de + infinitif, être en train de + infinitif, selon le sens.

1. Quand l'ouvreuse entre, elle ne sait pas qu'elle_____ recevoir un coup de pied.
2. Quand les directeurs rentrent dans la loge, le fantôme _____ laisser une boîte de bonbons sur un fauteuil.
3. Pendant que la Carlotta _____ chanter, une chose terrible se passe.
4. Elle _____ ouvrir la bouche quand un crapaud en sort.
5. Après l'accident, le fantôme _____ recevoir ses 20 000 francs.
6. Quand ils lèvent la tête, les directeurs voient que le lustre _____ se détacher.
7. Quand le lustre tombe, le fantôme _____ rire.
8. M. Richard pense qu'il _____ remplacer Madame Giry, mais ce n'est pas possible.

XII. Complétez la phrase par une expression avec avoir.

1. Quand _____, je mange; quand _____, je bois.
2. En hiver, au Canada, généralement, on _____.
3. Elle _____ de faire un voyage, mais elle n'a pas assez d'argent.
4. Est-ce que les directeurs _____ du fantôme? – Non, mais ils_____ car le fantôme est dangereux.
5. L'étudiante _____ fatiguée. Je crois qu'elle_____.
6. Elle travaille dix heures par jour parce qu'elle _____ d'argent.

Écrivons

XIII. Vous allez au théâtre ou vous lisez des pièces de théâtre. Écrivez quatre ou cinq phrases sur une pièce que vous connaissez. Dites pourquoi elle vous plaît ou pourquoi vous ne l'aimez pas.

À l'Opéra de Paris, presque tout le monde croit qu'un fantôme se promène dans les couloirs.

Savez-vous qu'il ne faut jamais inviter 13 personnes à la fois chez vous? Si 13 personnes s'assoient à table, l'une d'elles risque de mourir dans l'année.

Le chiffre 13 est toujours dangereux, surtout s'il s'agit d'un vendredi. N'entreprenez jamais rien un vendredi 13. Certains refusent de mettre le nez dehors si le vendredi tombe le 13 du mois.

Avez-vous peur de passer sous une échelle? Même si vous n'êtes pas superstitieux (superstitieuse), ne vous amusez pas à marcher sous une échelle, surtout si un ouvrier est en train de poser des briques. Vous risquez de recevoir un coup à la tête.

Attention aux chats noirs! Un chat noir qui passe devant vous est signe qu'un malheur vous attend.

Vous laissez tomber un couteau : un homme va vous rendre visite. Vous laissez tomber une cuillère, c'est une femme qui va venir chez vous.

Si deux personnes se croisent dans l'escalier, elles risquent de se quereller. Quand plusieurs amis se retrouvent, il faut qu'ils évitent de former une croix s'ils se serrent la main.

Si, par inadvertance, on répand du sel sur la table, il faut se souvenir d'en jeter immédiatement trois pincées par-dessus l'épaule gauche – la gauche est le côté du cœur.

La chance vous sourit. Touchez vite du bois pour que cela dure!

Beaucoup de gens disent qu'ils se moquent de ces croyances. Ils le disent, mais ne sommes-nous pas tous (toutes) un peu superstitieux (superstitieuses)?

Avons-nous bien saisi le sens du texte?

I. Vrai ou faux?

1. À l'Opéra de Paris, un fantôme se promène dans les ~~loges~~. *couloirs* — *Faux*
2. Il faut inviter 13 personnes un vendredi 13. *Vrai*
3. Un chat ~~gris~~ porte malheur. *noirs — Faux*
4. Un couteau qui tombe annonce une visite. *Vrai*
5. Il ne faut pas croiser quelqu'un dans l'escalier si on ne veut pas se quereller. *Vrai*
6. Si on renverse du sel, il faut en jeter trois pincées par-dessus l'épaule ~~droite~~. *Faux gauche*

II. Répondez aux questions suivantes.

1. À l'Opéra de Paris, qui croit au fantôme? *Presque tout le monde croit au fantôme.*
2. Quel jour est-il particulièrement dangereux de sortir? *Le vendredi treize est dangereux.*
3. Pourquoi est-il toujours dangereux de passer sous une échelle? *Vous risquez de recevoir un coup à la tête.*
4. Si vous laissez tomber une cuillère, qui va vous rendre visite? *Un homme va vous rendre visite.*
5. Si quatre personnes se serrent la main, qu'est-ce qu'elles doivent éviter? *De former croix s'ils se serrent la main.*
6. Que fait-on pour éviter de la malchance? *Ne pas inviter treize personnes à la fois, ne pas passer sous échelle et ainsi de suite.*

III. Trouvez, dans le texte, l'expression qui convient pour compléter la phrase.

Marie est _superstitieux_. Elle a _peur_ de passer sous une _échelle_. Elle ne sort jamais un _vendredi_ 13 et n'invite jamais 13 personnes _à la fois_ chez elle. Elle pense qu'un chat noir porte _malheur_ et qu'il faut toucher du _bois_ pour ne pas avoir de malchance.

Rappelons-nous

à la fois	en même temps
en ce moment	maintenant
à ce moment-là	à cet instant précis
en ce temps-là	à cette époque (lointaine)

IV. Utilisez une des expressions ci-dessus pour compléter les phrases suivantes.

1. On ne peut bien faire qu'une chose _____.

2. Beaucoup de contes commencent par l'expression _____.

3. Les directeurs lèvent la tête et, _____, le lustre se détache.

4. Ne me téléphonez pas : je suis très occupé _____.

Enrichissons notre vocabulaire

V. Trouvez, dans le texte, le contraire des expressions en italique.

1. *Personne ne* croit au fantôme.

2. Il ne faut pas inviter 13 personnes *séparément*.

3. Certaines personnes refusent de *rester chez elles*.

4. Un chat noir qui passe *derrière* vous est un signe de *bonheur*.

Le corps humain

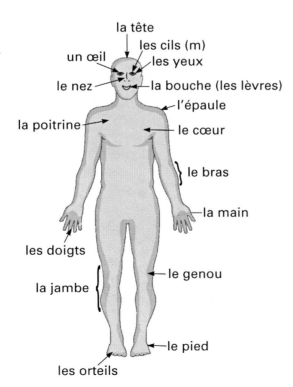

Les doigts de la main

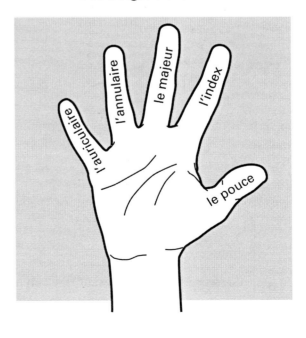

VI. Complétez les phrases par le nom d'une partie du corps.

1. Cette jeune fille a de très beaux yeux, de longs _____ noirs.
2. Je marche beaucoup. C'est pourquoi j'ai toujours mal aux _____.
3. Je crois que tu as mal aux pieds parce que tes souliers sont trop étroits. Ils t'écrasent les _____.
4. Quand nous allons à ce club, j'ai mal à la _____ parce que je dois parler trop fort et j'ai mal aux _____ à cause du bruit.
5. Il mange trop le soir; alors, bien sûr, le matin, il a mal au _____.
6. Tu es si pâle. Mets un peu de rouge aux _____ et aux _____.
7. Il fait vraiment trop froid. Je ne mets pas le _____ dehors depuis trois jours.
8. Je vais chez le coiffeur demain. Je vais me faire couper les _____ .
9. Le bébé pleure tout le temps, même quand sa mère le prend dans ses _____.
10. Savez-vous les noms des _____ de la main?

Quelques expressions à retenir

la chance – avoir de la chance	*luck, to be lucky*
la malchance – avoir de la malchance	*bad luck, to be unlucky*
la veine (familier) – avoir de la veine	*luck, to be lucky*
la déveine – avoir de la déveine	*bad luck, to be unlucky*
avoir la chance de	avoir l'occasion de
chanceux, chanceuse, veinard(e)	qui a de la chance, de la veine
malchanceux, malchanceuse, déveinard(e)	qui a de la malchance, de la déveine

VII. Complétez les phrases en vous servant d'une des expressions ci-dessus.

1. Il joue à Las Vegas et il gagne toujours. Il a _____.
2. Je viens de perdre mon passeport. Quelle _____!
3. Nous avons une amie qui est vraiment _____. Elle gagne très souvent à la loterie.
4. Vous avez _____ d'aller voir *Faust*. Vous êtes une _____.
5. Moi, j'ai _____, hélas! Ma sœur, au contraire, a toujours _____.

Maîtrisons la grammaire

Les verbes pronominaux

1. Un verbe pronominal est précédé d'un pronom objet à la même personne que le sujet : **me, te, se, nous, vous, se.**

   Je **me** lève.   Le lustre **se** détache.

2. Le pronom objet précède toujours immédiatement le verbe, sauf à l'impératif affirmatif (voir le chapitre 5).

   Nous ne **nous** levons pas.   Est-ce qu'ils **se** promènent?
   Vous amusez-**vous**?

3. Un grand nombre de verbes peuvent être employés à la forme pronominale.

   Je promène le chien.   Je **me** promène.
   Il détache le lustre.   Le lustre **se** détache.

4. Certains verbes existent uniquement à la forme pronominale, entre autres : **s'écrier, s'enfuir, s'évanouir, se moquer (de), se souvenir (de)**, etc.

> Le fantôme **se moque** des directeurs.
> Je **me souviens** de la Carlotta.

5. L'expression **il s'agit de** est impersonnelle et invariable; **il** est le seul sujet possible.

> Dans ce passage, **il s'agit du** fantôme de l'Opéra.

Exerçons-nous

VIII. Complétez la phrase par le pronom qui convient.

1. Vous __vous__ asseyez dans le salon.
2. Nous __nous__ occupons de la soirée.
3. Est-ce que le spectacle __se__ termine bien?
4. Elles __se__ moquent des superstitions.
5. Il ne __se__ assied pas parce qu'ils sont 13 à table.
6. De quoi __s'__ agit-il dans cet extrait? — Il __s'__ agit de superstition.
7. Tu __t'__ amuses à passer sous une échelle?
8. Nous ne __nous__ croisons jamais dans l'escalier.

Pronouns
Me
Te
Se
Nous
Vous *Se*

IX. Complétez les phrases par un verbe pronominal. Faites les changements qui s'imposent.

1. Le fantôme _____ dans les couloirs.
2. Ils ne _____ pas pour déjeuner.
3. Nous _____ la main quand nous _____.
4. Vous riez. Est-ce que vous _____ de moi?
5. _____ -vous quand vous allez au théâtre?
6. Quand Marie voit un chat noir, elle _____.
7. Est-ce que tu _____ souvent avec ton frère?
8. _____ -vous de la conjugaison des verbes pronominaux?

Écrivons

X. Dans le passage à l'étude, il est question de certaines superstitions. Vous en connaissez certainement d'autres. Décrivez-les.

Sourions un peu

Deux histoires de fantômes

La plus courte histoire de fantômes :
Hier soir, j'ai rencontré Philippe avec sa veuve.

Dans un train, un voyageur se penche par-dessus l'épaule de son voisin et il lui dit :

> « Mais c'est une histoire de fantômes que vous lisez? Quelle imbécillité! Comment faites-vous
> pour croire à ces sornettes[9]? »
> Au lieu de répondre, l'autre disparaît.

Écoute

Écoutez le passage qui est lu deux fois. Ensuite, répondez aux questions.
Phonétique : **Les voyelles *a* et *è***

---

9   bêtises

CHAPITRE 2 : Changeons le monde

Textes à l'étude
- Lisons I : Un vélo contre les castes
- Lisons II : Un premier pas

Vocabulaire et structures
- finir / finir de / finir par
- le vélo
- plaindre / se plaindre
- le bénévolat et la bienfaisance

Aspects grammaticaux
- L'article défini
- L'article indéfini

Lisons I : Un vélo contre les castes

[...] *L'obstination d'une adolescente a changé la vie des intouchables de son village. Avec une simple bicyclette.*

Sous ses airs d'adolescente timide, Mamta Nayak est une force de la nature. [...]

L'affaire commence durant l'été 2005 à Narsinghpur, petit hameau tranquille du nord-est de l'Inde. Issue de la caste des *dalits* (les intouchables), le plus bas échelon du système social hindou, Mamta, 16 ans, [...] souhaite poursuivre ses études. Son père, un paysan sans terre, *aurait préféré*[1] qu'elle se marie. Mais elle finit par le convaincre de lui acheter un vélo afin de pouvoir se rendre à son nouveau lycée, situé à huit kilomètres.

Le jour de la rentrée, elle se met en route. Et déclenche une petite révolution. Pour aller en cours, elle doit en effet traverser le centre du village, habité par les hautes castes. Or la tradition veut que les *dalits*, qui vivent dans une enclave séparée, mettent pied à terre lorsqu'ils passent à cet endroit. Mamta, elle, refuse. Furieux, les anciens organisent un « tribunal populaire ». Son père *est sommé de lui apprendre les bonnes manières*[2] [...].

Le vieil homme tente de raisonner sa fille. Mais celle-ci a la tête dure. « Il avait peur, pas moi, affirme-t-elle en souriant. Je savais que j'étais dans mon droit. » Impressionnées par son courage, les autres familles *dalits* décident de la soutenir : après tout, Mamta est la première fille de la communauté à avoir *poussé ses études aussi loin*[3].

Dans le village, la tension monte. Au point que le commissaire du district mobilise deux policiers pour escorter chaque jour l'adolescente jusqu'au lycée. « Ils sont restés avec nous pendant un mois, raconte sa grand-mère, Bharati Nayak. *S'ils n'avaient pas été là, nous aurions tous été tués*[4]. » Les familles *dalits* n'échappent cependant pas au boycott. Plus personne ne leur adresse la parole, les magasins refusent de les servir et les hommes, employés comme ouvriers agricoles par les propriétaires terriens des hautes castes, *sont tous licenciés*[5]. « Nous avons beaucoup souffert, *témoigne*[6] encore la grand-mère. Mais nous ne regrettons rien, car maintenant nous sommes libres. »

Deux ans plus tard, l'affront de Mamta a en effet provoqué bien des changements à Narsinghpur. Le vélo, tout d'abord, que la plupart des *dalits* enfourchent désormais sans se poser de questions. Oubliée aussi l'interdiction d'utiliser des véhicules motorisés. Terminées les insultes gratuites et quotidiennes. « Nous faisons ce que nous voulons. Plus personne ne nous dit rien, résume Bharati Nayak, occupée à traire sa vache. Les hautes castes ont compris qu'elles étaient obligées de respecter la loi. »

Aujourd'hui âgée de dix-huit ans, la jeune fille vient de *passer son bac*[7] et souhaite devenir institutrice. Elle donne déjà des cours aux enfants de sa communauté.

Pierre Prakash, *L'Express* (14 juin 2007).

---

1 voulait
2 reçoit l'ordre d'obliger Mamta à respecter les coutumes
3 étudié aussi longtemps
4 Les policiers protégeaient les *dalits* des attaques des hautes castes.
5 perdent tout leur travail
6 déclare, dit
7 se présenter à l'examen afin d'obtenir le diplôme conféré à la fin des études secondaires

Avons-nous bien saisi le sens du texte?

I. Les phrases suivantes ne respectent pas le sens du texte. Faites les changements nécessaires.

1. L'adolescente a l'air courageuse.
2. Elle habite dans une grande ville.
3. Tous les jours, le commissaire escorte l'adolescente jusqu'au lycée.
4. Son père est un propriétaire terrien.
5. La permission d'utiliser des voitures est oubliée.

II. Répondez aux questions suivantes.

1. Où se passe l'action?
2. À quelle classe sociale la jeune fille appartient-elle?
3. Pourquoi veut-elle avoir un vélo?
4. Que refuse-t-elle de faire quand elle traverse le village?
5. Comment les policiers protègent-ils l'adolescente?
6. De quelles façons les familles *dalits* sont-elles persécutées?
7. Qu'est-ce que les hautes castes finissent par comprendre?

III. Relevez dans le texte les allusions qui confirment les déclarations suivantes.

1. Dans cette région, il y a de la discrimination envers les *dalits*.
2. Mamta ne change pas d'avis.
3. Elle est une fille intelligente.
4. Plusieurs changements sont dus à l'adolescente.
5. Les *dalits* sont maintenant libres.

Rappelons-nous

finir + nom	terminer, achever
finir de + infinitif	arrêter, cesser de
finir par + infinitif	arriver à un résultat après un certain temps
en finir	mettre fin à une chose désagréable

IV. Complétez les phrases en employant la forme du verbe finir qui convient.

1. La jeune fille _____ sa dernière année de lycée.
2. _____ vous disputer!
3. Elle va _____ provoquer des changements.
4. Cette situation est intolérable; il faut _____.
5. Les hautes castes _____ comprendre qu'elles sont obligées de respecter la loi.

Enrichissons notre vocabulaire

V. Repérez dans le texte les expressions équivalentes pour les mots en italique.

1. Elle se sert d'un vélo pour *aller* à l'école.
2. Elle *part le premier jour des cours.*
3. Elle *cause* une petite révolution.
4. Plus personne ne leur *parle.*
5. Les insultes *de chaque jour* disparaissent.

VI. Il y a des mots dont le sens change selon le contexte. Traduisez en anglais les mots en italique.

1. a) Mamta souhaite *poursuivre* ses études.
   b) Les policiers *poursuivent* le criminel.

2. a) Les autres familles *dalits* décident de la *soutenir.*
   b) Le témoin *soutient* avoir vu la jeune fille traverser le village à bicyclette.

3. a) Nous avons beaucoup souffert, *témoigne* la grand-mère.
   b) Lors du procès, son voisin va *témoigner* en sa faveur.
   c) Les gens du village lui *témoignent* de la solidarité quand elle refuse de descendre de sa bicyclette.

4. a) Les actions de Mamta *provoquent* des changements.
   b) Ne le *provoquez* pas. Il se fâche facilement.

5. a) La jeune fille vient de *passer* son bac.
   b) Il faut mettre pied à terre lorsqu'on *passe* à cet endroit.
   c) Mamta *passe* son temps libre à donner des cours aux enfants du village.

Quelques expressions à retenir

Le vélo

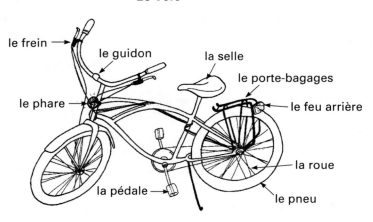

le frein →
le guidon
la selle
le porte-bagages
le phare
le feu arrière
la roue
la pédale →
le pneu

VII. Regardez l'image du vélo et complétez les phrases suivantes.

1. Quand je monte à vélo, je mets les mains sur _____.
2. Un vélo a deux _____ et deux _____.
3. Je m'assois sur _____.
4. Je ne peux pas rouler quand les _____ sont crevés.
5. Pour ralentir ou arrêter, j'appuie sur _____.
6. Quand je fais des achats, je mets des sacs dans _____.
7. La nuit, _____ permet aux chauffeurs de me voir.

Maîtrisons la grammaire

L'article défini

Forme

masculin singulier			féminin singulier	
le vélo	(+ consonne)		la rentrée	(+ consonne)
l'été	(+ voyelle)		l'affaire	(+ voyelle)
l'homme	(+ h muet)		l'habitation	(+ h muet)
le héros	(+ h aspiré)		la haine	(+ h aspiré)

masculin pluriel			féminin pluriel	
les propriétaires	(+ consonne)		les villes	(+ consonne)
les intouchables	(liaison)		les insultes	(liaison)
les hommes	(liaison)		les habitations	(liaison)
les héros	(pas de liaison)		les haines	(pas de liaison)

Emplois

En général, le français emploie plus souvent l'article que l'anglais. On emploie l'article défini :

1. quand on parle d'une personne ou d'une chose bien déterminée

   Les hommes employés comme ouvriers agricoles sont licenciés.
   L'affaire commence durant l'été 2005.

2. devant les noms abstraits

   L'obstination d'une adolescente finit par provoquer des changements.
   La tension monte dans le village.

3. devant les noms utilisés dans un sens général

   Les intouchables font partie du plus bas échelon du système social hindou.
   Les hautes castes ont compris qu'elles doivent respecter la loi.

4. devant les noms de pays, de régions, de fleuves[8]

> **L'**Inde fête plusieurs festivals chaque année.
> **Le** Gange est un fleuve sacré pour la religion hindoue.

5. devant les noms de saisons

> Il fait chaud parce que c'est l'été.
> Elle va à l'école pendant l'automne et l'hiver.

6. devant les dates

> L'affaire commence **le** 22 juin 2005.
> Les deux policiers arrivent **le** 25 juin et partent **le** 27 juillet.

7. devant les jours de la semaine, devant **le matin, le soir, l'après-midi** pour indiquer une habitude

> Mamta ne va pas à l'école **le** samedi et **le** dimanche.
> Elle part très tôt **le** matin et elle rentre tard l'après-midi.

---

8 Pour les articles avec les noms géographiques, voir le chapitre 4.

8. devant les noms de langues

L'adolescente connaît bien l'hindi et elle étudie le français.

> ### Remarque 5
>
> Avec le verbe **parler,** on omet l'article si le nom de la langue n'est pas modifié.
>
> De nombreux Indiens **parlent** anglais.
> Ils **parlent** l'anglais d'Angleterre.

9. devant les titres suivis d'un nom propre, sauf devant monsieur, madame, mademoiselle

Le commissaire Singh envoie deux policiers pour escorter la jeune fille à l'école.
Monsieur Nayak, le père de Mamta, essaie de convaincre sa fille de descendre de sa bicyclette.

Exerçons-nous

VIII. Complétez par l'article défini qui convient s'il y a lieu.

1. En général, _____ personnes qui ne respectent pas _____ lois subissent _____ conséquences de leur conduite.

2. J'admire _____ persévérance de _____ héroïne de cette histoire.

3. _____ hautes castes manifestent du mépris pour _____ intouchables.

4. _____ été, je déteste _____ chaleur.

5. Elle va à _____ école très tôt _____ matin, mais elle ne rentre pas avant _____ soir.

6. _____ mercredi, elle va passer un examen sur _____ histoire de _____ Inde.

7. Elle étudie _____ français à _____ université, mais elle parle _____ hindi à la maison.

8. La jeune fille aime _____ lecture, mais elle déteste _____ sport.

9. Nous allons arriver en Inde _____ 27 juin.

10. Même _____ jeunes peuvent changer _____ société.

L'article contracté

le et **les** se contractent avec les prépositions **à** et **de**

singulier	pluriel
à + le = **au**	à + les = **aux**
de + le = **du**	de + les = **des**

Il n'y a pas de contraction avec **l'** et **la** :
  à l', à la, de l', de la

Les policiers accompagnent la jeune fille jusqu'**au** lycée.
Elle donne des cours **aux** enfants **des** voisins.
Mamta Nayak est une force **de la** nature.
Narsinghpur est un petit hameau **du** nord-est **de** l'Inde.

Exerçons-nous

IX. Remplacez le tiret par l'article défini (ou par l'article contracté avec à ou de), s'il y a lieu.

1. _____ problème de _____ jeune fille commence quand elle traverse _____ centre de _____ village.
2. Pour aller à _____ lycée, elle a besoin de _____ vélo que son père vient d'acheter.
3. Elle a _____ air timide, mais elle est une force de _____ nature.
4. _____ courage et _____ détermination de _____ adolescente sont admirables.
5. Mamta Nayak se sert d'une bicyclette pour changer _____ vie de _____ intouchables.
6. _____ intouchables font partie de _____ plus bas échelon de _____ système social hindou.
7. _____ plupart de _____ familles *dalits* n'échappent pas à _____ boycott.
8. _____ commissaire de _____ district intervient pour éviter _____ violence.
9. La jeune fille préfère _____ langues à _____ sciences.
10. _____ dimanche, elle donne des cours à _____ enfants de _____ communauté. _____ dimanche, elle va rendre visite à sa tante.

X. Complétez par l'article défini, par l'article contracté avec à ou de ou par la préposition qui convient.

1. _____ hindi et _____ anglais sont _____ langues officielles de _____ gouvernement fédéral _____ Inde. Même si on parle _____ hindi, on ne comprend pas toujours _____ tamoul.
2. Puisque _____ terre est fertile, _____ agriculture est _____ base de _____ économie.
3. _____ villages qui se trouvent à _____ pied de _____ montagnes sont très pauvres.
4. À _____ mois de mai, il fait très chaud _____ Inde.
5. _____ été, on fait souvent face à _____ inondations pendant _____ saison de _____ pluies.
6. Bollywood à Mumbai est _____ capitale de _____ cinéma indien.
7. _____ danse et _____ musique sont certainement _____ arts favoris de _____ Indiens.
8. Si vous visitez _____ Inde, au lieu de serrer _____ main, vous pouvez, comme beaucoup d'Indiens, saluer en joignant _____ mains sous _____ menton et en baissant _____ tête.
9. _____ Indiennes portent _____ sari. _____ couleur indique _____ occasion : _____ blanc pour _____ deuil, _____ pourpre pour _____ nouvelle mariée.
10. Aujourd'hui, _____ Inde ne constitue plus une partie importante de _____ empire britannique; _____ reine Elizabeth n'est pas _____ monarque de cette ancienne colonie.

Écrivons

XI. Complétez les phrases suivantes.

1. J'admire l'héroïne de cette histoire parce que _____.
2. À mon avis, le système de castes _____.
3. Il y a des choses que je veux changer dans ma vie : _____.
4. Je me sers d'un vélo pour _____.
5. Quand je lis cette histoire, _____.

XII. Rédigez un courriel (message électronique) pour Mamta Nayak.

Lisons II : Un premier pas

Même deux bonnes amies ne partagent pas toujours la même vision et manifestent des attitudes différentes face à la même situation.

Arienne

Quand je regarde la télévision et que je vois des images d'enfants pauvres, j'ai beaucoup de peine. Je suis bouleversée surtout par les images de femmes, mères courageuses, qui travaillent fort pour nourrir leurs enfants, mais qui n'y arrivent pas. J'espère qu'un jour on va pouvoir éliminer la pauvreté.

Révy

Tu as raison. Il y a des millions d'enfants dans le monde qui manquent du nécessaire, qui ne mangent pas à leur faim, qui n'ont pas accès à l'éducation et aux soins de santé. Il y a des jeunes gens qui ne trouveront jamais de travail, qui vivent sans espoir. Je voudrais devenir assistante sociale afin d'aider le plus grand nombre possible de gens. Nous n'allons peut-être pas faire disparaître complètement la pauvreté, mais nous pouvons parvenir à améliorer le sort des malheureux. Je pense qu'il faut tous jouer un rôle. Il suffit de commencer par de petites choses. Les petits ruisseaux font les grandes rivières.

Arienne

Voyons! Nous n'avons pas de ressources. Ce sont les riches et les puissants qui ont la possibilité de changer le monde. Ce ne sont pas des gens comme nous.

Révy

Pourquoi pas? Au lieu de nous contenter de plaindre les pauvres, nous devons passer à l'action. Je suis très impressionnée par ma voisine, une femme ordinaire qui fait des choses extraordinaires. Elle est Haïtienne. Elle vient d'une région pauvre et elle veut lutter contre la pauvreté. Grâce au soutien de quelques amis, elle a réussi à mettre sur pied un organisme dont le but est d'aider les enfants des pays en voie de développement. Cette femme n'a pas d'argent, n'a pas de diplômes, mais elle a une volonté de fer et le désir ardent de changer le monde. Nous aussi, nous pouvons faire quelque chose, par exemple, organiser des ventes d'objets usagés ou faire des collectes de fonds.

Arienne

Mais il y a tant d'enfants pauvres et nous ne pouvons récolter que si peu d'argent!

Révy

Et le bénévolat, qu'en dis-tu? Nous pouvons *faire du bénévolat*[9] pendant le week-end dans un organisme qui aide les enfants défavorisés de notre ville.

Arienne

Être une bénévole[10], ça prend du temps! Et je n'ai pas de temps à perdre!

Révy

Nous pouvons au moins signer des pétitions. C'est une façon de faire savoir au gouvernement et aux grandes entreprises que nous voulons que les choses changent.

---

9 faire du travail sans être payé(e)
10 une personne qui fait un travail gratuitement

Arienne

Il *ne faut pas rêver*[11]! Une simple signature ne va pas changer le monde!

Révy

Écoute! La pauvreté est une injustice et je veux aider à la combattre. Je ne vise pas à faire de grandes choses, mais je sais que tout voyage commence par un premier pas.

Avons-nous bien saisi le sens du texte?

I. Identifiez l'expression qui ne fait pas partie de la série.

1. Nous allons parvenir à _____ la pauvreté. a) éliminer b) répandre c) faire disparaître
2. Un travail bénévole est un travail _____ a) gratuit b) volontaire c) payé.
3. Afin d'aider les pauvres, ils vont _____ de l'argent. a) dépenser b) récolter c) trouver
4. Cette femme généreuse consacre sa vie à soulager la misère des a) malheureux b) nantis c) défavorisés.
5. Pour soutenir une cause, nous pouvons _____ des pétitions. a) déchirer b) signer c) faire circuler

II. Complétez les phrases suivantes en vous servant d'expressions tirées du texte. Faites tous les changements nécessaires.

1. Les images d'enfants pauvres provoquent _____.
2. Beaucoup d'enfants dans le monde souffrent parce qu'ils _____.
3. Si on veut ramasser de l'argent, on peut _____.
4. On peut également donner son temps en faisant _____.
5. _____ est un moyen de faire connaître son point de vue.

III. Les deux amies ont des points de vue différents.

Faites trois phrases pour décrire :
a) l'attitude de Révy
b) l'attitude d'Arienne

Rappelons-nous

plaindre	éprouver de la pitié, de la compassion pour quelqu'un
se plaindre	manifester sa peine
se plaindre de	exprimer son mécontentement

IV. Complétez les phrases en employant la forme convenable du verbe (se) plaindre.

1. Il _____ même quand les choses vont bien.
2. Ma sœur _____ ne pas avoir eu de promotion.
3. _____ -vous les sans-abri qui vivent dans la rue?
4. Nous allons _____ au directeur.
5. Elle souffre beaucoup, mais ne _____ jamais.

---

11 Il ne faut pas trop espérer!

Enrichissons notre vocabulaire

V. Trouvez dans le texte les expressions qui expriment les idées suivantes.

1. Je suis très triste.
2. La pauvreté va disparaître.
3. Je suis d'accord avec ce que tu dis.
4. Il faut agir.
5. recueillir de l'argent
6. les enfants pauvres
7. Tu espères trop.
8. J'ai des ambitions modestes.

VI. Trouvez dans le texte le contraire des mots en italique. Faites les changements nécessaires.

1. Il y a des *pauvres* qui sont *heureux*.
2. Les *faibles* savent se défendre.
3. Devant une telle scène, j'ai beaucoup de *joie*.
4. Quand tu dis que *la richesse* est une injustice, tu *as tort*.
5. C'est le *dernier* pas qui est le plus difficile.

Quelques expressions à retenir

On peut faire une donation (en ligne)

On peut faire une collecte de
> nourriture
> vêtements
> fonds

On peut faire du bénévolat dans
> un asile pour personnes âgées / une maison de retraite
> une banque d'alimentation / un dépôt alimentaire (*Food Bank Distribution Centre*)
> une garderie
> un hôpital
> un orphelinat
> un centre d'accueil
> un centre communautaire local

On peut faire du bénévolat pour
> une œuvre de bienfaisance
> un organisme dans un pays en voie de développement
> des organisations non gouvernementales (ONG)

On peut venir en aide aux
> sans-abri (personnes qui n'ont pas de logement)
> enfants maltraités / exploités / martyrs

victimes de guerre

victimes de violence conjugale (*battered women*)

sinistrés (victimes d'événements catastrophiques : tremblement de terre, inondation, incendie)

VII. Complétez en utilisant une des expressions ci-dessus. Faites les changements voulus.

1. Après le tremblement de terre, la Croix-Rouge aide les _____.

2. Ma grand-mère vit dans _____.

3. Cet enfant se trouve dans _____ parce qu'il n'a pas de parents.

4. L'hiver est très dur pour _____. Ils couchent dans la rue.

5. Les Médecins sans Frontières est une organisation qui travaille en général dans _____.

6. Les blessures des _____ ne sont pas toujours visibles. Ils souffrent aussi de façon psychologique.

7. Je fais du bénévolat dans _____.Tu ne peux pas imaginer combien de personnes souffrent de la faim dans notre ville!

8. Les parents qui travaillent laissent leurs enfants dans _____.

9. Oxfam et CUSO sont des _____ qui aident les défavorisés.

10. Une personne généreuse qui veut aider les nécessiteux peut _____.

Maîtrisons la grammaire

L'article indéfini

Forme

masculin singulier	féminin singulier	pluriel
un	une	des

1. L'article indéfini désigne un (ou des) objet(s) indéterminé(s), une (ou des) personne(s) indéterminée(s).

> J'espère qu'**un** jour on va pouvoir éliminer la pauvreté.
> La pauvreté est **une** injustice.
> Nous pouvons organiser **des** ventes d'objets usagés.

2. Après certains verbes comme **être, devenir, rester, sembler**, l'article indéfini ne s'emploie pas devant un nom désignant la nationalité, la religion, la profession, un parti politique, si ce nom n'est pas qualifié.

> Elle **est Haïtienne**.
> Ma voisine **est musulmane**.
> Je voudrais **devenir assistante sociale**.

> **mais**
> Elle semble être **une** très *bonne* assistante sociale.

3. On omet généralement l'article devant les noms en apposition.

> Je suis bouleversée surtout par les images de femmes, **mères courageuses**, qui travaillent fort.

4. Après un verbe au négatif, sauf **être, devenir, sembler, paraître**, l'article indéfini devient **de** ou **d'** (devant une voyelle ou h muet).

Je n'ai **pas de** temps à perdre!

Nous n'avons **pas de** ressources.

Cette femme n'a **pas d'**argent.

mais

Ce ne sont pas **des** gens comme nous.

5. Quand un adjectif précède un nom pluriel, **des** devient **de** ou **d'** (devant une voyelle ou un h muet).

Il suffit de commencer par **de** petites choses.

Je ne vise pas à faire **de** grandes choses.

Remarque

Quand l'adjectif fait partie d'un nom composé (**jeunes hommes, jeunes filles, grands-parents, petits pois, petits pains, grands magasins,** etc.) on utilise **des**.

Il y a **des** jeunes gens qui ne trouveront jamais de travail.

Nous pouvons faire des collectes dans le métro, dans **des** grands magasins.

Exerçons-nous

VIII. Remplacez le tiret par l'article indéfini qui convient s'il y a lieu. Faites les changements voulus.

1. _____ seule personne peut provoquer _____ grands changements. Il suffit de vouloir faire _____ différence et de faire _____ premier pas.

2. Grâce à l'appui d'_____ dizaine de bénévoles, _____ femme réussit à offrir _____ soins de santé à tout _____ village haïtien.

3. _____ jour, _____ de ses connaissances la met sur la piste d'_____ organisme qui aide _____ orphelins dans _____ pays en voie de développement.

4. Dans certaines régions pauvres, les habitants font face à _____ graves problèmes. Ils n'ont pas _____ eau potable, ils ne trouvent pas _____ travail qui leur donne la possibilité de vivre dans _____ conditions acceptables. Il y a _____ petites filles qui, à partir de l'âge de cinq ans, travaillent comme aides domestiques et _____ jeunes hommes qui n'ont pas _____ avenir.

5. _____ nombreux touristes visitent ces pays chaque année. Ils prennent _____ belles photos et achètent _____ souvenirs bon marché. Loin des attractions touristiques, _____ gens meurent de faim et _____ enfants sont exploités.

6. Ma sœur, _____ bénévole dans _____ centre d'accueil, fait preuve d'_____ héroïsme remarquable face à _____ situations difficiles.

7. Nous aimerions organiser _____ activités permettant d'amasser _____ fonds, mais nous n'avons pas de temps ni d'énergie.

8. La pauvreté est _____ injustice qui présente _____ gros défis. Comment trouver _____ remède contre _____ si grand mal? Il faudrait devenir _____ politicien afin de changer les lois. Mon député semble être _____ très bon politicien, car il lutte contre la pauvreté.

9. Si tu ne te poses jamais _____ questions, comment trouveras-tu _____ solutions?

10. Les sans-abri sont l'objet d'_____ discrimination inacceptable.

IX. Complétez le passage en utilisant l'article indéfini.

Sylvie, _____ adolescente énergique, est très idéaliste. Elle est convaincue qu'en faisant _____ petits efforts, elle peut sauver _____ personnes de la misère. Afin d'économiser un peu d'argent, elle ne s'achète pas _____ café ni _____ chocolat. Ces économies lui permettent de faire _____ dons à _____ organisme qui s'occupe _____ enfants martyrs. Le week-end, elle est _____ bénévole dans _____ asile pour personnes âgées. Plusieurs fois par an, elle organise _____ ventes d'objets usagés et elle fait _____ collecte de vêtements pour les sinistrés. Elle ne se lance pas dans _____ grandes entreprises, elle n'a guère _____ ressources, mais cette fille généreuse joue _____ rôle positif dans la vie de nombreuses personnes.

X. Remplacez le tiret par l'article défini ou indéfini.

Dans ce pays, _____ école est gratuite et ouverte à tous. Elle permet _____ ascension sociale à _____ plus défavorisés. Malheureusement, seule _____ moitié de _____ enfants de 6 à 14 ans vont à _____ école primaire. Très peu font _____ vraies études. À _____ niveau local, _____ gouvernements de _____ différentes régions pratiquent _____ politique visant à encourager _____ enfants, même _____ plus pauvres, à aller à _____ école. Ils leur donnent _____ livres, _____ autres fournitures scolaires, et même _____ bourses.

XI. Remplacez le tiret par l'article défini ou indéfini précédé de la préposition à ou de, s'il y a lieu.

_____ mal le plus sérieux de notre époque est _____ indifférence. _____ gens de bonne volonté sont conscients _____ inégalités et _____ injustices qui règnent dans _____ société. _____ télévision, qui fait _____ monde _____ village global, projette _____ images d'enfants pauvres qui manquent _____ nécessaire. Dans _____ grandes villes, _____ banques d'alimentation sont indispensables pour répondre _____ besoins _____ innombrables familles, incapables de se nourrir. Parfois, motivés par _____ sentiment de culpabilité, nous offrons quelques sous _____ mendiants qui, assis _____ coins _____ rues, tendent _____ main vide _____ passants. Cependant, nous n'avons pas de temps à consacrer _____ organismes qui aident _____ nécessiteux. Avons-nous tendance à ignorer _____ pauvreté parce qu'elle nous dérange?

Écrivons

XII. Rédigez un dialogue entre deux personnes : l'une vante les mérites de son œuvre de bienfaisance et sollicite des dons; l'autre refuse son aide et donne ses raisons.

Sourions un peu

Un pauvre sonne chez un riche et lui dit :
« Je suis déjà venu tout à l'heure et votre belle-mère m'a donné un peu de sa tarte. Vous n'avez pas autre chose?
— J'ai ce qu'il vous faut », répond l'homme, et il va chercher une pilule contre les brûlures d'estomac.

Écoute

Écoutez le passage qui est lu deux fois. Ensuite, répondez aux questions.
Phonétique : **Les voyelles o (ouvert) et o (fermé)**

CHAPITRE 3 : Les Apparences sont trompeuses

Textes à l'étude
- Lisons I : Pas de champagne rosé!
- Lisons II : Carotte ou céleri?

Vocabulaire et structures
- le vin
- le verbe *manquer*
- expression avec *les yeux*
- au restaurant

Aspects grammaticaux
- L'article partitif
- Les expressions de quantité

Lisons I : Pas de champagne rosé!

Alexandre est habillé avec un soin particulier ce soir. Il porte un pantalon noir bien coupé et une chemise en soie noire qui mettent en valeur son corps svelte. Il est rasé de près et, si on le regarde bien, on devine sur sa peau pâle un peu de fond de teint. Oh! un rien, un soupçon! Il se dégage de sa personne un arôme délicat – de l'eau de toilette Armani. Alexandre est très satisfait de l'image que lui renvoie la glace. Aucun doute! Il est irrésistible.

Alexandre est amoureux de sa collègue Juliette et il a de bonnes raisons de croire qu'il ne la laisse pas indifférente. N'est-il pas beau garçon? Ne plaît-il pas aux femmes – du moins à la majorité des femmes?

C'est en l'honneur de Juliette qu'il donne aujourd'hui une soirée. La jeune fille célèbre son anniversaire dans deux jours et il veut lui faire une surprise. Il y a longtemps qu'il prépare cette soirée qui lui coûte *les yeux de la tête*[1]. Il attend beaucoup de monde. Au frigo[2], il y a du vin blanc et du champagne rosé Moët & Chandon, *dans le vent*[3] en ce moment. Juliette va sûrement être impressionnée. Comme entrée, il y a du saumon fumé servi avec de l'aneth, du citron et des câpres, comme plat principal, du veau marengo et du riz et, comme dessert, un gâteau avec ses 25 bougies: Juliette a 24 ans.

Alexandre est en train d'ouvrir une bouteille de vin rouge Châteauneuf du Pape quand le téléphone sonne. Sans doute un invité qui ne sait pas à quelle heure la soirée commence. Alexandre sort son portable, « Allo! » Mon Dieu, c'est Juliette. Le cœur d'Alexandre bat plus fort. « Oh Alexandre! Excusez-moi! Je suis désolée. Je ne puis pas venir ce soir. Mon amie Dominique vient d'arriver de Bruxelles et, naturellement, je ne puis pas laisser seule à la maison une personne qui fait un si long voyage pour venir me voir ». Le cœur d'Alexandre commence à battre moins vite. « Mais Juliette, aucun problème! Amenez Dominique. Tout le monde va être enchanté de faire sa connaissance. »

Ouf! Alexandre finit d'ouvrir sa bouteille de vin rouge. C'est étrange : Juliette ne lui a jamais parlé de Dominique. Il jette un dernier coup d'œil à la table. Rien ne manque : voilà du sel, du poivre, de l'eau et de la limonade pour ceux qui ne boivent pas de vin. De toute façon, la plupart des gens aiment le vin.

On sonne. Les premiers invités sont là. Petit à petit, tout le monde arrive. Il ne manque plus que Juliette et Dominique, belle fille, elle aussi, probablement. Enfin, à huit heures, le

---

1   très cher
2   abréviation de frigidaire
3   à la mode, populaire

dernier coup de sonnette. Alexandre court ouvrir la porte et se trouve devant Juliette accompagnée d'un grand jeune homme élégant, tout de noir vêtu, lui aussi.

Le cœur d'Alexandre s'arrête de battre. Juliette est rayonnante : « Alexandre, je vous présente mon très cher ami Dominique. » Et Dominique ajoute : « Comme c'est gentil à vous de me recevoir, Alexandre! Juliette m'a beaucoup parlé de vous. »

Le sourire d'Alexandre se transforme en rictus; mais il faut *faire contre mauvaise fortune bon cœur*[4]. Quand on s'appelle Alexandre, on ne manque pas de courage. Il réussit à cacher sa déception et à se montrer un hôte charmant, malgré les regards amoureux qu'échangent Juliette et Dominique. Tout de même, il ne servira que du vin, pas de champagne rosé cette fois! La générosité a ses limites.

Avons-nous bien saisi le sens du texte?

I. Vrai ou faux?

1. Alexandre porte une eau de toilette qui sent très fort.
2. Juliette est amoureuse d'Alexandre.
3. Juliette va avoir 25 ans.
4. La soirée coûte très cher.
5. Le vin rouge est du Moët & Chandon.
6. Comme entrée, il y a du veau.
7. Sur la table, il y a du sel et du poivre.
8. Alexandre ne sert pas de vin à ses invités.

II. Répondez aux questions suivantes.

1. Pourquoi Alexandre est-il habillé avec un soin particulier aujourd'hui?
2. Pourquoi Alexandre porte-t-il du noir?
3. Citez deux phrases qui montrent qu'Alexandre n'est pas modeste.
4. Pourquoi y a-t-il 25 bougies sur le gâteau?
5. Qu'est-ce qu'Alexandre est en train de faire quand le téléphone sonne?
6. Pourquoi le cœur d'Alexandre bat-il fort quand le jeune homme répond au téléphone?
7. Expliquez l'allusion dans la phrase : « Quand on s'appelle Alexandre, on ne manque pas de courage. »
8. Pourquoi Alexandre ne sert-il pas de champagne à ses invités?

III. Trouvez, dans le texte, les expressions équivalentes aux expressions en italique. Faites les changements qui s'imposent.

1. Le noir *avantage* cette jeune fille *mince*.
2. Quand elle se regarde dans *le miroir*, elle est très *contente*.
3. On fête ce soir son anniversaire et elle est invitée dans un restaurant *à la mode*.
4. Le dîner va coûter *très cher* à ses amis.
5. Elle jette un *regard rapide* sur le menu.

---

4 avoir du courage dans ces circonstances pénibles

IV. Corrigez les phrases suivantes.

1. Il faut chambrer le vin blanc.

2. Cet homme ne boit jamais d'alcool. C'est un véritable sac à vin.

3. Ce vin est délicieux. N'avez-vous pas l'impression qu'il est baptisé?

4. Tu es toujours sobre, toujours entre deux vins.

5. Quand elle boit un peu de vin, elle pleure : elle a le vin gai.

6. Parlez-lui sans ménagement. Mettez de l'eau dans votre vin.

Enrichissons notre vocabulaire

V. Alexandre va servir du vin, de l'eau, du champagne. Nommez quatre autres boissons qu'il peut offrir à ses invités.

VI. La production du vin est très importante pour l'économie française. Complétez les phrases suivantes qui ont trait à cette industrie en choisissant le mot qui convient.

vigne – raisin – vigneron – vignobles – caves – tonneaux – vendange

Le fruit dont on fait le vin est le _____. La plante qui donne ce fruit est la _____. Les champs où pousse cette plante s'appellent des _____ et la personne qui les cultive est un _____. Quand le raisin est mûr, on fait la _____; puis, on met le jus dans des _____ qu'on garde dans des _____.

Quelques expressions à retenir

Manquer : un verbe à toutes les sauces

manquer	être absent
	*Nous ne **manquons** jamais la classe.*
manquer (+ nom, pronom)	arriver après *(le départ du train)*
	*Le train part à huit heures. Si j'arrive à huit heures cinq, je le **manque**.*

manquer de (+ nom)	ne pas avoir assez de *Il est intelligent, mais il **manque de** motivation.*
ne pas manquer de (négatif + infinitif)	être sûr(e) de **Ne manquez pas de** *m'écrire.*
il manque (verbe impersonnel + nom)	il y a en moins **Il manque** *deux personnes.*
manquer de (+ infinitif)	to almost (fall, win, etc.) *Le vieux monsieur a **manqué de** tomber.*
manquer à (+ nom de personne ou pronom)	être regretté par *Mes amis **me manquent** depuis leur départ.* *Sa vieille maison **lui manque** depuis qu'elle habite dans un appartement.*
manquer à (+ nom abstrait)	ne pas respecter *Il ne faut pas **manquer à** son devoir, à ses promesses.*
il ne manquait plus que ça!	c'est le comble! (*the last straw*) *Il sort tous les soirs, il ne fait pas ses devoirs et maintenant, il se plaint de sa mauvaise note. Ça, c'est le comble! **Il ne manquait plus que ça!***

VII. Complétez les phrases en employant le verbe **manquer** (à la bonne sauce!).

1. Souvent, cette vieille dame _____ tomber dans l'escalier.

2. L'avion part à 20 heures. Si vous quittez la maison à 19 heures, vous allez _____ le départ.

3. Quand mon amie est absente, elle _____.

4. J'ai envie de faire ce voyage, mais je _____ argent.

5. Pierre a invité 12 personnes. Dix sont là. _____ encore deux invités.

6. Tous les jours, vous arrivez en retard. Aujourd'hui, vous _____ la classe. Vraiment, _____.

7. Pendant votre absence, _____ me téléphoner.

8. Les classes de français _____ étudiants pendant les vacances.

Maîtrisons la grammaire

L'article partitif

1. L'article partitif est formé de **de + article défini.**

masculin singulier	féminin singulier
du, de l' + voyelle ou **h** muet	**de la, de l'** + voyelle ou **h** muet

2. L'article partitif est employé pour désigner une quantité indéterminée ou une partie d'un tout.

> Il prépare **du** café.
> Pierre va servir **du** veau.
> Sur la table, il y a **de l'**eau et **de la** limonade.

3. Au négatif, l'article partitif est **de** (**d'** + voyelle ou h muet).

> Il n'y a pas **de** dessert aujourd'hui.
> Ils ne boivent pas **d'**eau.

Exerçons-nous

VIII. Remplacez le tiret par l'article qui convient.

1. Alexandre sert _____ vin et _____ champagne; pour ceux qui ne boivent pas _____ alcool, il y a _____ limonade et _____ eau.

2. Comme entrée, il y a _____ saumon fumé et, comme plat principal, _____ veau.

3. D'habitude, ce monsieur ne prend pas _____ dessert, mais aujourd'hui, il commande _____ gâteau.

4. Je ne bois plus _____ vin blanc; maintenant, c'est _____ vin rosé que je prends.

5. Sur le gâteau, il y a des bougies. Sur la table, il y a _____ sel et _____ poivre, mais il n'y a pas _____ eau.

IX. Remplacez le tiret par l'article qui convient (défini, contracté, indéfini, partitif).

1. Ce soir, Alexandre porte _____ eau de toilette Armani.

2. _____ amis d'Alexandre boivent tous _____ vin.

3. Quand Juliette arrive, Alexandre allume _____ bougies qui sont sur _____ gâteau.

4. _____ invités apportent _____ cadeaux pour _____ jeune fille.

5. Il croit que Juliette va amener _____ amie chez lui; il ne sait pas qu'il s'agit de _____ ami.

6. Alexandre ne finit pas d'ouvrir _____ bouteille de vin : il répond _____ téléphone.

7. _____ beau jeune homme, vêtu de _____ complet noir, accompagne Juliette.

8. Juliette est _____ avocate; Alexandre est _____ collègue.

Écrivons

X. Vous organisez une surprise-partie en l'honneur d'un(e) de vos ami(e)s. Composez le menu : entrée, plat principal, dessert, etc.

Lisons II : Carotte ou céleri?

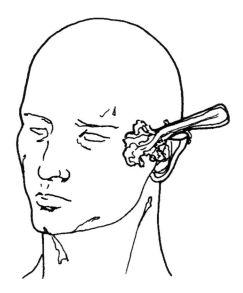

Deux fois par semaine, le mardi et le jeudi, Pierre Duval dîne au restaurant du coin. Pierre est célibataire et a très peu de talent pour la cuisine. Toutefois, s'il n'a pas au frigo beaucoup de légumes verts, en revanche, il a, sur ses étagères, un choix impressionnant de boîtes de conserve.

Aujourd'hui, le jeune homme est déçu. D'habitude, le mardi, il commande du canard – le restaurant sert un délicieux canard à l'orange – mais quand Pierre consulte la carte, il n'en voit pas au menu. Tant pis! Il prendra du poulet avec de la salade et, comme dessert, du gâteau au chocolat. Naturellement, il commande aussi un peu de vin.

La plupart du temps, on ne voit rien de particulièrement remarquable dans le petit restaurant; cependant, ce mardi-là, tandis qu'il est en train de déguster son poulet, Pierre aperçoit, assis à une table au fond du restaurant, un monsieur qui porte une tige de céleri derrière l'oreille. Pierre est vivement intrigué, d'autant plus que, le céleri mis à part, le monsieur semble tout à fait normal. Pierre a envie d'aller demander à l'étrange personnage pourquoi il porte du céleri derrière l'oreille, mais le jeune homme craint d'être indiscret.

Lorsqu'il arrive au restaurant le jeudi suivant, Pierre a presque oublié l'homme au céleri. Mais celui-ci est là, à la même table, toujours avec du céleri derrière l'oreille. La majorité des clients contemplent l'homme avec curiosité, mais ils n'ont pas le courage d'aller le questionner. Pierre aussi a une envie folle d'interroger l'excentrique individu, mais il résiste à la tentation. « La semaine prochaine, s'il est ici, je vais lui parler, » se dit-il.

Lorsqu'il entre au restaurant le mardi suivant, Pierre, qui pourtant est gourmand, ne regarde même pas la carte. Il cherche tout de suite des yeux l'homme au céleri. Le voilà, toujours à la table du fond. Seulement, cette fois, ce n'est pas du céleri qu'il a derrière l'oreille, mais une carotte. Pierre meurt d'impatience. Avant même de s'asseoir et de commander, il s'avance vers l'homme à la carotte.

« Excusez-moi, monsieur, dit-il, excusez ma curiosité; mais je me demande pourquoi vous vous mettez une carotte derrière l'oreille.

—Vous êtes tout excusé, monsieur, répond l'homme à la carotte. La plupart du temps, je ne porte pas de carotte, mais aujourd'hui, voyez-vous, il ne me reste plus de céleri. »

Avons-nous bien saisi le sens du texte?

I. Le passage suivant ne respecte pas toujours le texte. Corrigez les erreurs.

Pierre dîne au restaurant le lundi et le jeudi. Il a peu de talent pour la cuisine.

Ce jour-là, pendant qu'il est en train de manger son canard, il remarque un monsieur, assis près du bar, qui a du céleri dans l'oreille. Pierre est très intrigué.

Le jeudi suivant, le même monsieur a une carotte dans l'oreille. Pierre commande puis va lui demander pourquoi il porte une carotte dans l'oreille. Le monsieur répond qu'il préfère la carotte au céleri.

II. Trouvez, dans le texte, l'équivalent des expressions en italique.

Pierre *n'est pas marié*. Il dîne fréquemment au restaurant. Un jour, il *remarque* un client qui porte une tige de céleri derrière l'oreille. Pierre *veut* aller *lui poser des questions*, mais il *a peur* d'être indiscret. Toutefois, la semaine suivante, il *se dirige* vers lui sans hésiter.

Rappelons-nous

Les yeux

chercher des yeux	essayer de voir, de trouver
ne pas avoir les yeux dans sa poche	tout remarquer
à mes (tes, ses, etc.) yeux	à mon (ton, son, etc.) avis, selon mon appréciation
entre quatre yeux (familier : entre **quatre-z-yeux**)	en tête-à-tête
avoir les yeux plus grands que le ventre	trop mettre dans son assiette
coûter les yeux de la tête	coûter très cher

III. Complétez les phrases suivantes par une expression avec **yeux**.

1. Attention! Cet enfant nous observe. Il _____.

2. Tu le trouves parfait. _____, c'est un surhomme.

3. Il laisse toujours la moitié de son repas dans l'assiette. Il _____.

4. Je veux lui parler dans mon bureau, _____.

5. Cette soirée si élégante _____ à l'hôtesse.

Enrichissons notre vocabulaire

IV. Le céleri et la carotte sont des légumes. Citez trois légumes verts et trois autres.

V. Pierre commande du gâteau au chocolat. Citez quelques desserts que vous aimez.

VI. Un gâteau **au (à + article le)** chocolat; du canard **à l'(à + article l')** orange; une tarte **à la** crème (à + article **la**). Remarquez l'emploi de la préposition et de l'article dans ces expressions.

Donnez trois exemples d'autres plats ou desserts dont le nom comporte à + article défini.

Quelques expressions à retenir

Au restaurant

la carte	la liste des plats
la carte des vins	la liste des vins
un digestif	une liqueur ou un alcool servi à la fin d'un repas
un grand vin	un très bon vin, très cher
un carafon	une petite carafe (un quart de litre)
un pourboire	argent destiné aux serveurs
une entrée	un premier plat
le plat principal / de résistance	
l'addition	la facture
le dessert	
le service est compris	le prix du service est inclus dans l'addition
une bouteille d'eau minérale, gazeuse	
de l'eau pétillante	légèrement gazeuse
de l'eau plate	qui ne pétille pas

VII. Complétez le passage en vous servant des expressions ci-dessus.

Comme je voyage beaucoup, je dîne souvent seule au restaurant. Je choisis une table dans un coin tranquille et consulte tout de suite _____ pour choisir mon _____ et mon _____ . Je demande ensuite à voir _____, mais généralement, je me contente d'un _____ de vin ordinaire. J'aime beaucoup les _____, mais ils sont trop chers pour ma bourse. Je commande toujours une bouteille de _____ ; je trouve que les bulles aident la digestion. Je prends rarement un _____ parce que je ne veux pas grossir, mais de temps à autre, je m'offre un _____, un cognac de préférence. À la fin du repas, il faut bien payer _____, « la douloureuse », dit-on par plaisanterie. Si je suis satisfaite du service, je laisse un bon _____. En France, le service est d'habitude _____, mais pas au Canada.

Maîtrisons la grammaire

Les expressions de quantité

1. Après certaines expressions désignant la quantité, **de** est employé seul, sans article.

Pierre a **peu de** talent pour la cuisine.
Il n'a pas **beaucoup de** légumes verts.
Combien de personnes y a-t-il?

Les expressions les plus fréquemment utilisées sont les suivantes :

assez de	peu de
autant de	un peu de
beaucoup de	plus de
combien de	tant de
moins de	trop de
pas mal de	

2. **La plupart, la majorité, bien** sont suivis de **de + article défini (du, de la, des)**.

> **La plupart des** gens aiment le vin.
> **La majorité des** clients regardent l'homme avec curiosité.
> Pierre se donne **bien de la** peine pour recevoir ses amis.

Remarque

La plupart, ayant toujours un sens pluriel, est toujours suivi de **des**, sauf dans l'expression **la plupart du temps**.

> **La plupart du temps**, on ne voit rien de remarquable dans le restaurant.

3. Après certaines expressions comme **avoir besoin, avoir envie, manquer**, etc., **de** seul est utilisé si le nom n'est pas qualifié.

> Nous **avons besoin d'**argent.

mais

> Nous **avons besoin de l'**argent **que nous gagnons**.

> J'**ai envie de** gâteau.

mais

> J'**ai envie du** gâteau **qui est sur la table**.

4. Omission de l'article

> Après **sans, ni ... ni**, et, souvent, après **avec**, l'article n'est pas employé, sauf si le nom est qualifié.

> Il vit **sans** amour.   Ce restaurant ne sert **ni** canard **ni** poulet.

> Nous mangeons **avec** appétit.

mais

> Il mange **avec l'**appétit **d'un affamé**.

Exerçons-nous

VIII. S'il y a lieu, remplacez le tiret par le mot qui convient.

1. Pierre mange beaucoup _____ canard ce soir.
2. Il consomme trop _____ conserves.
3. Au frigo, il y a un peu _____ vin blanc, mais pas assez _____ champagne.
4. La plupart _____ gens qu'elle connaît ne boivent ni _____ vin ni _____ bière.
5. La majorité _____ célibataires que je rencontre ne font pas _____ cuisine.
6. Tu as besoin _____ argent, dis-tu. Il est vrai que, sans _____ argent, la vie est difficile.
7. Donne-moi un peu _____ céleri qui est sur la table.
8. La plupart _____ temps, nous travaillons avec _____ courage.
9. Combien _____ fois faut-il vous répéter la même chose?
10. Bien _____ gens mangent trop _____ chocolat.

IX. Complétez en ajoutant l'article ou la préposition qui manque.

1. Prenez-vous _____ sucre dans _____ café? – Non, mais je prends _____ lait.
2. Tous _____ matins, je mange _____ céréales avec _____ fruits et _____ yaourt. C'est bon pour _____ santé.
3. Voulez-vous _____ gâteau _____ chocolat ou préférez-vous _____ tarte _____ pommes?
4. Elle a envie de faire _____ voyages, mais elle manque _____ argent.
5. Tu passes trop _____ temps à lire _____ romans médiocres.
6. La majorité _____ clients commandent _____ tarte _____ citron.

Écrivons

X. Vous êtes chargé de mettre la table. Pensez à tout ce dont vous avez besoin (nappe, assiettes, couverts, verres, etc.) et décrivez les différentes étapes de votre travail jusqu'au moment où tout le monde se met à table[5].

Le couvert

une couteau
une fourchette
une cuillère (cuiller)
une assiette
la serviette

Sourions un peu

Proverbe : Il faut manger pour vivre et non vivre pour manger.

Voyez si vous découvrez le jeu de mots :
Quand mon verre est plein, je le vide; quand mon verre est vide, je le plains.

Écoute

Écoutez le passage qui est lu deux fois. Ensuite, répondez aux questions.
Phonétique : **Les voyelles _é_ et _i_**

---

5 Attention : mettre la table = mettre le couvert; se mettre à table = s'asseoir à la table pour manger.

CHAPITRE 4 : La Vie ici et ailleurs

Textes à l'étude
- Lisons I : Quand on se compare …
- Lisons II : Le Palmarès des grandes puissances économiques

Vocabulaire et structures
- expressions avec *blague*
- expressions où figurent des allusions à des pays étrangers
- le verbe *gagner*

Aspects grammaticaux
- Les noms géographiques et leurs prépositions
- Quelques remarques sur les nombres

Lisons I : Quand on se compare…

Il suffit de quelques bulletins pour nous convaincre qu'ici[1], c'est un vrai paradis. Nos politiciens ne se privent d'ailleurs pas de nous le rappeler : Nous sommes l'un des « plus meilleurs[2] » pays au monde. On le répète *à la blague*[3], mais c'est une vérité. *Données à l'appui*[4].

ESPÉRANCE DE VIE

Les cinq pays où l'on vit le PLUS longtemps

au Japon	81,5 ans
en Suède	80 ans
en Islande	79,7 ans
au Canada	79,3 ans
en Espagne	79,2 ans

Les cinq pays où l'on vit le MOINS longtemps

en Zambie	32,7 ans
au Zimbabwe	33,9 ans
en Sierra Leone	34,3 ans
au Swaziland	35,7 ans
au Lesotho	36,3 ans

ÉDUCATION

En Afrique subsaharienne, seulement 60 % des garçons et 57 % des filles fréquentent l'école primaire.

EAU POTABLE

Plus d'un milliard de personnes sont privées d'eau potable, soit 27 % des pays en développement. De tristes records sont atteints en Éthiopie (76 %), au Tchad (73 %) et en Sierra Leone (72 %). Un Canadien consomme en moyenne 335 litres d'eau par jour, soit plus du double de la consommation des Européens.

---

1 au Canada
2 Pourquoi les guillemets ? « Plus meilleur » n'est pas français. L'auteur s'amuse.
3 en manière de plaisanterie, pour rire
4 Il y a des preuves.

RICHESSE

Les pays les plus pauvres	Les pays les plus riches
l'Afghanistan	le Luxembourg
la Somalie	la Norvège
le Timor oriental	les États-Unis
la Sierra Leone	l'Irlande
le Congo-Kinshasa (ex Zaïre)[5]	Saint-Marin
la Tanzanie	le Danemark
le Malawi	le Canada
l'Éthiopie	l'Autriche
le Yémen	l'Islande
le Burundi	le Qatar

SIDA

En 2005, 36 millions de personnes vivaient avec le virus du SIDA. De celles-ci, 24,5 millions se trouvaient en Afrique subsaharienne, soit 6,1 % de la population de la région. À titre de comparaison, 60 000 vivaient au Canada, ce qui correspond à 0,2 des habitants du pays.

Bien que le coût du traitement continue de baisser, le coût des médicaments demeure prohibitif pour la très grande majorité des Africains.

VACCINATION

1,4 million : c'est le nombre d'enfants qui meurent chaque année de maladies pour lesquelles il existe un vaccin. Dans toutes les provinces canadiennes, on vaccine automatiquement les enfants contre neuf maladies : la polio, la coqueluche, le tétanos, la diphtérie, l'*Homophilus influenzae* de type B (une des bactéries qui causent la méningite), la rougeole, les oreillons, la rubéole et l'hépatite B.

SALAIRE MINIMUM ANNUEL[6]

au Burundi	37 $
en Haïti	231 $
en Russie	467 $
au Bénin	569 $
en Bolivie	649 $
en Algérie	1 638 $
au Brésil	1 725 $
en Argentine	2 604 $
en Turquie	4 367 $
à Taïwan	5 994 $
en Grèce	9 193 $
aux États-Unis	10 712 $
au Japon	13 399 $
au Canada	14 590 $
en France	18 175 $
en Australie	19 235 $

DROIT À L'EMPLOI

49,5 % des travailleurs de la planète (1,39 milliard d'individus) ne disposent que de 2 dollars par jour pour eux et leur famille. Parmi eux, 550 millions (19,7 % des travailleurs) n'ont pas plus de 1 dollar par jour.

---

5   Le pays a de nouveau changé de nom. Il s'appelle maintenant la République démocratique du Congo.

6   en dollars américains

URGENCE ALIMENTAIRE

39 pays font face à l'urgence alimentaire sur la planète : 25 en Afrique, 11 en Asie et au Proche-Orient, 2 en Amérique latine et 1 en Europe (la Tchétchénie). Cinq de ces pays vivent cette crise depuis plus de 15 ans : la Sierra Leone, l'Angola, l'Afghanistan, le Soudan et l'Éthiopie. Au Canada, le taux d'obésité a presque doublé chez les adultes et triplé chez les enfants au cours des 25 dernières années.

CONFLITS ARMÉS

En 2005, on dénombrait 17 guerres actives dans le monde, notamment en Colombie, en Tchétchénie, au Cachemire et aux Philippines.

Trois millions de personnes dont deux millions d'enfants dans le monde ont perdu la vie dans un conflit armé depuis 1990.

Au Canada, la dernière guerre remonte à la rébellion de Louis Riel au Manitoba, en 1885. Elle a fait une centaine de morts.

ALPHABÉTISATION

Dans le monde, plus de 800 millions de personnes de plus de 15 ans ne savent ni lire ni écrire. Les deux tiers sont des femmes. Au Burkina Faso, au Tchad, au Niger, au Mali, en Guinée et en Afghanistan, le taux d'analphabétisme chez les femmes dépasse 80 %. Au Canada, on estime que 7 % des adultes sont analphabètes.

Dominique Forget, *Châtelaine*, octobre 2006 (extraits).

Avons-nous bien saisi le sens du texte?

I. En vous référant au texte, remplacez le tiret par l'expression qui convient.

1. En _____, l'espérance de vie est de 79,7 ans.
2. Un Canadien _____ 335 litres d'eau par jour.
3. Parmi les pays riches, on compte la _____ et les _____.
4. Le prix du _____ du SIDA a baissé, mais le coût des médicaments demeure _____ pour les Africains.
5. Au Soudan, on souffre de la faim depuis _____ans.
6. La majorité des analphabètes sont des _____.

II. En vous référant au texte, corrigez les erreurs.

1. Les politiciens oublient de nous rappeler que le Canada est un paradis.
2. On vit plus longtemps au Canada qu'au Japon.
3. Un million de personnes n'ont pas d'eau potable.
4. L'Éthiopie est un pays d'Europe où la population souffre de la faim.
5. Au Canada, il n'y a pas d'analphabètes.
6. La rébellion métisse en Alberta a fait un millier de morts.

III. Répondez aux questions suivantes.

1. Qui ne manque pas de rappeler aux Canadiens que leur pays est l'un des meilleurs du monde?
2. Dans quel pays l'espérance de vie est-elle de moins de 33 ans?
3. En Afrique subsaharienne, y a-t-il moins de garçons ou de filles qui vont à l'école?

4. Quelle quantité d'eau un Européen consomme-t-il par jour?

5. Le taux d'obésité augmente-t-il plus rapidement chez les enfants ou chez les adultes au Canada?

6. Quelle est la date de la dernière guerre sur le territoire canadien?

Rappelons-nous

Expressions avec *blague*

une blague	une plaisanterie, un mensonge
raconter des blagues	
prendre tout à la blague	ne pas prendre les choses au sérieux
sans blague!	exprime le doute
faire une bonne, (une sale) blague à quelqu'un	faire une bonne, mauvaise farce à quelqu'un
faire une (des) blague(s)	faire une (des) bêtise(s)
un(e) blagueur(euse)	une personne qui dit des blagues

IV. Complétez les phrases en utilisant une des expressions ci-dessus.

1. Vous _____ et puis, vous vous plaignez de vous trouver sans travail.

2. Ce garçon n'est jamais sérieux : il _____ constamment.

3. Elle va grimper le mont Everest? Non, mais _____!

4. Nous allons nous amuser : nous allons _____ à Hélène qui se moque toujours de nous.

5. Dans les soirées, il amuse tout le monde; c'est un _____.

Enrichissons notre vocabulaire

V. Complétez les phrases par un mot de la même famille que les mots suivants : *espérance, pauvre, riche, alphabet, mort*.

1. Cet enfant est très malade; il va _____.

2. La _____ ne rend pas toujours heureux.

3. Dans certains pays d'Afrique, les _____ sont très nombreux.

4. Ses nombreux voyages sont coûteux; ils l' _____.

5. Il est _____ parce que son amie le quitte.

VI. Comment appelle-t-on les habitants des pays suivants :

a) le Japon, b) l'Islande, c) le Canada, d) l'Italie, e) l'Espagne, f) l'Angleterre, g) Haïti, h) le Zimbabwe, e) la Somalie, f) l'Afghanistan

Quelques expressions à retenir

Des expressions où figurent des allusions à des pays étrangers

filer à l'anglaise	partir subrepticement, sans faire ses adieux
c'est du chinois	c'est incompréhensible
un casse-tête chinois	un problème difficile
être fort comme un Turc	être très fort
y perdre son latin	ne rien comprendre à une question
parler français comme une vache espagnole	parler français très mal[7]
Vous ne comprenez pas le français!	Vous ne comprenez pas ce qu'on vous dit!
les montagnes russes	dans les foires, suite de montées et de descentes rapides
une salade russe	une salade faite de légumes cuits et de mayonnaise

VII. Complétez les phrases suivantes en utilisant une des expressions ci-dessus. Faites les changements qui s'imposent.

1. D'habitude, je comprends les questions que mon petit frère me pose, mais aujourd'hui, _____.
2. Quand elle va dans les foires, elle passe toujours quelques minutes sur _____.
3. Voilà dix minutes que je te répète la même chose! Tu _____.
4. Pour moi, les prépositions, c'est très compliqué; en fait, c'est _____.
5. Au restaurant, je commande généralement une _____ parce que j'aime les légumes.
6. Où a-t-il appris le français? Il le parle _____.
7. Ils ne nous disent jamais au revoir. Ils _____.

Maîtrisons la grammaire

Les noms géographiques et leurs prépositions

1. Les noms de pays, de régions, de provinces ou d'États sont précédés de l'article.

   Le Canada est un bon pays.
   La France a des cathédrales splendides.
   Le Québec est une province pittoresque.
   Le Texas est un État très vaste.
   La Colombie-Britannique plaît aux sportifs.

2. Les noms de pays, de régions, de provinces ou d'États se terminant par-e sont généralement féminins.

   la Chine, la Russie, la Suède, la Somalie
   mais
   le Canada, le Luxembourg, le Danemark

   la Bretagne, la Nouvelle-Écosse, la Floride

---

7 Il y a eu confusion entre Basque et vache.

mais

   le Québec, le Texas

Exceptions : **le** Mexique, **le** Zimbabwe, **la** Saskatchewan

3. Pour indiquer le lieu ou la direction, on emploie

En
a) devant les noms de pays, régions, provinces ou États féminins :

   En Suède, l'espérance de vie est de 80 ans.
   Le climat est agréable **en** Californie.

b) devant les noms qui commencent par une voyelle, même s'ils sont masculins :

   On ne va pas facilement **en** Afghanistan ni **en** Iran de nos jours.

Au (à + le)
devant les noms de pays, de provinces ou de régions au masculin singulier :

   Il réside **au** Canada, mais il va souvent **au** Portugal.
   La rébellion métisse **au** Manitoba a fait une centaine de morts.

Aux (à + les)
devant les noms de pays au masculin pluriel :

   Aux Pays-Bas, les lois sont très libérales.
   Aux États-Unis, le salaire minimum est de 11 000 $ environ.

À
devant les noms de villes :

   à Montréal, **à** Paris, **à** Athènes

4. Pour indiquer l'origine, on emploie :

De, d' + voyelle
a) devant les noms de pays ou de régions féminins :

   Nous consommons des vins **de** France et des vins **d'**Australie.

b) devant les noms de pays ou de régions masculins commençant par une voyelle[8] :

   Les tapis **d'**Afghanistan sont très beaux.
   Mon amie arrive **d'**Alberta.

c) devant les noms de villes :

---

8   Devant certains noms de régions masculins commençant par une voyelle, on emploie parfois **de l'** :
Il est originaire **de l'**Ontario.

Elle vient **de** New York et son amie vient **d**'Athènes.

Du (de + le)
devant les noms de pays ou de régions masculins :

Elle est originaire **du** Japon.
Le climat **du** Manitoba est extrême.

Remarques

1. Quelques noms de villes, peu nombreux, comportent un article (**La Nouvelle-Orléans, La Havane, La Haye, Le Havre, Le Caire**), qui se combine avec les prépositions **à** et **de** si l'article est masculin.

    Il habite **au** Caire mais vient souvent **à** La Nouvelle-Orléans.
    Le port **du** Havre est important.

2. Devant les noms de nombreuses îles, on emploie **à** et **de**.

    Nous allons **à** Chypre et **à** Cuba.
    Elle arrive de Malte.

Il y a toutefois de multiples exceptions :
Certains noms d'îles sont précédés de l'article : **la** Jamaïque, **la** Martinique, **la** Guadeloupe, etc.

Allons **à la** Martinique.   Elle vient **de la** Jamaïque.

mais

Elle réside **en** Sardaigne.

Exerçons-nous

VIII. Remplacez le tiret par l'article ou la préposition qui convient.

1. _____ Japon et _____ Espagne, l'espérance de vie est longue.
2. Les gens ne vivent pas longtemps _____ Zambie et _____ Zimbabwe.
3. Parmi les pays les plus pauvres, on compte _____ Afghanistan, _____ Somalie et _____ Éthiopie.
4. Il est triste de penser que dans certains pays, comme _____ Tchad et _____ Sierra Leone, la majorité de la population est privée d'eau potable.
5. Sur le territoire _____ Canada, il n'y a pas de guerre depuis 1885.
6. _____ Mali et _____ Guinée, le taux d'analphabétisme chez les femmes est de plus de 80 %.
7. _____ Québec et _____ Colombie-Britannique sont deux belles provinces.
8. Elle va souvent _____ Alberta et _____ Manitoba pour affaires.
9. Ma famille vient _____ Italie mais habite maintenant _____ Angleterre.
10. _____ Australie, le salaire minimum annuel est plus élevé que le salaire minimum annuel _____ États-Unis.

IX. Remplacez les mots en italique par les mots entre parenthèses en faisant les changements voulus.

1. La population souffre de la faim au *Soudan* (Sierra Leone, Angola, Éthiopie).
2. On vaccine les enfants au *Canada* (Ontario, Saskatchewan, Québec).
3. Le *Canada* est un des pays les plus riches du monde (Norvège, États-Unis, Danemark).
4. En *Afrique subsaharienne*, il y a beaucoup d'analphabétisme (Niger, Kabul, Mali).
5. Elle habite à *Paris* (New York, Chine, France, la Martinique).
6. Mon amie vient de Moscou (Istanbul, Taïwan, Londres, Cuba).

Écrivons

X. Quel pays avez-vous envie de visiter? Pour quelles raisons? Faites cinq ou six phrases qui expliquent ce qui vous attire dans ce pays.

Lisons II : Le Palmarès des grandes puissances économiques

La Chine sera le numéro un d'ici cinq ans. Le Canada occupe le 13ᵉ rang. [...]

On mesure la puissance économique d'un pays par la richesse totale que ses habitants créent dans une année et par le revenu qui en découle. Au départ, un pays qui dispose de plus de cerveaux et de plus de bras qu'un autre peut évidemment produire plus de richesse. Les pays les plus populeux du monde que sont la Chine, qui a 1,3 milliard d'habitants, et l'Inde, qui en a 1,1 milliard, partent donc avec *une longueur d'avance*[9]. Mais des pays moins peuplés, comme les États-Unis, avec 300 millions d'habitants, et le Japon, avec 130 millions, ont aussi une chance de gagner la course. Dans ces deux pays, chaque cerveau et chaque paire de bras produisent beaucoup plus de richesse qu'en Chine et en Inde. C'est pourquoi l'économie américaine est plus grande que l'économie chinoise, et l'économie japonaise de même taille que l'indienne. [...]

Le tableau qui suit représente les résultats que le Fonds monétaire international a obtenus pour l'année 2006. [...] Rien d'inattendu au premier rang : les États-Unis y trônent depuis 125 ans. La Chine arrive en deuxième place, non loin derrière. Ce qui est remarquable dans le cas de la Chine, c'est que son économie progresse *à la vitesse grand V*[10]. Sa croissance économique est tellement rapide (de 8 % à 10 % par anée) qu'il est presque sûr qu'elle aura dépassé les États-Unis d'ici cinq ans.

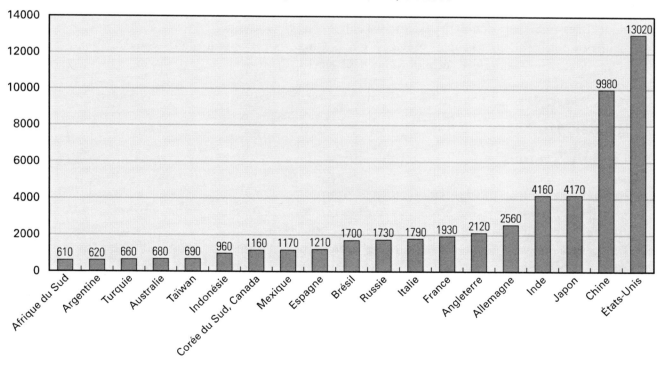

Revenu total (en milliards $ US) en 2006

---

9 Expression qui a rapport aux courses sportives : certains coureurs partent avec une longueur d'avance sur les autres coureurs.
10 à une très grande vitesse

La suite immédiate apporte une surprise : l'Inde, dont la puissance économique s'est fortement accélérée ces dernières années, s'apprête à doubler[11] le Japon.[...]

Avec la Chine, l'Inde, le Japon, la Corée du Sud, l'Indonésie et Taïwan en tête, il est indéniable que le XXIe siècle économique appartiendra à l'Asie. L'Europe connaît un déclin relatif. Les pays bien dotés en ressources naturelles, comme la Russie, le Brésil, le Canada et l'Australie, seront avantagés.

Pierre Fortin, « Le Palmarès des grandes puissances économiques »,
L'Actualité, 15 novembre 2007, p. 107 (extraits).

Avons-nous bien saisi le sens du texte?

I. Complétez les phrases en utilisant des expressions tirées du texte.

1. D'ici _____ ans, la Chine va dépasser les États-Unis en ce qui concerne la _____ économique.
2. La croissance économique de _____ est de 8 à 10 % par an.
3. Les pays les plus _____ peuvent produire plus de richesse.
4. En ce moment, les États-Unis _____ au premier rang.
5. Au XXIe siècle, les pays riches en _____ vont être avantagés.

II. Répondez aux questions suivantes.

1. Quel est le pays le plus populeux du monde?
2. Pourquoi l'économie américaine est-elle en ce moment plus puissante que l'économie chinoise?
3. Quel pays va bientôt doubler le Japon au point de vue économique?
4. Dans combien de temps l'auteur prévoit-il que la Chine va dépasser les États-Unis?
5. Quel continent va dominer l'économie au XXIe siècle?

Rappelons-nous

Le verbe *gagner*

gagner une course (un match)	arriver premier
gagner le gros lot	avoir le premier prix (la plus grosse somme à la loterie)
gagner son pain (sa vie)	travailler pour vivre
gagner de l'argent	obtenir beaucoup d'argent par son travail ou autrement
gagner (la sortie, sa place, etc.)	arriver à

III. Complétez en employant une expression avec *gagner*. Faites les changements voulus.

1. Mon ami ne travaille plus. Il est riche : il vient de _____.
2. Je crois que les Espagnols vont _____ de foot.
3. Nous avons envie de voyager. Hélas! il nous faut _____.

---

11 dépasser

4. À la fin du spectacle, elle se hâte de _____ sa voiture.

5. Maintenant, ils ne sont plus pauvres. Elle _____ dans l'informatique et lui, il _____ à la Bourse.

Enrichissons notre vocabulaire

IV. Dans quel pays habitent :

a) les Turcs, b) les Anglais, c) les Belges, d) les Afghans, e) les Corses, f) les Maliens?

V. Comment s'appellent les habitantes des provinces et des villes canadiennes suivantes :

a) le Québec, b) le Manitoba, c) l'Ontario, d) l'Alberta, e) Montréal, f) Toronto, g) Québec?

VI. L'auteur parle de la croissance économique comme d'une course sportive entre différents pays. Relevez, dans le texte, les expressions qui ont trait à une course.

VII. **Longueur** est dérivé de l'adjectif **long** et est un nom féminin. Quels sont les noms dérivés des adjectifs suivants : *grand, gros, large, haut, épais.*

Quelques remarques sur les nombres

1. Pour marquer les décimales, le français utilise une virgule :

> L'espérance de vie en Zambie est de 32,7 (trente-deux virgule sept) ans.

2. Pour indiquer les milliers, l'anglais utilise une virgule, le français laisse un espace :

> 13 339 (treize mille trois cent trente-neuf).

3. Lorsque **cent** et **vingt** sont précédés d'un autre chiffre, ils prennent la marque du pluriel s'ils ne sont pas suivis d'un autre nombre :

> Il y a ici deux cents personnes, dont quatre-vingts enfants.

mais

> Il y a ici deux cent trente personnes, dont quatre-vingt-deux enfants.

4. Mille (**mil** dans les dates) est invariable :

> Plus de deux mille personnes vont mourir de faim.

Exerçons-nous

VIII. Écrivez en chiffres :

deux mille trois cent quatre-vingts; trois mille huit cent vingt-cinq; mille vingt et un

IX. Écrivez en lettres :

25; 4; 312; 84; 80; 300

Écrivons

X. Faites quatre phrases où vous décrivez les avantages et les désavantages de la vie au Canada.

Sourions un peu

Le plus grand faible des hommes, c'est l'amour qu'ils ont de la vie.

Molière, *L'Amour médecin*

La plupart des hommes meurent de leurs remèdes et non pas de leurs maladies.

Molière, *Le Malade imaginaire*

Écoute

Écoutez le passage qui est lu deux fois. Ensuite, répondez aux questions.

Phonétique : **Les voyelles *ou* et *u***

CHAPITRE 5 : L'Amour, toujours l'amour

Textes à l'étude
- Lisons I : Le Bossu et la belle bohémienne
- Lisons II : Un crime passionnel

Vocabulaire et structures
- *marier / épouser*
- le cœur et le corps
- (le) rire / (le) sourire
- ivre / saoul / la drogue

Aspects grammaticaux
- L'impératif
- Les pronoms personnels

Lisons I : Le Bossu et la belle bohémienne

une des gargouilles de la cathédrale Notre-Dame

Nous sommes à Paris, au moyen âge. Dans une cellule de la cathédrale Notre-Dame, le sonneur de cloches, Quasimodo, borgne, sourd, boiteux, difforme, cache Esmeralda, belle bohémienne accusée de sorcellerie et condamnée à mort. Quasimodo a sauvé la vie d'Esmeralda alors qu'elle allait être pendue. Il est follement amoureux d'elle, mais elle aime le beau et volage capitaine Phœbus. Un jour, Quasimodo arrive au moment où Esmeralda est en train de caresser la chèvre qui l'accompagne toujours.

« Mon malheur, dit le bossu, c'est que je ressemble trop à un homme. Pourquoi ne suis-je pas une bête comme cette chèvre? »

Une autre fois, la bohémienne entend Quasimodo parler à une des gargouilles :

« Ah! pourquoi ne suis-je pas de pierre, comme toi! »

Une autre fois, Esmeralda s'avance jusqu'au bord du toit. Quasimodo est derrière elle; il ne se montre pas. Tout à coup, elle lève les bras et crie :

« Phœbus! Phœbus! Viens! Viens! un seul mot au nom du ciel! »

Quasimodo voit que l'objet de cette prière est un beau jeune homme, un élégant capitaine. L'officier salue une jolie dame à son balcon; il n'entend pas la malheureuse qui l'appelle.

« Voilà donc comment il faut être! pense le pauvre sourd. Il faut seulement être beau au-dessus. »

Esmeralda continue à crier.

« Oh! maintenant, il descend de cheval! ... Il va rentrer dans cette maison! Phœbus! Phœbus! Il ne m'entend pas ... Phœbus! Phœbus! »

Quasimodo n'entend pas, mais il comprend. Une larme remplit son œil unique. Tout à coup, il tire Esmeralda par la manche.

« Voulez-vous que je l'amène ici? »

Elle pousse un cri de joie.

« Oh! va! allez! cours! vite! ce capitaine! amenez-le-moi! je t'aimerai! »

Et elle se jette à genoux.

« Je vais vous l'amener », dit-il tristement.

Phœbus est entré chez sa fiancée, Fleur-de-Lys. Quasimodo attend longtemps. Enfin, vers une heure du matin, le capitaine à cheval passe devant le bossu.

« Hé! capitaine! »

Le capitaine s'arrête. Quand il voit l'être difforme qui court vers lui, il s'écrie :

« Que veut ce vaurien?

– Suivez-moi, capitaine; quelqu'un veut vous parler.

– Corne et tonnerre! Quel vilain oiseau! Veux-tu bien lâcher la bride de mon cheval!

– Capitaine, vous ne me demandez pas qui?

– Lâche mon cheval », répond Phœbus, furieux.

Quasimodo ne lâche pas la bride.

« Venez, capitaine. C'est une femme qui vous attend. Une femme qui vous aime.

– Imbécile, dit Phœbus. Suis-je obligé d'aller chez toutes les femmes qui m'aiment? Dis à celle qui t'envoie que je vais me marier.

– Écoutez. Venez, monseigneur. C'est la bohémienne. »

Rappelons que Phœbus n'a pas vu Quasimodo sauver Esmeralda. Il croit qu'elle est morte. Il est superstitieux et s'imagine que le bossu vient de l'enfer.

« La bohémienne, dit-il. Viens-tu de l'autre monde?

– Vite! vite! » dit le sourd qui tire le cheval.

Phœbus donne un coup de botte au malheureux Quasimodo. Celui-ci veut se défendre, mais il s'arrête.

« Oh! que vous êtes heureux! dit-il tristement; quelqu'un vous aime. »

Alors, il lâche la bride et crie : « Allez-vous-en! »

Il rentre à Notre-Dame et trouve la bohémienne à la même place.

« Seul! s'écrie-t-elle quand elle le voit.

– Je n'ai pas pu le trouver, dit froidement Quasimodo.

– Pourquoi n'as-tu pas attendu toute la nuit? Va-t'en! » ordonne-t-elle.

Depuis ce jour, il l'évite : il la regarde de loin. [...]

Une nuit où elle ne peut pas dormir, Esmeralda entend soupirer près de sa cellule. Elle voit à la lumière de la lune une masse informe couchée devant la porte. C'est Quasimodo qui dort là sur une pierre.

Extrait de *Le Bossu de Notre-Dame*, adaptation de *Notre-Dame de Paris* de Victor Hugo par Paulette Collet et Frank Milani, Toronto, Irwin Publishing, 1998, p. 80 – 83.

Avons-nous bien saisi le sens du texte?

I. Choisissez le mot qui convient en respectant le texte.

1. Le sonneur de cloches s'appelle _____ (Phœbus, Esmeralda, Quasimodo).
2. Esmeralda est accusée de _____ (sorcellerie, vol, assassinat).

3. Phœbus est _____ (chanteur, officier, monseigneur).

4. Phœbus va se marier avec _____ (Esmeralda, la bohémienne, Fleur-de-Lys).

5. Phœbus croit qu'Esmeralda est _____ (malade, disparue, morte).

6. Phœbus pense que le bossu vient de _____ (Paris, l'autre monde, Notre-Dame).

7. Le capitaine passe devant Quasimodo à _____ (minuit, une heure du matin, cinq heures du matin).

8. Quasimodo dort _____ (sur une pierre, dans un lit, dans une cellule).

II. Trouvez, dans le texte, l'expression qui convient pour compléter la phrase.

1. Une _____ accompagne toujours Esmeralda.

2. Une gargouille est faite de _____ .

3. Esmeralda _____ quand elle voit Phœbus.

4. Il y a une _____ dans l'œil unique de Quasimodo.

5. Quasimodo tient la _____ du cheval.

6. Phœbus donne un _____ de botte au bossu.

7. À la _____ de la lune, Esmeralda voit Quasimodo couché devant sa porte.

III. Répondez aux questions suivantes.

1. Pourquoi Quasimodo a-t-il envie d'être une bête?

2. Pourquoi veut-il être de pierre?

3. Qu'est-ce qui explique l'amour d'Esmeralda pour Phœbus?

4. Quelle action de Quasimodo prouve son grand amour pour la bohémienne?

5. Pourquoi Phœbus croit-il que Quasimodo vient de l'autre monde?

Rappelons-nous

marier, épouser	
se marier (avec)	contracter un mariage (avec une autre personne)
marier + objet direct	faire la cérémonie du mariage (un prêtre, un rabin, un imam, un juge de paix, etc.) **OU** donner en mariage (les parents)
épouser + objet direct	prendre une autre personne comme mari ou comme femme
un époux, un mari	un homme qui est marié
une épouse, une femme	une femme qui est mariée

IV. Complétez par une des expressions ci-dessus.

1. Phœbus va _____ Fleur-de-Lys.

2. Esmeralda veut _____ avec Phœbus.

3. Le prêtre va _____ Phœbus et sa fiancée.

4. Phœbus va être un très mauvais _____ .

Enrichissons notre vocabulaire

V. Complétez les phrases suivantes. Servez-vous du dictionnaire s'il y a lieu.

1. Une personne qui n'entend pas est _____.
2. Une personne qui ne voit que d'un œil est _____.
3. Un homme qui a une bosse dans le dos est _____.
4. Une femme qui a les jambes d'inégale longueur est _____.
5. Un homme qui aime est _____.
6. Une personne dont le corps n'a pas une forme normale est _____.
7. Un objet qui n'a pas de forme est _____.
8. Un homme qui croit aux fantômes est _____.

VI. Complétez les phrases en utilisant un mot de la même famille qu'un des mots suivants :
sonneur, difforme, lune, heureux, marier.

1. Je ne vois pas bien; je porte des _____.
2. Entendez-vous le téléphone qui _____?
3. Quasimodo est très _____ parce que la bohémienne ne l'aime pas.
4. J'aime beaucoup la _____ de ce vase.
5. Phœbus est fiancé à Fleur-de-Lys. Bientôt, il va être son _____.

Quelques expressions à retenir

Le cœur et le corps

avoir bon cœur	être généreux, compatissant
avoir le cœur sur la main	être généreux
avoir le cœur gros	être triste
avoir du cœur au ventre	avoir du courage
avoir mal au cœur	avoir des nausées
avoir le bras long	avoir beaucoup d'influence
mettre les pieds dans le plat	faire une gaffe
mettre la main à la pâte	travailler, aider
avoir une sale tête	avoir l'air malade
avoir mal aux cheveux	avoir mal à la tête (après avoir trop bu)
rire au nez (de quelqu'un)	se moquer (de quelqu'un)
fermer la porte au nez (de quelqu'un)	refuser de laisser entrer (quelqu'un)

VII. Complétez les phrases par une des expressions ci-dessus. Faites les changements qui s'imposent.

1. Elle donne tout ce qu'elle possède : elle _____.
2. Il _____ parce que son amie est amoureuse d'un autre homme.
3. Elle peut vous aider : elle _____.
4. Il me déteste. Quand je veux aller le voir, il me _____.
5. Il blesse tout le monde; constamment, il _____.

6. Vous buvez trop de vin; c'est pourquoi vous _____ ce matin.

7. Je mange trop le soir; alors, la nuit, je _____

8. Il est très courageux; il _____.

9. Quand il parle d'amour à cette femme, elle lui _____.

10. Tu _____ : est-ce que tu es malade?

Maîtrisons la grammaire

L'impératif

1. Le mode impératif est utilisé pour donner un ordre ou exprimer une requête. Il s'emploie seulement à la 2e personne du singulier et aux 1re et 2e personnes du pluriel.

cours	courons	courez
viens	venons	venez

2. À la 2e personne du singulier, les verbes en **–er** ne prennent pas de **–s**.

regarde[1] lâche la bride va voir Phœbus

mais

devant y et **en** , les verbes en **–er** ont un **–s** à la 2e personne du singulier.

Vas-y demande**s-en**

3. Après un impératif **affirmatif**, le pronom **suit** le verbe et y est relié par un trait d'union. Les formes toniques **moi, toi** sont employées à la 1re et 2e personnes du singulier. Cette règle s'applique également aux verbes réfléchis.

suivez-**moi** amenez-**le-moi** lève-**toi**

4. Devant y et **en**, **moi, toi** deviennent **m', t'**

amenez-**m'y** va-t'en

Exerçons-nous

VIII. Dites à un(e) ami(e)

1. de regarder la cathédrale

2. de ne pas sortir

3. de courir vite

4. de se lever

5. de s'en aller

6. de ne pas dormir

---

1 Exception faite de l'absence d'un -s à la 2e personne du singulier, les verbes en **–er** ont généralement la même forme à l'indicatif et à l'impératif.

IX. Répétez les mêmes ordres à un groupe de personnes.

X. Remplacez l'infinitif par la forme voulue du verbe.

Esmeralda est follement amoureuse de Phœbus; Quasimodo est follement amoureux d'Esmeralda. Un jour, la bohémienne *apercevoir* Phœbus. Elle *crier* : « Phœbus, *écouter*-moi! *Venir*! Je t'*attendre*. » Hélas! Phœbus ne l'*entendre* pas. Il *se rendre* chez sa fiancée, Fleur-de-Lys. Quasimodo *être* sourd, mais il *lire* le visage d'Esmeralda.« *Vouloir*-vous voir Phœbus? *dire*-il. Je vous l'*amener*. – Oh oui, oui, s'il te *plaire*! *amener*-le! *Courir*! *Aller*-y! » Malheureusement, Quasimodo ne *réussir* pas à ramener Phœbus. Pour le remercier, la bohémienne lui dit : « *S'en aller*! »

Écrivons

XI. Le personnage de Phœbus se révèle assez clairement au cours de sa rencontre avec le pauvre Quasimodo. Écrivez quatre phrases où vous décrivez brièvement le caractère de Phœbus. Demandez-vous quels sont ses qualités et ses défauts et quelles actions les illustrent.

Comme Quasimodo, le juge Claude Frollo est amoureux d'Esmeralda. Il sait qu'elle aime Phœbus et est follement jaloux. Un jour, Claude voit son frère Jehan en compagnie de Phœbus.

Le juge les suit de loin, mais il entend toute la conversation parce que les hommes parlent fort. Ils parlent de duels, de vin, de filles, de folies [...] mais c'est Phœbus qui préoccupe Claude. Il est mortellement jaloux du beau capitaine.

Tout à coup, au tournant d'une rue, on entend un tambourin[2].

« Tonnerre[3]! Dépêchons-nous, dit Phœbus.

— Pourquoi?

— Je ne veux pas que la bohémienne me voie maintenant.

— Quelle bohémienne?

— La petite qui a une chèvre.

— Ah! La Esmeralda.

— Justement, Jehan. J'oublie toujours son nom.

— Est-ce que vous la connaissez, Phœbus? »

Phœbus ricane et dit quelques mots tout bas à Jehan. Puis il éclate d'un rire triomphant.

« En vérité? dit Jehan.

— Je le jure.

— Ce soir?

— Ce soir. [...]

— Capitaine Phœbus, vous avez de la chance.

— Oui, j'en ai beaucoup... avec les femmes! »

Claude a tout entendu. Ses dents claquent. Il frissonne tellement qu'il doit s'appuyer à un mur. Petit à petit, il se calme et continue à suivre les deux compagnons. Ils entrent à la Pomme d'Ève[4].

Pendant que les deux amis y vident la bourse de Jehan, un homme se promène devant la taverne. Il fait sombre maintenant, mais de nombreuses chandelles éclairent la salle. L'homme qui marche devant la taverne porte un manteau jusqu'au nez et un grand chapeau. On ne voit pas son visage.

Après quelque temps, la porte du cabaret s'ouvre. Deux buveurs en sortent. L'un des deux a l'air ivre. L'autre l'aide à marcher.

« Corne et tonnerre! crie celui-ci. Il est bientôt sept heures. L'heure de mon rendez-vous. Jehan, vous êtes ivre. Essayez de marcher droit. Je dois vous quitter. Vous savez que j'ai rendez-vous au bout du pont Saint-Michel. J'y cours. Adieu!

— Adieu donc! »

Et Jehan tombe sur un tas d'ordures.

Phœbus y laisse son ami. Il est pressé. L'homme au manteau le suit. Phœbus a parfois l'impression que quelqu'un est derrière lui, mais [...] il est brave et il a son épée.

Lorsqu'il arrive au bout du pont Saint-Michel, la bohémienne y est déjà. Elle l'y attend. Le capitaine l'entraîne dans une rue sombre. L'homme au manteau est si près d'eux qu'il entend leurs paroles. [...]

---

2 Esmeralda joue du tambourin.

3 Tonnerre! Corne et tonnerre! : deux jurons souvent utilisés par Phœbus.

4 un cabaret

« Oh! dit la jeune fille. Ne me méprisez pas, monseigneur Phœbus.

— Vous mépriser, belle enfant, et pourquoi?

— Parce que j'ai accepté ce rendez-vous. Mais, monseigneur, c'est parce que je vous aime. [...]

— Vous m'aimez! » dit Phœbus avec transport[5]. Et il met son bras autour de la taille de la bohémienne.

« Oui, je vous aime. [...] J'aime votre nom ... Phœbus. Vous êtes grand, fort. Et comme vous êtes beau! Marchez! Je veux vous regarder. »

Le capitaine parade devant la bohémienne avec un sourire de satisfaction.

« Que vous êtes enfant! dit-il. Mais m'avez-vous vu en habit de cérémonie?

— Hélas! non.

— C'est cela qui est beau. »

Phœbus, flatté, se rapproche d'elle et la prend dans ses bras. Il essaye de l'embrasser.

« M'aimez-vous? » demande-t-elle.

Phœbus se jette à genoux.

« Si je t'aime, ange de ma vie! Mon corps, mon sang, mon âme, tout est à toi. Je t'aime et n'ai jamais aimé que toi. »

Il est évident que Phœbus a souvent répété ces mêmes paroles, mais Esmeralda ne s'en doute pas. Elle croit à la sincérité de son amoureux. Quand il la prend dans ses bras, elle l'embrasse avec passion.

Alors, l'homme qui les observe sort un poignard qu'il cachait sous son manteau. Il se précipite sur eux, les sépare avec violence et poignarde le beau Phœbus.

« Corne et tonnerre! » s'écrie le capitaine en tombant.

La bohémienne [...] s'évanouit.

Extrait de *Le Bossu de Notre-Dame*, adaptation de *Notre-Dame de Paris* de Victor Hugo par Paulette Collet et Frank Milani, Toronto, Irwin Publishing, 1998, p. 43-45.

Avons-nous bien saisi le sens du texte?

I. Complétez la phrase par le mot qui convient.

1. Phœbus a rendez-vous avec Esmeralda (*à la taverne, au pont Saint-Michel, à la Pomme d'Ève*).
2. Claude Frollo est (*l'ami, l'oncle, le frère*) de Jehan.
3. Jehan tombe parce que (*Phœbus le pousse, il est ivre, il glisse sur des ordures*).
4. C'est (*Phœbus, Claude, Jehan*) qui paie le vin.
5. L'homme au manteau entend les paroles des amoureux parce que (*il est très près d'eux, ils parlent fort, ils sont dans une rue sombre*).

II. Répondez aux questions suivantes.

1. Pourquoi Claude peut-il entendre la conversation de Jehan et Phœbus?
2. Qu'est-ce qui montre que Phœbus n'a aucun respect pour la bohémienne quand il parle d'elle à Jehan?
3. À votre avis, qui est l'homme qui se promène devant la taverne?
4. Pourquoi ne peut-on pas le reconnaître?
5. À quelle heure Phœbus a-t-il rendez-vous?
6. Pourquoi Phœbus ne relève-t-il pas Jehan quand Jehan tombe?
7. Quand il se trouve avec Esmeralda, qu'est-ce qui nous montre que Phœbus est extrêmement vaniteux?

---

5   avec enthousiasme, avec joie

8. Comment l'homme au manteau blesse-t-il Phœbus?

III. Complétez les phrases par une expression tirée du texte.

1. Claude marche derrière les deux amis. Il les _____.
2. Il entend leur conversation parce qu'ils parlent _____.
3. La bohémienne joue du _____.
4. Les dents de Claude _____.
5. Esmeralda demande à Phœbus de ne pas la _____.
6. Pour se défendre, Phœbus a _____.
7. L'homme qui porte un grand manteau cache _____ sous le manteau.
8. Quand Esmeralda lui dit qu'il est beau, Phœbus est _____.

IV. Identifiez les personnages suivants.

1. Je suis jeune et jolie. Je suis fiancée à un bel officier. Qui suis-je?
2. Je suis borgne et laid. Je boite. J'habite dans une cathédrale. Qui suis-je?
3. J'ai un frère juge. Je suis jeune et naïf. Au cabaret, c'est moi qui paie le vin. Qui suis-je?
4. Je suis beau, courageux et vaniteux. J'aime un peu trop les belles jeunes filles – et elles m'aiment aussi. Qui suis-je?
5. Je suis intelligent et cultivé, mais follement amoureux d'une fille trop jeune pour moi et qui ne m'aime pas. Qui suis-je?

Rappelons-nous

(le) rire - (le) sourire	Ces deux mots sont à la fois des verbes et des noms.
éclater de rire	rire très fort, tout d'un coup
ricaner	rire méchamment, se moquer
un ricanement	un rire méchant, moqueur

V. Complétez par une des expressions ci-dessus. Faites les changements qui s'imposent.

1. Quand on lui raconte des plaisanteries, il _____.
2. Cette jeune fille a _____ charmant.
3. Ne _____ pas! C'est grave.
4. Il ne me respecte pas. Quand je lui parle de choses sérieuses, il se moque et _____.
5. _____ est une caractéristique des humains. Les animaux ne _____ pas.

Enrichissons notre vocabulaire

VI. Remplacez l'expression en italique par une expression équivalente tirée du texte. Faites les changements qui s'imposent.

1. Il boit trop de vin. Il est souvent *saoul*.

2. Phœbus est *courageux*.
3. Quelqu'un *marche derrière lui*.
4. *Qu'*Esmeralda est belle!
5. *Il croit à* la sincérité de la jeune fille.
6. L'homme *se jette* sur les jeunes gens.

VII. On ne voit pas l'homme qui se promène devant la taverne parce qu'il fait sombre. Le verbe faire est employé avec un nom ou un adjectif dans une foule d'expressions pour décrire le temps qu'il fait ou la présence ou l'absence de lumière. Complétez les phrases suivantes. Servez-vous du dictionnaire s'il y a lieu.

1. Le soleil brille : _____.
2. C'est l'hiver : _____.
3. La visibilité est très mauvaise : _____.
4. J'aime les soirées d'automne lorsque _____.
5. Je n'aime pas sortir le soir quand _____.
6. Je mets toujours de l'écran solaire lorsque _____.
7. _____ : attention à vos chapeaux!
8. En été, _____ à six heures du matin, mais en hiver, _____ à cinq heures du soir.

Quelques expressions à retenir

ivre, saoul (soûl)	qui a trop bu
ivre mort	complètement saoul, sans vie à cause de l'alcool
l'ivresse (f)	état de celui qui est ivre, qui a trop bu ou qui est transporté par la joie, l'amour, etc.
en état d'ivresse	influencé par l'alcool
se soûler	boire trop
cuver son vin	se reposer après avoir trop bu
s'enivrer	se soûler, se mettre dans un état d'exaltation
l'enivrement (m)	l'état d'ivresse (par l'alcool ou une sensation)
l'ivrogne	celui qui boit trop
avoir la gueule de bois	souffrir d'avoir pris trop d'alcool

la drogue, les stupéfiants

se droguer	prendre des stupéfiants
créer une dépendance	devenir un besoin

VIII. Complétez par une des expressions ci-dessus.

1. Il boit beaucoup trop. Tous les soirs, il rentre chez lui _____.
2. Il est interdit de conduire _____.
3. Il sait enfin qu'elle l'aime. Il est _____ de bonheur.
4. Les stupéfiants sont plus dangereux que l'alcool parce que, presque immédiatement, ils _____.
5. Il boit trop de bière; alors, le matin, il _____.

6. Cet homme est un véritable _____. Il est soûl presque tous les soirs.

7. Il est effrayant de penser que des écoliers _____.

8. _____ que crée l'amour est tout aussi dangereux que _____ procurée par l'alcool.

9. Il rentre chez lui _____ au milieu de la nuit et, le lendemain, il reste couché pour _____ .

10. Il nous paraît étrange. Est-ce qu'il _____.

Maîtrisons la grammaire

Les pronoms personnels

I. Formes atones

Tableau des pronoms personnels

personnes	sujets	objets directs	objets indirects	pronoms réfléchis
1re singulier	je / j'	me / m'	me / m'	me / m'
2e singulier	tu	te / t'	te / t'	te / t'
3e singulier	il / elle	le / la / l'	lui	se / s'
1re pluriel	nous	nous	nous	nous
2e pluriel	vous	vous	vous	vous
3e pluriel	ils / elles	les	leur	se / s'

1. Le pronom personnel, objet direct ou indirect, précède **immédiatement** le verbe.

Je **vous** aime.   Est-ce que vous **la** connaissez?

Il **les** observe.   Ne **me** méprisez pas.

2. À l'impératif **affirmatif**, le pronom suit le verbe et y est relié par un trait d'union.

Amenez-**le**! Allez-**vous-en**!

3. Devant une voyelle ou un **h** muet, **me, te, le, la, se** deviennent **m', t', l', l', s'**.

Il essaye de **l'**embrasser. Vous **m'**aimez. Elle **s'**évanouit.

4. Le pronom **le**, invariable, est employé pour remplacer un adjectif ou une idée.

Esmeralda est-elle **amoureuse**? – Oui, elle **l'**est.

Croit-elle que Phœbus **l'**aime? – Oui, elle **le** croit.

Les pronoms Y et En

Indirect = preposition "à"

Y

1. **Y** s'emploie pour remplacer un nom précédé de **à**. On ne l'emploie pas pour les personnes.

Pense-t-il **à** son rendez-vous? – Oui, il **y** pense.

Pense-t-il **à** Esmeralda. – Oui, il pense **à elle**.

2. **Y** est un adverbe pronominal (ou pronom adverbial) qui indique le lieu ou la direction.

Ils vont à la Pomme d'Ève et **y** vident la bourse de Jehan.

Il a rendez-vous au pont Saint-Michel et il **y** court.

En

1. En s'emploie pour remplacer **du, de la, de l', des** (articles partitifs ou indéfinis) + **nom de chose.**

> Jehan a-t-il **de l'argent** pour acheter **du vin?** – Il **en** a pour **en** acheter.
> Visite-t-elle **des cathédrales?** – Oui, elle **en** visite.

2. En remplace la préposition **de** + **nom de chose.** Pour les personnes, on conserve la préposition suivie du pronom tonique.

> Ils parlent **de son rendez-vous?** – Oui, ils **en** parlent.
> Est-ce qu'il est jaloux **de Phœbus?** – Oui, il est jaloux **de lui.**

Remarque 1

On utilise **en** lorsque le nom de personne (pluriel) a un sens indéfini.

> Voyez-vous **des gens ivres?** – Oui, nous **en** voyons.
> Connaît-elle **des officiers?** – Oui, elle **en** connaît.

3. En s'emploie avec des expressions de quantité qui ne sont pas suivies d'un nom.

> Avez-vous **de la chance?** – Oui, j'**en** ai **beaucoup.**
> Combien **d'enfants** ont-ils? – Ils **en** ont **deux.**

4. **En,** adverbe pronominal, remplace **de** + **nom de lieu.**

> Est-ce qu'il vient **du pont Saint-Michel?** – Oui, il **en** vient.
> Sortent-ils **du cabaret?** – Oui, ils **en** sortent.

Remarque 2

Après le pronom **en,** le participe passé est généralement invariable (voir le chapitre 6).
A-t-il vu **des ivrognes?** – Non, il n'**en** a pas **vu.**

Ordre des pronoms personnels

me (m')		le (l')	lui							
te (t')	*devant*	la (l')	leur	*devant*	y	*devant*	en	*devant*	le verbe
se (s')		les							
nous									
vous									

5. La première et la deuxième personnes des pronoms objets précèdent la troisième.

> Elle **vous le** demande.   Vous **me l'**expliquez.

6. Si les deux pronoms objets sont de la troisième personne, l'objet direct précède l'objet indirect.

Il **le leur** a dit.   Elle **le lui** rend.

7. Les pronoms y et en suivent tous les autres pronoms. **En** est toujours le dernier.

Rencontre-t-il **Esmeralda au pont Saint-Michel**? – Oui, il **l'y** rencontre.
Boivent-ils **du vin à la taverne**? – Oui, ils **y en** boivent.

Exerçons-nous

IX. Remplacez l'expression en italique par le pronom personnel qui convient, en faisant les changements voulus.

1. Claude suit *les amis* et écoute *leur conversation*.
2. Connaissez-vous *la Esmeralda*? – Non, je ne connais pas *la Esmeralda*.
3. Phœbus oublie toujours *son nom*.
4. Esmerada est-elle naïve? – Oui, elle est *naïve*.
5. Claude ne parle pas *aux amis*.
6. Phœbus ne dit pas *à Esmeralda qu'il est fiancé*. (deux pronoms)
7. Ne nous racontez pas *l'histoire d'Esmeralda*.
8. Voulez-vous bien me donner *le roman de Victor Hugo*?

X. Remplacez l'expression en italique par le pronom qui convient.

1. Il ne dit pas *la vérité à la bohémienne*.
2. « Suis-je *beau*? » demande *Phœbus* .
3. Phœbus n'aide pas *Jehan* à se relever.
4. Esmeralda attend *l'arrivée de Phœbus*.
5. Dites *la vérité à Esmeralda*.
6. La bohémienne veut regarder *Phœbus*.
7. Elle veut *regarder marcher le capitaine*.
8. Ne méprisez pas *Claude*.

XI. Remplacez l'expression en italique par **y** ou **en**, lorsque c'est possible.

1. Ils vont *au cabaret*.
2. Il sortent *de la Pomme d'Ève*.
3. Phœbus a rendez-vous avec Esmeralda *au pont Saint-Michel*. Lorsqu'il arrive, elle est déjà *au pont Saint-Michel*.
4. Vous parlez peu *de vos projets*.
5. Combien d'argent a-t-il? – Il a fort peu *d'argent*.
6. Quand Phœbus parle *de la bohémienne*, il ricane.
7. Est-ce qu'on voit *des ivrognes près de ce cabaret*?
8. Il apporte *du vin à Jehan*.
9. Esmeralda ne pense pas *à Claude*. Elle ne parle pas *du juge*.
10. A-t-elle assez *de vin* pour la soirée?

Les pronoms personnels (suite)

II. Formes toniques

personnes	sujets	pronoms toniques
1re singulier	je / j'	moi
2e singulier	tu	toi
3e singulier	il / elle	lui / elle / soi
1re pluriel	nous	nous
2e pluriel	vous	vous
3e pluriel	ils / elles	eux / elles

On·emploie la forme tonique (ou accentuée) du pronom dans les cas suivants :

1. pour renforcer le nom ou le pronom sujet ou objet

> Esmeralda aime Phœbus; Phœbus, **lui**, ne l'aime pas vraiment.
> Quasimodo aime Esmeralda, mais Esmeralda ne l'aime pas, **lui**.

2. quand le pronom sujet ou objet est employé sans verbe

> Qui attend Phœbus? — **Elle.**
> Lesquels voyez-vous? — **Eux.**

3. quand le verbe a plusieurs sujets ou objets

> Jehan et **lui** entrent à la taverne.
> L'homme les regarde, **lui** et **elle**.

4. après un impératif affirmatif, à la 1re et à la 2e personnes du singulier

> Amène-le-**moi**.   Dépêche-**toi**!

5. après une préposition

> Claude marche **derrière eux**.
> Il se précipite **sur eux**.

6. après **c'est, ce sont**

> C'est **lui** qu'Esmeralda aime.   Ce sont **eux** que Claude suit.

Exerçons-nous

XII. Remplacez le tiret par le pronom qui manque.

1. Elle et _____ lisons *Le Bossu de Notre-Dame*.
2. Phœbus et _____ vous vous parlez.
3. C'est _____ qui connaissez la cathédrale.
4. C'est _____ qui aimes le roman de Victor Hugo.
5. La bohémienne, _____, est une fugitive.

6. « Venez avec _____ à La Pomme d'Ève, dit Jehan à Phœbus. – D'accord, je viens avec _____ », répond Phœbus.

7. « _____ et _____, allons au Pont Saint-Michel, veux-tu? – Ah non! je _____ viens. »

8. « Je n'aime que _____, » dit Phœbus à toutes les femmes.

9. _____, ils aiment les romans; _____, elles préfèrent la poésie.

10. Claude est amoureux de _____, mais _____ n'est pas amoureuse de _____.

11. Vas-tu souvent à Paris? – Oui, je _____ vais tous les ans.

12. Combien de gargouilles voit-on sur la cathédrale? – Je _____ ignore, mais il y _____ a beaucoup.

Écrivons

XIII. Imaginez qu'un être mystérieux vous poursuit. À quoi ressemble-t-il? Avez-vous peur? Pourquoi? Que faites-vous pour lui échapper?

Sourions un peu

Une jeune fille demande à son fiancé : « Préfères-tu avoir une femme intelligente ou une jolie femme? »
Et le jeune homme répond : « Voyons, chérie, tu sais bien que je n'aime que toi. »

« Moi, je veux me marier avec un homme riche, intelligent et beau, » déclare Mariette.
« Alors, dit sa grand-mère, il te faut épouser trois hommes. »

Écoute

Écoutez le passage qui est lu deux fois. Ensuite, répondez aux questions.

Phonétique : **Les voyelles *eu* (ouvert) et *eu* (fermé)**

Section II : Racontons au passé

CHAPITRE 6 : Le Crime ne paye pas

Textes à l'étude
- Lisons I : Arthur se confesse
- Lisons II : Un dilemme à résoudre

Vocabulaire et structures
- *se faire*
- le crime et le jugement
- expressions avec *part*

Aspects grammaticaux
- Le passé composé : les verbes conjugués avec *avoir*
- Le passé composé : les verbes conjugués avec *être*

Lisons I : Arthur se confesse

Je m'appelle Arthur et je suis en train de purger une peine de cinq ans dans un pénitencier fédéral pour homicide involontaire. Je raconte mon histoire dans le but d'aider les jeunes à éviter les erreurs que j'ai faites.

J'ai grandi dans une petite ville du Nouveau-Brunswick. Mes études ont bien commencé et j'ai obtenu de bonnes notes jusqu'à ma dixième année; mais un jour, je ne sais pourquoi, un groupe d'ados a commencé à me harceler et à me brutaliser. Je n'en ai pas parlé à mes parents, car j'ai voulu me débrouiller tout seul. Pour avoir la paix, j'ai décidé de me joindre au groupe, de boire et de faire la fête. Tout de même, j'ai réussi à obtenir mon diplôme *de peine et de misère*[1].

J'ai été impliqué dans plusieurs accidents de voiture liés à l'alcool. Dans un de ceux-ci une amie a été gravement blessée et un copain a perdu la vie. Au lieu de changer de conduite, je n'ai ressenti que de la colère et j'ai continué à boire et, à l'occasion, à prendre des drogues et à fréquenter des endroits mal famés.

Il y a maintenant six ans, le week-end de la fête nationale du Canada, un copain a profité de l'absence de ses parents pour donner une fête. Il a invité chez lui une cinquantaine de jeunes. Nous avons dansé, bu, pris des drogues. Naturellement, nous avons fait beaucoup de bruit, ce qui a dérangé les voisins.

Vers deux heures du matin, on a commencé à nous téléphoner pour nous demander de faire moins de bruit, sans succès, bien sûr. Enfin, on a frappé brutalement à la porte. Mon ami a ouvert à un monsieur furieux qui a commencé à crier. Une dispute violente a éclaté quand l'inconnu nous a menacés. Mon ami, un grand gaillard, a répondu par un coup de poing en plein visage. L'homme est tombé. Sous l'effet de l'alcool et de la drogue, j'ai donné libre cours à ma rage. Quand il a essayé de se relever, je lui ai donné des coups de pied.

Quand nous avons vu l'homme sans vie, étendu par terre, nous avons pris peur. Quelqu'un a appelé une ambulance. Quand la police est arrivée avec les ambulanciers, j'ai quitté la maison en vitesse pour éviter les ennuis.

Le lendemain, j'ai appris la mort de l'homme. Je n'ai pas été accusé et mes amis n'ont pas parlé. Pendant quatre ans, j'ai vécu avec ce terrible secret. Tourmenté par le remords, je n'ai pas eu un moment de paix. Un jour, j'ai craqué. J'ai tout avoué à un policier en civil. On m'a arrêté et j'ai plaidé coupable.

La prison n'est pas un endroit agréable. Je souffre quand je songe à ma famille, au chagrin et à la honte que j'ai causés à mes parents et à ma sœur. Par-dessus tout, je suis hanté par le remords : je suis responsable de la mort d'un être humain. À cause de moi, une femme a perdu son mari et des enfants, leur père. Toute ma vie, je vais devoir vivre avec cette affreuse pensée : « J'ai tué un homme. »

Avons-nous bien saisi le sens du texte?

I. Choisissez la bonne réponse.

1. Arthur est en prison parce qu'il a) *a pris de la drogue;* b) *a tué quelqu'un;* c) *a eu un accident de voiture lié à l'alcool.*

2. À l'école secondaire, il a) *a été victime de harcèlement;* b) *avait beaucoup d'amis;* c) *était un bon élève.*

3. Un de ses amis est mort a) *après avoir pris trop de drogue;* b) *dans un accident de voiture;* c) *à la suite d'un coup de poing.*

4. Arthur est en prison depuis a) *6six ans;* b) *quatre ans;* c) *deux ans.*

5. L'inconnu est mort a) *lors d'une dispute;* b) *quand il a attaqué un jeune homme;* c) *parce qu'il était ivre.*

---

1 avec beaucoup de difficulté

II. Répondez aux questions suivantes.

1. Pourquoi Arthur raconte-t-il son histoire?
2. À l'école secondaire, qu'est-ce qu'Arthur a fait pour être accepté par ses copains?
3. Que dit Arthur pour expliquer qu'il n'était pas un étudiant sérieux?
4. Quel impact la mort de son ami a-t-elle eu sur la vie d'Arthur?
5. Où a eu lieu la soirée? Qui était présent?
6. Qu'est-ce que les jeunes ont fait au cours de la soirée?
7. Qu'est-ce qu'Arthur a fait quand l'homme est tombé par terre?
8. Dans quel état était Arthur quand il a frappé l'inconnu?
9. Comment Arthur a-t-il vécu pendant quatre ans?
10. Pour quelle raison Arthur a-t-il dit la vérité?
11. Qu'est-ce qui fait souffrir Arthur?
12. Quelles conséquences l'action d'Arthur a-t-elle provoquées?

Rappelons-nous

se faire

se faire des amis	faire des efforts pour avoir des amis
se faire du souci	s'inquiéter
se faire à	s'habituer à
s'en faire	se tourmenter, être inquiet/inquiète

III. Complétez les phrases en employant la forme du verbe *se faire* qui convient.

1. Ces parents _____ pour leur fils parce qu'il prend de la drogue.
2. Je viens d'un pays chaud et je ne peux pas _____ ce climat froid.
3. Il vient d'arriver à une nouvelle école; il veut _____ et devenir populaire.
4. Tu as beaucoup de problèmes en ce moment, mais ne _____. Tout va s'arranger.

Enrichissons notre vocabulaire

IV. Remplacez les mots en italique par une expression équivalente qui se trouve dans le texte. Faites tous les changements qui s'imposent.

1. Je n'ai pas voulu demander de l'aide; j'ai *essayé de trouver tout seul une solution*.
2. J'ai complété mes études universitaires *avec beaucoup de difficulté*.
3. Il *n'a pas contenu* sa colère.
4. *Il y a eu une querelle* entre mon voisin et un homme qui avait trop bu.
5. Un policier *qui ne portait pas d'uniforme* a arrêté le criminel.

V. Complétez par l'expression appropriée qui se trouve dans le texte.

Lors d'une _____, ce jeune homme a causé la mort de quelqu'un. Il a essayé de s'enfuir, mais la police le _____ et le _____ d'un crime. Comme il n'avait pas l'intention de tuer, il s'agit d'un _____. Cependant, il _____ la perte d'une vie. Lors du procès, il a avoué sa culpabilité et _____. Maintenant, il se trouve dans _____ où il _____ de 10 ans. Il est désolé des conséquences tragiques de son acte et de _____ qu'il a causée à sa famille. _____ le poursuivra toujours.

VI. Trouvez dans le texte :

1. trois expressions qui décrivent une action violente

2. trois expressions qui décrivent l'angoisse d'Arthur après le crime

3. les mots qui expriment les idées suivantes :
    mener une vie de plaisir
    modifier la manière de se comporter
    éprouver (un sentiment)
    des lieux qui ont une mauvaise réputation

4. le synonyme du mot :
    la peur   la peine

5. le nom qui exprime le fait d'être fâché

6. le contraire du mot :
    la présence   nier

Quelques expressions à retenir

Le crime et le jugement

plaider coupable	reconnaître avoir commis une faute
plaider non coupable	se déclarer innocent
plaider la démence	déclarer être fou / folle pour expliquer un crime
infliger une peine	condamner
purger une peine	payer sa dette à la société – faire de la prison
la peine de mort	la peine capitale
porter plainte contre quelqu'un	accuser quelqu'un d'une action dont on se dit victime
le lieu du crime	endroit où s'est passé le crime
les empreintes digitales	traces laissées par les doigts
mener/faire une enquête	chercher à découvrir la vérité en interrogeant les témoins, en examinant les indices (*clues*)
être pris en flagrant délit	être attrapé pendant qu'on est en train de faire une mauvaise action
être inculpé(e) de meurtre	être accusé(e) d'avoir tué quelqu'un
un casier judiciaire	document sur lequel sont notées les condamnations prononcées contre quelqu'un
en vouloir à quelqu'un	avoir de la rancune contre quelqu'un / être fâché(e) contre quelqu'un

VII. Complétez les phrases suivantes en employant une expression tirée de la liste

1. Le voleur a été arrêté lorsqu'il était en train de voler des bijoux. Comme on le _____, i déclarer innocent; il a donc _____ .

2. Quand le détective est arrivé sur _____, il a trouvé un mort. Pour identifier le coupable, il a _____ et a interrogé de nombreux témoins. Il a fini par découvrir le criminel car celui-ci avait laissé _____ sur le revolver. Par conséquent, on l'a accusé d'avoir tué, c'est-à-dire qu'il _____.

3. L'accusé a essayé _____ en disant que la jalousie l'avait rendu fou et qu'il ne savait pas ce qu'il faisait. Il n'a pas réussi à convaincre le jury. Il est maintenant en prison en train de _____ de 25 ans. On ne l'a pas exécuté, car _____ n'existe pas dans ce pays.

4. Nous _____ à nos voisins, car ils font tellement de bruit la nuit que nous n'arrivons pas à dormir. Nous avons décidé de _____ contre eux.

Maîtrisons la grammaire

Le passé composé

Le passé composé est utilisé dans la narration au passé pour décrire une action complète.

Forme

Le passé composé est formé du présent de l'auxiliaire *avoir* ou *être* et du participe passé du verbe.

Le participe passé des verbes réguliers :

frapper	frappé
grandir	grandi
perdre	perdu

(pour les participes passés irréguliers, voir l'appendice)

Passé composé des verbes conjugués avec l'auxiliaire avoir

1. La grande majorité des verbes sont conjugués avec l'auxiliaire **avoir**.

j'ai frappé	j'ai grandi	j'ai perdu
tu as frappé	tu as grandi	tu as perdu
il/ elle/ on a frappé	il/ elle/ on a grandi	il/ elle/ on a perdu
nous avons frappé	nous avons grandi	nous avons perdu
vous avez frappé	vous avez grandi	vous avez perdu
ils/ elles ont frappé	ils/ elles ont grandi	ils/ elles ont perdu

2. Au négatif, **ne** précède l'auxiliaire et **pas** le suit.

Je **n'ai pas** frappé.   Tu **n'as pas** grandi.   Elle **n'a pas** perdu.

3. À l'interrogatif, on utilise **est-ce que** ou l'inversion.

Est-ce que j'ai frappé?	**Ai-je** frappé?
Est-ce que tu as grandi?	**As-tu** grandi?
Est-ce qu'elle a perdu?	**A-t-elle** perdu?

4. Le participe passé d'un verbe conjugué avec **avoir** s'accorde avec **l'objet direct qui précède le verbe**. L'objet qui précède le passé composé est généralement un pronom personnel ou un pronom relatif.

J'ai raconté *l'histoire*.   Je l'ai racontée.
                                                   (COD)[2]

Je veux aider les jeunes à éviter les erreurs **que** j'ai fai**tes**.
                                                   (COD)[3]

Exerçons-nous

VIII. Mettez au négatif.

1. Ils ont grandi dans une petite ville.
2. Est-ce que vous en avez parlé à vos parents?
3. Mes études en ont souffert.
4. As-tu tenté de trouver des réponses?
5. Il a raconté la vérité à un policier.

IX. Mettez à l'interrogatif en employant l'inversion.

1. J'ai fini par me faire des copains.
2. Tu as perdu le contrôle de ta vie.
3. Mon ami lui a donné un coup de poing.
4. Il a appris que l'homme était mort.
5. L'inconnu leur a dit de quitter la maison.

X. Mettez le passage au passé composé.

Un jour, Étienne boit trop d'alcool et il a un accident où un de ses amis perd la vie. La police arrête Étienne et l'accuse d'homicide involontaire. On condamne le jeune homme à 10 ans de pénitencier. Les années qu'il passe en prison sont très dures pour lui. La violence qu'il y voit tous les jours le fait souffrir. Les autres prisonniers le brutalisent et le harcèlent. Plus tard, quand il quitte la prison, il doit s'habituer à sa nouvelle situation. Il décide de raconter son histoire pour aider les jeunes.

XI. Mettez les verbes au passé composé et faites accorder le participe s'il y a lieu.

La semaine dernière, Robert et sa femme Karine *vouloir* passer une soirée tranquille. Ils se sont donc couchés tôt, mais vers deux heures ils *entendre* du bruit venant de chez leurs voisins. Comme ceux-ci étaient en voyage, Robert *courir* vers leur maison voir ce qui s'y passait et sa femme *appeler* la police. Lorsqu'il *ouvrir* la porte, il *voir* plus de 50 jeunes. Il les *regarder* avec étonnement et *conclure* que la plupart étaient ivres. Quand il leur *dire* de quitter la maison, les jeunes le *insulter* et lui *jeter* des bouteilles vides au visage.

---

2   Complément d'Objet Direct
3   Le pronom relatif **que** (objet direct) remplace le nom **erreurs** (féminin, pluriel).

Soudain, le fils du voisin lui *donner* un violent coup de poing. Robert *perdre* l'équilibre et *finir* par tomber. Sa tête *heurter* une petite table et le sang *couler* partout. Ensuite, un autre jeune homme lui *donner* des coups de pied. Il *ne pas pouvoir* se relever. Il *croire* entendre la sirène d'une ambulance et peu après, on le *transporter* à l'hôpital. Il *prononcer* le nom de sa femme quand il la *apercevoir* devant lui. Bouleversée, elle *apprendre* que son mari était mourant.

Écrivons

XII. Un ancien prisonnier raconte une de ses journées en prison.

Lisons II : Un dilemme à résoudre

Un crime a eu lieu au Musée des Beaux-Arts. On y a volé un tableau de grande valeur et on l'a remplacé par une copie.

Le détective Lafleur est allé au musée pour examiner minutieusement le lieu du crime. Comment les voleurs sont-ils entrés? Pourquoi l'alarme ne s'est-elle pas déclenchée au moment où les cambrioleurs ont pénétré dans le musée? Il n'a pas trouvé d'empreintes digitales sur le cadre du tableau. Le voleur portait sans doute des gants. Le détective est arrivé aux conclusions suivantes à la suite de son enquête : le voleur n'a pas agi seul, quelqu'un à l'esprit astucieux a planifié le vol et plusieurs personnes y ont pris part. Après avoir examiné avec grand soin les indices et avoir interrogé tous les employés du musée, il a réussi à identifier la personne coupable.

Voici le rapport qu'il a rédigé :

L'auteur du crime est madame Monet, conservatrice[4] du Musée des Beaux-Arts. Ses problèmes financiers l'ont poussée au vol. Son mari, artiste de peu de talent, a joué à la bourse et a contracté d'énormes dettes. Afin de s'en acquitter, il a convaincu sa femme de vendre le tableau d'un grand maître et d'y substituer une copie. M. Monet a peint la copie et sa femme a élaboré le plan pour installer la reproduction au musée.

Tout d'abord, elle a renversé une tasse de café sur le tapis dans la salle où se trouvait le tableau en question. Ensuite, elle a appelé les nettoyeurs et a fermé la salle au public. Peu après, deux hommes, munis d'un chariot, d'une vadrouille et de sacs à ordures, l'ont accompagnée dans la salle. Les deux hommes déguisés en nettoyeurs étaient son frère et son mari. Elle a demandé aux autres employés de déballer des caisses et pendant ce temps, les deux voleurs ont décroché le cadre, en ont sorti la peinture originale et l'ont remplacée par la copie. Ils ont mis la précieuse toile dans un sac à ordures

---

4   conservateur / conservatrice : personne qui administre un musée

qu'ils ont glissé dans le chariot. Ils sont sortis du musée en plein milieu de la journée aux yeux de nombreux témoins. Ils ont descendu le chariot et l'ont mis dans la camionnette qui était garée devant la porte arrière.

Comme la salle a été fermée au public toute la journée à cause de l'état du tapis, on n'a découvert le crime que le lendemain. Tout le monde en a déduit que les cambrioleurs étaient entrés la nuit pendant la fermeture du musée.

C'est la déclaration de madame Monet : « J'ai renversé une tasse de café sur le tapis » qui a éveillé les soupçons du détective. Un panneau à l'entrée du musée portait l'inscription : « Défense de manger et de boire ». Une conservatrice ne peut pas enfreindre un tel règlement! Lafleur s'est dit : « C'est elle qui a fait le coup[5] et je vais le prouver! » Il lui a suffi d'enquêter sur la vie privée de la dame pour découvrir le mobile[6] du crime. Il a réussi à reconstituer les faits et il en est arrivé à cette conclusion : madame Monet est coupable de ce vol.

Avons-nous bien saisi le sens du texte?

I. Choisissez la bonne réponse.

1. a) *L'alarme a sonné quand les voleurs sont entrés;* b) *les voleurs sont entrés pendant la journée;* c) *les voleurs sont entrés de force pendant la nuit.*
2. a) *Les empreintes digitales ont fait condamner la coupable;* b) *Il y avait trop d'empreintes digitales sur le cadre pour identifier la coupable;* c) *Il n'y avait pas d'empreintes.*
3. La conservatrice a fait venir les nettoyeurs pour a) *laver le tapis;* b) *laver les vitres;* c) *épousseter les tableaux.*
4. On a mis la toile volée dans a) *une caisse;* b) *un sac en plastique;* c) *un manteau.*
5. Madame Monet a été arrêtée à la suite d' a) *une déclaration imprudente;* b) *un aveu de culpabilité;* c) *un témoignage accusateur.*

II. Répondez aux questions suivantes.

1. Quel crime a-t-on commis?
2. Quelles questions le détective Lafleur s'est-il posées?
3. Expliquez la raison pour laquelle le détective a déduit que le voleur avait porté des gants.
4. Qu'est-ce que l'enquête criminelle lui a révélé?
5. Quel a été le mobile du vol?
6. Quel était le projet des voleurs?
7. Pourquoi les Monet semblent-ils avoir les qualités requises pour commettre ce genre de crime?
8. Comment les voleurs ont-ils pu commettre le crime sans être arrêtés?
9. Pourquoi n'a-t-on pas découvert le crime tout de suite?
10. Qu'est-ce qui a semé le doute dans l'esprit du détective? Pourquoi?

---

5   expression familière
6   la raison

Rappelons-nous

Expressions avec *part*

prendre part à	participer à
faire part de + nom	annoncer, avertir
un faire-part	un avis (mariage, mort, fiançailles, etc.)
de la part de quelqu'un	venant de quelqu'un

III. Complétez les phrases en utilisant une des expressions ci-dessus. Faites tous les changements qui s'imposent.

1. Il y a un appel pour vous. C'est _____ votre patron.
2. Quand je lui _____ l'accident, elle a pleuré.
3. Pour protester contre l'augmentation des frais de scolarité, les étudiants _____ une manifestation.
4. Je viens de recevoir _____ du mariage de la fille de mes voisins.

Enrichissons notre vocabulaire

IV. Remplacez les mots en italique par une expression équivalente qui se trouve dans le texte. Faites tous les changements qui s'imposent.

1. Le crime *s'est passé* hier soir.
2. Le détective *a enquêté en tenant compte des moindres détails*.
3. Les *voleurs qui ont pénétré dans le musée* ont commis le crime de façon très habile.
4. Un journaliste *a écrit* un article intéressant sur le vol au musée.
5. *La pancarte* sur la porte indique que le musée est fermé.

V. Remplacez les blancs par une expression tirée du texte.

1. L'auteur du crime n'a pas _____; il a eu des complices.
2. Pour exécuter un tel crime il faut un individu _____, capable de planifier les plus petits détails.
3. La police n'arrive pas à résoudre cette affaire, car il n'y a pas beaucoup de _____ qui mènent au coupable.
4. Il a perdu beaucoup d'argent, parce qu'il _____ sans comprendre le marché.
5. Veulent-ils rembourser tout ce qu'ils doivent? Oui, ils veulent _____

VI. Rédigez des phrases afin de faire ressortir clairement :

a) deux sens du mot : vol;
b) deux sens du mot : renverser;
c) le sens de l'expression : faire le coup;
d) le sens de l'expression : muni de;
e) le sens de l'expression : faire semblant.

QUELQUES EXPRESSIONS À RETENIR

Les Beaux-Arts

Les arts	Les artistes
l'architecture (f)	un/une architecte
la peinture	un/une peintre / un/une artiste
la sculpture	un sculpteur
la gravure *(engraving)*	un graveur/une graveuse
la gravure à l'eau-forte *(etching)*	

Musée des Beaux-Arts

une exposition	présentation d'oeuvres, d'objets d'arts
un vernissage	inauguration d'une exposition
la toile	le tableau
l'aquarelle (f) *(watercolour)*	peinture à l'eau sur papier
une œuvre	
un chef-d'œuvre	une œuvre de qualité exceptionnelle
le chef-d'œuvre	la meilleure œuvre d'un(e) artiste ou d'une époque

VII. Complétez les phrases suivantes en utilisant une des expressions ci-dessus.

1. _____ que j'ai vue au Louvre réunit les œuvres des peintres les plus célèbres du XIXe siècle.
2. Préférez-vous _____ figurative ou abstraite?
3. _____ canadienne a dessiné les plans de ce magnifique édifice.
4. Les _____ d'Auguste Rodin, _____ français, sont bien connues. Ma préférée est le Penseur. À mon avis, c'est son _____.
5. Nous sommes invités à _____ le 15 février. C'est la première fois qu'on expose les _____ de ce jeune artiste.

Maîtrisons la grammaire

Le passé composé

Les verbes conjugués avec l'auxiliaire être

Un certain nombre de verbes sont conjugués avec **être** :

1. les verbes pronominaux (voir le chapitre 7);
2. un certain nombre de **verbes intransitifs**, c'est-à-dire qui n'ont ni objet direct ni objet indirect. En général, ils indiquent un mouvement, sauf rester[7].

---

7 Aide-mémoire. L'anagramme *Mrs. Vandertramp* peut vous aider à retenir la liste.

DR MRS VANDERTRAMPP

Les verbes conjugués avec **être**

Remarque

Les composés de ces verbes (**rentrer, revenir, devenir, survenir, retomber,** etc.) sont également conjugués avec **être**.

Après avoir purgé une peine de trois ans, madame Monet **est revenue** chez elle.
Et son mari? Qu'est-ce qu'il **est devenu**?

Forme

je suis parti(e)	nous sommes parti(e)s
tu es parti(e)	vous êtes parti(e)(s)
il / elle / on est parti(e)	ils / elles sont parti(e)s

Le détective Lafleur **est né** à Montréal.
Il **est allé** au musée pour examiner le lieu du crime.

1. Le participe passé d'un verbe conjugué avec **être** s'accorde avec le sujet du verbe.

   Comment **les cambrioleurs** sont-**ils** entrés?
   Les voleurs sont sortis du musée en plein milieu de la journée.
   La police est arrivée pour interroger les employés du musée.

2. Les verbes **entrer, sortir, monter, descendre, passer, retourner** peuvent être transitifs, c'est-à-dire qu'ils peuvent avoir un objet direct. Ils sont alors conjugués avec **avoir** et ont un sens différent.

> Ils **sont montés** dans une camionnette garée devant la porte.
> *(They got in a van parked in front of the door.)*

> **J'ai monté** *les bagages*. *(I took up the luggage.)*

> Nous **sommes rentrés** tard. *(We got home late.)*
> Nous **avons rentré** *la voiture* au garage. *(We put the car in the garage.)*

> Nous **sommes passés** devant le musée où le crime a eu lieu.
> *(We passed in front of the museum where the crime took place.)*

> Nous **avons passé** *une journée* qui a eu des conséquences tragiques.
> *(We spent a day that had tragic consequences.)*

Notons que quand ces verbes sont conjugués avec **avoir** leur participe passé s'accorde, selon la règle, avec le complément d'objet direct qui précède le verbe.

> Nous **avons monté** une pente raide.
> La pente **que** nous **avons montée** est raide.
> (COD)[8]

Exerçons-nous

VIII. Mettez les verbes au passé composé et faites accorder le participe s'il y a lieu.

1. Elle *aller* au Musée des Beaux-Arts.
2. Les employés *arriver* à 10 h et *partir* à 18 h.
3. Ils *monter* l'escalier.
4. La tasse qui était sur la table *tomber*.
5. Les nettoyeurs *rester* longtemps à nettoyer le tapis.
6. Nous *descendre* quand l'alarme a sonné et nous *descendre* le chariot.
7. La peinture que les voleurs *sortir* du cadre est un chef-d'œuvre.
8. Ils *sortir* par la porte arrière.
9. Est-ce que les cambrioleurs *entrer* pendant la nuit?
10. La conservatrice du musée *naître* à Marseille.
11. Madame Monet *devenir* une criminelle.
12. Monsieur Monet *mourir* quelques mois après l'arrestation de sa femme.
13. Vous *passer* des heures à admirer les beaux tableaux.
14. À quelle heure *rentrer*-nous hier?
15. Est-ce qu'elle *retourner* à une vie de crime?

IX. Mettez les infinitifs au passé composé.

Monsieur et madame Monet *arriver* à Montréal l'année dernière. Ils *partir* en toute hâte de Paris parce que la police les cherchait. Après quelque temps, madame Monet, femme très intelligente, *devenir* conservatrice du Musée des Beaux-Arts. Le 10 octobre dernier, elle *sortir* de chez elle à 8h accompagnée de son mari

---

8 Le pronom relatif **que** est le complément d'objet direct qui remplace le nom **pente**.

et de son frère. Ils *arriver* au musée vers 8 h30. Elle *aller* directement au deuxième étage; son mari et son frère *descendre* au sous-sol où ils *rester* une heure. Quand elle les a appelés, les deux hommes, déguisés en nettoyeurs, *monter* un chariot, une vadrouille et des sacs à ordures. Ils *entrer* dans une salle où il y avait des tableaux de grande valeur et ils *sortir* une peinture célèbre en la cachant dans le chariot. Les deux voleurs *sortir* du musée aux yeux de nombreux témoins. En fait, ils *passer* devant les gardiens, *monter* dans leur camion et *rentrer* chez eux sans éveiller le moindre soupçon.

Récapitulation

Le passé composé formé avec avoir et être

X. Mettez les passages au passé composé. Attention à l'auxiliaire!

A

Quand j'avais 16 ans, ma famille *emménager* dans une nouvelle ville et je *rencontrer* une bande de jeunes filles qui s'appelaient les Dragonnes. Comme je voulais me faire des amies, je *commencer* à les fréquenter. Avant d'être acceptée par le groupe, je *devoir* faire mes preuves. Un soir, les Dragonnes *venir* me chercher au milieu de la nuit. Nous *aller* dans un lieu désert. Je *jurer* de suivre leurs ordres et *promettre* de ne jamais les trahir. Ensuite, elles me *faire* subir un rite d'initiation. Elles me *amener* devant une belle maison et me *dire* d'y entrer voler un objet précieux afin de prouver mon courage. Je *monter* les marches en tremblant. Quand je *arriver* devant la porte, je *avoir* peur. Je *casser* la vitre et je *entrer*. L'alarme *sonner*. Peu après, les propriétaires *descendre* et me *prendre* en flagrant délit. Le monsieur *sortir* une arme à feu et la *braquer* sur moi. Après quelques instants, la police me *arrêter*.

B

Le policier *dévisager* l'accusé et il *déclarer* : « Hier après-midi, un individu de ton âge *voler* le sac d'une vieille dame, puis il la *renverser* et elle *tomber* sur le trottoir. Ensuite, il *partir* en courant. Plusieurs témoins le *voir* et *faire* de lui une description détaillée. »

Le jeune homme *répondre* : « Hier, je *aller* chez mon amie et nous *passer* la journée à regarder la télévision. Je *rentrer* vers 10 heures. »

— D'après la description qu'on me *donner*, tu ressembles beaucoup à l'agresseur. Tu *ne pas faire* le coup? Tu en es sûr?

Je *dire* la vérité. Je *passer* devant une vieille dame dans la rue. Je la *trouver* très frêle et je *retourner* sur mes pas pour l'aider. Je la *accompagner* à la pharmacie. Quand nous *arriver* devant la porte, je la *ouvrir* et la dame *entrer*. Puis, je la *quitter* immédiatement. C'est la dernière fois que je la *voir*. Je vous jure que je *ne pas prendre* son sac. »

C

Je *inviter* mes camarades chez moi pour fêter mon anniversaire. La plupart des invités *rester* jusqu'aux petites heures à faire la fête et ne *partir* qu'au lever du soleil. Nous *passer* une soirée très agréable. Certains de mes amis *descendre* au sous-sol pour écouter de la musique, tandis que d'autres *choisir* un coin tranquille au deuxième étage pour pouvoir bavarder. Nous beaucoup *boire* et nous *rire* de tout et de tous. Les cadeaux qu'ils me *offrir* étaient amusants. En fait, les photos que nous *prendre* témoignent de la joie générale.

Le lendemain, ma mère *découvrir* que son collier de diamants avait disparu. Elle *devenir* folle de rage. Nous *fouiller* partout dans la maison. Nous *déplacer* les meubles, mais tous les efforts que nous *faire ne pas produire* les résultats voulus. Après plusieurs heures, nous *arriver* à cette triste conclusion : un de mes amis est un voleur. Mais qui me *trahir*? Qui *pouvoir* faire une telle action? Qui *commettre* un tel crime? Ma mère, qui *être* bouleversée par la découverte, *vouloir* appeler la police. Quand les policiers *venir*, ils *ne pas croire* notre histoire. Selon eux, c'était une ruse pour obtenir de l'argent de l'assurance. Ils nous *accuser* de fraude.

Écrivons

XI. Un détective explique pourquoi, à son avis, l'accusé(e) est coupable du crime en racontant comment il / elle a exécuté son projet sinistre. Racontez.

Sourions un peu

Une histoire vraie

À court d'argent, un jeune homme a décidé de braquer (*holdup*) une épicerie. Comme il ne possédait pas d'arme, il s'est servi d'une banane qu'il a glissée dans un sac en plastique. Il est entré dans le magasin en pointant son arme vers les deux employés : « L'argent et faites vite! »

La caissière a voulu gagner du temps : « Il n'y a pas de clients, comme vous voyez. La caisse est presque vide. » Furieux, le voleur a menacé de descendre[9] les employés. Pour donner plus de poids à ses menaces, il a abattu son arme sur le comptoir. L'objet a émis une sorte de gargouillis, puis s'est plié en deux. Surpris, les employés se sont mis à rire.

Le voleur a tenté de fuir, mais il a eu la malchance de se cogner contre un agent de police qui entrait dans l'épicerie.

Écoute

Écoutez le passage qui est lu deux fois. Ensuite, répondez aux questions.

Phonétique : **Révision des voyelles orales**

---

9 tuer

CHAPITRE 7 : Des rendez-vous décevants

Textes à l'étude
- Lisons I : Un rendez-vous manqué
- Lisons II : L'Habit ne fait pas le moine

Vocabulaire et structures
- les rendez-vous
- tôt / de bonne heure / tard
- expressions avec *lieu*
- les bijoux

Aspects grammaticaux
- Le passé composé des verbes pronominaux
- L'accord du participe passé des verbes pronominaux

Lisons I : Un rendez-vous manqué

Anne a rendez-vous avec un monsieur dont elle a fait la connaissance par Internet. Il ne lui a pas envoyé de photo, mais d'après ce qu'il lui dit, elle a l'impression qu'il doit être un assez bel homme. Il y a déjà quelques semaines qu'ils correspondent; toutefois, aujourd'hui, c'est leur première rencontre. Ils se sont donné rendez-vous dans un restaurant coté qu'ils trouvent tous deux sympathique.

Anne s'est donc habillée avec plus de plaisir encore que d'habitude. Elle a hésité entre une petite robe noire sexy et son tailleur bleu marine. Elle s'est décidée pour le tailleur, ne voulant pas paraître trop vamp à ce premier rendez-vous. Sous la veste, elle porte un corsage lilas : le lilas lui va si bien. Elle s'est ensuite maquillée avec un soin tout particulier. Après l'incontournable fond de teint, elle s'est appliqué un peu de rouge aux joues et, sur les paupières, un nuage d'ombre lilas, assortie au corsage. Le lilas met en valeur ses grands yeux verts. Pour terminer, elle s'est fardé les lèvres d'un rouge assez vif qui fait ressortir l'éclat de ses dents – qu'elle a très blanches. Bien sûr, elle s'est vaporisée de son parfum préféré, *Coco* de Chanel. Lorsqu'elle s'est regardée dans la glace, elle s'est aperçue qu'elle avait oublié les boucles d'oreilles – oubli vite réparé. Tout compte fait, l'image que lui a renvoyée le miroir lui a paru plaisante; mais Luc sera-t-il du même avis?

Luc s'est rasé de près et s'est vêtu avec un soin particulier aujourd'hui. Il a rendez-vous avec Anne, belle femme d'après sa photo. Il a opté pour son complet bleu marine rayé et sa chemise lilas qui va bien à son teint. Il s'est même appliqué sur le visage un soupçon de fond de teint – ce qu'il fait rarement. Évidemment, il ne peut pas déguiser sa calvitie, mais les chauves *font fureur*[1] en ce moment. Sa silhouette légèrement bedonnante est un problème plus grave, surtout qu'il n'est pas très grand; mais il a tant de charme qu'Anne ne remarquera pas ce défaut. Avant de quitter son appartement, il s'est généreusement vaporisé de son eau de toilette favorite, *Eau sauvage* de Dior. Lorsqu'il s'est regardé dans la glace, il s'est jugé assez bel homme, certainement capable de plaire.

Luc s'est rendu au restaurant de bonne heure parce qu'il ne veut pas faire attendre Anne. Leur rendez-vous est pour huit heures et il est arrivé avec dix minutes d'avance. À huit heures et quart, Anne n'est pas encore là. Luc commence à s'énerver et commande un whisky. « Ah! pourquoi les femmes sont-elles toujours en retard? » Enfin, à huit heures trente, le garçon s'approche de la table, le visage grave. « Excusez-moi, monsieur, un message pour vous. Mademoiselle Anne vient de téléphoner. Elle vous prie de l'excuser. Elle s'est foulé le pied en sortant de chez elle et ne pourra venir au rendez-vous. »

Avons-nous bien saisi le sens du texte?

I. Choisissez la bonne réponse.

1. Anne et Luc ont fait connaissance
   a) grâce à des photos
   b) par Internet
   c) au restaurant

2. Ils correspondent depuis
   a) quelques mois

---

1 sont très populaires

b) quelques jours

c) plusieurs semaines

3. Pour le premier rendez-vous, Anne porte
    a) une petite robe noire
    b) un corsage lilas
    c) un tailleur sexy

4. Comme bijoux, elle a choisi
    a) un collier
    b) un bracelet
    c) des boucles d'oreilles

5. Anne et Luc portent tous deux
    a) de l'eau de toilette Chanel
    b) de l'ombre à paupières
    c) du bleu marine

6. Luc est
    a) mince
    b) grand
    c) bedonnant

7. Luc est arrivé au restaurant
    a) à huit heures
    b) à huit heures moins dix
    c) à huit heures et quart

II. Répondez aux questions suivantes.

1. Pourquoi Anne n'a-t-elle pas porté la petite robe noire?
2. Pourquoi a-t-elle mis un corsage lilas?
3. Pour quelles raisons Anne a-t-elle choisi une ombre à paupières lilas?
4. Comment Luc se console-t-il d'être chauve?
5. Comment Luc s'explique-t-il d'abord le retard d'Anne?
6. Comment Luc sait-il qu'Anne est une belle femme?
7. Qu'est-ce qu'Anne a fait pour avertir Luc de ne plus l'attendre?
8. Quelle raison a-t-elle donnée?

Rappelons-nous

Les rendez-vous

avoir un rendez-vous (amoureux, d'affaires)	avoir arrangé une rencontre
avoir rendez-vous avec quelqu'un	avoir arrangé une rencontre avec quelqu'un
prendre rendez-vous (avec quelqu'un)	arranger une rencontre (avec quelqu'un)
fixer, donner rendez-vous à quelqu'un	arranger une rencontre avec quelqu'un
recevoir sur rendez-vous	recevoir à une heure fixée à l'avance

III. Complétez les phrases en utilisant une des expressions ci-dessus au temps voulu.

1. Je vais manquer le travail demain parce que je _____ important.
2. Est-ce que tu _____ chez le dentiste? – Oui, je _____ pour demain.
3. Ce médecin _____ seulement. Téléphonez-lui dès demain.
4. Nous avons beaucoup de choses à nous dire. Allons au restaurant la semaine prochaine. _____.
5. Est-ce que tu _____, Pierre? – Oui, je _____. Je dîne dans mon restaurant préféré avec ma fiancée.

Enrichissons notre vocabulaire

IV. Trouvez, dans le texte, des expressions équivalentes aux expressions en italique. Faites les changements qui s'imposent.

1. Anne *doit rencontrer* un monsieur.
2. Ils correspondent *depuis quelques semaines*.
3. Elle *a choisi* le tailleur.
4. Le lilas *convient* à son teint.
5. Elle s'est maquillée *très soigneusement*.
6. Le rouge *met en valeur* l'éclat de ses dents.
7. Luc *s'est habillé* avec soin.
8. Il a mis *un peu de* fond de teint.
9. Les chauves *ont beaucoup de succès*.
10. Il *est allé* au restaurant *tôt*.

Quelques expressions à retenir

tôt, de bonne heure, tard
avancer, retarder (montre ou pendule)
être en avance, en retard, à l'heure (pour une personne)
avoir de l'avance, du retard, être à l'heure (pour un avion, un train, etc.)
avoir 10, 20 minutes, un quart d'heure, etc. d'avance, de retard

V. Choisissez, dans les expressions données ci-dessus celle qui convient. Mettez les verbes au temps voulu.

1. Jacques n'est jamais _____. La classe commence à huit heures et il arrive toujours à huit heures dix.

2. Dix heures viennent de sonner. Ma montre indique dix heures trois : elle _____. — C'est le contraire de ma montre; elle _____ de deux minutes.

3. L'avion doit arriver à 20 heures 10. Il _____ : il n'est que 20 heures et il a déjà atterri.

4. Notre rendez-vous est pour neuf heures. Il n'est que neuf heures moins dix : vous êtes _____.

5. Au Canada, les trains sont rarement à l'heure; très souvent, ils _____.

6. Mon Dieu! déjà 11 heures. Il est _____.

7. Si vous voulez une table dans ce restaurant à la mode, il faut arriver _____.

8. Je dois arriver chez Louise à deux heures et il est deux heures et quart. J'ai déjà _____.

Maîtrisons la grammaire

Le passé composé des verbes pronominaux

Forme

1. Les verbes pronominaux sont tous conjugués avec **être**.

s'habiller	se sentir	se rendre
je me suis habillé(e)	je me suis senti(e)	je me suis rendu(e)
tu t'es habillé(e)	tu t'es senti(e)	tu t'es rendu(e)
il, elle s'est habillé(e)	il, elle s'est senti(e)	il, elle s'est rendu(e)
nous nous sommes habillé(e)s	nous nous sommes senti(e)s	nous nous sommes rendu(e)s
vous vous êtes habillé(e)(s)	vous vous êtes senti(e)(s)	vous vous êtes rendu(e)(s)
ils, elles se sont habillé(e)s	ils, elles se sont senti(e)s	ils, elles se sont rendu(e)s

2. Au négatif, **ne** précède le pronom objet et **pas** (**guère, jamais, plus**) suit l'auxiliaire.

   Nous **ne** nous sommes **pas** donné rendez-vous.
   Elle **ne** s'est **guère** reposée.

3. À l'interrogatif, on peut utiliser **est-ce que** ou l'inversion.

   Est-ce qu'il s'est vaporisé d'eau de toilette?
   Se sont-ils donné rendez-vous?
   Anne s'est-elle habillée avec soin?

L'accord du participe passé des verbes pronominaux

1. Le participe passé des verbes pronominaux, comme celui des verbes conjugués avec **avoir**, s'accorde avec le complément d'objet direct si celui-ci précède le verbe.

Elle s'est décidée pour le tailleur. (Elle a décidé qui? – elle-même – **se**, objet direct, féminin singu...
Nous **nous** sommes regardés dans la glace. (Nous avons regardé qui? – nous-mêmes – **nous**, objet direct, masculin pluriel).

Remarque

Le participe passé de **faire** suivi d'un infinitif est toujours invariable.

Elle s'est **fait** couper les cheveux.

Emploi

Les verbes pronominaux au passé composé sont employés comme tous les autres verbes au passé composé (voir le chapitre 6).

Exerçons-nous

VI. Mettez les verbes au négatif.

1. Nous nous sommes rencontrés au restaurant.
2. Elle s'est bien reposée.
3. Ils se sont téléphoné.
4. Vous vous êtes décidés pour le voyage.
5. Tous se sont levés.
6. Tu t'es foulé le pied.
7. Elle s'est rendue au restaurant de bonne heure.
8. Nous nous sommes précipités au cinéma.

VII. Posez les questions auxquelles répondent les phrases de l'exercice VI. N'employez pas *est-ce que*.

Modèle : Nous nous sommes connus en France.
Vous êtes-vous connus en France?

VIII. Mettez les infinitifs au passé composé. Attention à l'accord du participe passé.

1. Il *se vêtir* avec soin.
2. Ils *se rencontrer* grâce à Internet.
3. Elle *se maquiller* les yeux.
4. Elle *s'appliquer* une légère couche de fond de teint.
5. Est-ce qu'ils *se plaire*?
6. Nous *ne pas se rendre* au restaurant.
7. Nous *se sentir* émus.
8. Vous et votre femme *se décider* pour le voyage.
9. Le garçon *s'approcher* de la table.
10. Elle *se commander* un whisky.

11. Elle *se faire* offrir une bague.

12. *Se rendre compte* ils de la générosité de leurs parents?

IX. Mettez les infinitifs au passé composé.

Pierre et Julie *se rencontrer* plusieurs fois dans l'ascenseur de leur immeuble. Ils *se plaire* immédiatement et un jour, Pierre *se décider* à inviter Julie. Elle *ne pas hésiter* et *accepter* de le rejoindre au bar du coin où elle *se rendre* après le travail. Ils *se parler* de leur emploi, de leurs projets, de leurs distractions favorites et même de leur enfance. En fait, ils *s'amuser* si bien ensemble qu'ils *prendre* rendez-vous pour la semaine suivante.

X. Remplacez *Aujourd'hui* par *Hier* et mettez au passé composé.

Aujourd'hui, Marguerite se promène dans les grands magasins. Elle se rend d'un rayon à l'autre, mais passe au moins 20 minutes au comptoir des parfums. Elle hésite entre *Coco* de Chanel et *L'Heure bleue* de Guerlain, mais se décide pour *Coco*, qu'elle trouve plus frais. En passant devant les lainages, elle voit un joli pull lilas qui lui plaît tout de suite. Elle se l'achète immédiatement et s'offre aussi un rouge à lèvres, très peu cher. Lorsqu'elle sort du magasin, il commence à pleuvoir. Elle se précipite de nouveau à l'intérieur : il lui faut bien s'acheter un parapluie.

Écrivons

XI. Continuez, en quelques phrases, l'histoire de Luc et Anne. Que s'est-il passé? S'est-elle vraiment foulé le pied? Qu'est-ce que Luc a fait après avoir reçu le message d'Anne? Se sont-ils revus?

Lisons II : L'Habit ne fait pas le moine[2]

Élizabeth est belle et elle le sait. Elle ne manque pas d'amoureux, mais aucun ne lui plaît vraiment. Il lui faut un homme distingué et, surtout, riche car elle a des goûts luxueux et un faible pour les bijoux, les vrais, bien sûr.

Depuis vendredi dernier, Élizabeth croit avoir trouvé l'oiseau rare[3]. Dans un bar où elle s'est rendue avec quelques collègues après le travail, elle a rencontré un monsieur, peut-être plus très jeune, mais si distingué, si élégant. Leurs regards se sont croisés et, tout de suite, il s'est approché d'elle. Ils se sont mis à bavarder de tout et de rien et se sont attardés longtemps au bar. Élizabeth a eu amplement le temps d'admirer la coupe du complet Armani de Jean Claude de Montaigu-Rocher – c'est son nom – et ses bijoux discrets, mais coûteux : les boutons de manchettes en or, l'épingle de cravate où est sertie une émeraude (Élizabeth adore les émeraudes) l'ont fascinée, plus encore que les yeux noisette de Jean-Claude. Élizabeth s'est efforcée de lui plaire et elle *a lieu de croire*[4] qu'elle y a réussi.

Aujourd'hui, ils ont rendez-vous. Il l'a invitée à dîner. Élizabeth ignore dans quel restaurant, mais Jean-Claude connaît sans aucun doute tous les restaurants dans le vent. Elle s'est acheté une robe marron adorable, beaucoup trop chère pour elle, et s'est précipitée au salon de coiffure après le travail. Ce rendez-vous grève son budget, mais qu'importe! Jean-Claude de Montaigu-Rocher doit être à même de lui acheter non seulement des robes, mais des colliers, des bracelets, des boucles d'oreilles. Ne lui a-t-il pas offert du champagne lors de leur première rencontre?

Élizabeth s'est maquillée avec soin, a revêtu la robe neuve et mis son collier d'ambre. Elle s'est souvenue de se parfumer – ce qu'elle oublie parfois lorsqu'elle est pressée. Quand elle s'est regardée dans la glace, elle s'est trouvée très belle. Aucun doute : Jean-Claude de Montaigu-Rocher va être séduit, s'il ne l'est pas déjà.

Sept heures. On sonne. Un dernier regard rapide au miroir. Élizabeth descend l'escalier. Elle ouvre la porte… Elle ne s'est pas évanouie, mais elle a bien failli[5] perdre connaissance. Jean-Claude de Montaigu-Rocher est là, méconnaissable. Il porte un jean et un t-shirt. « Excusez-moi, Élizabeth, dit-il. Je n'ai pas voulu manquer notre rendez-vous, mais je suis complètement fauché aujourd'hui : j'ai perdu tout mon argent hier au Casino. Je ne sais même pas comment je vais payer mon loyer. Vous êtes si élégante, et je suis obligé de vous emmener chez McDonald! »

Avons-nous bien saisi le sens du texte?

I. Choisissez la bonne réponse.

1. Élizabeth veut un homme
   a) beau
   b) intelligent
   c) riche
   d) jeune

---

2   proverbe : les apparences sont trompeuses; il ne faut pas se fier aux apparences
3   la personne difficile à trouver
4   a de bonnes raisons de croire
5   elle a presque perdu connaissance; elle a manqué de perdre connaissance

2. Elle a rencontré Jean-Claude
   a) après le travail
   b) au bureau
   c) dans un restaurant
   d) avec des amies

3. Jean-Claude a les yeux
   a) bleus
   b) émeraude
   c) marron
   d) noisette

4. Élizabeth s'est acheté
   a) une robe
   b) un collier
   c) un bracelet
   d) des boucles d'oreilles

5. Jean-Claude amène Élizabeth chez McDonald parce qu'il
   a) aime ce restaurant
   b) n'est pas habillé
   c) n'a plus d'argent
   d) est pressé

II. Répondez aux questions suivantes.

1. Quelle sorte d'homme Élizabeth cherche-elle à rencontrer?
2. Avec qui est-elle allée au bar?
3. Qu'est-ce qui a impressionné Élizabeth dans la tenue de Jean-Claude?
4. Qu'est-ce qui a grevé le budget d'Élizabeth?
5. Qu'est-ce qu'elle porte autour du cou?
6. À quelle heure Jean-Claude a-t-il donné rendez-vous à Élizabeth?
7. Quelle a été la réaction d'Élizabeth quand elle a vu Jean-Claude en jean?
8. Pourquoi Jean-Claude ne s'est-il pas habillé élégamment pour le rendez-vous?

Rappelons-nous

Expressions avec *lieu*

un lieu	un endroit
au lieu de	à la place de (+ verbe ou nom)
avoir lieu	arriver, être présenté (spectacle, etc.)
avoir lieu de	avoir de bonnes raisons de
s'il y a lieu	si c'est nécessaire
il n'y a pas lieu de	il n'est pas nécessaire de
tenir lieu de	servir de
en temps et lieu	au moment et à l'endroit convenables

III. Complétez les phrases suivantes en utilisant une des expressions ci-dessus.

1. Ce parc est un _____ charmant.
2. Quand est-ce que le concert _____?
3. Plus tard, plus tard! Je promets de vous avertir _____.
4. Vous n'êtes pas pauvre. Vous ne pas _____ vous plaindre.
5. Étudiez les verbes pronominaux _____ regarder la télévision!
6. Elle est orpheline. Sa tante lui _____ mère.
7. Vous faites des dépenses inutiles. _____ acheter un collier en diamants pour aller chez McDonald.

Enrichissons notre vocabulaire

IV. Remplacez l'expression en italique par une expression équivalente tirée du texte.

1. Elle *a beaucoup* d'amoureux.
2. Elle *aime beaucoup* le chocolat.
3. Elle a rencontré *un homme exceptionnel*.
4. *Ils se sont regardés*.
5. Ils *ont commencé* à parler.
6. Ils *sont restés longtemps* au travail.
7. Elle *a essayé* de lire.
8. Il *ne peut pas* comprendre.
9. Elle *ne sait pas* où ils vont.
10. La montre est beaucoup trop *coûteuse*.

V. Voici une histoire d'amour qui finit bien. Complétez le passage suivant en choisissant l'expression qui convient. Faites les changements qui s'imposent.

l'amour – tomber amoureux – se rencontrer – se plaire – faire connaissance – prendre (se donner) rendez-vous – se retrouver – vivre ensemble – se marier – se revoir

Jacques et Jacqueline _____ en voyage. Ils _____ sous le soleil d'Italie, propice à _____. Ils _____, mais ils sont revenus au Canada, où ils habitent, lui à Calgary, elle à Vancouver, sans _____. Un jour, par hasard, ils _____ à l'aéroport de Montréal. Cette fois, ils _____. Ils sont restés en rapport, _____ souvent et _____. Peu de temps après, ils ont décidé de _____. Quelques mois plus tard, ils _____ et sont maintenant heureux.

Les bijoux

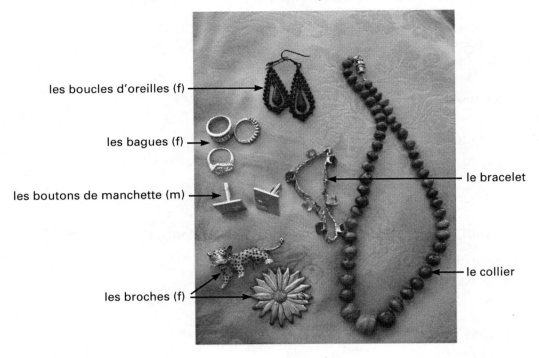

les boucles d'oreilles (f) →

les bagues (f) →

les boutons de manchette (m) →

les broches (f) →

→ le bracelet

→ le collier

Quelques expressions à retenir

Les bijoux

une bague (pour le doigt)
un collier (pour le cou)
un bracelet (pour le poignet)
des boucles (f) d'oreilles (f)
une broche
une montre (pour l'heure)
la parure (ensemble de bijoux assortis)
une épingle de cravate
des boutons (m) de manchette (f)

Les métaux précieux
l'or (m)   **l'argent** (m)   **le platine**

Les pierres précieuses
un diamant : généralement blanc, jaune; peut même être noir
un saphir : généralement bleu, mais peut être de plusieurs autres couleurs
une émeraude : verte
un rubis : rouge
une opale : blanchâtre avec des reflets bleus, parfois presque noire

VI. Complétez les phrases en vous servant d'une des expressions ci-dessus.

1. Pour leurs fiançailles, il lui a offert une _____ avec un _____ de deux carats. Comme il n'est pas ponctuel, elle lui a donné _____ .
2. Comme j'aime le vert, ma pierre préférée est _____.
3. Parmi les métaux précieux, le _____ a plus de valeur que _____.
4. Un _____ d'un bleu très vif est serti dans sa _____.
5. Comme il porte rarement des chemises à manches longues, il n'a pas l'occasion de mettre ses _____ en _____ dix-huit carats.
6. Elle a toute la parure en rubis : _____ , _____ , _____.
7. Je ne porte pas de _____ : l'épingle déchire la soie.
8. « Quelle heure est-il? — Je ne sais pas. Je ne porte jamais de _____. »

Maîtrisons la grammaire

L'accord du participe passé des verbes pronominaux (suite)

Le participe passé des verbes essentiellement pronominaux, c'est-à-dire qui n'existent qu'à la forme pronominale (voir le chapitre 1), s'accorde avec le sujet.

Elle s'est **évanouie**.   Elle s'est **efforcée** de lui plaire.

Ils se sont **enfuis**.   **Nous** nous sommes toujours **souvenus** de cet evénément.

Exerçons-nous

VII. Mettez les infinitifs en italique au passé composé. Attention à l'accord du participe.

1. Elle *s'évanouir* quand elle *être* témoin de l'accident.
2. Jean et Pierre *s'habiller* pour cette soirée. Et vous, Jacqueline, *s'habiller* vous?
3. Quand ils me *voir*, ils *s'enfuir*.
4. Est-ce que vous *apprendre* que ma cousine *se suicider*?
5. Quand elle *entendre* sonner, elle *se dépêcher* d'aller ouvrir la porte.
6. Nous *s'efforcer* toujours de satisfaire notre patron.
7. Elle est si fâchée qu'elle *s'en aller* sans me dire adieu.
8. Dès que nous *entrer*, les enfants *se précipiter* dans nos bras.
9. Elle *se casser* la jambe hier. Elle *tomber* dans l'escalier.
10. Ils *se moquer* de moi lorsqu'ils me *voir* en smoking.

VIII. Mettez les verbes en italique au passé composé. C'est une jeune fille qui parle. Soignez les accords.

L'été dernier, une amie et moi *décider* d'aller visiter Québec. C'est une ville charmante. Nous *se promener* partout. La ville n'est pas très grande et nous *pouvoir* en admirer les coins intéressants. Nous *aller* dans de très bons restaurants et nous *manger* bien. Naturellement, nous *s'efforcer* de parler français. Nous *être* à même de commander un repas ou de demander des renseignements sans trop de difficultés. Personne ne *se moquer* de nous et il y a des gens qui *s'exlamer* : « Comme vous parlez bien le français! » Toutefois, quand il *s'agir* d'avoir une vraie conversation, nous *devoir* passer à l'anglais. Dommage! car il est amusant de parler une langue étrangère. Les Québécois *se montrer* très gentils envers nous. Nous *se plaire* bien dans leur belle ville et nous avons l'intention d'y retourner l'année prochaine.

Écrivons

IX. Vous avez rendez-vous avec un(e) ami(e). La personne a plus d'un quart d'heure de retard. Êtes-vous ennuyé(e), inquiet(inquiète), fâché(e)? Décrivez ce que vous ressentez.

Sourions un peu

L'amour, toujours l'amour

Aimer, ce n'est pas se regarder l'un l'autre, c'est regarder ensemble dans la même direction.

Antoine de Saint-Exupéry

> Amour est un étrange maître.
> Heureux qui peut ne le connaître,
> Que par récit, lui et ses coups.

> Jean de La Fontaine

Écoute

Écoutez le passage qui est lu deux fois. Ensuite, répondez aux questions.

Phonétique : **Les voyelles nasales *on* et *an* (*en*)**

CHAPITRE 8 : L'Inexplicable

Textes à l'étude
- Lisons I : Le Fantôme frileux
- Lisons II : L'Être invisible

Vocabulaire et structures
- expressions avec *mener*
- expressions avec *pied*
- expressions avec *face*
- expressions avec *prendre*
- expressions avec *faire*

Aspects grammaticaux
- L'imparfait
- La distinction entre le passé composé et l'imparfait

Lisons I : Le Fantôme frileux

Sophie était une grande solitaire qui vivait dans une vieille maison isolée. Depuis la mort de son mari, Nicolas, elle menait une vie d'ermite. Il y avait vingt ans qu'ils étaient mariés quand il l'avait quittée. Elle ne pouvait se faire à l'idée qu'elle venait de perdre l'homme de sa vie et qu'elle n'allait plus le revoir.

Sophie passait des journées entières à contempler de vieilles photos. Que son mari était beau! Ses cheveux gris lui donnaient un air si distingué! Lorsqu'il souriait, son visage s'illuminait et ses yeux bleus perçants pétillaient. Tous les matins, quand elle prenait le petit déjeuner, elle s'imaginait Nicolas assis à côté d'elle en train de lire le journal. Elle errait sans cesse dans sa maison sombre dans le seul but de retrouver Nicolas dans chaque pièce. Elle devenait de plus en plus distraite; parfois le feu brûlait dans la cheminée, mais elle ne se souvenait pas de l'avoir allumé. Tous les soirs, épuisée de chagrin, elle se couchait de bonne heure. Angoissée, elle se forçait à chercher refuge dans le sommeil, mais ne profitait pas d'un repos paisible car des cauchemars hantaient ses nuits. Quand elle réussissait à s'assoupir, elle le voyait, elle entendait sa voix douce et tendre qui lui chuchotait à l'oreille.

Un soir qu'elle somnolait, un bruit insolite l'a réveillée en sursaut. L'obscurité de la pièce l'empêchait de rien distinguer. Dehors, une tempête faisait rage. D'où provenait le bruit? Était-ce la pluie qui tombait à torrents ou bien le tonnerre qui grondait? C'était probablement le vent qui sifflait dans les arbres. Elle a tressailli lorsque la porte de sa chambre a claqué; bientôt elle a senti une présence invisible au pied de son lit. Un souffle glacé a enveloppé la pièce. Sophie a frissonné de froid et d'horreur. Prise de panique, elle a poussé un cri. C'est alors qu'on a soulevé les couvertures et qu'une voix a murmuré : « Sophie, écoute-moi. Écoute-moi. »

Elle se demandait d'où venaient ces paroles. Était-ce une hallucination? Nicolas était-il revenu de l'au-delà? Remplie de joie, elle s'est exclamée : « Oui, mon amour, je t'écoute. Parle. »

« Je suis venu te dire combien je suis malheureux. Je n'aime pas du tout l'endroit où tu m'as enterré. Tu m'as mis sur une colline ombragée alors que je déteste le froid. Tu sais très bien que j'ai toujours préféré les lieux ensoleillés. Tu n'as pas pensé à moi! Par-dessus le marché, tu m'as habillé d'un costume léger de sorte que je gèle. Je suis condamné à passer l'éternité à errer dans cette maison maudite pour trouver un peu de chaleur... »

Avons-nous bien saisi le sens du texte?

I. Choisissez la bonne réponse.

1. Sophie était a) *célibataire;* b) *veuve;* c) *mariée.*
2. Elle a) *menait une vie sociale mouvementée;* b) *vivait seule;* c) *était entourée de gens.*
3. Son mari a) *a divorcé d'avec elle;* b) *est parti en voyage;* c) *est décédé.*
4. Sophie se couchait de bonne heure a) *parce qu'elle était épuisée;* b) *pour rêver de son mari;* c) *pour pleurer dans son lit.*
5. Une nuit, dans sa chambre, a) *elle a vu une silhouette;* b) *on l'a attaquée;* c) *elle a eu une sensation inexplicable.*

II. Répondez aux questions suivantes.

1. Pourquoi Sophie souffrait-elle?
2. Comment passait-elle son temps?
3. Quelle description Sophie fait-elle de son mari?
4. Que faisait Sophie pour garder vivant le souvenir de son mari?
5. Quels sont les indices que quelque chose de bizarre se passait dans la maison?
6. Pourquoi le fait que « Dehors, une tempête faisait rage » est-il significatif dans ce conte?
7. Commentez la phrase : « Un souffle glacé a enveloppé la pièce. »
8. Quelle a été la réaction de Sophie lorsqu'elle a cru que son mari était de retour?
9. De quoi Nicolas s'est-il plaint?
10. Qu'y a-t-il d'étonnant dans la déclaration de Nicolas : « Je gèle »?

Rappelons-nous

Expressions avec *mener*

mener une vie (tranquille, mouvementée...)	vivre
mener quelqu'un à un endroit	conduire, accompagner
mener l'enquête	diriger l'enquête
mener quelqu'un par le bout du nez	lui faire faire ce qu'on veut
mener à bien (un travail, une opération)	s'en occuper jusqu'au bout

---

III. Complétez les phrases en employant une des expressions ci-dessus.

1. Cette femme domine son mari. En fait, elle _____.
2. Après le vol des bijoux, c'est le commissaire LeBrun qui _____.
3. Le taxi nous _____ à la gare.
4. C'était un projet difficile, mais nous _____.
5. Ce couple ne sort jamais; _____ solitaire.

Enrichissons notre vocabulaire

IV. Trouvez dans le texte une expression synonyme des mots en italique.

1. Ma voisine n'arrivait pas à *s'habituer à* l'absence de son mari.
2. Après une nuit de cauchemars, elle était *fatiguée*.
3. Dans cette vieille maison isolée, le moindre bruit me faisait *frissonner*.
4. Assise devant la cheminée, il lui arrivait de *s'assoupir*.
5. Elle regardait de vieilles photos *avec l'intention* de revivre le passé.

V. Trouvez dans le texte le contraire des mots en caractères gras.

1. Sophie se promenait souvent dans son jardin *ensoleillé*.
2. Elle dormait d'un sommeil *agité*.
3. Le bruit qu'elle a entendu était *habituel*.
4. Son mari préférait *le froid*.
5. Son état la rendait *attentive*.

VI. Repérez dans le texte :

a) deux verbes qui expriment l'idée de parler à voix basse
b) trois expressions associées à un orage
c) trois expressions associées au froid
d) trois expressions qui indiquent que Sophie vivait seule
e) trois expressions qui indiquent que Sophie était triste

VII. À l'aide du dictionnaire, trouvez cinq expressions qui se rapportent à un enterrement.

Quelques expressions à retenir

Expressions avec *pied*

au pied de	
avoir un pied dans la tombe	être très vieux ou moribond
avoir les pieds sur terre	être réaliste
mettre les pieds dans le plat	faire une gaffe
au pied levé	sans préparation / à l'improviste
se lever du pied gauche	se lever de mauvaise humeur
à pied	en marchant

VIII. Complétez les phrases par une des expressions ci-dessus. Faites les changements qui s'imposent.

1. Quand j'ai dit que l'homme qui l'accompagnait était son mari, j'ai _____.
2. Cette femme est convaincue que son mari défunt est toujours à côté d'elle; je me demande si elle _____.
3. Quand elle dort mal, le matin, elle _____.
4. Son grand-père est vieux et malade; il _____.
5. Ils habitent à deux pas d'ici. Nous pouvons y aller _____.

Maîtrisons la grammaire

[handwritten: "I rode the bus everyday to school"]

L'imparfait

Forme

[handwritten: – Past actions, continuous, everyday, habit]

L'imparfait est un temps simple, c'est-à-dire, un temps qui se compose d'un seul élément.

La formation de l'imparfait est régulière pour tous les verbes (excepté **être**). On enlève la terminaison **-ons** à la 1re personne du pluriel du présent de l'indicatif et on ajoute les terminaisons de l'imparfait à ce radical.

infinitif	forme nous	radical
chercher	cherchons	cherch
finir	finissons	finiss
sortir	sortons	sort
prendre	prenons	pren
dire	disons	dis

[handwritten: Not for Être ≠ Sommes ≠ et]

personne	terminaison	1er groupe	2e groupe	3e groupe
je	ais	cherchais	finissais	prenais
tu	ais	cherchais	finissais	prenais
il/elle/on	ait	cherchait	finissait	prenait
nous	ions	cherchions	finissions	prenions
vous	iez	cherchiez	finissiez	preniez
ils/elles	aient	cherchaient	finissaient	prenaient

L'imparfait du verbe **être** est formé en ajoutant les terminaisons régulières au radical **-ét**.

j'étais	nous étions
tu étais	vous étiez
il/elle/on était	ils/elles étaient

1. Certains verbes ont des changements orthographiques à l'imparfait.
   a) les verbes en **-ger** : on ajoute un **e** après **g** devant la voyelle **a** (**ais, ait, aient**) pour conserver la prononciation douce du **g**.

arranger	j'arrangeais	nous arrangions
	tu arrangeais	vous arrangiez
	il/elle/on arrangeait	
	ils/elles arrangeaient	

   b) les verbes en **-cer** : **c** devient **ç** devant la voyelle **a** (**ais, ait, aient**) pour conserver la prononciation **s**.

commencer	je commençais	nous commencions
	tu commençais	vous commenciez
	il/elle/on commençait	
	ils/elles commençaient	

c) les verbes en **-ier** (étudier) et **-ire** (rire, sourire) ont deux **i** aux formes **nous** et **vous** puisque le radical se termine par un **i**.

infinitif	radical	imparfait
étudier	étudi	nous étudiions vous étudiiez
rire	ri	nous riions vous riiez

Emplois

Comme son nom l'indique, l'imparfait exprime une action incomplète, non terminée. L'imparfait est le temps de la description du passé. Lorsqu'on peut répondre à la question « Quelle était la situation? », on utilise l'imparfait.

On emploie l'imparfait pour décrire dans le passé :

1. une personne, une chose, un décor, un paysage

> Sophie **était** une grande solitaire.
> Son mari **avait** l'air distingué.

2. des actions répétées ou des faits habituels

> *Tous les matins*, quand elle **prenait** le petit déjeuner, elle **s'imaginait** Nicolas assis à côté d'elle.
> Sophie **passait** *des journées entières* à contempler de vieilles photos.

3. un état de choses dans le passé (pour dire comment étaient les choses)

> Dehors, une tempête **faisait** rage.
> Était-ce la pluie qui **tombait** à torrents ou bien le tonnerre qui **grondait**? C'était probablement le vent qui **sifflait** dans les arbres.

4. une action qui n'est pas finie et dont la durée est indéterminée

> Elle **menait** une vie d'ermite.
> Il **se passait** des choses bizarres dans cette vieille maison.

5. un état d'esprit

> Elle **croyait** entendre la voix douce de son mari.
> Sophie ne **savait** pas que son mari était de retour.

6. une action en cours (ou un état de choses) qui est interrompue par une autre action. L'action qui interrompt l'autre est généralement au passé composé.

> Elle **somnolait** quand un bruit insolite l'a réveillée.
> Elle **regardait** de vieilles photos lorsqu'elle a entendu une voix.

7. L'imparfait s'emploie aussi :

    a) dans les constructions **aller + infinitif (futur proche)** et **venir de + infinitif (passé récent)** au passé

        Elle **venait de perdre** l'homme de sa vie; elle n'**allait** plus le **revoir**.
        Sophie **venait de s'endormir** quand Nicolas est entré dans la chambre.
        Son mari a dit qu'il **allait passer** l'éternité à errer dans cette maison froide.

    b) avec les expressions **depuis, depuis que, il y avait ... que, cela / ça faisait .... que,** pour exprimer une action ou un état qui a commencé dans le passé et qui continue dans le passé

        Cela faisait / Il y avait six mois que son mari **était** mort.
        Elle **dormait depuis** deux heures lorsque la tempête l'a réveillée.
        Ils **étaient** mariés **depuis** vingt ans quand il l'avait quittée.

Exerçons-nous

IX. Mettez à l'imparfait les verbes au présent.

1. Je ne crois pas aux fantômes, mais je ne peux pas expliquer les événements étranges qui se passent dans ma maison.

2. La porte de la bibliothèque ne se ferme pas à clé, mais je ne réussis pas à l'ouvrir. Il y a quelque chose qui m'empêche d'entrer dans la pièce.

3. Je me force à dormir, mais des voix me dérangent constamment.

4. Tous les matins, quand je prends le petit déjeuner, j'ai l'impression que quelqu'un est à côté de moi, même si je ne vois personne. Parfois on rit et puis on murmure des mots incompréhensibles à mon oreille. Est-ce que je deviens folle?

5. Mon domestique qui travaille pour moi depuis vingt ans veut partir car il craint les fantômes.

6. Quand je raconte mon expérience à mes amis, ils ne comprennent pas. Ils m'évitent, ils ne viennent plus me voir et m'écrivent rarement. Je me dis que je suis trop jeune pour mener une vie de solitaire. Je dois quitter cette maison.

7. Je vais partir, mais chaque fois que j'essaie d'ouvrir la porte principale, une force puissante me retient.

X. Mettez les verbes en italique à l'imparfait.

A

Ma femme, Sophie, *avoir* envie de passer chaque instant avec moi. Elle me *laisser* à peine le temps de respirer ou de lire mon journal. Toujours ensemble, nous *mener* des vies d'ermites et nous *sortir* rarement. Je *s'ennuyer* dans notre vieille maison, loin de tout. La mort est venue me libérer. Je *ne pas regretter* de quitter ce monde, car je *pouvoir* enfin avoir la paix. Un changement de cadre *aller* me faire du bien. Pendant qu'ils m'*enterrer* sur une colline ombragée à deux pas de chez moi, ma femme *gémir*. Même à la toute fin, le son désagréable de sa voix me *suivre* et me *percer* les oreilles. Il *faire* froid dans ce trou profond et je *geler*. Il *falloir* quitter cet endroit glacial. Transparent, je *traverser* souvent les murs pour m'installer dans mon ancienne maison. Parfois, je *allumer* le feu et je *s'asseoir* devant la cheminée. La nuit, je *entrer* dans la chambre de ma femme pendant qu'elle *dormir* pour lui faire peur.

B

Mon mari et moi *vivre* dans une vieille maison à la campagne. Je *avoir* la sensation que la maison *être* hantée, car des choses inexplicables *se passer* constamment : quelqu'un *faire* des chutes ou bien un incendie *éclater* dans la cuisine sans aucune raison. Des portes fermées *s'ouvrir* toutes seules. Des bouteilles de vin et du fromage *disparaître* régulièrement. On *déplacer* des objets. Nous *entendre* des bruits en plein milieu de la nuit. Quand nous *se lever* et *allumer* les lampes, les bruits *cesser*. Dès que nous *éteindre*, les bruits *recommencer*. Nous *ne plus arriver* à dormir. Nous *souffrir* d'une extrême agitation. Un sentiment de panique nous *saisir* fréquemment. Mon mari et moi, nous *se mettre* en colère de plus en plus souvent. Évidemment, une présence invisible nous *détruire* lentement.

C

Quand je *être* jeune, je *passer* beaucoup de temps avec mon ami Pierre. Nous *grandir* ensemble, mon ami et moi, et nous *vivre* des moments heureux. Nous *aller* à la même école, nous *étudier* ensemble et nous *faire* nos devoirs chez lui dans la belle bibliothèque où il y *avoir* de nombreux volumes rares. Quand nous *commencer* à nous sentir fatigués, nous *quitter* nos livres, nous *sortir* dans le jardin et le domestique nous *servir* des biscuits et du chocolat. Ses parents m'*accueillir* chaleureusement chez eux et me *traiter* comme leur deuxième fils. Par contre, sa sœur aînée, Yvette, me *haïr*. Elle *prendre* plaisir à nous faire souffrir. Elle *mentir* à ses parents pour nous faire punir. Elle *arranger* des billes sur l'escalier pour nous faire tomber. Souvent, quand je *descendre* l'escalier, elle me *pousser*. Yvette est mon seul triste souvenir d'une enfance heureuse.

XI. Suggérez 3 phrases qui justifient la définition.

> Modèle : C'était un homme honnête.
> **Il ne mentait jamais.**
> **Il ne volait pas.**
> **Il ne trichait pas.**

1. C'était une femme solitaire.
2. C'était un mari fidèle.
3. C'était un couple heureux.
4. C'étaient des voisins bruyants.
5. C'était un fantôme frileux.
6. C'étaient des hommes distingués.
7. C'étaient des ermites.
8. C'était une tempête violente.

Écrivons

XII. Rédigez un court texte où Nicolas, le fantôme frileux, dit à sa femme tout ce qu'il n'aimait pas, chez elle, lors de son vivant.

Lisons II : L'Être invisible

Le docteur Marrande avait invité trois de ses confrères à la maison de santé qu'il dirigeait pour leur présenter un de ses malades. « Je vais vous soumettre le cas le plus bizarre et le plus inquiétant que j'aie jamais rencontré », a-t-il affirmé. Puis, il a fait entrer un homme d'une maigreur de cadavre qui les a salués, s'est assis et a déclaré :

« Messieurs, je sais pourquoi on vous a réunis ici et je suis prêt à vous raconter mon histoire. Il y a eu un an à l'automne dernier, j'ai été pris tout à coup de malaises bizarres et inexplicables. C'était d'abord une sorte d'inquiétude nerveuse qui me tenait en éveil des nuits entières. J'ai appelé un médecin qui m'a prescrit des tranquillisants. Bientôt, j'ai recommencé à dormir, mais d'un sommeil plus affreux que l'insomnie. À peine couché, je fermais les yeux et je tombais dans un néant absolu; j'avais l'épouvantable sensation d'un poids écrasant sur ma poitrine et d'une bouche, sur ma bouche, qui mangeait ma vie. Je maigrissais d'une façon inquiétante.

« Un soir, j'ai bu un verre d'eau et j'ai remarqué que ma carafe était pleine jusqu'au bouchon de cristal. J'ai eu, comme souvent dans la nuit, un réveil affreux. J'ai allumé et, comme j'ai voulu boire de nouveau, je me suis aperçu avec stupeur que ma carafe était vide. Ou bien on était entré dans ma chambre, ou bien j'étais somnambule.

« Le lendemain soir, j'ai voulu percer le mystère. J'ai donc fermé ma porte à clef pour être certain que personne ne pourrait pénétrer chez moi. Je me suis endormi et je me suis réveillé comme chaque nuit. *On* avait bu toute l'eau que j'avais vue deux heures plus tôt. *Qui* avait bu cette eau? Moi, sans doute, et pourtant je me croyais absolument sûr de n'avoir pas fait un mouvement dans mon sommeil profond et douloureux.

« Alors j'ai eu recours à des ruses pour me convaincre que je n'accomplissais point ces actes inconscients. J'ai enveloppé tous les objets auxquels il fallait toucher dans une serviette blanche. Puis, au moment de me mettre au lit, je me suis barbouillé les mains et les lèvres de cire noire. À mon réveil, tous les objets étaient demeurés immaculés, mais la serviette n'était pas posée comme je l'avais mise; et, de plus, on avait bu de l'eau. Or, ma porte fermée avec une clef de sûreté et mes fenêtres cadenassées n'avaient pu laisser pénétrer personne.

« Puis une nuit, quelque chose d'étrange s'est passé. C'était le 20 juillet, à neuf heures du soir. Il faisait chaud; j'avais laissé ma fenêtre ouverte; sur ma table, il y avait un livre ouvert; et je m'étais étendu dans un grand fauteuil où je me suis endormi.

« Or, ayant dormi environ quarante minutes, j'ai ouvert les yeux, sans faire un mouvement, réveillé par je ne sais quelle émotion confuse et bizarre. Je n'ai rien vu d'abord, puis tout à coup, il m'a semblé qu'une page du livre venait de tourner toute seule. Aucun souffle d'air n'était entré par la fenêtre. Au bout de quatre minutes environ, j'ai vu oui, j'ai vu, messieurs, de mes yeux, une autre page se soulever comme si un doigt l'avait feuilletée. J'ai compris qu'il était là, *lui*.

« Attendez. L'Être! Comment le nommerai-je? L'Invisible. Non, cela ne suffit pas. Il ne me quittait plus guère. J'avais jour et nuit la sensation, la certitude de la présence de cet insaisissable voisin, qui buvait ma vie. L'impossibilité de le voir m'exaspérait et j'allumais partout afin de pouvoir le découvrir.

« Enfin, je l'ai vu. Je l'ai vu. J'étais assis devant un livre, ne lisant pas, mais guettant celui que je sentais près de moi. Certes, il était là. Mais où? Que faisait-il? Comment l'atteindre? Je faisais semblant de lire, pour le tromper, car il m'épiait lui aussi; et soudain, j'ai senti qu'il était là, qu'il lisait par-dessus mon épaule.

« Il y avait derrière moi une très grande armoire à glace où j'avais coutume de me regarder de la tête aux pieds. Je me suis dressé, en me tournant si vite que j'ai failli tomber. Eh bien!... je ne me suis pas vu dans ma glace! Elle était vide, claire, pleine de lumière. Mon image n'était pas dedans... Et j'étais en face... Je voyais le grand verre, limpide du haut en bas! Et je regardais cela avec des yeux affolés, et je n'osais plus avancer, sentant bien qu'il se trouvait entre nous, lui, et qu'il m'échapperait encore, mais que son corps imperceptible avait absorbé mon reflet.

« J'ai eu peur! Je l'avais vu. Le lendemain, je suis venu à la clinique et j'ai demandé qu'on me garde.

« Cet être existe. Qui est-ce? Messieurs, c'est celui que la terre attend, après l'homme! Celui qui vient nous détrôner, nous asservir, nous dompter, et se nourrir de nous peut-être, comme nous nous nourrissons des boeufs et des sangliers. Depuis des siècles, la peur de l'Invisible a toujours hanté nos pères. Il est venu.

« Je n'ai plus rien à ajouter, messieurs. »

Le docteur Marrande s'est levé et a murmuré : « Moi non plus. Je ne sais si cet homme est fou ou si nous le sommes tous les deux..., ou si... si notre successeur est réellement arrivé. »

Inspiré de la nouvelle Le Horla de Guy de Maupassant

L'Être invisible

Avons-nous bien saisi le sens du texte?

I. Choisissez la bonne réponse.

1. Le docteur Marrande a invité trois collègues à la maison de santé
   a) où il travaillait
   b) où il était un patient
   c) dont il était directeur

2. Le malade
   a) était violent
   b) souffrait d'une maladie mystérieuse
   c) avait l'air lucide

3. La nuit, le monsieur
   a) se réveillait angoissé
   b) était somnambule
   c) buvait une grande quantité de lait

4. Le médecin a ordonné
   a) un séjour dans une maison de repos
   b) des médicaments
   c) un régime spécial

5. Selon le narrateur, l'être invisible voulait
   a) faire peur à l'homme
   b) se manifester à l'homme
   c) prendre la place de l'homme

II. Répondez aux questions suivantes.

1. Comment le docteur Marrande a-t-il décrit ce cas à ses confrères?
2. De quoi avait l'air l'homme que le médecin a présenté à ses confrères?
3. Quels ont été les premiers symptômes de la condition dont souffrait l'homme?
4. À deux reprises, le narrateur parle d'une « sensation ». Quelles sensations a-t-il eues?
5. Décrivez le phénomène inexplicable qui se passait chaque nuit.
6. Par quel moyen l'homme a-t-il essayé de découvrir s'il était somnambule?
7. À quel moment l'homme a-t-il ressenti, pour la première fois, la présence d'un être invisible?
8. Pourquoi n'arrivait-il pas à voir son image dans la glace?
9. Quelle a été la réaction de l'homme quand il n'a pas pu se voir dans le miroir?
10. Selon le narrateur, qui est l'être invisible?

Rappelons-nous

Expressions avec *face*

face à	devant
en face de	du côté opposé
perdre la face	perdre sa dignité, son honneur
sauver la face	garder sa dignité, son honneur
faire face à	affronter

III. Complétez en employant une des expressions ci-dessus.

1. Il _____ quand on a découvert qu'il avait menti.
2. _____ danger, il a fait preuve de courage.
3. Il n'est pas facile de _____ un ennemi invisible, car on ne peut pas se défendre.

4. L'employée a voulu _____ en accusant son collègue de vol.
5. Le médecin habite _____ la clinique.

Enrichissons notre vocabulaire

IV. À l'aide d'un dictionnaire, donnez l'expression équivalente à l'expression en italique.

1. Je vais vous soumettre le cas le plus *bizarre*.
2. Il était *en proie à* une épouvantable angoisse.
3. Je me suis *barbouillé* les mains.
4. Je me suis posé cette *redoutable* question.
5. C'est celui qui vient nous *dompter*.

V. Trouvez dans le texte

1. le verbe qui signifie
   a) observer en cachette
   b) tourner les pages d'un livre
   c) entrer

2. le nom qui signifie
   a) le corps d'une personne morte
   b) une bouteille en verre ou en cristal
   c) un miroir

3. l'expression qui signifie
   a) *to lock*
   b) trembler
   c) (une chose) qu'on ne peut pas voir

4. l'expression qui signifie une personne qui marche pendant son sommeil.

VI. Dites autrement les expressions en italique. Faites tous les changements nécessaires.

1. J'ai *failli* tomber.
2. J'avais *coutume* de me regarder.
3. Je n'*osais* plus avancer.
4. Je *faisais semblant* de lire.
5. J'ai voulu *percer* le mystère.
6. Au moment de *me mettre au lit*.

VII. Complétez le passage suivant en utilisant une expression tirée du texte.

Avant cet incident avec l'être invisible, il avait joui d'une bonne santé. Tout à coup, il a été atteint de malaises inexplicables. Maintenant, il est _____ à une épouvantable angoisse. Il ne dort plus. Il reste _____ toute la nuit : il souffre d'_____. Pour dormir, il doit prendre des _____. Une soif ardente l'oblige à garder _____ à côté de son lit. Il ne mange plus. Il _____ à vue d'œil. En effet, il a déjà perdu 20 livres. On a dû l'enfermer dans une _____ parce qu'on croit qu'il est devenu _____. Il répète sans cesse qu'un être invisible le _____.

VIII. Indiquez les endroits où se trouvent :

a) ceux qui sont atteints de maladies mentales

b) ceux qui sont atteints de maladies physiques

c) les personnes âgées

une maison de santé	une maison de retraite	un hôpital
une clinique	une maison de repos	une communauté de retraités
un asile d'aliénés	un asile de vieillards	l'urgence
un hôpital psychiatrique	un cabinet médical	une maison de convalescence

Expressions à retenir

Quelques expressions avec *prendre*

prendre une décision	décider
prendre garde à	faire attention à
prendre la parole	commencer à parler
prendre du poids	grossir
prendre plaisir à	aimer
prendre en main	s'occuper de

Quelques expressions avec *faire*

faire sa valise / défaire sa valise	mettre ses vêtements dans une valise / enlever ses vêtements d'une valise
faire du bruit	*to make noise*
faire (du) mal à	faire souffrir
faire plaisir à	plaire à / rendre content(e)
faire l'innocent(e)	agir comme une personne innocente
faire vieux / jeune	paraître vieux / jeune
faire des siennes	faire des bêtises, de mauvaises actions
se faire à	s'habituer à
n'en faire qu'à sa tête	agir selon sa fantaisie

IX. Complétez les phrases par une des expressions ci-dessus formées avec *prendre* ou *faire*. Faites tous les changements nécessaires.

1. Le patient a _____ et a raconté une histoire bizarre.
2. Quelqu'un est entré dans sa chambre sans _____. L'homme n'a rien entendu et ne s'est même pas réveillé.
3. Il est évident que l'être invisible ne voulait pas _____ à l'homme. Il ne l'a jamais blessé.
4. Si tu veux _____ à l'Être, laisse-lui de l'eau et du lait. Il adore ces deux boissons.
5. Il ne peut pas _____ ces visites nocturnes. Il est constamment angoissé.
6. Cette situation ne peut plus continuer. Le monsieur va la _____ et il va trouver une solution au problème.
7. Son médecin vient de _____ difficile. Il a décidé de faire interner le malade dans une clinique psychiatrique.

8. Quand il est arrivé à l'hôpital, il _____ et a mis ses vêtements dans le placard.

9. Est-ce que le malade a _____? Mais non! Il a maigri au point où il a l'air d'un cadavre.

10. Après cette expérience fantastique, il n'a plus l'air d'un jeune homme. En fait, il _____.

Maîtrisons la grammaire

[annotation manuscrite: DR MRS VANDERTRAMPP = Pronominal SC n]

La distinction entre le passé composé et l'imparfait

[annotation manuscrite: auxillary = avoir / être = present; Past participle ot main; er = é; Rẽ = u; IR = I]

Le passé composé est employé pour la narration. Il décrit des actions qui font avancer le récit.

L'imparfait est employé pour la description. Les verbes ne font pas avancer le récit.

Qu'est-ce qui s'est passé?
J'**ai fermé** ma porte à clef et je me **suis endormi**.

Quelle était la situation?
Il **faisait** chaud.

Le passé composé s'emploie

- pour exprimer une action finie
  Avant de m'endormir, j'**ai bu** un verre d'eau.

- pour exprimer une action unique
  Il **est mort** à la clinique.

- pour indiquer une action accomplie dans une durée limitée ou spécifique
  Il **a dormi** environ quarante minutes.

- pour décrire une action dont le début ou la fin sont clairs
  Il **s'est endormi** à neuf heures du soir; 40 minutes plus tard il **a ouvert** les yeux.

L'imparfait s'emploie

- pour exprimer une action en train de se dérouler
  Pendant ce temps-là, il m'**épiait** lui aussi.

- pour exprimer une action répétée, habituelle
  Toutes les nuits, il **se réveillait** angoissé.

- pour indiquer une durée non limitée
  J'**avais** jour et nuit la certitude de sa présence.

- quand ni le début ni la fin de l'action ne sont précisés
  Je **maigrissais** d'une façon inquiétante.

Exerçons-nous

X. Mettez les passages suivants au passé en employant le passé composé ou l'imparfait.

A

Voici la triste histoire d'une femme malchanceuse.

Tout le monde *dire* que je *être* folle. On me *enfermer* dans une maison de santé. Je *vouloir* prouver aux médecins que je *souffrir* d'un malaise inexplicable provoqué par un être invisible qui me *tourmenter* jour et nuit. Je *devenir* tellement angoissée que je *finir* par souhaiter sa mort. Un soir, je *prendre* la décision de mettre fin à ma souffrance et je lui *tendre* un piège. Quand tous les patients *dormir*, je *faire* semblant de lire, mais je *guetter* l'arrivée de l'Être. Soudain, je *sentir* sa présence. Il *lire* par-dessus mon épaule. Je *faire* un bond pour l'attraper. La lampe *se casser*. La chaise *se renverser*. Je *ne pas voir* clairement la Chose que je *saisir*. Je *sortir* le couteau de ma poche et je *frapper*. Tout d'un coup, je *avoir* la sensation de ne pas pouvoir respirer. Un poids *écraser* ma poitrine et une bouche *avaler* ma respiration. Après quelques minutes, je *perdre* connaissance et je *tomber*. Je *mourir* cette nuit-là, mais avant de quitter ce monde, je *jurer* de me venger de l'Être invisible.

B

Mon grand-père *avoir* un don particulier : il *pouvoir* communiquer avec les morts. Je *assister* dans mon enfance à des séances extraordinaires. Une fois par semaine, une dizaine de personnes *envahir* le salon de sa maison et mon grand-père *invoquer* les esprits. Je *voir* des choses tragiques : des femmes *perdre* connaissance en voyant paraître leurs maris défunts, des homme *se lever* et *sortir* en poussant des cris d'épouvante parce qu'un mort les avait touchés. Un soir, j'*être* témoin d'un événement tragique. Une invitée *vouloir* contacter son mari qui était mort dans des circonstances mystérieuses. Mon oncle, un medium doué, la *contenter*. Il *murmurer* des mots incompréhensibles et tout d'un coup, un homme *faire* irruption dans la pièce. Ses vêtements *être* couverts de sang et il *avoir* l'air fâché. Quand il *apercevoir* sa femme, il *devenir* furieux. Il *s'approcher* d'elle, la *saisir* et la *étrangler*. La femme *tomber* sans faire du bruit. Ensuite, il la *regarder*, le sourire aux lèvres, et lui *dire* : tu *penser* avoir échappé à la justice, mais enfin, je *venger* ma mort!

C

Quand je *être* petite, je *passer* l'été chez ma grand-mère qui *habiter* dans la Beauce, une charmante région du Québec. Je *aimer* aller chez elle, car je *s'y amuser* beaucoup. Le jour, nous *se promener* dans le bois, elle me *faire* découvrir les endroits mystérieux qu'elle *connaître* si bien. Une fois, nous *s'arrêter* près d'une rivière où nous *voir* sauter des carpes. Le soir, elle me *raconter* des légendes de son pays. Dans « La Chasse galerie », il *s'agir* d'un canot volant qui *permettre* aux voyageurs de se rendre à l'endroit de leur choix en survolant tous les obstacles possibles. Bien sûr, il *falloir* vendre son âme au diable pour l'utiliser.

D

Marie-Louise *être* une femme très occupée et très désordonnée. Tous les matins, elle *se réveiller* tard, *se préparer* en vitesse et *laisser* traîner ses vêtements sur le lit. Elle ne jamais *faire* la vaisselle avant son départ. Un mardi, quand elle *rentrer*, elle *se rendre* à la chambre à coucher pour changer de chaussures. Quelle ne pas *être* sa surprise lorsqu'elle *voir* le lit fait et les vêtements suspendus dans le placard. Elle *avoir* peur. Est-ce qu'un être invisible avait pénétré chez elle? Elle *se précipiter* au téléphone pour appeler la police. Elle *aller* composer le numéro quand elle *se souvenir* que le mardi *être* le jour où la femme de ménage *venir* nettoyer l'appartement.

XI. Complétez les phrases suivantes à l'aide d'un verbe au passé composé ou à l'imparfait.

1. Quand le fantôme est entré dans la maison …
2. Est-ce que le fantôme avait l'air méchant? Il …
3. Quand elle a vu le fantôme, elle …
4. Je ne croyais pas aux fantômes …
5. Elle aimait lire les contes d'horreur …

Écrivons

XII. Racontez la suite de l'histoire, *L'Être invisible*. Imaginez la situation quelques années après la fin du conte.

Sourions un peu

La vie, voyez-vous, ce n'est jamais si bon ni si mauvais qu'on croit.

Guy de Maupassant, *Une vie*

On entre, on crie
Et c'est la vie!
On baille, on sort
Et c'est la mort.

Ausone de Chancel

Écoute

Écoutez le passage qui est lu deux fois. Ensuite, répondez aux questions.

Phonétique : **Les voyelles nasales *un, in***

CHAPITRE 9 : La Sensibilité

Textes à l'étude
- Lisons I : Je suis devenue une star en Corée
- Lisons II : Ils sont sensibles aussi

Vocabulaire et structures
- expressions avec *occasion*
- la grossesse et l'accouchement
- marié(e) ou célibataire
- les larmes / pleurer

Aspects grammaticaux
- Le plus-que-parfait
- Distinction entre le passé composé, l'imparfait et le plus-que-parfait

Lisons 1 : Je suis devenue une star en Corée

Séoul

Quand j'ai rencontré Chang, un homme d'affaires sud-coréen, dans un pub irlandais de Séoul en 1992, j'étais encore étudiante. J'avais 22 ans et lui 29. Fraîchement arrivée de Fécamp[1], ma ville natale, je finissais alors en Corée un M.B.A. en commerce international et j'enseignais le français à l'université. Nous sommes tombés amoureux et nous avons décidé de nous marier trois ans plus tard. Or, notre histoire, tellement banale pour les Français, fut[2] vécue comme un choc de cultures par les Sud-Coréens.

En 1995, il était en effet inconcevable que l'un des leurs se marie avec une étrangère, par amour de surcroît, alors que perdurait encore le système de dot! De plus, mon époux est l'aîné d'une famille particulièrement traditionnelle. À la suite d'un article dans un journal relatant notre « incroyable » mariage, on nous a demandé de nous expliquer à la télévison nationale. [...] Les questions portaient essentiellement sur les problèmes matériels : « Combien a coûté votre appartement? Est-ce que vous avez une voiture? » J'ai expliqué que nous l'avions achetée d'occasion car nous n'étions pas assez riches. Murmures d'indignation dans l'asssembée. D'abord, personne n'achète d'occasion en Corée! Ensuite, tout indiquait que Chang s'était marié avec une femme vraiment sans le sou!

Curieusement, alors que nous remettions la tradition en question, l'émission a connu l'un de ses meilleurs taux d'écoute et a reçu des milliers de lettres qui nous encourageaient! Loquace, démonstrative, je ne leur suis pas apparue comme la Française hautaine qu'ils imaginaient. En fait, les gens m'ont observée plus qu'écoutée car je parle avec les mains et mes sourcils bougent. [...] Et si, vu d'Occident, étaler son intimité est considéré comme du voyeurisme, ce n'est pas le cas *au pays du Matin-Calme*[3]. Le peuple a longtemps souffert d'avoir été coupé du reste du monde. Ce n'est qu'à partir de 1979 qu'il lui est devenu naturel de voyager. Avide de

---

1   ville du Nord de la France

2   a été

3   en Corée

connaître le fonctionnement d'une Française qui avait fait l'effort d'apprendre leur langue, le public a fini par nous consacrer « couple international le plus glamour de Séoul ».

Du coup, quelques mois plus tard, début 1996, une chaîne me propose de transposer ma vie à l'écran à travers une sitcom. Amusée, j'accepte de jouer mon rôle sous le nom de Sophie. [...] Du jour au lendemain, je suis propulsée sur le devant de la scène. On m'invite sur tous les plateaux de télé. Mon nom, mon visage, ma vie s'étalent dans les journaux.

C'est ainsi qu'à mon insu je deviens une star. Dans les rues, on m'interpelle en hurlant mon nom de scène : « Sophiie, un autographe!!! » [...] Je l'avoue, *en mon for intérieur*[4], je suis profondément touchée par tous ces messages d'amour et d'admiration. Quand je suis tombée enceinte d'Eugène, je me suis dit : « Maintenant, je vais retourner à l'anonymat. » On m'avait prévenue que cet engouement pouvait retomber très vite et j'y étais préparée. Tant pis si j'y avais pris goût.

En réalité, la chaîne a reconduit mon contrat et j'ai décidé de faire de la télévision mon métier. Je les ai laissés filmer ma grossesse du début à la fin.

Ida Daussy, inconnue en France, a un succès national à Séoul où elle présente des émissions de société, de téléachat, de gastronomie, et anime à la radio des débats sur la famille.

Ida Daussy, « Le jour où je suis devenue une star en Corée », *Paris-Match*, 1ᵉʳ-7 février 2007.

Avons-nous bien saisi le sens du texte?

I. Choisissez l'expression qui convient pour compléter la phrase en respectant le sens du texte.

1. Ida Daussy a fait la connaissance de son futur mari a) *à l'université*, b) *à la télévision*, c) *dans un pub*.
2. Ils se sont mariés en a) *1992*, b) *1995*, c) *1996*.
3. Les parents d'une jeune fille devaient donner a) *une voiture*, b) *un appartement*, c) *une dot* au couple lorsque la jeune fille se mariait.
4. Les Coréens imaginaient que Daussy était a) *loquace*, b) *hautaine*, c) *démonstrative*.
5. La vie d'Ida Daussy a été transposée a) *à la télé*, b) *à la radio*, c) *dans un journal*.
6. Ida voulait retourner à l'anonymat à cause de a) *sa grossesse*, b) *l'engouement*, c) *son mari*.

II. Répondez aux questions suivantes.

1. D'où venait Ida Daussy?
2. Quelle sorte d'études faisait-elle?
3. Pourquoi Ida Daussy a-t-elle épousé Chang?
4. Pourquoi n'ont-ils pas acheté une voiture neuve?
5. Qu'est-ce qui explique que les Coréens s'intéressent beaucoup à la vie intime d'une Française?
6. Qui jouait le rôle d'Ida à la télévision?
7. Qu'est-ce que les gens qu'elle rencontre dans la rue demandent souvent à Ida?
8. À quel moment a-t-elle pensé qu'elle devait renoncer à sa carrière de star?

---

4   en moi-même

III. Complétez les phrases qui suivent par une des expressions ci-dessus.

1. J'achète toujours un vélo _____.
2. Si vous faites un voyage en France, vous allez _____ parler français.
3. Je n'ai payé ce manteau que 100 $; c'était _____.
4. _____ son anniversaire, nous allons dîner au restaurant.
5. Vous n'habitez pas loin de chez moi. Passez me voir _____.
6. La maladie de notre mère nous a _____ beaucoup de dépenses.

Enrichissons notre vocabulaire

IV. Complétez le paragraphe en vous servant des mots ci-dessous.

studio – télé – star – plateau – affiches – fana[5] – autographes –
journaux – vedettes – célèbre

Ma sœur est une _____ de la _____. Elle en connaît toutes les _____ et rêve de devenir _____, d'être une _____ que tout le monde reconnaît parce que son visage figure sur les _____ et dans les _____. Elle se voit déjà évoluer sur le _____ et donner des _____ à la sortie du _____.

V. *Grossesse* est dérivé de l'adjectif *gros*.

Dans la liste suivante de dérivés de *gros*, choisissez celui qui convient pour compléter la phrase.

grosseur – grossesse – grossier – grossièreté – grossièrement – grossir

1. Vous allez _____ si vous mangez trop.
2. Pendant sa _____, elle doit faire des exercices spéciaux.
3. Cet homme est vraiment impoli; en fait, il est _____.
4. Pousser plutôt que d'attendre son tour, c'est de la _____.
5. Je ne vous félicite pas. Votre travail est fait très _____.
6. Pour vous faire une bague, le bijoutier doit connaître la _____ de votre doigt.

---

5   abréviation de *fanatique*

VI. Trouvez, dans le texte, les expressions qui conviennent pour compléter la phrase.

1. Il est le plus âgé des fils : il est _____.

2. J'ai acheté une voiture qui n'est pas neuve : c'est une voiture _____.

3. Cet homme ne peut pas s'acheter cette maison : il est _____.

4. Elle parle beaucoup : elle est _____.

5. Je ne savais pas que j'étais une star; c'était _____.

6. Le public a beaucoup d'admiration, un véritable _____ pour elle.

Quelques expressions à retenir

La grossesse et l'accouchement

enceinte, grosse	qui va avoir un enfant
enceinte de trois, quatre mois	
la grossesse	état d'une femme enceinte
accoucher	mettre un enfant au monde
l'accouchement (m)	l'action de mettre au monde
faire une fausse couche	perdre involontairement le fœtus
avorter	accoucher avant terme (volontairement ou involontairement)
l'avortement (m)	interruption (volontaire ou involontaire) de la grossesse
un(e) nouveau-né(e)	un(e) enfant qui vient de naître
un jumeau, une jumelle	un(e) de deux enfants nés d'un même accouchement

VII. Remplacez le tiret par une des expressions ci-dessus.

1. Jeanne est grosse. Elle est _____ de six mois.

2. Est-ce qu'elle va _____ chez elle ou à la clinique?

3. Depuis qu'ils sont mariés, ils désirent un enfant. Hélas! elle vient de _____.

4. Dans de nombreux pays, _____ est interdit.

5. Après son _____ difficile, elle doit se reposer.

6. Elle vient de _____ de jumeaux.

7. Tout s'est bien passé. La maman et le _____ se portent bien.

8. C'est sa troisième _____ en trois ans. C'est pourquoi elle est fatiguée.

Maîtrisons la grammaire

Le plus-que-parfait

Forme

Le plus-que-parfait est composé de l'imparfait de l'auxiliaire **avoir** ou **être** et du participe passé du verbe. Ce participe passé s'accorde comme tous les participes passés des verbes composés.

Cette Française **avait fait** l'effort d'apprendre leur langue.

Chang **s'était marié** avec une femme sans le sou.

Notre voiture? Nous l'**avions achetée** d'occasion.

Emplois

Le plus-que-parfait (qui correspond à la forme anglaise *had* + participe passé) est utilisé pour exprimer :

1. un état ou une action antérieur(e) à un autre état ou à une autre action passé(e).

> Cette jeune femme avait un travail qu'elle **avait** toujours **voulu.**
> J'ai expliqué que nous **avions acheté** la voiture d'occasion.

2. une action habituelle antérieure à une autre action habituelle, exprimée à l'imparfait.

> Quand il **avait fini** sa journée, il **retrouvait** sa femme et ses enfants.
> Certains soirs, après qu'ils **avaient regardé** l'émission de Sophie, ils **dînaient** au restaurant.

Exerçons-nous

VIII. Mettez les infinitifs au plus-que-parfait.

1. On lui a demandé combien elle *payer* son appartement.
2. Elle a dit qu'ils *acheter* leur voiture à crédit.
3. On a pensé que Chang *épouser* une femme sans le sou.
4. Ils ont été surpris d'apprendre qu'Ida et Chang *se marier* par amour.
5. Ils ont apprécié les efforts qu'elle *faire* pour apprendre leur langue.
6. Un article *paraître* dans les journaux relatant leur « incroyable » mariage.
7. Auparavant, aucune émission n'*avoir* un si bon taux d'écoute.
8. Avant 1979, les Coréens *voyager* très peu.

IX. Transformez les phrases selon le modèle, en mettant le verbe de la proposition principale à l'imparfait.

> Modèle : On croit qu'il l'a épousée pour sa fortune.
> On **croyait** qu'il l'**avait épousée** pour sa fortune.

1. Nous sommes certains qu'elle a enseigné le français avec enthousiasme.
2. Je pense qu'ils se sont mariés par amour.
3. Tu sais qu'il a épousé cette femme sans le sou.
4. Nous ignorons s'il a acheté une voiture.
5. Vous pensez que vous avez perdu votre emploi.
6. Elle affirme qu'elle n'a jamais vu la France.
7. Elle dit qu'elle a connu son mari à l'université.
8. Je crois qu'on t'a prévenue.
9. Elle dit qu'autrefois, elle a eu envie de voir le monde.
10. Savez-vous qu'elle a décidé de les laisser filmer sa grossesse?

Écrivons

X. Vous avez sans doute dans l'esprit une image de l'époux ou de l'épouse idéal(e). Faites brièvement le portrait de cet époux (de cette épouse). Quelles qualités physiques et surtout morales, cherchez-vous chez un compagnon ou une compagne?

Lisons II : Ils sont sensibles aussi

On avait longtemps cru les émotions un domaine exclusivement féminin, mais depuis quelques années, les experts affirment que les hommes éprouvent des sentiments aussi souvent que les femmes. Toutefois, les femmes ont moins de mal à exprimer leurs émotions.

Robert Westover n'avait jamais vu pleurer son père. Dans cette famille militaire, Robert avait appris à garder ses sentiments pour lui. La première fois qu'il a vu une larme couler sur la joue de son père, le jeune homme a été renversé. C'était le jour où il avait reçu son diplôme du camp d'entraînement des Marines où son père et son grand-père avaient été formés.

Charles Shroder semblait tout avoir : la santé, un travail qu'il avait toujours voulu, une femme et deux enfants qu'il adorait. En un mois d'horreur, il est hospitalisé, mis à pied, et son mariage vole en éclats. Il n'avait rien vu venir. « J'ai dû faire face à des émotions brutes pour la première fois de ma vie, dit Shroder, récemment remarié après 10 ans de célibat. Pendant des années, je me suis débattu avec des sentiments profonds dont j'ignorais jusqu'à l'existence. Une fois que vous ouvrez la porte à vos émotions, vous ne pouvez plus les refouler. Si j'avais su tout ce que j'ai appris depuis mon divorce, j'aurais peut-être été un meilleur mari. »

D'après Dianne Hales, « Sensible comme un roc », *Reader's Digest*, février 2006, p. 45-50.

Avons-nous bien saisi le sens du texte?

I. Choisissez le groupe de mots qui convient pour compléter les phrases.

leurs sentiments – depuis son divorce – son père et son grand-père – des sentiments profonds –
a été renversé – également sensibles – en un mois – 10 ans

1. Les hommes et les femmes sont souvent…
2. Les femmes montrent davantage…
3. Quand il a vu une larme couler sur la joue de son père, Robert Westover…
4. Robert Westover a obtenu son diplôme du même camp de Marines que…
5. Charles Shroder a perdu son emploi, sa santé et son foyer…
6. Il est resté seul pendant…
7. Shroder ignorait qu'il avait…
8. Il a appris beaucoup de choses…

II. Transformez les expressions en italique en utilisant une expression équivalente tirée du texte. Faites les changements qui s'imposent.

1. Les hommes *ont* des sentiments.
2. Elles ont moins de *difficulté* à révéler leurs sentiments.
3. Charles *cachait* ses sentiments.
4. Il *a perdu son emploi*.
5. Il *n'avait pas prévu ses difficultés*.
6. Il *ne savait pas* qu'il avait des sentiments profonds.

Rappelons-nous

marié(e) ou célibataire

un(e) célibataire	une personne qui n'est pas mariée
un(e) conjoint(e)	une personne avec qui on vit
une femme, une épouse	une femme avec qui un homme est marié
un mari, un époux	un homme avec qui une femme est mariée
se marier (avec)	contracter un mariage
se séparer (de)	ne plus vivre avec
divorcer (d'avec)	se séparer définitivement
une pension alimentaire	une somme payée régulièrement à un(e) ex-conjoint(e)
se remarier (avec)	contracter un second mariage (un troisième, etc.)

III. Complétez le passage suivant en vous servant d'une des expressions ci-dessus. Faites les changements qui s'imposent.

Michel est resté longtemps _____. Maintenant qu'il a presque 40 ans, il trouve qu'à cet âge, il est temps de _____. Naturellement, il tient à faire un bon choix. Il ne veut pas imiter un ami qui vient de _____ de sa femme après un an de mariage et qui pense déjà à _____. Michel n'a pas envie de _____ pour _____ deux ans plus tard et passer le reste de sa vie à verser _____ à son ex- _____.

Un jour, Michel a rencontré une jolie jeune fille dans le métro. Ingrid lui a plu tout de suite. Ils sont sortis ensemble et, depuis quelque temps, ils cohabitent. Le jeune homme trouve qu'Ingrid est une _____ idéale. Bientôt, elle va être sa femme car ils ont l'intention de _____.

Enrichissons notre vocabulaire

IV. Les mots qui ont rapport aux sens et aux sentiments sont nombreux. Trouvez, dans la colonne de droite, le mot qui convient pour compléter la phrase.

1. Il _____ bien que vous ne l'aimez pas.	sensible
2. Vous êtes trop _____. Vous allez souffrir.	sensationnel
3. La _____ est une qualité. La _____ est un défaut.	sensiblerie
	sent
4. L'amour _____ est le contraire de l'amour platonique.	sensibilité
	sentimental
5. Nous avons cinq _____.	sens
6. Avez-vous vu ce spectacle _____?	ressent
7. Cet homme est un grand _____.	sensuel
8. Elle _____ un profond amour pour son pays adoptif.	

Quelques expressions à retenir

Les larmes / pleurer

les larmes	
les larmes coulent	
verser des larmes	pleurer
pleurer des larmes de sang	pleurer amèrement
pleurer comme une Madeleine	pleurer abondamment
pleurer à chaudes larmes	pleurer abondamment
pleurer comme un veau (familier)	pleurer bruyamment
fondre en larmes	se mettre à pleurer
avoir toujours la larme à l'œil	pleurer facilement
pleurer quelqu'un	regretter quelqu'un (qui est mort)

V. Complétez les phrases suivantes en vous servant d'une des expressions ci-dessus. Faites les changements voulus.

1. Des _____ abondantes _____ sur ses belles joues.
2. Que de bruit cet enfant fait! Il _____.
3. Quand je lui ai annoncé la triste nouvelle, il _____.
4. Ils ne respectent pas leur mère qui se sacrifie pour eux. Après sa mort, ils vont la _____.
5. Ce garçon est vraiment trop sensible. Il _____.
6. Il maltraitait sa femme. Maintenant qu'elle l'a quitté, il _____.

Maîtrisons la grammaire

Récapitulons les temps du passé : le passé composé, l'imparfait, le plus-que-parfait.

1. Le **passé composé** décrit une action ou un état de choses qui s'est terminé(e) dans le passé.

   Un jour, il **a vu** pleurer son père.
   Il **s'est débattu** avec des sentiments profonds pendant 10 ans.

2. L'**imparfait** décrit une action ou un état de choses qui ne s'est pas terminé(e) dans le passé, ou une action qui était habituelle dans le passé.

   Charles Shroder **semblait** tout avoir.
   Pendant des années, il s'est débattu contre des sentiments dont il **ignorait** l'existence.
   Tous les jours, elle **allait** au studio.

3. Le **plus-que-parfait** décrit une action passée antérieure à une autre action passée.

   Avant de recevoir son diplôme, il **n'avait** jamais **vu** pleurer son père.
   Lorsqu'il s'est remarié, il **avait appris** beaucoup de choses.

Exerçons-nous

VI. Remplacez le présent par un imparfait dans la proposition principale et faites les changements voulus.

Modèle : Je crois qu'elle n'a jamais pleuré.

Je **croyais** qu'elle n'**avait** jamais **pleuré**.

1. Il regarde son père qui souffre beaucoup.
2. Il regarde son père qui a beaucoup souffert.
3. Il pense qu'il va facilement trouver une nouvelle épouse.
4. Lorsqu'elle a fini son travail, elle va se coucher.
5. Cette femme est très fatiguée parce qu'elle travaille trop.
6. Cette femme est très fatiguée parce qu'elle a trop travaillé.
7. Elle sort généralement quand ses examens sont terminés.
8. Il est heureux parce qu'il a obtenu son diplôme.
9. Il se débat contre des sentiments qu'il ne comprend pas.
10. Il ne comprend pas ce que vous avez essayé de lui expliquer.

VII. Mettez les infinitifs en italique au temps voulu (passé composé, imparfait, plus-que-parfait).

1. Autrefois, on *affirmer* que les hommes *ne pas éprouver* de sentiments profonds.
2. Dans sa famille, le jeune homme *apprendre* à ne pas révéler ses sentiments.
3. Quand il *recevoir* son diplôme, il *voir* pleurer son père pour la première fois.
4. Voir pleurer son père *renverser* le jeune homme.
5. Quand il *habiter* dans cette ville, tous les jours, il *se rendre* au camp d'entraînement.
6. Il *habiter* dans cette ville pendant 20 ans.
7. Quand il *perdre* son emploi, il *ne pas prévoir* cette catastrophe.
8. Avant de tomber malade l'année dernière, il *ne jamais avoir* d'ennuis de santé.
9. Comme il *ne jamais souffrir* avant cette catastrophe, il *ne pas savoir* qu'il *être* sensible.
10. Quand sa femme le *quitter*, il *être* déjà mis à pied.

VIII. Mettez le paragraphe suivant au passé. Remplacez *Aujourd'hui* par *Hier*.

Aujourd'hui, Charles reçoit son diplôme universitaire. Ses parents sont enchantés. Ils assistent à la cérémonie. Sa mère s'est acheté une robe neuve que Charles trouve très élégante. Malgré la chaleur torride, son père a mis une cravate, ce qu'il fait rarement. Les parents du jeune homme sont très fiers de lui. Quant à Charles, il leur est infiniment reconnaissant de tous les sacrifices qu'ils ont faits pour lui.

Écrivons

IX. En quelques phrases, décrivez un événement qui vous a marqué(e), par exemple une action courageuse dont vous avez été témoin ou un accident qui a eu lieu en votre présence.

Sourions un peu

Les écrivains n'ont pas manqué de se moquer du mariage. Sans doute ne faut-il pas toujours les prendre au sérieux!

Il vaut mieux encore être marié que mort.

Molière, *Les Fourberies de Scapin*

Un bon mariage serait celui d'une femme aveugle avec un homme sourd.

Montaigne, *Essais*

Écoute

Écoutez le passage qui est lu deux fois. Ensuite, répondez aux questions.

Phonétique : **Les consonnes *t* et *d***

Section III : Décrivons

CHAPITRE 10 : Nos amis, les animaux

Textes à l'étude
- Lisons I : Une visite au jardin zoologique
- Lisons II : Les Animaux malades de la peste

Vocabulaire et structures
- expressions avec *mourir*
- quelques comparaisons où figurent des animaux
- pendre / pendaison
- quelques expressions et proverbes inspirés par des animaux

Aspects grammaticaux
- Le pluriel des noms

Ma chère Anne,

Il faut que je te raconte la journée amusante que nous avons passée la semaine dernière. Depuis longtemps, les enfants mouraient d'envie d'aller au zoo. Ils en parlaient constamment. Dimanche, comme on annonçait du beau temps, nous avons décidé de les y emmener voir leurs bêtes préférées.

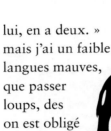

Tu sais que Jacques n'a que quatre ans et qu'il est plutôt petit pour son âge. Il faut croire que les contraires s'attirent car il adore les gros animaux. Plus ils sont gros, plus ils lui plaisent. C'est amusant de le voir minuscule à côté des rhinocéros, des hippopotames, des éléphants, des chameaux. Tu te rappelles, notre vieux prof, Monsieur Dupont, qui insistait toujours sur la différence entre les dromadaires et les chameaux? « Rappelez-vous, mes enfants : le dromadaire n'a qu'une bosse alors que le chameau, lui, en a deux. »

J'avoue que chameaux et dromadaires me laissent froide, mais j'ai un faible pour les girafes : leurs cous interminables, leurs longues langues mauves, leurs gros yeux paisibles me fascinent. Nous n'avons fait que passer rapidement devant les cages des loups, des renards, des chacals. Il y a tant à voir; on est obligé de faire des choix.

Marie, elle, s'intéresse aux oiseaux. Quand nous voulons lui faire plaisir, nous lui offrons un livre sur les oiseaux. Bien sûr, il nous a fallu admirer les oiseaux-mouches, les serins, mais surtout les grands oiseaux de proie : les aigles, les hiboux et même les horribles vautours qu'elle trouve charmants. Enfin, chacun ses goûts!

Nous avons pique-niqué vers une heure, mais les enfants ont à peine mangé, tant ils avaient hâte de continuer à admirer les animaux. Toutefois, Pierre et moi commencions à être fatigués, d'autant plus qu'il faisait chaud. Tout de même, on ne pouvait pas quitter le jardin zoologique sans aller jeter un coup d'oeil sur les singes. Plusieurs gorilles femelles avaient des petits qu'elles tenaient dans leurs bras, tout comme une humaine tient son enfant. C'est touchant. On se demande comment on peut tuer des animaux qui sont si proches de nous. Nous avons passé quelques instants aussi devant les chimpanzés et les ouistitis.

Nous allons tous bien et espérons que, toi aussi, tu es en forme. Je sais que les travaux qu'on fait chez toi en ce moment t'occupent et te préoccupent. À propos, t'es-tu bien amusée au bal l'autre jour? Malheureusement, tant que les enfants sont jeunes, les bals, je ne puis qu'y rêver.

Mets-moi un mot dès que tu le pourras.

Nous t'embrassons bien fort tous les quatre.

Jeanne

Avons-nous bien saisi le sens du texte?

I. Choisissez la bonne réponse.

1. Jeanne et sa famille sont allés au zoo
    a) il y a longtemps
    b) il y a quinze jours
    c) dimanche dernier

2. Jacques aime surtout
    a) les hippopotames
    b) les aigles
    c) les vautours

2. Marie aime surtout
    a) les ouistitis
    b) les oiseaux-mouches
    c) les renards

2. Jeanne aime surtout
    a) les rhinocéros
    b) les dromadaires
    c) les girafes

2. Jeanne ne va pas au bal parce que
    a) elle va au zoo
    b) ses enfants sont jeunes
    c) elle n'aime pas les bals

II. Le passage suivant ne respecte pas toujours le sens du texte. Corrigez les erreurs et faites les changements qui s'imposent.

Comme les enfants parlaient constamment d'aller au zoo, Marie et Pierre ont décidé de les y emmener un samedi. Ils ont tous passé une journée amusante.

Jacques a voulu voir les grosses bêtes : les hippopotames, les rhinocéros, les loups, les éléphants. Marie, elle, préfère les oiseaux, surtout les petits oiseaux : elle n'aime pas beaucoup les vautours.

Ils ont pique-niqué à midi. Les enfants ont bien mangé avant de continuer la visite. Ils sont allés jeter un coup d'oeil sur les singes. Ils ont trouvé touchante une gorille qui tenait son petit dans ses bras comme une humaine tient son enfant. Ils se sont ensuite attardés longuement devant les cages des ouistitis.

Rappelons-nous

Expressions avec *mourir*

mourir	cesser de vivre
mourir + de + article + nom	mourir à cause de
mourir + de + nom	souffrir de
mourir d'envie	désirer vivement
se mourir	être en train de mourir

III. Complétez les phrases en faisant les changements voulus. Consultez l'appendice pour la conjugaison du verbe *mourir*.

1. Hier, cette pauvre femme _____ grippe.
2. Il faut que je me repose. Je _____ fatigue.
3. Il vient de _____. Ferme-lui les yeux.
4. La semaine dernière, ce vieillard _____ crise cardiaque; l'année dernière, son frère _____ cancer.
5. Je _____ de voyager, mais je n'ai pas d'argent.
6. Nous n'avons rien mangé depuis hier. Naturellement, nous _____ faim.
7. Il est gravement malade. Il _____.

Enrichissons notre vocabulaire

IV. Remplacez les mots en italique par une expression équivalente tirée du texte.

1. Les enfants *voulaient absolument* aller au zoo.
2. Ils en parlaient *sans arrêt*.
3. Plus les animaux sont gros, plus *il les aime*.
4. Les dromadaires et les chameaux *ne m'intéressent guère*.
5. *Nous ne nous sommes pas arrêtés* devant les cages des chacals.
6. *Nous avons été obligés* d'admirer les hiboux.
7. Les enfants *n'ont guère* mangé.
8. Nous sommes allés *regarder* les singes *pendant quelques instants*.

V. Le texte mentionne de nombreux animaux. Trouvez-en quatre autres et ajoutez à chaque nom un adjectif qui lui convient.

Quelques expressions à retenir

Les animaux nous ont inspiré une foule d'images et de proverbes qui varient d'une langue à l'autre. Voici quelques **comparaisons** où figurent des animaux.

fier comme un paon
fort comme un boeuf, un lion
jaloux comme un tigre
laid comme un pou
lent comme une limace
malin comme un singe
nu comme un ver
rouge comme une écrevisse
rusé comme un renard
sale comme un cochon, un porc

VI. Complétez les phrases suivantes en utilisant une des expressions ci-dessus. Faites les changements qui s'imposent.

1. Cet enfant joue dehors sans vêtements; il est _____.
2. Mon petit frère n'est jamais puni, même s'il désobéit souvent. Il trouve toujours des excuses : il est _____.
3. Dans les disputes, notre grand frère nous protège toujours. Nos camarades ont peur de lui : il est _____.
4. As-tu joué dans la boue? Tu es _____.
5. Si tu n'es pas coupable, pourquoi deviens-tu _____ quand je te pose des questions?
6. Ce monsieur est _____. Je me demande pourquoi car il n'est vraiment pas beau. En fait, il est _____.

Maîtrisons la grammaire

Le pluriel des noms

1. On forme généralement le pluriel des noms en ajoutant **–s** au singulier.

    un enfant   des enfants   la bête   les bêtes

2. Les noms en **–s, -x, -z** ne changent pas au pluriel.

    la souris   les souris   la croix   les croix
    le nez   les nez

3. Les noms en **–au, -eau, -eu** prennent un **–x** au pluriel.

    le tuy**au**   les tuy**aux**   le cham**eau**   les cham**eaux**
    un di**eu**   des di**eux**

    mais

    un pn**eu**   des pn**eus**

4. **-al** devient **–aux.**

    l'anim**al**   les anim**aux**   le chev**al**   les chev**aux**

    mais

    un b**al**   des b**als**   le carnav**al**   les carnav**als**
    le chac**al**   les chac**als**   le festiv**al**   les festiv**als**

5. Quelques noms en **–ail** ont un pluriel irrégulier en **–aux.**

    un dét**ail**   des dét**ails**   le chand**ail**   les chand**ails**

    mais

    le b**ail**   les b**aux**   le cor**ail**   les cor**aux**
    un ém**ail**   des ém**aux**   un vitr**ail**   des vitr**aux**

6. Sept noms en **-ou** font exception à la règle et prennent **–x** au pluriel. Ce sont : **bijou, caillou, chou, genou, hibou, joujou, pou.**

    le ch**ou**   les ch**oux**   le gen**ou**   les gen**oux**

7. Certains noms ont un pluriel irrégulier.

un oeil	des **yeux**	le ciel	les **cieux**
un aïeul	des **aïeux**[1]		

8. Certains noms forment leur pluriel selon les règles, mais la prononciation diffère au singulier et au pluriel.

un os (-**s** se prononce)	des os (-**s** ne se prononce pas)
un oeu**f** (-**f** se prononce)	des oeufs (-**f** ne se prononce pas)
un bœu**f** (-**f** se prononce)	des bœufs (-**f** ne se prononce pas)

Exerçons-nous

VII. Mettez les mots en italique au pluriel.

1. Cette femme porte des *bijou* extraordinaires quand elle va à des *bal*.

2. Donnez-moi des *détail* sur les *bail* qu'ils ont signés.

3. De tous les *animal* du zoo, ce sont les *chacal* et les *chameau* qui l'intéressent le plus.

4. Marie s'est attardée devant les *oiseau*, surtout devant la cage des *hibou*.

5. La dame aux *oeil* bleus a de magnifiques *cheveu*.

6. Le premier vers de l'hymne national canadien est : « Ô Canada, terre de nos *aïeul* ».

VIII. Mettez les groupes de mots en italique au pluriel. Faites les changements qui s'imposent.

1. Je n'aime pas beaucoup *le zoo* : voir *un gros animal*, comme *l'ours, le lion, le rhinocéros*, enfermé dans *une cage* me brise le cœur.

2. De tous les animaux domestiques, c'est *le cheval* que je préfère.

3. J'ai mal *à l'œil* depuis hier. – Et moi, j'ai mal *au genou*.

4. Je dois changer *un pneu* à ma voiture.

5. Je ne vais plus *au bal* ni *au carnaval*.

6. J'aime beaucoup *le rubis* et *le corail* parce qu'ils sont rouges.

7. Notre chat nous a apporté *une souris* et *un oiseau* – morts, bien entendu.

8. Avez-vous admiré *le vitrail* dans cette église?

9. Je n'aime ni *le hibou* ni *le chacal*. Je les trouve hideux.

10. C'est *un fou* qui achète *un bijou* à ce prix.

Écrivons

IX. Ecrivez un paragraphe (quatre ou cinq phrases) sur votre animal préféré, sauvage ou domestique.

---

1 ancêtres

Lisons II : Les Animaux malades de la peste

Il y a de cela très longtemps, la peste sévissait parmi les animaux. La plupart des malades mouraient. La tristesse régnait partout, car il n'est pas agréable de voir périr ses semblables.

Le lion, roi des animaux, a donc décidé de convoquer ses sujets : tigres, léopards, rhinocéros, ours, chacals, chevaux, même rats et souris, hiboux, corbeaux et oiseaux-mouches. Tous sont venus, car on ne désobéit pas au roi.

Le lion a fait un discours éloquent. Il a déclaré que les animaux étaient punis parce qu'ils n'avaient pas observé les lois divines et que, pour apaiser les dieux, il fallait sacrifier la plus coupable des bêtes. « Je suis prêt à mourir si je suis le plus coupable, a-t-il dit. Je m'accuse donc le premier : j'ai dévoré des moutons, des agneaux et, une fois, le berger. »

Le renard – qui, lui aussi, avait dévoré d'autres bêtes – a défendu le roi. Il a déclaré que les moutons ne méritaient pas de vivre et le berger encore moins, parce qu'il s'imaginait qu'il pouvait donner des ordres aux animaux. Quand les bêtes puissantes, les ours, les tigres, les loups, se sont présentées, personne n'a osé les blâmer. Hélas! lorsque le pauvre âne est venu s'accuser d'avoir mangé une bouchée d'herbe dans un champ de moines, on l'a déclaré responsable de tous les malheurs et on l'a pendu.

D'après la fable de La Fontaine

Avons-nous bien saisi le sens du texte?

I. Vrai ou faux?

1. Les animaux les plus faibles étaient contents de voir mourir leurs ennemis.
2. Le lion a convoqué les chats et les chiens.
3. Le lion a dit qu'il fallait tuer le plus coupable des animaux.
4. Le plus grand crime du lion est d'avoir mangé des agneaux.
5. Le renard a défendu le lion parce qu'il a commis des crimes semblables.
6. On n'a pas blâmé les grosses bêtes parce qu'on a peur d'elles.

II. Répondez aux questions suivantes par des phrases complètes.

1. Est-ce que tous les animaux étaient malades?
2. Qui a convoqué les animaux?
3. Le lion a-t-il mangé plusieurs bergers?
4. Pourquoi est-ce que les autres animaux n'ont pas blâmé les grosses bêtes coupables de grands crimes?
5. Quel était le « crime » de l'âne?
6. Pourquoi est-ce l'âne qu'on a pendu?

III. Trouvez, dans le texte, des expressions équivalentes aux expressions suivantes : *la majorité, mourir, mangé, affirmé, fortes, commander.*

Rappelons-nous

pendre / pendaison

pendre	accrocher un objet ;
	mettre à mort en pendant
la pendaison	action de pendre quelqu'un
se pendre	se tenir (par les mains);
	se suicider par pendaison
être pendu à	être attaché à, ne pas quitter

IV. Complétez les phrases en vous servant des expressions ci-dessus.

1. Il est terrible de penser que des jeunes _____-.
2. Autrefois, en Angleterre, _____ était la façon d'exécuter les criminels.
3. Les animaux _____ le pauvre âne parce qu'il est incapable de se défendre.
4. Vous êtes trempé. _____ votre manteau au crochet.
5. Ce chien me suit partout. Il _____ à mes jupes du matin au soir.

Enrichissons notre vocabulaire

V. *Tristesse* est dérivé de l'adjectif *triste*. Trouvez les noms abstraits dérivés des adjectifs suivants : *faible, sage, jeune, tendre, hardie, petite, vieille, grosse*.

VI. Dans le nom *bouchée*, le suffixe -*ée* a le sens de *plein*. Trouvez les noms dérivés de *gorge, poing, bras, cuiller* où le suffixe -*ée* a le même sens.

VII. La cour du lion est une sorte de tribunal. Relevez, dans le texte, les termes qui ont trait à une cour de justice. Trouvez-en trois autres.

Quelques expressions à retenir

Expressions et proverbes inspirés par des animaux

Les chats

Il n'y a pas un chat.	Il n'y a personne.
avoir d'autres chats à fouetter	avoir autre chose à faire
écrire comme un chat	avoir une très vilaine écriture
Chat échaudé craint l'eau froide.	Quand on a fait une mauvaise expérience, on craint même celles qui sont sans danger.

Les chiens

Il fait un temps de chien.	Il fait très mauvais.
Il fait un temps à ne pas mettre un chien dehors.	Il fait très mauvais.
mener une vie de chien	mener une vie difficile
traiter quelqu'un comme un chien	traiter quelqu'un très mal
s'entendre comme chien et chat	ne pas s'entendre
mourir comme un chien	mourir seul, abandonné

Les loups

avoir une faim de loup   avoir très faim

entre chien et loup   au crépuscule, quand le soir tombe

Quand on parle du loup, on en voit la queue.   Quand on parle d'une personne, elle arrive.

VIII. Complétez à l'aide d'une des expressions ci-dessus en faisant les changements qui s'imposent.

1. Ils se querellent constamment. En fait, ils _____.
2. Je suis incapable de lire sa lettre. Elle _____-.
3. Quand j'arrive en classe avant huit heures, il _____.
4. Je n'ai pas le temps de m'occuper de cette affaire : je _____.
5. Il fait un froid glacial et il neige, vraiment _____.
6. Je n'ai rien mangé depuis ce matin : je _____.
7. Le professeur demandait justement où vous étiez quand vous êtes entré : _____.
8. Ce vieillard est mort seul dans sa chambre, _____.
9. J'aime beaucoup le crépuscule, le moment où le soir tombe, _____.
10. Je quitte mon emploi. Mon patron est trop désagréable : il _____.

Maîtrisons la grammaire

Le pluriel des noms (suite)

1. Dans certains noms formés de deux éléments, mais maintenant écrits en un seul mot, les deux éléments prennent la marque du pluriel.

madame	**mes**dames	un gentilhomme	des gentilshommes
monsieur	**mes**sieurs	un bonhomme	des bonshommes
mademoiselle	**mes**demoiselles		

2. **Amour, délice** et **orgue** sont masculins au singulier et féminin au pluriel.

un grand amour	de grandes amours
un vrai délice	de vraies délices
un bel orgue	de belles orgues

3. **Gens**[2], toujours pluriel, est féminin lorsque l'adjectif le précède, masculin quand l'adjectif le suit.

Il y a beaucoup de **bonnes** gens dans ce village.

Il y a beaucoup de gens **intéressants** dans ce village.

---

2   Notons que **gens** n'est jamais précédé d'un nombre. Avec un nombre, on utilise **personnes**.

Il y a beaucoup de **gens** dans la salle

mais   Il y a **vingt personnes** dans la salle.

Le pluriel des noms composés

1. Dans les noms composés d'**un nom et d'un adjectif**, les deux éléments prennent généralement la marque du pluriel.

   le coffre-fort   les coffres-forts
   la grand-mère   les grands-mères

   mais

   un nouveau-né   des nouveau-nés[3]

2. Dans les noms composés de **deux noms**, le pluriel varie selon le sens.

   un timbre-poste   des timbres-poste (pour la poste)
   un arc-en-ciel   des arcs-en-ciel (dans le ciel)
   un chef-d'oeuvre   des chefs-d'oeuvre (de l'oeuvre)
   un oiseau-mouche   des oiseaux-mouches (comme des mouches)

3. Dans les noms composés d'**un verbe et d'un nom**, le verbe ne varie jamais. Le nom varie ou ne varie pas selon le sens.

   un abat-jour   des abat-jour (qui abat[tent], diminue[nt] **le** jour [la lumière])
   un gratte-ciel   des gratte-ciel (qui gratte[nt] **le** ciel)
   un couvre-lit   des couvre-lits (qui couvre[nt] **les** lits)

Le pluriel des noms propres

1. En général, les noms propres ne prennent pas la marque du pluriel.

   les Dupont   les Smith   les Martin

2. Ils prennent la marque du pluriel quand ils désignent des familles princières ou un peuple.

   les Windsors   les Bourbons

   mais

   les Bonaparte   les Trudeau
   les Américains   les Canadiens

3. Ils prennent la marque du pluriel quand ils désignent des types.

   Les Napoléons et les Hitlers sèment la destruction et la mort; les Molières et les Shakespeares enrichissent leur pays et l'univers.

---

3   nouveau a ici un sens adverbial = nouvellement (récemment) né

Exerçons-nous

IX. Orthographiez correctement les noms en italique.

1. Les gens qui habitent dans des *gratte-ciel* ne craignent pas les hauteurs.
2. Cet homme a connu plusieurs *grand amour*.
3. Les *Bourbon* ont longtemps régné en France.
4. Saviez-vous que deux *Bonaparte* ont été empereurs des *Français?*
5. Ces deux *nouveau-né* font le bonheur de leurs *grand-parent*.
6. Presque tous les discours commencent par les mots : *Madame, Mademoiselle, Monsieur,* au pluriel, bien sûr!
7. En hiver, les *petit-enfant* des *Durand* s'amusent à faire des *bonhomme* de neige.
8. Marie admire les *oiseau-mouche;* Jeanne est fascinée par les *raton-laveur*.
9. Mes *grand-mère* se sont acheté de nouveaux *couvre-lit*.
10. Il me faut des *timbre-poste* pour expédier ces cartes postales.

X. Corrigez les fautes d'accord dans le passage suivant.

Dans ses fable, qui sont des chef-d'œuvres, La Fontaine s'est moqué, avec beaucoup d'humour, des vice et des défaut de ses contemporain. S'il vivait à notre époque, il montrerait que nous empoisonnons les eau, causant ainsi la mort d'autres être humains et la disparition de poisson, d'oiseau et d'animal aquatiques. Dans les mer australes, les corail sont en train de mourir, tandis que dans le Grand Nord, à cause du réchauffement de la planète, les grands ours blanc sont menacé de disparition.

En somme, s'il vivait maintenant, La Fontaine montrerait que, même si nous savons construire de monstrueux grattes-ciel, les fou abondent au XXIᵉ siècle.

Écrivons

XI. À votre avis, quelle est la morale de la fable de La Fontaine? Que pensez-vous de cette morale? Est-ce qu'elle vise à rendre les humains meilleurs?

XII. Peut-être n'avez-vous pas l'imagination d'un La Fontaine, mais vous êtes probablement à même d'inventer une courte fable où figurent des animaux.

Sourions un peu

Même la grammaire peut nous amuser parfois!
Voici un petit poème pour vous aider à vous souvenir des mots en **-ou** qui prennent **-x** au pluriel :

> Viens, mon **chou**,
> Mon **bijou;**
> Viens sur mes **genoux**.
> Prends tes **joujoux**
> Et des **cailloux**
> Pour chasser ce vilain **hibou**
> Qui est plein de **poux**.

Écoute

Écoutez le passage qui est lu deux fois. Ensuite, répondez aux questions.

Phonétique : **Les consonnes *l, p, b***

CHAPITRE 11 : La Pauvreté

Textes à l'étude
- Lisons I : Les Mendiants parisiens
- Lisons II : Histoires de mendiants

Vocabulaire et structures
- expressions avec *plein(e)*
- la pauvreté et la richesse
- *chiffre / nombre / numéro*
- l'argent

Aspects grammaticaux
- Les adjectifs qualificatifs
- La place de l'adjectif
- L'adverbe
- La place de l'adverbe

Lisons I : Les Mendiants parisiens

Si vous voulez mendier à Calgary, il vous faudra désormais un permis. Tout mendiant devra être possesseur d'une carte. [...]

Je crois n'avoir jamais visité un pays sans mendiants. Les plus rares et les plus discrets semblent avoir été ceux des pays nordiques socialistes, où le niveau général de vie est élevé et la répartition des salaires plus égale que partout ailleurs. Mais je ne suis pas sûr que le nombre des mendiants soit[1] toujours fonction[2] de la misère.

Quand j'étais étudiant, à Paris, les clochards[3] étaient légion. Tous les programmes de réadaptation ont échoué. Les clochards parisiens préfèrent leur liberté et leur paresse crasseuse à toute idée de contrainte et de travail. Ils « faisaient la manche[4] » le temps qu'il leur fallait pour acheter de quoi manger, et boire! au jour le jour. En hiver, si la température baissait un peu trop, ils couchaient sur les grilles du métro ou bien ils faisaient du tapage dans la rue. Les flics les embarquaient dans le « panier à salade[5] » et ils passaient la nuit au poste de police, où ils avaient chaud. Le reste de l'année, on les voyait surtout sur les quais de la Seine, où ils couchaient sous les ponts. [...] Pour les touristes, un coin de Seine, un réverbère et un clochard, c'était le cliché parisien par excellence.

Parfois, les « clodos » – comme on les appelait – faisaient du feu sous les ponts, avec de vieilles caisses. Pour se réchauffer ou griller un hareng. Mais leur repas le plus courant était, et est toujours, la baguette fraîche, « le kil de rouge et le calendos » (le litre de rouge et le camembert). Le bonheur! trois fois par jour! Les jours de marché en plein air, ils venaient ramasser tout ce que les marchands jetaient avant de partir. Surtout les fruits trop mûrs. Il y avait parmi eux des drogués qui se soûlaient à l'eau de cologne, achetée ... chez le pharmacien! Un de leurs passe-temps favoris était de ramasser des « clopes », les mégots, trouvés par terre, qu'ils déroulaient soigneusement pour en faire des cigarettes.

---

1 subjonctif du verbe être
2 le résultat
3 nom donné aux mendiants, aux sans-abri en France
4 mendiaient
5 camion de police

Pendant des années, il y a eu, dans le haut des marches du métro Saint-Michel, un clochard barbu comme le père Noël, *crasseux comme un vieux peigne* [6] et *puant comme un putois* [7]. Mais il faisait partie du paysage, on aimait bien son sourire édenté et ses quolibets gouailleurs. Tout le monde lui donnait trois sous au passage. Un jour, il disparut [8]. Le lendemain, *France-Soir* titrait cinq colonnes à la une [9] : IL MEURT DE JOIE EN PRENANT SON PREMIER BAIN! C'était lui, notre clochard. Il avait eu un malaise cardiaque. À l'hôpital, avant de l'ausculter, on avait jeté ses hardes et des infirmières, peut-être jeunes et jolies, lui avaient donné un bain bien savonneux et bien chaud. Il s'était écrié de plaisir : « Si j'avais su! » C'était la première fois qu'il ressentait une telle volupté. Il est mort de joie cinq minutes plus tard. [...]

Le lendemain, *France-Soir* titrait : LE CLODO DU BOULMICHE [10] ÉTAIT MILLIONNAIRE! On apprenait que la police, en vidant la mansarde du mendiant, avait trouvé sous son matelas plus d'un million de francs de l'époque en petites coupures! Tous les mendiants n'arrivent pas à cette performance et beaucoup vivent une vie misérable. [...]

Les mendiants sont-ils un produit inévitable des sociétés où règne l'inégalité?

Pierre Léon, *Humour en coin, Chroniques canadiennes*, Toronto, Éditions du Gref, 2006, p. 76-79.

La Seine

Avons-nous bien saisi le sens du texte?

I. Trouvez la réponse juste selon le texte.

1. Le narrateur a visité des pays
   a) où les mendiants étaient socialistes
   b) où il n'y avait pas de mendiants
   c) où les mendiants étaient rares
   d) où les mendiants avaient des cartes

2. Les programmes de réadaptation des clochards ont échoué parce que les clochards
   a) étaient trop sales

---

6 très sale
7 sentant très mauvais
8 passé simple de disparaître : il a disparu
9 à la première page
10 boulevard Saint-Michel

    b) étaient légion

    c) aimaient leur liberté

    d) voulaient coucher sur les grilles du métro

3. En hiver, les clochards couchaient

    a) sur les quais de la Seine

    b) dans le panier à salade

    c) sous les ponts

    d) sur les grilles du métro

4. La nourriture préférée des clochards est

    a) le hareng

    b) la baguette fraîche

    c) les fruits mûrs

    d) le litre de rouge

II. Complétez les phrases en vous servant d'une expression tirée du texte.

1. À Calgary, il faudra _____ pour mendier.
2. L'auteur a vu moins de mendiants dans les pays _____.
3. En France, tous les programmes de réadaptation _____.
4. Les clochards mendiaient juste assez longtemps pour avoir _____.
5. En hiver, s'ils faisaient du tapage, les flics _____.
6. En été, ils couchaient _____.
7. Pour les touristes, le cliché parisien, c'est _____.
8. Pour le clochard, le bonheur, c'est _____.
9. Ils refaisaient des cigarettes avec des _____.
10. Le clochard barbu avait été emmené à l'hôpital à cause de _____

Rappelons-nous

Expressions avec *plein(e)*

plein(e) (de + nom)	rempli(e) (de + nom)
en plein + nom	au milieu de
en plein air	
en plein soleil	
en plein travail	
en plein sommeil	
en pleine mer	

III. Complétez les phrases en vous servant d'une des expressions ci-dessus. Faites les changements qui s'imposent.

1. Il se promène sans chapeau _____. C'est dangereux.
2. Quand je suis arrivée au théâtre, la salle n'était pas _____.

3. Je n'aime pas les endroits _____ monde.
4. Ne me dérangez pas : je suis _____.
5. Leur petit bateau s'est perdu _____.
6. Je préfère acheter les fruits dans les marchés _____.

Enrichissons notre vocabulaire

IV. Remplacez l'expression en italique par une expression équivalente tirée du texte.

1. Pour conduire une voiture, il faut *une carte spéciale*.
2. Ces étudiants *n'ont pas réussi* à l'examen.
3. Ils vivent *sans penser à l'avenir*.
4. Quand ils faisaient *du bruit*, *les agents* les emmenaient au poste de police.
5. En été, ils *dormaient* sous les ponts.
6. Certains *s'enivraient* à l'eau de cologne.
7. Ces enfants aiment jouer *à l'extérieur*.
8. Quand ils ont joué dans la boue, ils rentrent à la maison *très sales*.

V. Comment appelle-t-on…?
(Donnez le masculin et le féminin. Utilisez le dictionnaire s'il y a lieu.)

1. une personne qui travaille pour le gouvernement?
2. une personne qui ne travaille plus (souvent, à cause de son âge)?
3. une personne qui paie des impôts?
4. une personne qui est si pauvre qu'elle vit dans les rues?
5. une personne qui s'occupe de faire respecter l'ordre par ses concitoyens?
6. une personne qui vend des médicaments?
7. une personne qui prend soin des malades?
8. une personne qui mendie?

Quelques expressions à retenir

La pauvreté et la richesse

pauvre comme Job	extrêmement pauvre
gueux comme un rat d'église	extrêmement pauvre
être fauché	ne plus avoir d'argent
riche comme Crésus	très riche
un nouveau riche	personne devenue riche récemment et pas très distinguée
rouler sur l'or	être très riche
être cousu d'or	être très riche
avoir un cœur d'or	être très bon, très généreux
en vouloir pour son argent	vouloir l'équivalent de ce qu'on donne, argent ou autre chose
jeter l'argent par les fenêtres	dépenser sans compter

VI. Complétez les phrases en utilisant les expressions ci-dessus. Faites les changements voulus.

1. En ce moment, je suis pauvre _____; en fait, je suis complètement _____.
2. Je trouve cet homme vulgaire : un vrai _____.
3. Mes enfants _____. Ils pensent que je _____.
4. Cette femme _____ : elle est trop généreuse; pourtant, elle ne _____.
5. Nous faisons faire des travaux chez nous, mais nous surveillons les ouvriers : nous _____.
6. Il épouse une femme riche _____ et lui, il est _____.

Maîtrisons la grammaire

Les adjectifs qualificatifs

Règle générale : Un adjectif qualificatif s'accorde, en genre et en nombre, avec le nom ou le pronom qu'il qualifie.

Forme

Le masculin

1. Certains adjectifs ont une forme différente s'ils sont suivis d'une voyelle ou d'un **h** muet.

    beau, bel   **fou, fol**
    nouveau, nouvel   **mou, mol**
    vieux, vieil

    un **vieux** peigne   un **vieil** homme
    un mendiant **fou**   un **fol** amour

Le féminin

2. En général, on forme le féminin en ajoutant –**e** au masculin.

    un travail **idéal**   une société **idéale**
    un visage **barbu**   une figure **barbue**

3. Quand l'adjectif se termine par –**e**, il ne change pas au féminin.

    un logement **misérable**   une vie **misérable**
    un pays **nordique**   une nation **nordique**

4. Certaines consonnes changent au féminin.

    f devient **v**   un paysan **veuf**   une paysanne **veuve**
    x devient **s**   un bain **savonneux**   une eau **savonneuse**
    c devient **que**   un banc **public**   une voiture **publique**

5. La terminaison –**er** devient –**ère**.

    un poids **léger**   une charge **légère**
    un **premier** bain   une **première** lettre

6. La terminaison –eur devient généralement –euse.

        un mendiant **gouailleur**   une personne **gouailleuse**
        un air **moqueur**   une attitude **moqueuse**

mais

        Quelques adjectifs en –eur prennent un –e : extérieur, intérieur, meilleur, supérieur, etc.

        un signe **extérieur**   une politique **extérieure**

7. La terminaison –teur devient généralement –trice.

        un esprit **créateur**   une force **créatrice**

mais

        un garçon **menteur**   une fille **menteuse**

8. Quand l'adjectif se termine par une consonne, elle est parfois doublée au féminin.

        un **gros** paquet   une **grosse** pièce
        un **bon** livre   une **bonne** histoire
        un **cruel** destin   une **cruelle** aventure
        un monument **ancien**   une statue **ancienne**
        un **gentil** garçon   une **gentille** fille
        un film **sot**   une idée **sotte**

9. Le féminin des adjectifs ayant deux formes au masculin est dérivé de la forme qui précède une voyelle.

        un **beau** pays   un **bel** infirmier   une **belle** infirmière
        un **nouveau** fonctionnaire un **nouvel** étudiant   une **nouvelle** étudiante
        un **vieux** mendiant   un **vieil** homme   une **vieille** maison

10. Quelques adjectifs ont des féminins irréguliers.

blanc	**blanche**	franc	**franche**
sec	**sèche**	favori	**favorite**
long	**longue**	frais	**fraîche**
faux	**fausse**	roux	**rousse**
doux	**douce**	bénin	**bénigne**
		malin	**maligne**

11. Quand un adjectif de couleur est qualifié par un autre adjectif, les deux sont invariables.[11]

        une barbe **grise**   une barbe **gris bleu**

12. Les noms employés pour désigner une couleur sont invariables.[12]

        une veste **marron**   une chemise **lilas**

Le pluriel de l'adjectif

1. **Règle générale** : on forme le pluriel en ajoutant –s au singulier.

        les signes **extérieurs**   les **vieilles** caisses

---

11 La même règle s'applique au pluriel de ces adjectifs.
12 La même règle s'applique au pluriel de ces mots, sauf pour **rose** : des robes **roses**.

2. Lorsque l'adjectif se termine par **–s** ou **–x** au singulier, il ne change pas au pluriel.

le **vieux** peigne les **vieux** peignes
un chiffre **précis** des nombres **précis**

3. La terminaison **–al** devient généralement **–aux** au pluriel.

un avantage **social** des avantages **sociaux**

Exceptions : banal, final, natal, naval

un pays **natal** des pays **natals**

4. **–eau** prend **–x** au pluriel.

le **nouveau** policier les **nouveaux** policiers

5. Un adjectif qualifiant plusieurs noms se met au pluriel. Il est au masculin pluriel si un des noms est masculin.

une banane et un abricot **mûrs**

6. Quand l'adjectif de couleur est qualifié par un autre adjectif, il reste invariable.

des barbes **blanches** mais des barbes **blanc sale**[13]

7. Lorsque l'adjectif précède le nom, **de** et non **des** est utilisé.

des passages nombreux **de** vieilles caisses

Remarque 1

Quand **demi** et **nu** précèdent le nom, ils sont invariables et sont joints au nom par un trait d'union.

Il viendra dans une heure et **demie**. Il viendra dans une **demi**-heure.
Il marche pieds **nus**. Il marche **nu**-pieds.

Remarque 2

Quand l'adjectif est employé adverbialement, il est invariable.

Ils travaillent **dur**. Elle parle **haut**.

Exerçons-nous

VII. Orthographiez correctement les adjectifs.

1. La conférence se termine à une heure et *demi*, dans une *demi*-heure.
2. Dans les pays *nordique socialiste*, la répartition des salaires est plus *égal*.

---

13 Dans ce genre de structure, l'adjectif indiquant la couleur est, en réalité, un nom : une barbe d'UN blanc sale.

3. Ils font du feu avec de *vieux* caisses.
4. Leur repas préféré est une baguette *frais* et un camembert.
5. Leur occupation *favori* est de ne rien faire!
6. Le mendiant à la barbe *crasseux* est mort après un bain dans une eau *savonneux* et bien *chaud*.
7. Le mendiant qui a disparu avait une *long* barbe *blanc*.
8. Elle s'est acheté une *nouveau* robe *vert clair*.

VIII. Substituez les noms entre parenthèses aux noms en italique et faites les changements voulus.

1. Connaissez-vous le vieux *monsieur*? (homme, hommes, dame)
2. Regardez le *clochard* gouailleur et crasseux. (fille, mendiants)
3. J'aime beaucoup votre *complet* gris clair. (robe, bas, chaussettes)
4. Le nouveau *fonctionnaire* est compétent. (infirmière, employé, flics)
5. Le *Canada* est-il hospitalier? (la France, les voisins)
6. Le malheureux *mendiant* squelettique grelottait toute la journée. (mendiante, enfants)
7. Le gros *infirmier* n'est-il pas un peu fou? (dame, messieurs)
8. L'homme que vous voyez est veuf et très malheureux. (femme, dames)

IX. Mettez les noms et les adjectifs au masculin.

1. La belle infirmière me paraît sympathique.
2. Connais-tu la nouvelle étudiante étrangère?
3. La grosse mendiante rousse n'est pas vieille.
4. Ils achètent l'eau de cologne chez une jeune pharmacienne un peu folle.
5. La mère de la gentille petite fille que vous voyez est veuve. L'enfant est donc orpheline de père.

La place de l'adjectif

La place de l'adjectif est une question complexe; toutefois, il suit souvent le nom.

Suivent le nom :

1. les adjectifs indiquant la **nationalité**, la **religion**, la **couleur**, la **forme**

   une cravate **noire**   un visage **ovale**
   un clochard **parisien**   une amie **protestante**

2. généralement le **participe passé ou présent**, employé comme adjectif.

   tête **baissée**   le repas **courant**

Précèdent le nom :

3. les **adjectifs courts** et souvent utilisés, tels :

   vieux, jeune, nouveau   court, long
   beau, joli   grand, petit, gros
   bon, mauvais

   un **jeune** mendiant   une **jolie** infirmière
   une **vieille** caisse   un **grand** avantage

4. les adjectifs utilisés avec un nom propre

      le **grand** Molière   le **gros** monsieur Dupont.

5. Quand deux adjectifs qualifient un même nom, ils gardent leur place habituelle.

      un **vieil** homme   un homme **squelettique**   un **vieil** homme **squelettique**

Changement de sens de l'adjectif

Certains adjectifs changent de sens selon qu'ils précèdent ou suivent le nom. En général, lorsqu'ils suivent le nom, ils sont utilisés au sens propre; lorsqu'ils le précèdent, ils sont utilisés au sens figuré.

sens propre		sens figuré	
un texte **ancien**	vieux	un **ancien** clochard	autrefois clochard
un soldat **brave**	courageux	un **brave** homme	bon
un succès **certain**	sûr	un **certain** nombre	imprécis
un complet **cher**	coûteux	mon **cher** ami	que j'aime bien
le **dernier** jour	dernier (d'une série)	l'hiver **dernier**	qui vient de finir
une raison **différente**	pas la même	**différents** mendiants	plusieurs
une histoire **drôle**	amusante	une **drôle de** femme	étrange
une homme **grand**	haut de taille	un **grand** homme	exceptionnel
la **même** chose	identique	le fonctionnaire **même**	en personne
un homme **pauvre**	pas riche	un **pauvre** homme	malheureux
une barbe **propre**	pas sale	son **propre** territoire	qui est à lui
une cravate **sale**	pas propre	une **sale** histoire	mauvaise

Exerçons-nous

X. Mettez l'adjectif à la place voulue.

1. Cette femme vient de perdre son fils. (pauvre)

2. Il porte un complet. (gris, vieux)

3. Pasteur était un homme. (grand)

4. Ce mendiant est un homme. (petit, doux)

5. Ils aiment une baguette. (fraîche, bonne)

6. En hiver, ils couchent sous les ponts. (plein)

7. Ils ont bu du vin. (rouge, mauvais)

8. Son fils est un jeune homme. (beau, intelligent)

9. Elle collectionne les livres. (anciens)

10. Profitez des jours. (beaux, derniers)

11. Il n'a pas d'argent; c'est un homme. (pauvre)

12. Elle se comporte étrangement. Quelle femme! (drôle de)

Écrivons

XI. Vous avez dû rencontrer des mendiants qui vous ont fait une forte impression. Racontez, en quelques phrases, une de ces rencontres.

Lisons II : Histoires de mendiants

L'auteur, Pierre Léon, nous parle de quelques mendiants qu'il a rencontrés.

Un soir, un mendiant m'aborde et me dit :

– T'aurais pas[14] neuf francs[15]?

Étonné, je demande pourquoi ce chiffre précis. Pourquoi pas dix francs? Réponse :

– Tu donnes ou tu donnes pas. Mais tu vas pas m'apprendre à faire mon métier !

Je lui ai tendu une pièce de dix francs et il ne m'a pas rendu la monnaie! [...]

Les mendiants modernes hantent tous les quartiers et surtout les points stratégiques. Ils ont leur territoire. On les trouve surtout dans les métros à cause des passages nombreux et aux sorties des grands magasins, en particulier ceux où on vend des alcools. C'est là que les quêteux[16] ont le plus de chance de nous donner mauvaise conscience. [...]

Au Canada, le grand froid est sûrement ce qui apitoie le plus. Cet hiver, j'ai connu un malheureux, squelettique, debout le long d'un mur, tête baissée, tournant sa casquette entre ses mains. Comme un paysan honteux. Il grelottait toute la journée dans un petit complet étriqué. Signe d'une dignité perdue, il portait une cravate. Il a disparu. Pour quel autre destin tragique?

J'en vois régulièrement un pragmatique. Il a mis sur le trottoir une boîte en carton avec l'écriteau : THANKS! Il a établi son quartier général, bien à l'abri, dans le café d'en face d'où il surveille son matériel en sirotant une boisson chaude. De temps à autre, il vient chercher les grosses pièces et remettre la menue monnaie qui *appâtera le chaland apitoyé*[17].

Pierre Léon, *Humour en coin, Chroniques canadiennes*, Toronto, Éditions du Gref, 2006, p. 78-79.

Avons-nous bien saisi le sens du texte?

I. Choisissez la bonne réponse.

1. Le narrateur a donné au mendiant qu'il a rencontré
   a) dix francs
   b) neuf francs
   c) un franc

2. On voit les mendiants modernes
   a) dans les quartiers chics
   b) dans les magasins
   c) dans tous les quartiers

3. Pour les mendiants, les points stratégiques sont
   a) les cafés
   b) les métros
   c) les trottoirs

---

14 français populaire; le *ne* du négatif disparaît.

15 C'est avant 2002, à l'époque où le franc était encore l'unité monétaire de la France. Maintenant, c'est l'euro.

16 mendiants. Le mot *quêteux* est utilisé au Québec.

17 attirera le « client » qui aura pitié

4. Le malheureux que l'auteur a connu portait
   a) un complet trop large
   b) un chapeau
   c) une cravate

5. Le mendiant pragmatique que l'auteur connaît
   a) grelotte toute la journée
   b) s'abrite dans un café
   c) laisse les grosses pièces dans sa boîte et enlève la monnaie

II. Répondez aux questions suivantes.

1. Comment savons-nous que, dans la première histoire, il s'agit d'un mendiant rencontré en France?
2. Pourquoi les mendiants aiment-ils hanter les métros?
3. Pourquoi un passant a-t-il « mauvaise conscience » lorsqu'il voit un *quêteux* en sortant d'un grand magasin?
4. Selon le narrateur, qu'est-ce qui montre que le mendiant « squelettique » avait autrefois connu une certaine dignité?
5. À votre avis, pourquoi le mendiant « pragmatique » vient-il enlever les grosses pièces dans sa boîte? Il peut y avoir plusieurs raisons.

Rappelons-nous

chiffre / nombre / numéro

un chiffre	il y en a dix : 0 – 9
le chiffre	le total
se chiffrer	totaliser
un nombre	une quantité
un numéro	un nombre attribué à une chose spécifique

III. Dans les phrases qui suivent, remplacez le tiret par *chiffre, nombre* ou *numéro*.

1. Dans cette ville, il y a un grand _____ de mendiants.
2. Ne donnez pas trop facilement le _____ de votre carte de crédit.
3. Quel est le _____ d'affaires de cette entreprise?
4. Il y a dix _____.
5. Les _____ en français sont très compliqués.
6. Dois-je écrire la somme en _____ ou en lettres?
7. À combien _____ nos bénéfices?
8. Donnez-moi votre _____ de téléphone.

Enrichissons notre vocabulaire

IV. Le nom *territoire* est dérivé de *terre*. Dans les phrases qui suivent, remplacez le tiret par le dérivé de *terre* qui convient. Faites les changements qui s'imposent.

terrien – terrain – terroir – atterrir – terrier – atterrissage – terrine –
territorial – souterrain – territoire

1. Cet homme est un riche propriétaire _____.
2. À quelle heure est-ce que l'avion _____?
3. Ce restaurant sert une délicieuse _____ de canard.
4. En ville, les _____ sont très chers.
5. Le lapin est rentré dans son _____.
6. Ce paysan est très attaché à son _____.
7. Dans ce vieux château, il y a plusieurs passages _____.
8. Le gouvernement doit protéger les eaux _____ du Canada.
9. J'ai un peu peur au décollage et à _____ de l'avion.
10. De tous les pays, c'est la Russie qui possède _____ le plus étendu.

Quelques expressions à retenir

L'argent

l'argent, m.	les fonds et le métal
le billet	de l'argent sous forme de papier ;
	une courte lettre ; un papier donnant droit d'entrée
une pièce	argent sous forme de métal ;
	une comédie, une tragédie
la monnaie	unité monétaire d'un pays ;
	pièces ou billets de faible valeur que l'on porte sur soi
faire de la monnaie	échanger un billet contre de plus petites sommes

V. Dans les phrases suivantes, remplacez le tiret par *argent*, *billet*, *monnaie* ou *pièce*, avec ou sans l'article.

1. Vous me devez 100 $. Donnez-moi _____ ; _____ sont trop lourdes.
2. On dit que _____ ne fait pas le bonheur.
3. Je voudrais donner quelque chose à ce mendiant, mais je n'ai pas de menue _____. Je ne vais tout de même pas lui donner _____.
4. _____ de ce pays n'a plus beaucoup de valeur.
5. Je veux donner un pourboire à ce garçon, mais n'ai que _____ de 50 $. Pouvez-vous me faire _____?

Maîtrisons la grammaire

L'adverbe

L'adverbe est un mot qui modifie un verbe, un adjectif ou un autre adverbe.

Il y a des adverbes

a) de **manière** (répondant à la question *comment* : **bien, mal, probablement, électroniquement**, etc.)

b) de **lieu** (répondant à la question *où* : **devant, derrière, près, loin, ici**, etc.)

c) de **temps** (répondant à la question *quand* : **aujourd'hui, hier, demain, jamais**, etc.)

d) de **quantité** (répondant à la question *combien* : **beaucoup, trop, peu, assez**, etc.)

e) d'**affirmation** ou de **doute** (**oui, si, naturellement, peut-être**, etc.)

Remarques

1. Les **locutions adverbiales**, formées de plusieurs mots, jouent le même rôle que les autres adverbes (**tout de suite, sans doute, par hasard**, etc.).
2. Pour les **adverbes d'interrogation**, voir le chapitre 15.
3. Pour les **adverbes de négation**, voir le chapitre 16.

Les adverbes de manière

Adjective (feminine) → Adverb

Forme

1. La plupart des adverbes de manière sont formés en ajoutant **–ment** au féminin de l'adjectif.

sûr	sûre	sûre**ment**
régulier	régulière	régulière**ment**
probable	probable	probable**ment**
nouveau	nouvelle	nouvelle**ment**

2. Quand l'adjectif se termine par -é, -i, -u, on ajoute **–ment** au masculin.

aisé	ais**ément**
vrai	vrai**ment**
assidu	assid**ûment**

   Exception : gai gaîment ou gaiement

3. Le **–e** du féminin devient parfois **–é**.

aveugle	aveugl**ément**
énorme	énorm**ément**

4. Les terminaisons **-ant** et **-ent** deviennent respectivement **-amment** et **-emment**. La prononciation des deux terminaisons est identique (**amant**).

indépendant	indépend**amment**
savant	sav**amment**
différent	différ**emment**
prudent	prud**emment**

5. Certains adverbes ont des formes irrégulières.

gentil	**gentiment**	bref	**brièvement**
bon	**bien**	mauvais	**mal**
meilleur	**mieux**	pire	**pis**

La place de l'adverbe

1. Quand l'adverbe modifie un adjectif ou un adverbe, il précède le mot.

un bain **bien savonneux**   une générosité **politiquement correcte**
la température baissait **un peu trop**

2. Quand un adverbe modifie un verbe, sa place varie.

   a) S'il modifie un verbe à temps simple, il suit le verbe :

      Il faudra **désormais** un permis.   Ils déroulaient **soigneusement** les mégots.

   b) Si un adverbe court ou commun modifie un verbe à un temps composé, il se place généralement entre l'auxiliaire et le participe passé.

      J'ai bien connu ce malheureux.   Nous **avons enfin pris** un bain.
      A-t-il vraiment établi son quartier général dans ce café?

   c) Si l'adverbe est long, on le place généralement après le participe passé.

      Ils ont **travaillé soigneusement**.   Ce fonctionnaire a **agi imprudemment**.

3. Les adverbes de temps et de lieu se placent généralement à la fin de la phrase ou après le participe passé.

Elle s'en va **ailleurs**.   Elle est morte **récemment**.
Il a voyagé **partout**.   Ils sont arrivés **hier**.

4. L'adverbe de lieu précède d'habitude l'adverbe de temps.

Il est arrivé **là hier**.

5. **Déjà, jamais, souvent, toujours** se placent entre l'auxiliaire et le participe passé.

Elles **ont déjà donné** le bain au vieux.
Avez-vous **toujours vu** des clochards à Paris?

6. Pour des raisons de style, la place de l'adverbe peut varier. Placé en tête de phrase, il est mis en relief.

Plus **tard**, le mendiant a disparu.   **Enfin**, il a pris un bain.
Soigneusement, ils déroulent les mégots.

7. Certains adverbes (**à peine, peut-être, sans doute**, etc.) sont suivis de l'inversion du verbe et du sujet quand ils sont placés au commencement de la phrase.

Ils mangeront **peut-être** un hareng.   **Peut-être mangeront-ils** un hareng.[18]

8. Certains adjectifs sont employés adverbialement et sont alors invariables.

Elle est **fort** pauvre.   Nous travaillons **dur**.

---

18 Dans la conversation, on peut faire suivre **peut-être** de **que** et éviter ainsi l'inversion : **Peut-être qu'**ils mangeront un hareng.

Exerçons-nous

VI. Donnez les adverbes correspondant aux adjectifs suivants.

froid	bon	sale	discret
gentil	courant	frais	tardif
égal	ancien	mauvais	gai

VII. Insérez l'adverbe à *l'intérieur* de la phrase quand c'est possible. Faites les changements voulus.

1. Il a rencontré un ami. (probablement)
2. Avez-vous mangé? (hier, bien)
3. Quand ils faisaient du tapage, les flics les emmenaient au poste. (immédiatement)
4. Le mendiant à la cravate avait connu un meilleur sort. (sans doute, autrefois)
5. Les clochards font griller un hareng. (quelquefois)
6. Dans les pays nordiques, nous avons vu des mendiants. (rarement)
7. Vous avez de l'argent en poche. (toujours)
8. Il sera riche un jour. (peut-être)

VIII. Remplacez l'expression en italique par l'adverbe qui convient. Attention à la place de l'adverbe.

1. Elles l'ont reçu *avec gentillesse.*
2. Ce que vous dites est vrai, *selon toute probabilité.*
3. Il faut aller *dans un autre endroit.*
4. Il y avait un grand nombre de clochards *dans cet endroit.*
5. Il a habité Paris *il y a de nombreuses années.*
6. Il prépare le dîner *d'une manière différente.*
7. Nous travaillons toujours *avec soin.*
8. Elle est très intelligente; *il n'y a pas de doute.*

Écrivons

IX. Pierre Léon se demande si la mendicité est un produit inévitable des sociétés où règne l'inégalité. Quel est votre avis là-dessus? Que pouvons-nous faire pour éliminer – ou, du moins, réduire – la mendicité autour de nous?

Sourions un peu

Ce n'est pas d'être riche qui fait le bonheur, c'est de le devenir.

Stendhal

Si l'argent ne fait pas le bonheur… Rendez-le!

Jules Renard

Écoute

Écoutez le passage qui est lu deux fois. Ensuite, répondez aux questions.

Phonétique : **Les consonnes *k* et *g***

CHAPITRE 12 : Hier, aujourd'hui, demain

Textes à l'étude
- Lisons I : La Plus Belle Époque
- Lisons II : La Journée d'un journaliste américain au XXIXe siècle

Vocabulaire et structures
- le verbe *toucher*
- l'ordinateur / les fournitures de bureau
- expressions avec *heure*

Aspects grammaticaux
- Le comparatif et le superlatif de l'adjectif
- Le comparatif et le superlatif de l'adverbe
- Le participe présent

Lisons I : La Plus Belle Époque

Les temps changent-ils pour le meilleur ou pour le pire? Peut-on parler du bon vieux temps ou faut-il plutôt apprécier le moment présent?

Grand-mère —« Ah! ma petite fille, que tu as de la chance de vivre à notre époque! La vie t'offre des choix extrêmement intéressants. Quand j'étais jeune, j'ai travaillé dans une usine; mon travail était moins valorisé que le tien. Tu gagnes un bien meilleur salaire que je ne gagnais et tu occupes déjà un poste important. Tu peux même un jour devenir directrice générale ou administratrice d'une grande entreprise.

Petite-fille — C'est vrai, mais aujourd'hui la vie est plus stressante que par le passé. Je dois travailler plus fort que mes collègues pour avancer dans ma carrière. Il est vrai que je touche un plus gros salaire que toi quand tu travaillais, mais la vie coûte plus cher aujourd'hui.

Grand-mère — Mais te rends-tu compte des progrès de la technologie au cours des derniers siècles? Elle nous rend la vie beaucoup plus facile. Quand je pense qu'autrefois il fallait tout écrire à la main! Maintenant, il y a les ordinateurs qui sont plus efficaces que les machines à écrire, exigent bien moins d'effort et nous économisent du temps, car ils accomplissent un travail à une vitesse accélérée. Il n'y a rien qu'on ne puisse trouver sur Internet. C'est sur le Web qu'on obtient le plus rapidement possible les informations qu'on cherche. Grâce au commerce électronique, je peux faire des achats en ligne de chez moi sans avoir à me déplacer.

Petite-fille — Oui, mais quand l'ordinateur tombe en panne, on se trouve dans les pires situations. Dans ce cas-là, il se transforme en une source de frustration. Une fois, j'ai vécu le moment le plus énervant de ma vie quand j'ai perdu des données importantes en me trompant de touche. Il m'est arrivé, à plusieurs reprises, d'oublier dans quels fichiers j'avais mis des documents. Parfois, le vieux système de classeurs, où l'on plaçait les dossiers par ordre alphabétique, me manque.

Grand-mère — Tu dois pourtant reconnaître que les avantages de la technologie l'emportent sur ses désavantages. Elle facilite la communication. Mes enfants sont aussi occupés que moi et ils n'arrivent pas à trouver le temps d'écrire des lettres. Les courriers électroniques[1] offrent une meilleure solution, car ils nous permettent de garder le contact. Même si maintenant mes fils habitent loin de chez moi, nous communiquons plus fréquemment qu'avant. Grâce à des appareils photo numériques et à Internet, je reçois des photos plus souvent que par le passé. Maintenant que j'ai une boîte vocale, je ne manque plus jamais d'appels. Le téléphone portable[2] permet une plus grande accessibilité que le téléphone fixe. Il rend possible non seulement la communication vocale, mais également l'envoi de messages textes, la forme de communication la plus amusante de tous les temps.

Petite-fille — Justement, c'est à cause de ces messages succincts que les gens écrivent moins bien de nos jours. Les jeunes ne savent plus rédiger de phrases complètes. Ils ne connaissent plus l'orthographe! Autrefois, on s'exprimait de façon plus élégante; on écrivait des lettres détaillées. Aujourd'hui, l'essentiel est d'envoyer le message le plus court! Le télécopieur, la messagerie instantanée permettent de communiquer rapidement et le style est moins important que le message.

Grand-mère — Voyons! Nous vivons à une époque des plus passionnante! Nous avons été témoins des découvertes les plus extraordinaires en médecine. Les progrès scientifiques dépassent les plus audacieuses attentes

---

1   On dit aussi courriels ou emails.
2   Au Québec, on emploie le terme cellulaire.

de nos ancêtres. Quand je me lève le matin, j'ai l'impression d'être la femme la plus chanceuse du monde. Et je suis convaincue qu'aujourd'hui, j'apprendrai moins que demain. C'est la plus belle époque de ma vie! »

Avons-nous bien saisi le sens du texte?

I. Choisissez la bonne réponse.

1. La grand-mère a) *a été une femme d'affaires;* b) *a travaillé comme ouvrière;* c) *n'a jamais travaillé.*
2. La vie coûtait a) *moins cher par le passé;* b) *plus cher par le passé;* c) *aussi cher par le passé.*
3. On peut perdre des données importantes quand a) *on allume l'ordinateur;* b) *on ouvre des fichiers;* c) *on se trompe de touche.*
4. Les jeunes d'aujourd'hui ne connaissent pas bien l'orthographe. La preuve est qu'ils a) *écrivent de façon illisible;* b) *écrivent incorrectement les mots;* c) *ne respectent pas la grammaire.*
5. Les progrès scientifiques a) *répondent aux attentes de nos ancêtres;* b) *auraient déçu nos ancêtres;* c) *vont au-delà des attentes de nos ancêtres.*

II. Répondez aux questions suivantes.

1. Pourquoi la grand-mère trouve-t-elle que sa petite-fille a de la chance de vivre à notre époque?
2. Comparez les conditions de travail de la grand-mère à celles de sa petite-fille.
3. De quoi la jeune femme se plaint-elle en ce qui concerne sa situation?
4. Pourquoi les progrès de la technologie suscitent-ils l'enthousiasme de la grand-mère?
5. Selon la petite fille, quels sont les inconvénients de l'ordinateur?
6. Comment les progrès de la technologie facilitent-ils la communication?
7. Quels sont, selon la petite-fille, les désavantages des courriers électroniques et des messages textes?
8. Pourquoi la grand-mère se considère-t-elle la femme la plus chanceuse du monde?
9. Trouvez-vous étonnantes les attitudes des deux femmes? Expliquez votre réponse.
10. Dans le texte, on mentionne des objets qu'on utilisait dans le passé et qui sont en voie de disparition. Quels sont ces objets?

Rappelons-nous

Le verbe *toucher*

toucher un salaire	gagner de l'argent en travaillant
toucher de l'argent	recevoir de l'argent
toucher à sa fin	se terminer
toucher quelqu'un	émouvoir
toucher un mot à quelqu'un	dire un mot, mentionner

III. Complétez les phrases suivantes en vous servant du verbe *toucher* suivi de l'expression qui convient.

1. L'été _____. Bientôt ce sera l'automne.
2. Elle travaille dans une usine. Elle _____ de misère.

3. Avant d'acheter un ordinateur, tu devrais en _____ à mon frère. Il s'y connaît.

4. Ce poème _____ profondément. Je pleure chaque fois que je le lis.

5. Il vient de _____. Il a reçu un héritage inattendu.

Enrichissons notre vocabulaire

IV. Remplacez les expressions en italique par une expression tirée du texte en faisant les changements nécessaires.

1. Mon ordinateur *a cessé de marcher*.

2. Mon amie a *de la veine*. Elle a eu une promotion.

3. Je reçois *des courriels* tous les jours.

4. *Grâce à* la technologie, tout se fait plus *vite*.

5. Nous avons *vu* des progrès extraordinaires en science.

V. Trouvez, dans le texte, les verbes qui correspondent aux noms suivants :

a) la rédaction

b) l'accès

c) l'avancement

d) la reconnaissance

e) l'expression

VI. Trouvez, dans le texte, les noms qui correspondent aux verbes suivants :

a) inventer

b) reprendre

c) découvrir

d) s'attendre à

e) entreprendre

VII. À l'aide du dictionnaire, écrivez deux phrases qui illustrent deux sens différents de chacun des verbes suivants :

a) gagner

b) rendre ou se rendre

c) garder

d) manquer

e) arriver

VIII. Complétez le passage à l'aide d'une expression tirée du texte.

Maintenant que je suis à la retraite, j'ai le temps de faire ce que je veux. Grâce à la nouvelle technologie, je passe une grande partie de ma journée devant mon _____. J'adore être branchée sur _____ et je prends grand plaisir à _____ sur le Web pour y chercher de l'information et pour faire des achats. Tous les matins, après avoir pris mon café, je lis mes _____. En général, j'en reçois une vingtaine par jour. C'est une façon agréable et économique de _____ avec les membres de ma famille qui habitent loin de chez moi. Autrefois, je me servais de _____ pour rédiger de longues lettres que j'envoyais par la poste. Maintenant, j'envoie des _____ succincts qui arrivent à destination en quelques secondes. Je peux ainsi _____ avec mes amis qui se trouvent à l'autre bout du monde. Quelle merveille! Si nos _____ revenaient sur terre et voyaient toutes ces _____ de notre époque, ils n'en croiraient pas leurs yeux!

Quelques expressions à retenir

L'ordinateur	The computer
un ordinateur portable	*a lap top*
un clavier	*a keyboard*
un écran	*a screen*
un logiciel	*software*
une souris	*a mouse*
une imprimante	*a printer*
une caméra vidéo	*a video camera*
le traitement de texte	*word processing*
un téléchargement	*downloading*
un(e) internaute	*a Web surfer*
une clé USB	*a USB key*
le mot de passe	*the password*
allumer / éteindre	*to turn on / to turn off*
télécharger	*to download*
imprimer	*to print*
sauvegarder un document	*to save a document*
naviguer sur Internet	*to surf the Web / to browse the Internet*

Les fournitures de bureau	Office supplies
un photocopieur / une photocopieuse	*a photocopier*
un bureau	*a desk*
un classeur	*a filing cabinet*
une agrafeuse	*a stapler*
un trombone	*a paper clip*
un porte-crayons	*a pencil holder*
un taille-crayon	*a pencil sharpener*
une gomme à effacer	*an eraser*
une chemise	*a folder*
une étiquette	*a label*
une déchiqueteuse	*a paper-shredder*
photocopier	*to photocopy*
classer	*to file*
agrafer	*to staple*
tailler un crayon	*to sharpen a pencil*
étiqueter	*to label*
déchiqueter	*to shred*

IX. Complétez les phrases par les expressions ci-dessus.

A

1. Lorsque je m'installe devant l'ordinateur, tout d'abord je le _____. Ensuite, pour y avoir accès, je dois indiquer mon _____ secret. À l'aide de _____, je clique sur _____ que je veux ouvrir. Afin d'économiser de l'électricité, je fais bien attention de _____ l'ordinateur quand je ne l'utilise pas.

2. Quand je suis en classe ou à la bibliothèque, j'utilise _____.

3. Comme je fais des études en français, il me faut _____ français où il y a des accents.

4. Quand je veux seulement rédiger un texte, j'utilise le _____. Il est important de _____ mon travail fréquemment pour ne pas courir le risque de le perdre si jamais il y a une panne d'électricité. Je me sers aussi de _____ pour stocker de l'information.

5. Ma grand-mère aime _____ ou surfer sur Internet; elle est une véritable _____.

6. Un ami m'a envoyé une photo par courriel. Je l'ai _____ sur mon ordinateur. Après l'avoir admirée, je l'ai _____. Comme ma nouvelle _____ me permet de reproduire des images en couleur, j'ai une belle photo que je peux faire encadrer.

7. J'ai fait installer _____ sur mon ordinateur. Maintenant, je peux voir mes enfants quand je communique avec eux par Internet.

B

8. Quand ma secrétaire doit faire des copies, elle utilise _____. En général, elle _____ des centaines de pages à la fois. Après les avoir mises dans le bon ordre, elle les _____. Pour détruire des documents confidentiels, elle utilise _____.

9. Si on a beaucoup de documents, il est important d'être bien organisé afin de pouvoir les retrouver facilement. Il faut les mettre dans des _____ dont le contenu est identifié par des _____. Ensuite, on les _____ par ordre alphabétique et on les garde dans _____.

10. Autrefois, quand on rédigeait des textes à la main, il fallait avoir _____ pour aiguiser les crayons et _____ pour corriger les erreurs.

X. Dépistez l'intrus. Indiquez l'expression qui ne fait pas partie de la série.

1. Le télécopieur permet a) *d'envoyer des documents par téléphone;* b) *de faire des appels;* c) *d'avoir accès a Internet.*

2. Pour utiliser mon ordinateur, j'ai besoin d' a) *une souris;* b) *une boîte vocale;* c) *un logiciel.*

3. On peut a) *éteindre;* b) *envoyer;* c) *répondre à* des courriers électroniques.

4. Il est facile de perdre des données si a) *on oublie de les sauvegarder;* b) *on les télécharge;* c) *l'ordinateur tombe en panne.*

5. Pour attacher ces feuilles, il vous faut a) *un porte-crayons;* b) *une agrafeuse;* c) *des trombones.*

Maîtrisons la grammaire

Le comparatif et le superlatif

Le comparatif de l'adjectif

1. Le comparatif de **supériorité** se compose de **plus + adjectif + que**.
   Aujourd'hui, la vie est **plus stressante que** par le passé.

2. Le comparatif d'**infériorité** se compose de **moins + adjectif + que.**

> Mon travail était **moins valorisé que** le tien.

3. Le comparatif d'**égalité** se compose de **aussi + adjectif + que.**

> Mes enfants sont **aussi occupés que** moi.

4. Le comparatif de supériorité de **bon** est **meilleur**; le comparatif de supériorité de **mauvais** est **plus mauvais** ou **pire.**

> Tu gagnes un bien **meilleur salaire que** je ne gagnais.
> Est-ce que nos ancêtres vivaient dans **de plus mauvaises** conditions **que** nous?
> En effet, ils vivaient dans **de pires** conditions **que** nous.

5. **Plus petit** est utilisé dans un sens concret, **moindre** dans un sens abstrait.

> La grand-mère est **plus petite que** sa fille.
> Autrefois, le stress était **moindre que** le stress aujourd'hui

Exerçons-nous

XI. Faites des phrases cohérentes en utilisant le comparatif a) de supériorité, b) d'infériorité. Faites les accords et les changements nécessaires.

> Modèle : (efficace) La machine à écrire / l'ordinateur
> L'ordinateur est **plus efficace que** la machine à écrire.
> La machine à écrire **est moins efficace que** l'ordinateur.

1. (bruyant) une déchiqueteuse / des ciseaux
2. (commode) un téléphone fixe / un téléphone portable
3. (élégant) cette femme d'affaires / cette ouvrière
4. (conservateur) nos ancêtres / les jeunes d'aujourd'hui
5. (rapide) envoyer un message par télécopieur / envoyer une lettre par la poste

XII. Faites des phrases où vous utiliserez le comparatif d'égalité. Faites les accords et les changements nécessaires.

1. (curieux) la vieille dame / la jeune fille
2. (stressant) la vie d'aujourd'hui / la vie du passé
3. (efficace) un courrier électronique / un appel téléphonique
4. (important) les découvertes du XXe siècle / les inventions du XIXe
5. (consciencieux) les employés de cette usine / les employés de ce bureau

XIII. À l'aide des mots donnés, faites des phrases où vous utiliserez le comparatif de supériorité. Faites les accords et les changements nécessaires.

1. Acheter des CD est – cher – télécharger de la musique.
2. Ces logiciels sont – bon – les logiciels d'il y a quelques années.
3. Une clé USB est – pratique – les disquettes pour sauvegarder des données.
4. Faire des achats en ligne est – agréable – courir les grands magasins.
5. Anne est – un mauvais secrétaire – sa collègue.

XIV. À l'aide des mots donnés, faites des phrases où vous utiliserez le comparatif d'égalité. Faites les accords et les changements nécessaires.

1. Une mère de famille est – occupé – une femme d'affaires.
2. Cette réunion est – urgent – son rendez-vous avec un client.
3. Un travail à temps partiel est parfois – intéressant – un travail à temps plein.
4. Sa nouvelle fonction est – exigeant – son emploi précédent.
5. Ce nouvel ordinateur – performant – l'ancien modèle.

XV. À l'aide des mots donnés, faites des phrases où vous utiliserez le comparatif d'infériorité. Faites les accords et les changements nécessaires.

1. Les vieux sont – fort – les jeunes.
2. Son enfance a été – heureux – l'enfance de sa grand-mère.
3. L'orthographe dans la deuxième version semble – mauvais – l'orthographe dans la première ébauche.
4. Le stress de l'employé est – petit – le stress de la directrice générale.
5. Les êtres humains sont – puissant – les machines.

XVI. Complétez le texte de façon logique en utilisant le comparatif de l'adjectif.

Élise a 85 ans. Elle est la grand-tante d'Émilie, une charmante adolescente. Même si Élise est tellement _____ âgée _____ la jeune fille, elle est parfois _____ énergique _____ sa petite-nièce. Celle-ci est _____ active _____ la vieille dame, car elle passe beaucoup de temps devant la télévision. Élise adore faire de nouvelles découvertes et est passionnée par l'informatique. La jeune fille, qui s'ennuie facilement, est _____ enthousiaste pour les technologies de l'information _____ la vieille femme. La jeune fille a grandi devant l'ordinateur, donc elle est _____ impressionnée que la nouvelle internaute par la magie qui se déroule sur l'écran. Par contre, Élise, qui est _____ curieuse _____ Émilie, est _____ blasée _____ elle lorsqu'il s'agit de gadgets électroniques. Elle vient d'acheter un téléphone portable qu'elle utilise très souvent. Elle est _____ bavarde _____ sa nièce qui passe la plupart de son temps à parler avec ses amis. Élise mène une vie _____ passionnante _____ celle qu'elle aurait imaginée possible, il y a quelques années. Elle aime dire : « Je suis _____ savante _____ je ne l'étais hier, mais _____ savante _____ je ne le serai demain. »

Le superlatif de l'adjectif

1. Le superlatif de l'adjectif se compose de **le, la, les + plus + adjectif + de** (s'il y a lieu).

   Aujourd'hui, l'essentiel est d'envoyer le message **le plus court**!
   C'est **la plus belle** époque **de** ma vie!
   Nous avons été témoins des découvertes **les plus extraordinaires** en médecine.

2. Le superlatif d'infériorité se compose de **le, la, les + moins + adjectif + de** (s'il y a lieu).

   Utiliser la machine à écrire est la façon **la moins rapide** de rédiger une lettre.
   Le moins important en ce qui concerne la messagerie instantanée, c'est le style.

3. Lorsque l'adjectif suit normalement le nom, l'article est répété devant l'adjectif.

   Je suis **la** femme **la plus chanceuse du** monde.
   J'ai vécu **le** moment **le plus énervant de** ma vie.

4. Les comparatifs irréguliers ont des superlatifs qui leur correspondent.

> Les courriers électroniques offrent **la meilleure** solution.
> Il est paresseux. Il ne fait pas **le moindre** effort.
> Quand l'ordinateur tombe en panne, on se trouve dans **les pires** situations.

Exerçons-nous

XVII. Faites des phrases en utilisant le superlatif de supériorité. Faites les accords nécessaires.

> Modèle :   C'est la forme de communication (amusant – tous les temps)
> C'est la forme de communication **la plus amusante de** tous les temps.

1. C'est l'époque (bon – sa vie).
2. La famille de la grand-mère était (pauvre – région).
3. Mme Fadette est l'employée (élégant – entreprise).
4. C'est le gérant qui a les responsabilités (grand – usine).
5. Ils ont fait un tour virtuel des régions (charmant – pays).
6. Dans ce centre commercial, on trouve les prix (bon – ville).
7. C'est la secrétaire (travailleur – bureau).
8. Tu as fait les fautes d'orthographe (mauvais – classe).
9. Ce sont les documents (désordonné – fichier).
10. Il a acheté l'appareil photo numérique (populaire – moment).

XVIII. Répétez l'exercice en utilisant le superlatif d'infériorité.

XIX. Complétez la phrase en utilisant un superlatif de supériorité ou d'infériorité, selon le sens.

1. Les progrès scientifiques du XXIe siècle…
2. Le téléphone portable permet…
3. Le prix de l'ordinateur était…
4. Cette usine se trouve…
5. Le télécopieur est…
6. Il écrit les messages…
7. Les nouvelles technologies semblent…
8. Les conditions de travail dans cette entreprise…

Le comparatif et le superlatif de l'adverbe

1. **Le comparatif des adverbes** est soumis aux mêmes règles que le comparatif des adjectifs.

> Nous communiquons **plus fréquemment qu'**avant.
> Je reçois des photos **moins souvent que** par le passé.
> Ce photocopieur marche **aussi bien que** l'autre.

2. **Le superlatif des adverbes** est soumis aux mêmes règles que le superlatif des adjectifs. L'article **le** qui précède le superlatif est invariable.

> C'est sur le Web qu'on obtient **le plus rapidement** possible les informations qu'on cherche.

3. Certains adverbes ont **un comparatif** et **un superlatif irréguliers** :

beaucoup	plus	le plus
peu	moins	le moins
bien	mieux	le mieux
mal	plus mal; pis	le plus mal; le pis

Les personnes ouvertes aux changements s'enrichissent **plus que** les individus à l'esprit fermé.

Des employés, c'est Yvonne qui travaille **le mieux** et bavarde **le moins**.

Remarque

Pis est surtout utilisé dans certaines expressions, comme **de mal en pis, tant pis**. **Le pis** est employé comme nom.

Tout va **de mal en pis**.

Il a perdu des données importantes. **Tant pis!**

Le pis, c'est qu'elle n'arrive pas à utiliser Internet.

Exerçons-nous

XX. Complétez par un comparatif ou un superlatif.

1. Elle travaille (lentement – son collègue).
2. Les secrétaires rédigent des lettres (rapidement – avec un ordinateur – avec une machine à écrire).
3. C'est Jacqueline qui prépare les rapports mensuels (bien).
4. Elle n'aime pas les fichiers informatisés (beaucoup – le vieux système de classeurs).
5. Voilà les patrons qui exigent des feuilles de présence (souvent).
6. Le nouveau modèle de cette machine tombe en panne (fréquemment – l'ancien modèle).
7. L'assistante administrative gagne (peu – son patron).
8. Elle s'exprime (intelligemment – son directeur).
9. Mon père respecte les règlements de confidentialité (fidèlement – ses collègues).
10. À cause des messages textes, les jeunes écrivent (mal – leurs parents).

XXI. Complétez le texte suivant à l'aide des comparatifs et des superlatifs qui conviennent.

Je viens d'obtenir un nouvel emploi. Je suis maintenant directrice générale d'une entreprise _____ prestigieuse _____ celle que j'ai quittée. Avant, mon poste était différent, mais _____ intéressant _____ celui que j'occupe maintenant. Malheureusement, j'étais l'employée _____ appréciée _____ mon secteur. Même si ma vie était _____ stressante _____ celle de la plupart de mes collègues, car j'étais surmenée et faisais constamment face à des échéances, je touchais un _____ gros salaire _____ eux. La chose _____ difficile à accepter était l'attitude de mes patrons qui m'imposaient _____ mauvaises corvées _____ bureau, mais on m'offrait _____ souvent des primes de mérite _____ à celles qui travaillaient _____ fort. Quand une _____ bonne situation s'est présentée, j'ai saisi l'occasion et j'ai changé de travail. Maintenant, je suis la femme _____ heureuse _____ monde. Ce que j'apprécie _____ bien est que mes nouveaux collègues me respectent. Ce que j'aime _____ moins, c'est de devoir évaluer la performance de mon personnel de soutien. Comment porter un jugement sur ma secrétaire qui s'est montrée _____ gentille _____ employées?

Écrivons

XXII. Comparez la vie du XXIe siècle à la vie d'une époque antérieure. Faites ressortir les différences, les avantages et les désavantages des deux époques.

Les hommes de ce XXIXe siècle vivent au milieu d'une féerie continuelle, sans avoir l'air de s'en douter. Blasés sur les merveilles, ils restent froids devant celles que le progrès leur apporte chaque jour. Avec plus de justice, ils apprécieraient comme ils le méritent les raffinements de notre civilisation. En la comparant au passé, ils se rendraient compte du chemin parcouru. Combien leur apparaîtraient plus admirables les cités modernes aux voies larges de 100 mètres, aux maisons hautes de trois cents, à la température toujours égale, au ciel sillonné par des milliers d'aéro-cars et d'aéro-omnibus. Auprès de ces villes, dont la population atteint parfois jusqu'à 10 millions d'habitants, qu'étaient ces villages, ces hameaux d'il y a 1000 ans, ces Paris, ces Londres, ces Berlin, ces New York, bourgades mal aérées et boueuses, où circulaient des caisses cahotantes, traînées par des chevaux – oui! des chevaux!

Comme preuve de ce progrès, ce 25 juillet 2890, nous allons suivre dans ses multiples occupations Francis Bennett, homme d'affaires et directeur du journal *Earth-Herald*.

Francis Bennett, ce matin-là, s'est réveillé d'assez maussade humeur. Depuis huit jours, sa femme était à Paris, où elle allait acheter ses chapeaux.

Le premier soin de Francis Bennett a donc été de mettre en action son phonotéléphote, dont les fils aboutissaient à l'hôtel qu'il possédait aux Champs-Elysées.

Le téléphone complété par le téléphote, encore une conquête de notre époque. Si, depuis tant d'années, on transmet la parole par des courants électriques, c'est d'hier seulement que l'on peut aussi transmettre l'image. Précieuse découverte, dont Francis Bennett, ce matin-là, a été le premier à bénir l'inventeur, lorsqu'il a aperçu sa femme, reproduite dans un miroir téléphotique, malgré l'énorme distance qui l'en séparait.

Son nom, prononcé par cette douce voix, a donné à l'humeur de Francis Bennett un tour plus heureux. Sautant rapidement hors de son lit, il pénètre dans son habilleuse mécanique. Deux minutes après, la machine le déposait, lavé, coiffé, chaussé, vêtu et boutonné du haut en bas sur le seuil de ses bureaux. Ayant achevé l'inspection des diverses branches du journal, Francis Bennett passe au salon de réception où l'attendaient les ambassadeurs et ministres plénipotentiaires, accrédités près du gouvernement américain. Au moment où Francis Bennett entrait dans ce salon, on y discutait avec une certaine vivacité.

« Et vous, monsieur, dit le directeur du *Earth-Herald*, en s'adressant au consul d'Angleterre, que puis-je pour votre service?...

— Beaucoup, monsieur Bennett, répond ce personnage, en s'inclinant humblement. Il suffirait que votre journal entame une campagne en notre faveur...

— Et à quel propos?...

— Tout simplement pour protester contre l'annexion de la Grande-Bretagne aux États-Unis.

— Tout simplement! s'écria Francis Bennett, en haussant les épaules. Une annexion vieille de cent cinquante ans déjà! Mais messieurs, les Anglais ne se résigneront donc jamais à ce que par un juste retour des choses ici-bas, leur pays soit devenu colonie américaine? C'est de la folie pure. Comment votre gouvernement a-t-il pu croire que j'entamerais cette antipatriotique campagne? L'Angleterre n'est qu'une de nos colonies, monsieur, l'une des plus belles, j'en conviens, et nous n'accepterons jamais de la rendre.

— Vous refusez?

— Je refuse!

— C'est donc la fin! murmure le consul accablé. »

Comme Francis n'a pas de temps à perdre, il quitte les diplomates pour se rendre à ses usines de Niagara en aéro-car, machine qui traverse l'espace en 600 kilomètres à l'heure. Bien sûr, après une journée aussi chargée, il est heureux de rentrer chez lui à Universal City, où le docteur Sam vient lui faire sa visite quotidienne.

« Comment va? dit le docteur.

— Bien.

— Tant mieux… Voyons cette langue.

Et il la regarde au microscope.

— Bonne… Et ce pouls?

Il le tâte avec un sismographe, à peu près analogue à ceux qui enregistrent les trépidations du sol.

— Excellent!… Et l'appétit?…

— Euh!

— Oui… l'estomac! Il ne va plus bien, l'estomac! Il vieillit, l'estomac! Mais la chirurgie a fait tant de progrès! Il faudra vous en faire remettre un neuf!… Vous savez, nous avons des estomacs de rechange, garantis deux ans…

— Nous verrons, répondit Francis Bennett. En attendant, docteur, vous dînez avec moi. »

Pendant le repas, la communication phonotéléphonique avait été établie avec Paris. Edith Bennett était devant sa table. Le dîner à trois s'est révélé charmant. À peine avaient-ils fini que Francis a demandé à sa femme quand elle allait rentrer à Universal City.

« Je vais partir à l'instant, a dit Edith.

— Par le tube ou l'aérotrain?

— Par le tube.

— Alors tu seras ici?

— À onze heures cinquante-neuf du soir.

— Heure de Paris?…

— Non, non! Heure d'Universal-City.

— À bientôt donc, et surtout ne manque pas le tube. »

Ces tubes sous-marins, par lesquels on venait d'Europe en 295 minutes, étaient préférables aux aérotrains, qui ne faisaient que 1 000 kilomètres à l'heure.

Le lendemain, 26 juillet 2890, le directeur du *Earth-Herald* recommençait sa tournée de 20 kilomètres à travers ses bureaux, et, le soir, son totalisateur chiffrait à 250 000 dollars le bénéfice de cette journée — 50 000 de plus que la veille.

Un bon métier, le métier de journaliste à la fin du XXIXe siècle!

Adaptation du texte de Jules Verne : « La Journée d'un journaliste américain en 2890 »

Avons-nous bien saisi le sens du texte?

I. Vrai ou faux selon le texte?

1. Les hommes du XXIXe siècle savent apprécier les bienfaits de la civilisation.
2. Il y a des villes qui ont beaucoup plus de 10 millions d'habitants.
3. Bennett est propriétaire d'un hôtel à Paris.
4. Bennett a pu voir sa femme tandis qu'il lui parlait.
5. Bennett a été habillé par un valet de chambre.
6. L'Angleterre est une colonie américaine depuis 100 ans.
7. Bennett a des problèmes d'estomac.
8. Madame Bennett est rentrée à Universal City pour dîner avec son mari.

9. Le 25 juillet 2890, Bennett a gagné 250 000 dollars de moins que le 26 juillet.

10. Les journalistes, à la fin du XXIXe siècle, gagnaient beaucoup d'argent.

II. Complétez les phrases en vous servant d'expressions tirées du texte.

1. Selon l'auteur, les hommes du XXIXe siècle n'apprécient pas les raffinements de la civilisation; ils sont _____.

2. Il compare les grandes villes du XIXe siècle à des _____, à des _____.

3. L'Angleterre est devenue une colonie américaine par un _____.

4. Le consul veut que le *Earth-Herald* _____ une campagne en faveur de l'Angleterre.

5. Le docteur Sam fait à Bennett une visite _____.

6. Le docteur tâte le _____ à l'aide d'un _____.

7. Il y a maintenant des estomacs de _____.

8. Les aérotrains font 1000 kilomètres _____.

III. Remplacez les expressions en italique par des expressions équivalentes tirées du texte. Faites les changements qui s'imposent.

1. Les hommes *ne semblent pas* remarquer les progrès de la civilisation.

2. Ils ne se rendent pas compte *des progrès.*

3. Bennett *n'était pas de bonne humeur.*

4. Il est arrivé *à l'entrée* des bureaux.

5. Il faut que les Anglais *acceptent.*

6. Le sismographe qui tâte le pouls est presque *semblable à* celui qui enregistre les *tremblements de terre.*

7. Le directeur fait *l'inspection* de ses bureaux tous les jours.

8. Il a réalisé un *profit* remarquable.

IV. Répondez aux questions suivantes.

1. Quelle sorte de voitures les citadins utilisaient-ils à la fin du XIXe siècle?

2. Comment les citadins du XXIXe siècle se déplacent-ils?

3. Pourquoi Madame Bennett allait-elle à Paris?

4. Comment Verne a-t-il inventé le mot *téléphote*?

5. Pourquoi Francis est-il soudain de meilleure humeur?

6. Pourquoi, selon Bennett, est-il juste que l'Angleterre demeure une colonie américaine?

7. Selon le docteur Sam, quelle sorte de greffe Bennett devrait-il subir?

8. Comment s'appelle la ville où demeure Francis Bennett?

9. Qu'est-ce qui semble indiquer que Madame Bennett n'est pas toujours ponctuelle?

10. Jules Verne situe son récit au XXIXe siècle. Lesquelles des innovations qu'il « prédit » existent déjà au XXIe siècle?

Rappelons-nous

Expressions avec *heure*

heure de New York, de Paris	l'heure qu'il est à New York, à Paris
tout à l'heure	dans un moment, il y a un moment
à l'heure	pour la vitesse
(payé) à l'heure	payé pour chaque heure de travail
(de) l'heure	par heure (pour la paye)
heure(s) d'affluence, de pointe	où il y a beaucoup de circulation
à la première heure	très tôt
(nouvelles) de dernière heure	très récentes
l'heure H	l'heure de la décision
à la bonne heure	très bien

V. Complétez les phrases en vous servant d'une expression avec *heure*. Faites les changements qui s'imposent.

1. Madame Bennett arrive chez elle à 11 heures 59, _____ Universal City.
2. Je n'aime pas prendre le métro aux _____.
3. Il est fou. Il fait du 100 _____ en pleine ville.
4. Cet ouvrier est payé _____.
5. Il ne touche que 10 dollars _____.
6. Le temps presse. Il me faut prendre une décision. C'est maintenant _____.
7. Tu as obtenu ton diplôme. _____!
8. _____, je l'ai rencontrée dans la rue.

Enrichissons notre vocabulaire

VI. Répondez aux questions suivantes.

1. Relevez, dans le texte, deux mots de la même famille que a) *air*, b) *jour*, c) *tour*.
2. Relevez, dans le texte, un mot de la même famille que a) *juste*, b) *vivent*, c) *veille*.
3. Faites deux phrases qui illustrent deux sens du nom *campagne*.
4. Le masculin de l'adjectif *quotidienne* est *quotidien*. *Quotidien* est aussi un nom. Que signifie-t-il?
5. Donnez un homonyme de *voies*. Faites deux phrases illustrant le sens des deux noms.
6. Quel est le contraire de a) *la veille*, b) *demain*, c) *bas*?
7. Un journaliste fait du journalisme. Comment appelle-t-on quelqu'un qui se spécialise dans : a) la chimie, b) la biologie, c) la zoologie, d) l'ophtalmologie, e) la physiothérapie, f) la pédiatrie, g) la podologie, h) la psychologie, i) la psychiatrie?

Maîtrisons la grammaire

Le participe présent

Forme

Le participe présent est une forme verbale invariable. On la forme en ajoutant **-ant** au radical de l'imparfait.

hauss-ais	**hauss-ant**
finiss-ais	**finiss-ant**
rend-ais	**rend-ant**
ven-ais	**ven-ant**
all-ais	**all-ant**
ét-ais	**ét-ant**

Remarque 1

Il n'y a que deux participes présents irréguliers : **ayant (avoir)** et **sachant (savoir)**.

Le **participe présent composé** (sorte de passé du participe présent) est formé du participe du verbe **avoir** ou **être**, suivi du participe passé du verbe. Il décrit une action antérieure à celle du verbe principal.

> **Ayant parlé** à sa femme, il se sentait de meilleure humeur.
> **S'étant incliné** humblement, il a demandé de l'aide.

Emplois

1. Le participe présent employé seul :
   a) équivaut à une proposition relative

   Ce sont de pauvres gens, **allant** de village en village. **(= qui vont)**

   b) exprime la cause

   N'appréciant pas les bienfaits de la civilisation, les humains du XXIXe siècle ne les méritent pas. **(parce qu'ils ne les apprécient pas)**

   c) exprime la simultanéité

   Sautant hors de son lit, il pénètre dans son habilleuse.

   d) exprime l'antériorité à la forme composée

   Ayant répondu au consul d'Angleterre, Bennett quitte les diplomates.

   e) employé comme adjectif, il s'accorde comme l'adjectif

   Des caisses **cahotantes** circulaient dans les rues.

Remarque 2

Certains participes présents ont une forme différente selon qu'ils sont utilisés comme formes verbales ou adjectifs. En voici quelques-uns.

Forme verbale	Adjectif
fatiguant	fatigant(e)(s)(es)
convainquant	convaincant(e)(s)(es)
excellant	excellent(e)(s)(es)
pouvant	puissant(e)(s)(es)
sachant	savant(e)(s)(es)

Ne **pouvant** lutter contre l'Amérique toute-**puissante**, les Anglais doivent se résigner.

2. Le participe présent précédé de **en** :
   a) exprime la manière (comment)

   Il répond **en haussant** les épaules.
   En la **comparant** au passé, ils se rendraient compte du chemin parcouru.

   b) exprime la simultanéité

   En parlant à sa femme, il la voit dans un miroir téléphotique.

Remarque 3

Pour insister sur la simultanéité, ou pour marquer une opposition, on emploie **tout en**.

   Tout en parlant à sa femme, il pense à son travail. (**en même temps que**)
   Tout en gagnant beaucoup d'argent, il est toujours fauché. (**même si**)

Exerçons-nous

VII. Remplacez l'infinitif par la forme voulue du participe présent, avec ou sans **en**.

1. (vivre) au milieu d'une féerie continuelle, ils ne l'apprécient plus.
2. (comparer) le présent au passé, on se rend compte du chemin parcouru.
3. Les voitures (circuler) dans les rues étaient (cahoter).
4. Il parlait à sa femme (regarder) dans le miroir téléphotique.
5. (parler) au (pouvoir) Bennett, l'Anglais s'inclinait humblement.
6. « C'est donc la fin! » a murmuré le consul (baisser) la tête.
7. Après une journée (fatiguer), le journaliste est rentré chez lui.
8. Le docteur, (venir) faire sa visite quotidienne, a examiné Bennett.
9. (attendre) le retour de sa femme, le journaliste a dîné en compagnie du docteur.
10. Cette nouvelle de Jules Verne est vraiment (étonner).

VIII. Remplacez les expressions en italique par des participes présents. Faites les changements qui s'imposent.

1. *Quand on vit* constamment dans le luxe, on finit par ne plus l'apprécier.
2. *Parce que les routes sont mauvaises*, nous avons pris le train.
3. *Comme il avait une belle voiture*, il donnait l'impression d'être riche.
4. *Comme sa femme était absente*, il se sentait seul.
5. *Parce que nous ne savions pas* à quelle heure nos amis arriveraient, nous ne sommes pas allés les chercher à l'aéroport.
6. *Même si elle est* instruite et riche, elle est aimable avec tous.
7. C'est une nouvelle *qui déçoit* tout le monde.
8. *Comme il a beaucoup travaillé quand il était jeune*, il a fait de solides économies. (deux participes présents)

Écrivons

IX. On vous donne la possibilité d'aller vivre dans un pays de votre choix. Lequel choisissez-vous et pourquoi?

X. Qu'avez-vous trouvé d'étonnant dans la nouvelle de Jules Verne?

Sourions un peu

Plus ça change ...

Tout journal, de la première ligne à la dernière, n'est qu'un tissu d'horreurs. Guerres, crimes, vols, impudicité, tortures, crimes de princes, crimes des nations, crimes des particuliers, une ivresse d'atrocité universelle.

Charles Baudelaire, XIXe siècle

Écoute

Écoutez le passage qui est lu deux fois. Ensuite, répondez aux questions.

Phonétique : **La consonne *r***

Section IV : Parlons de l'avenir

CHAPITRE 13 : Du Sud au Nord

Textes à l'étude
- Lisons I : L'Amour partagé
- Lisons II : L'Ours blanc

Vocabulaire et structures
- *en, dans, pendant, vers* + expressions de temps
- le froid
- *à cause de / parce que / car*
- les sports d'hiver

Aspects grammaticaux
- Le futur simple
- Le futur antérieur

Lisons I : L'Amour partagé

Dans le blanc sidéral de l'Antarctique, sur la banquise, à une dizaine d'heures de marche de la mer, les manchots empereurs se reproduisent en colonie dès le mois de mars.

Fabuleux spectacle! Le mâle chante pour trouver la femelle et son chant paralyse les autres manchots dans un rayon de sept mètres. Une fois leur couple formé, ils adoptent la même démarche pour se reconnaître.

Dans un bar près de chez vous, Louis-Philippe s'approche de Macha. Il lui offre son plus beau sourire, s'empêtre dans un commentaire maladroit sur la chanson des Béluga, se retourne pour commander une bière et s'attarde un peu trop longtemps sur le décolleté plongeant de la serveuse.

Toujours sur l'exquise banquise, il fait –20°C et les femelles manchots pondent un œuf. Elles vont confier cette précieuse coquille au nouveau papa, qui la déposera sur ses pattes et se déplacera sur les talons. Les mamans, elles, s'en retournent à la mer se nourrir et rapporter du poisson pour le bébé qui va naître dans deux mois. Elles laissent le mâle couver tout ce temps-là. Si l'œuf touche le sol et gèle, il est perdu. Durant ces longues semaines, le papa manchot concentre toutes ses énergies afin de ne pas laisser échapper le fruit de ses amours polaires.

Dans un condo près de chez vous, Louis-Philippe a emménagé chez Macha, qui est devenue enceinte très vite, un accident, mais bon, pourquoi pas, ils gardent l'enfant. Pas de veine. Louis-Philippe vient de signer un contrat pour tourner un documentaire sur les manchots empereurs dans l'Antarctique : il sera parti six mois. [...]

Du côté de l'Antarctique, les bébés manchots naissent en plein hiver – donc en juillet-août, l'envers de chez nous. Les mamans reviennent et chantent pour retrouver leur compagnon. Elles vont nourrir le petit avec les réserves rapportées dans leur estomac tout le long de ce périlleux voyage. C'est au tour du papa manchot d'aller déjeuner. Avant de partir, il chante pour que le petit se souvienne[1] de sa voix, sa carte d'identité.

Dans un hôpital de chez vous, Macha a accouché d'un petit Ambroise. Louis-Philippe trouve qu'il lui ressemble. Il le tient maladroitement dans ses bras et il a peur de le laisser tomber. Il se sent gauche, mais il a hâte d'aller jouer au soccer avec Ambroise.

---

1   subjonctif du verbe *se souvenir*. Voir le chapitre 21.

Au sud du Sud[2], les bébés manchots ont déjà six semaines. Ils attendent le retour de leur papa pour un autre festin vers la fin de septembre. Ceux-ci chanteront bien fort pour les retrouver. Les mamans manchots repartent affamées à leur tour. La glace fond en décembre et les parents retournent à la mer. Les petits ont cinq mois et entament leur premier jeûne.

Dans un développement domiciliaire près de chez vous, le petit Ambroise fera bientôt ses premiers pas sur le gazon. Tantôt il ira vers maman, tantôt vers papa. Deux paires de bras l'accueilleront quand il vacillera. Mais pas pour longtemps. L'amour deviendra manchot[3].

Ici au nord, il neige, il gèle à pierre fendre[4]. Les parents d'Ambroise, comme deux banquises tristes, se sont procuré *Le petit planificateur de la famille d'aujourd'hui*, un agenda qui leur permet d'écrire l'emploi du temps d'Ambroise dans ses moindres détails et qui leur évite de s'adresser la parole. Chaque semaine, un des deux parents reprend l'agenda, la valise et Ambroise. Ils n'échangent pas un seul son. Seul Ambroise tente de briser la glace. Lorsqu'ils referment la porte, leurs larmes se figent. Et secrètement, ils envient le chant des manchots.

Josée Blanchette, chroniqueuse au journal *Le Devoir*, *Châtelaine*, avril 2007, p. 64.

Avons-nous bien saisi le sens du texte?

I. Vrai ou faux?

1. Les manchots se reproduisent loin de la mer.
2. Louis-Philippe offre une bière à Macha.
3. Le mâle manchot couve l'œuf sous ses talons.
4. Louis-Philippe et Macha désiraient un enfant.
5. Les bébés manchots naissent en été.
6. La mère manchot est la première à partir pour se nourrir.
7. À l'âge de cinq mois, les petits manchots sont seuls.
8. Ambroise passe alternativement une semaine chez son père, une semaine chez sa mère.

II. Répondez aux questions qui suivent.

1. Comment la femelle manchot reconnaît-elle le mâle?
2. De quoi Louis-Philippe essaie-t-il de parler à Macha lorsqu'il la rencontre?
3. Après combien de temps le bébé manchot sort-il de sa coquille?
4. Combien de temps Louis-Philippe sera-t-il absent?
5. Comment les bébés manchots sont-ils nourris?
6. Comment le petit manchot identifie-t-il son père au retour de celui-ci?
7. Qui aide Ambroise à marcher lorsqu'il fait ses premiers pas?
8. Le mot manchot a deux sens : un pingouin et un homme qui n'a l'usage que d'une seule main ou d'un seul bras. Expliquez la phrase : « L'amour deviendra manchot. »

---

2 Très loin au sud. Le second Sud a une majuscule parce qu'il désigne la région et non le point cardinal.
3 Un manchot est un pingouin, mais aussi un humain qui n'a qu'un bras.
4 assez fort pour fendre les pierres

III. Complétez les phrases suivantes en utilisant une des prépositions ci-dessus.

1. Le bébé va naître _____ six mois.

2. Le père sera absent _____ deux ans.

3. Il a fini le documentaire _____ deux mois.

4. Il reviendra _____ la mi-décembre.

5. Les manchots s'occupent de leurs petits _____ cinq mois.

6. Maintenant, c'est Macha qui s'occupe d'Ambroise. _____ une semaine, ce sera le tour de Louis-Philippe.

7. Autrefois, faire le tour du monde _____ 80 jours était un exploit.

Enrichissons notre vocabulaire

IV. *Une dizaine* = environ dix. Comment dit-on : a) environ douze, b) environ vingt, c) environ cinquante, d) environ cent?

V. Remplacez le tiret par un des mots suivants dérivés de gel.

> *la gelée – le dégel – le congélateur – geler – la gélatine – la gelée*

1. J'ai acheté du poisson, mais comme nous ne le mangerons que la semaine prochaine, il me faut le mettre au _____.

2. Ce matin, l'herbe était couverte d'une _____ blanche parce qu'il a fait très froid cette nuit.

3. Il commence à faire plus chaud. La glace va fondre : ce sera le _____.

4. Il fait très froid. Tous les jours, il _____.

5. Comme j'avais beaucoup de pommes, j'ai fait de la _____.

6. Pour obtenir une mousse assez ferme, il faut ajouter un peu de _____ à la recette.

VI. Remplacez le tiret par un des mots qui suivent pour compléter les phrases. Servez-vous du dictionnaire s'il y a lieu et faites les changements voulus.

> *ménagement – aménager – emménager – ménage – déménager – se ménager*

1. Pierre quitte son appartement. Il _____. En fait, il a décidé de _____ chez son amie Macha.

2. Macha n'est pas contente parce qu'il ne l'aide pas à faire le _____.

3. Vous travaillez trop. Il faut _____.

4. Son patron lui a annoncé sans _____ qu'on le licenciait.

5. J'ai un nouveau bureau. Maintenant, je dois le _____.

Quelques expressions à retenir

Le froid

il gèle à pierre fendre	il fait si froid que les pierres éclatent
le givre	couche de glace mince et poudreuse
il fait un froid de canard	il fait très froid
avoir froid aux mains, aux pieds, etc.	
ne pas avoir froid aux yeux	avoir de l'audace
prendre, attraper froid	
être en froid (avec)	ne pas être en bons termes (avec)
être de glace	être insensible
briser, rompre la glace	mettre fin à une situation gênante
avoir les pieds, les mains, etc. glacé(e)s	avoir très froid aux pieds, aux mains, etc.
un bonhomme de neige	
un paysage de neige	
les œufs à la neige	un dessert (îles flottantes)

VII. Complétez les phrases en vous servant d'une des expressions ci-dessus. Faites les changements qui s'imposent.

1. Nous ne nous parlons plus depuis notre querelle. Nous _____.

2. Ferme la fenêtre. Il fait _____. Je ne veux pas _____.

3. Quand je suis entrée, personne ne parlait. Mon arrivée _____.

4. En hiver, j'ai toujours les pieds _____.

5. Parmi mes desserts préférés, il y a la mousse au chocolat et _____.

6. Tous sont en larmes autour de lui, mais il _____.

7. Quel temps! Il fait – 20°. Il _____.

8. Cette jeune fille ne manque pas de courage. Elle _____.

Maîtrisons la grammaire

Le futur simple

Forme

1. Le futur simple est formé en ajoutant à l'infinitif les terminaisons **–ai, –as, –a, –ons,–ez, –ont,** qui ressemblent à l'indicatif présent du verbe **avoir**.

   Pour les verbes en **–re**, le **–e** final de l'infinitif disparaît.
   Notons que le futur a toujours un **–r** avant la terminaison.

laisser	nourrir	renaître
je laisser–**ai**	je nourrir–**ai**	je renaîtr–**ai**
tu laisser–**as**	tu nourrir–**as**	tu renaîtr–**as**
il/elle/on laisser–**a**	il/elle/on nourrir–**a**	il/elle/on renaîtr–**a**
nous laisser–**ons**	nous nourrir–**ons**	nous renaîtr–**ons**
vous laisser–**ez**	vous nourrir–**ez**	vous renaîtr–**ez**
ils/elles laisser–**ont**	ils/elles nourrir–**ont**	ils/elles renaîtr–**ont**

[handwritten: Mettre. Mettrai]

2. Certains verbes du premier groupe (tels **appeler, acheter, employer**), qui subissent des changements orthographiques à l'indicatif présent, subissent les mêmes changements au futur. (Voir l'appendice.)

3. Certains verbes (tels **aller, faire**, etc.) ont un radical irrégulier au futur. (Voir l'appendice.)

Emplois

1. Comme son nom l'indique, le futur s'emploie pour exprimer un fait ou une action à venir. Il correspond à l'anglais *will* ou *shall* + infinitif.

> Le nouveau papa **déposera** l'œuf sur ses pattes.
> Le petit Ambroise **fera** bientôt ses premiers pas.

2. Le verbe **aller** + infinitif (**futur proche**) peut généralement remplacer le futur.

> Elles **vont nourrir** le petit avec les réserves apportées dans leur estomac.
> Le bébé **va naître** dans deux mois.

3. Dans les propositions subordonnées de temps, après les conjonctions **quand, après que, aussitôt que, dès que, pendant que**, on emploie le futur lorsque le verbe de la proposition principale est au futur ou à l'impératif.

> Deux paires de bras l'**accueilleront quand** il **vacillera**.
> **Dès que** tu le **pourras, regarde** le film sur les pingouins.

Exerçons-nous

VIII. Mettez les phrases au futur simple.

1. Les manchots se reproduisent en mars. *[handwritten: se reproduiront en mars]*
2. Une fois leur couple formé, ils se reconnaissent au chant du mâle. *[handwritten: Se reconnaîtront]*
3. *[handwritten: Voir]* Quand il voit Macha, il lui offre son plus beau sourire. *[handwritten: Verra, offrira offrira]*
4. *[handwritten: faire]* Sur la banquise, il fait –20° lorsque les femelles pondent un œuf. *[handwritten: ferra fera, pondront]*
5. *[handwritten: Naître]* Les bébés manchots naissent en plein hiver. *[handwritten: Naîtront]*
6. Les mamans nourrissent leurs petits dès qu'elles reviennent.
7. Ensuite, le père part.
8. Quand il apprend la nouvelle, Louis-Philippe est d'abord heureux.
9. Louis-Philippe tient maladroitement l'enfant parce qu'il a peur de le laisser tomber.
10. Quand la neige fond, les parents s'en vont à la mer.

IX. Mettez les phrases au futur proche.

1. Un jour, ils trouveront un bel appartement et ils déménageront. *vont trover, vont déménager*
2. Son bébé naîtra au printemps. *va naître*
3. Le père partira pour l'Antarctique. *va partir*
4. Là, il fera un film sur les pingouins. *va faire*
5. Nous aurons l'occasion de voir ce film dans de nombreux cinémas. *allons avoir*
6. Moi, j'irai le voir le plus tôt possible. *je vais aller*
7. Il nous révélera un monde inconnu.
8. Est-ce que tu pourras m'accompagner?

X. Mettez le passage au futur.

Quand la coquille de l'œuf se brise, le petit en sort; cependant, il est très vulnérable. Son père peut le nourrir pendant quelques jours, mais il lui faut attendre le retour de sa mère pour avoir un repas substantiel. Elle rapporte dans son estomac du poisson qu'elle régurgite dans le petit bec. Ensuite, le père va à la mer pour se nourrir.

Lorsque le bébé de Macha naît, il y a d'abord deux paires de bras qui se tendent vers lui. Malheureusement, bientôt, l'amour devient manchot. Le père et la mère se séparent et le petit Ambroise ne voit plus qu'une seule paire de bras prête à l'accueillir.

Écrivons

XI. L'auteur nous dit que Louis-Philippe et Macha envient le sort des pingouins. Expliquez pourquoi les jeunes gens trouvent parfois la dure existence des manchots préférable à la leur.

Lisons II : L'Ours blanc

Le domaine des ours blancs, ou ours polaires, est l'Arctique. On les représente souvent à côté de pingouins, mais en réalité, ours et pingouins ne se rencontrent jamais puisque ceux-ci habitent l'Antarctique, tandis que les ours polaires vivent dans le Grand Nord.

L'ours blanc est le plus grand des mammifères terriens. Alors que les manchots s'accouplent pour la vie, les passions des ours polaires semblent bien éphémères. Après des amours qui n'auront duré que quelques jours, c'est à la future mère qu'incombe toute la responsabilité d'élever la famille. Pendant sa grossesse, il faudra que l'ourse mange beaucoup de viande de phoque, riche en graisse et en protéine, pour être à même de nourrir sa progéniture.

Avant d'accoucher du petit (ou des deux petits, car il y en a souvent deux), la mère aura trouvé un endroit abrité. Lorsque la saison froide sera revenue, elle et son ourson sortiront de leur tanière où ils auront confortablement sommeillé durant plusieurs mois.

Alors, le petit découvrira le monde, un monde tout blanc, pour la première fois. Pendant trois ans, il suivra sa mère qui essaiera de lui inculquer les secrets du métier d'ours et qui le protégera des attaques des mâles. Ceux-ci, beaucoup plus lourds et plus forts que les femelles, n'hésitent pas à tuer les oursons. Lorsqu'il quittera enfin sa mère, le jeune ours aura appris à chasser le phoque et à éviter les mille périls qui l'entourent.

On nous dit que le nombre d'ours blancs a beaucoup diminué à cause du réchauffement de la planète. La saison où ils peuvent chasser le phoque devient de plus en plus courte et les ours sont moins lourds et moins nombreux. Espérons que ces magnifiques animaux continueront, pendant de nombreux millénaires, à orner notre terre.

Avons-nous bien saisi le sens du texte?

I. Choisissez la bonne réponse.

1. Les ours blancs habitent a) *l'Antarctique,* b) *le même domaine que les pingouins,* c) *le Grand Nord.*
2. Les ours s'accouplent a) *pour la vie,* b) *pendant plusieurs semaines,* c) *pendant quelques jours.*
3. L'ourse s'occupe de ses petits a) *un an,* b) *trois mois,* c) *trois ans.*

4. Les oursons sont menacés par a) *les phoques,* b) *les grands mâles,* c) *le froid.*

5. Le nombre d'ours blancs diminue à cause a) *du réchauffement de la planète,* b) *de la glace,* c) *des phoques.*

II. Complétez la phrase selon le sens du texte.

1. On appelle aussi les ours blancs des _____.

2. Les _____ habitent dans l'Antarctique.

3. Après ses brèves amours, l'ourse doit manger beaucoup de viande de _____-

4. L'ourse _____ dans un endroit abrité.

5. Dans sa tanière, elle _____.

6. Le jeune ours _____ sa mère pendant trois ans.

7. Les _____ sont un danger pour les oursons.

Rappelons-nous

à cause de (préposition) + nom
parce que (conjonction) + verbe
car (conjonction de coordination) n'est pas utilisé au début d'une phrase

---

III. Transformez la phrase ci-dessous. Faites trois phrases où vous utiliserez *à cause de, parce que* et *car.*

L'ourse protège les oursons. Les grands mâles présentent un danger.

Enrichissons notre vocabulaire

IV. Complétez.

mâle	femelle	petit
ours		
loup		
lion		
chien		
chat		

V. Trouvez, dans le texte, le contraire des mots suivants :

a) l'Antarctique, b) longues, c) incapable, d) augmenter, e) refroidissement, f) légers

Quelques expressions à retenir

Les sports d'hiver

le ski	
le ski de fond	le ski sur une surface relativement plate
le ski alpin	le ski en montagne
skier, faire du ski	
les skis	permettent de skier
patiner	glisser sur la glace
les patins (m) (à glace)	permettent de patiner
le patinage	action de glisser (sur la glace)
patiner	faire du patinage
la planche à neige	planche qui permet de glisser sur la neige
le traîneau	véhicule à patins
l'autoneige (f)	sorte d'auto pour circuler sur la neige

VI. Complétez les phrases en vous servant d'une des expressions ci-dessus.

1. J'ai envie de _____ ce week-end, mais je ne sais pas s'il y aura assez de neige.
2. Mes parents ont acheté une _____; c'est amusant, mais moi, je préfère mon vieux _____, même s'il est moins rapide.
3. Tu aimes le patinage : il te faut de bons _____.
4. Le ski de fond comporte moins de risques que _____ et c'est aussi un excellent exercice.
5. Tu ne pourras pas _____ aujourd'hui : la glace n'est pas assez solide.
6. J'adore la neige. Comme je ne suis pas assez riche pour m'acheter de bons _____, je fais de _____.

Maîtrisons la grammaire

Le futur antérieur

Forme

Le futur antérieur est formé du futur de l'auxiliaire **avoir** ou **être** et du participe passé du verbe.

trouver	apprendre	revenir
j'aurai trouvé	j'aurai appris	je serai revenu(e)
tu auras trouvé	tu auras appris	tu seras revenu(e)
il/elle/on aura trouvé	il/elle/on aura appris	il/elle/on sera revenu(e)
nous aurons trouvé	nous aurons appris	nous serons revenu(e)s
vous aurez trouvé	vous aurez appris	vous serez revenu(e)(s)
ils/elles auront trouvé	ils/elles auront appris	ils/elles seront revenu(e)s

Comme dans le cas du passé composé et des autres verbes composés, le participe passé s'accorde

a) avec l'objet direct qui précède si le verbe est conjugué avec **avoir** ou s'il s'agit d'un verbe prono... ...

Un jour, l'ourson quittera sa mère **qu'**il aura suiv**ie** pendant trois ans.
Quand elles **se** seront nourr**ies**, elles reviendront nourrir leur petit.

b) avec le sujet si le verbe est conjugué avec **être**.

Les **mères** seront part**ies** environ deux mois.

Emplois

Le futur antérieur est employé

a) pour indiquer qu'une action future est terminée avant qu'une autre action future ne commence, généralement après les conjonctions de temps **quand, lorsque, aussitôt que, après que**.

Quand l'ourse **aura trouvé** un abri, elle **accouchera**.
Lorsque les femelles **seront revenues**, les mâles **pourront** partir.

b) pour indiquer qu'une action sera terminée à un certain moment dans l'avenir.

Dans quelques jours, les parents du jeune pingouin **seront partis**.

Remarque

Si l'action de la proposition subordonnée de temps est complètement terminée avant que l'action de la principale ne commence, l'auxiliaire de la proposition subordonnée est au même temps que le verbe de la principale.

Quand / Lorsque (Dès que, Aussitôt que, Après que) l'ourse **a** mangé, elle **cherche** un abri.
Après que (Quand, Dès que, Aussitôt que) l'ourse **aura** mangé, elle **cherchera** un abri.
Dès que (Quand, Lorsque, Aussitôt que, Après que) l'ourse **avait** mangé, elle **cherchait** un abri.
Aussitôt que (Quand, Lorsque, Dès que, Après que) l'ourse **a eu** mangé, elle **a cherché** un abri.

Exerçons-nous

VII. Mettez l'infinitif au futur antérieur. *n'auront duré*

Lorsqu'elle quittera le mâle, les amours de l'ourse ne *durer* que quelques jours. Elle cherchera un endroit abrité et, quand elle en *trouver* [aura] un, elle s'y installera pour y accoucher. Auparavant, elle *se nourrir* [se sera nourrie] de beaucoup de viande de phoque, riche en protéines. Après que la saison froide *revenir* [sera revenue], l'ourse et sa progéniture sortiront de leur tanière où elles *dormir* [auront dormi] pendant plusieurs mois. Lorsque le jeune ours, ou la jeune ourse, quittera sa mère, il / elle la *suivre* [aura suivi] pendant trois ans, au cours desquels il / elle *apprendre* à chasser les phoques et à se protéger des attaques de ses ennemis. Les jeunes sauront, sans aucun doute, mettre à profit les leçons que leur mère leur *enseigner*.

VIII. Mettez l'infinitif au temps voulu.

1. Après qu'il *manger*, le petit ours est heureux.
2. Lorsque la mère *trouver* un abri, elle s'y installait.
3. Quand le bébé *naître*, elle sommeillera.
4. Quand le froid *revenir*, ils sortent de la tanière.
5. Dès qu'elle *nourrir* le petit, elle se reposera.
6. Aussitôt que le petit ours *apprendre* tous les secrets de la chasse au phoque, il a quitté sa mère.

Écrivons

IX. Vous avez décidé d'aller observer les pingouins ou les ours blancs dans leur habitat. Comment vous préparerez-vous à ce voyage?

Sourions un peu

Qui, dans son enfance, n'a pas joué avec un ourson en peluche? Les petit(e)s Français(es) appellent ce jouet leur *Nounours*. Toutefois, les ours n'ont pas une trop bonne réputation dans la langue française. *Un ours* est une personne peu sociable, désagréable. Quant à *un ours mal léché*, c'est une personne impolie, insupportable, comme un ourson qui n'a pas été léché par sa mère.

Écoute

Écoutez le passage qui est lu deux fois. Ensuite, répondez aux questions.

Phonétique : **Les consonnes nasales *m, n, gn***

CHAPITRE 14 : La Justice

Textes à l'étude
- Lisons I : Une question de taille
- Lisons II : Les Qualités qu'il faut avoir pour devenir juge

Vocabulaire et structures
- le profit / profiter
- expressions avec *dents*
- expressions avec *loup*
- penser / la pensée
- expressions juridiques

Aspects grammaticaux
- Le conditionnel présent
- Le conditionnel passé

Lisons I : Une question de taille

(Quand le chameau devient chameau[1])

le renard

Maître Renard avait fui son village. Sur son chemin, il a rencontré[2] un loup qui allait dans la même direction. [...]

Au bout d'un certain temps, ils ont rencontré un chameau égaré dans le désert et lui ont demandé pourquoi, lui, animal domestique, à qui les hommes donnaient à manger gratuitement, s'était enfui dans le désert.

Le chameau leur a répondu en se lançant dans une sorte de réquisitoire : [...]

« Si les hommes donnaient du pain gratuit, ils commenceraient par en donner à leurs semblables quand il y a tant d'affamés sur terre. Si vous voyez qu'ils me donnent de l'herbe sèche, c'est parce qu'ils profitent de ma laine, de mon lait, de ma viande, et parce qu'ils me font transporter leurs lourds fardeaux. Vous aussi, ils vous nourriraient si vous étiez prêts à travailler et à porter des fardeaux [...]. Il est vrai que je suis un animal domestique, mais je ne le suis qu'avec des personnes correctes. [...] Si même une souris tenait mes rênes, je la suivrais sans hésiter, je travaillerais jour et nuit, je supporterais la faim et la soif, je traverserais les déserts arides, je transporterais des fardeaux et je mangerais des épines sans me plaindre. Si je me suis enfui dans le désert, c'est parce que mon maître était injuste et impitoyable : il me chargeait trop, me battait et ne me laissait jamais me reposer. [...] Moi, chameau, bien plus grand que l'homme, devrais-je subir et accepter ses injustices? »

---

1 Un chameau est une personne désagréable et méchante.

2 Grâce à l'aimable permission de l'auteur, nous avons remplacé les passés simples de ce conte et du suivant par des passés composés. Le passé simple est un temps littéraire, rarement utilisé dans le langage courant.

le loup

À ces mots, le loup qui s'est senti visé par la remarque sur la taille a répliqué aussitôt :

« Ce que tu dis n'est pas toujours vrai. Quelqu'un de plus petite taille que toi peut être plus intelligent et plus capable que toi! Quel avantage a-t-on à être grand?

— Cela sert à porter de lourds fardeaux, a rétorqué le chameau, pas à supporter les injustices!

— Le chameau a raison, est alors intervenu le renard. Mais au lieu de discuter, pensons à trouver un endroit où aller et décidons de ce que nous allons faire. Si je comprends bien, aucun de nous n'a de quoi manger!

— Ne t'en fais pas! a répliqué le loup. [...] Nous trouverons bien quelque chose à nous *mettre sous la dent*[3].» [...]

Ils sont arrivés bientôt près d'une source fraîche, au pied d'une colline. Ils s'y précipitaient pour étancher leur soif, quand le loup a aperçu une miche de pain sur une grosse pierre lisse. Tout joyeux, il s'est écrié :

« Regardez par ici! [...] Voilà de l'eau et du pain! » [...]

Le chameau a fait remarquer que cette miche, qui ne suffirait pas à calmer sa faim, leur permettrait cependant à tous trois de patienter jusqu'au lendemain.

Le loup *ne l'a pas entendu de cette oreille*[4] et a prétendu en être l'heureux et unique propriétaire, puisque c'était lui qui l'avait vue le premier.

Le renard [...] était d'accord pour partager le pain entre eux trois, bien qu'à son avis *ce pain lui revînt de droit*[5] puisque le chameau pouvait manger de l'herbe et que le loup avait l'habitude de chasser. Mais, entre amis, ne valait-il pas mieux s'entraider, même au prix de quelques concessions?

Le loup, qui ne comptait pas laisser la miche au renard, a rétorqué :

« C'est vrai que le chameau doit manger de l'herbe; quant à moi, je ne vois pas quel gibier je pourrais bien chasser, à part le chameau bien sûr, ce que je ne veux pas faire puisqu'il est mon ami! Le plus juste serait de tirer au sort : ainsi, au moins un de nous sera rassasié. » [...]

---

3   manger
4   n'a pas été de cet avis
5   il avait droit à ce pain

Le chameau a perdu son sang-froid et, la bave aux lèvres, lui a répondu :

« Prends garde à tes paroles, tu me manques de respect! Tu es bien trop petit pour t'attaquer à moi [...]. Quant au tirage au sort, je suis tout à fait contre; je n'aime pas m'en remettre à un tirage aveugle. [...] Vous cherchez seulement à me tromper méchamment; je ne vous le permettrai pas; je suis le plus grand, vous devez me respecter et me laisser ce pain! » [...]

Le renard est encore intervenu :

« Allons, ne vous chamaillez pas; [...] j'ai une idée : si le droit est au plus méritant, que chacun de nous raconte son passé! Celui dont le passé aura été le plus riche, le plus instructif mangera ce pain. »

Le loup s'y est opposé :

« Oh non! chacun trouve son passé plus intéressant que celui des autres [...]. Il vaut mieux suivre le conseil du chameau et respecter le plus grand, c'est-à-dire le plus âgé. »

Le renard s'est empressé de l'approuver; le chameau a donné, lui aussi, son accord et a demandé qui allait le premier dévoiler sa date de naissance. Le renard, bien sûr, a préféré que le loup parle d'abord : il pourrait alors annoncer une date antérieure à celle du loup. [...] Celui-ci s'est exécuté :

« Je suis né une semaine avant Adam; mon père, selon la coutume, a noté la date de ma naissance au dos de la dernière page de son livre de prières. » Le chameau, ahuri, en est resté bouche bée; mais le renard, sérieux, a confirmé ces dires : « Oui, c'est vrai; je me rappelle que la nuit où la mère du loup le mettait au monde, je tenais une bougie pour éclairer l'assemblée, j'avais alors dix ans. »

Le chameau, comprenant la rouerie de ses compagnons, n'a même pas daigné leur répondre; il s'est contenté d'abaisser son long cou et d'avaler le pain d'une seule bouchée.

Shodja Eddin Ziaïan, *Contes iraniens islamisés,* Toronto, Éditions du Gref, 2003, p. 10-15.

le chameau

Avons-nous bien saisi le sens du texte?

I. Choisissez la bonne réponse.

1. Le chameau s'est enfui parce que
   a) il était maltraité
   b) il n'aimait pas travailler
   c) il était mal nourri

2. Selon le chameau, les hommes donnent à manger aux animaux parce que
   a) les animaux travaillent pour eux
   b) ils aiment leurs animaux
   c) ils sont généreux

3. Le loup se sent visé par la remarque du chameau sur la taille parce que
   a) il est plus intelligent que le chameau
   b) il est plus fort que le chameau
   c) il est plus petit que le chameau

4. Celui qui, le premier, a vu la miche est
   a) le renard
   b) le loup
   c) le chameau

5. Celui qui a suggéré de partager le pain est
   a) le renard
   b) le chameau
   c) le loup

6. Celui qui, le premier, a révélé sa date de naissance est
   a) le chameau
   b) le loup
   c) le renard

II. Complétez les phrases en vous servant d'une expression tirée du texte. Faites les changements voulus.

1. Le chameau s'était enfui. Il était _____ dans le désert.
2. Pourquoi les hommes donneraient-ils gratuitement du pain aux animaux? Ils n'en donnent pas à leurs _____ qui ont faim.
3. Le chameau, le loup et le renard sont affamés. Ils n'ont rien à _____ .
4. Les animaux allaient _____ leur soif quand le loup a vu une miche de pain.
5. Le chameau voulait partager la miche qui n'aurait pas suffi à _____ sa faim.
6. Le loup n'était pas d'accord avec le renard. Il ne l'entendait pas _____ .
7. Selon le renard, le chameau pouvait manger de l'herbe et le loup pouvait chasser le _____ .
8. Le loup a suggéré qu'on _____ .
9. Le chameau a perdu _____ . Il s'est mis en colère.
10. Le chameau a compris la _____ de ses compagnons et, pour les punir, il a mangé le pain.

III. Répondez aux questions suivantes.

1. Où le renard et le loup ont-ils rencontré le chameau?
2. Pourquoi s'était-il sauvé?
3. Quelle sorte de maître aurait-il voulu avoir?
4. À votre avis, lequel des animaux fait la suggestion la plus sage lorsqu'ils découvrent la miche? – Justifiez votre réponse.

5. Le renard dit que le loup ne devrait pas avoir droit à la miche parce qu'il a l'habitude de chasser. Qu'y a-t-il d'illogique dans cette remarque?
6. À quoi le loup et, ensuite, les deux autres animaux identifient-ils la grandeur?
7. Pourquoi le renard veut-il que le loup « dévoile » le premier sa date de naissance?
8. Pourquoi le chameau finit-il par manger le pain?

Rappelons-nous

le profit / profiter

le profit	l'avantage, le gain
profiter de	tirer avantage de, bénéficier
profiter de quelqu'un	exploiter une personne
mettre à profit	utiliser avantageusement
au profit de	pour servir à

IV. Complétez les phrases en vous servant d'une des expressions ci-dessus. Faites les changements qui s'imposent.

1. On _____ la taille du chameau pour lui faire porter de lourds fardeaux.
2. Le renard _____ son astuce pour tromper ses adversaires.
3. Comme ma soeur est généreuse et ne refuse rien à personne, ses amis _____ elle.
4. Cette collecte est _____ un refuge d'animaux.
5. J'ai suivi un cours de tennis sans aucun _____.

Enrichissons notre vocabulaire

V. Remplacez l'expression en italique par une expression équivalente tirée du texte. Faites les changements qui s'imposent.

1. Il y a tant *de gens qui ont faim* sur la terre.
2. Le chameau devait porter *des poids* très lourds.
3. Le chameau a prononcé *un discours où il se plaignait des mauvais traitements qu'il avait subis.*
4. Le loup a *répondu* que le chameau avait tort.
5. *Ne t'inquiète pas!*
6. La miche ne suffirait pas à *calmer la faim du* chameau.
7. Entre amis, il faut *s'aider mutuellement.*
8. Cessez de vous *quereller!*
9. Le loup a parlé *en premier.*
10. Le chameau était *extrêmement surpris.*

VI. Trouvez, dans le texte, le contraire des expressions en italique.

un animal *sauvage* – un *léger* fardeau – des pays *fertiles* – *juste* et *charitable* – il a *tort* – *heureux* – mon *ennemi* – il *aura faim* – je suis *pour* – *le présent.*

Quelques expressions à retenir

Expressions avec *dents*

les dents (d'un animal, d'un peigne, d'une fourchette, etc.)

le, la dentiste	médecin qui soigne les dents
le dentifrice	la pâte pour se laver les dents
la dentition	l'ensemble des dents
une dent de lait	dent qu'un enfant va perdre
avoir mal aux dents	souffrir à cause d'une mauvaise dent
avoir une rage de dents	avoir très mal aux dents
avoir une dent contre quelqu'un	avoir de l'animosité contre quelqu'un
montrer les dents	menacer
avoir les dents longues	avoir très faim
n'avoir rien à se mettre sous la dent	n'avoir rien à manger
être sur les dents	être anxieux, énervé

VII. Complétez les phrases en utilisant une des expressions ci-dessus. Faites les changements qui s'imposent.

1. Il me faut aller chez _____ parce que je _____.
2. Je n'ai rien mangé depuis ce matin. Je _____.
3. Elle attend les résultats de son examen : elle _____.
4. Un enfant perd ses _____ vers l'âge de six ans.
5. Tu ne veux pas lui pardonner. Tu _____.
6. Ils sont si pauvres. Ils _____.
7. N'oublie pas d'acheter _____.
8. Je souffre, je souffre. Je _____.
9. Attention! Ces fourchettes sont en argent. Les _____ sont fragiles.
10. Il se fâche facilement. Dès qu'on lui fait une suggestion, il _____.

Expressions avec *loup*

une faim de loup	une grande faim
un froid de loup	un grand froid
(marcher) à pas de loup	marcher avec précaution
entre chien et loup	quand le soir tombe
être connu comme le loup blanc	être très connu
un loup de mer	un vieux marin assez rude
(se jeter) dans la gueule du loup	se mettre en danger
Quand on parle du loup, on en voit la queue	Quand on parle d'une personne, elle paraît

VIII. Complétez les phrases en vous servant d'une des expressions ci-dessus. Faites les changements qui s'imposent.

1. Les animaux du conte n'ont rien à se mettre sous la dent. Ils ont _____.
2. Il se sont donné rendez-vous dans le parc à six heures, _____.

3. L'assassin s'est approché de sa victime _____.

4. Elle venait justement de demander de vos nouvelles et vous voilà. Vraiment! _____.

5. Depuis le début de décembre, il fait _____.

6. Vous n'aurez aucune difficulté à trouver sa maison. Il _____.

7. Ne vous occupez pas de cette affaire. N'allez pas _____.

8. Cet homme a beaucoup navigué. C'est un vrai _____.

Maîtrisons la grammaire

Le conditionnel présent — *Imparfait*   *Avoir   Être*
                                                 J'aurais   Je serais

Forme

1. Le conditionnel présent est identique au futur simple, à la fois pour les verbes réguliers et les verbes irréguliers, mais avec les terminaisons de l'imparfait (-ais, -ais, -ait, -ions, -iez, -aient).

   Comme pour le futur, il y a toujours un **r** devant les terminaisons.

manger	**nourrir**	**prétendre**
je manger-**ais**	je nourrir-**ais**	je prétendr-**ais**
tu manger-**ais**	tu nourrir-**ais**	tu prétendr-**ais**
il/elle/on manger-**ait**	il/elle/on nourrir-**ait**	il/elle/on prétendr-**ait**
nous manger-**ions**	nous nourrir-**ions**	nous prétendr-**ions**
vous manger-**iez**	vous nourrir-**iez**	vous prétendr-**iez**
ils, elles manger-**aient**	ils, elles nourrir-**aient**	ils, elles prétendr-**aient**

2. Les verbes en –er qui subissent des changements orthographiques au futur subissent les mêmes changements au conditionnel présent (voir le chapitre 1).

3. Les verbes qui ont un radical irrégulier au futur ont le même radical irrégulier au conditionnel. (Pour le conditionnel des verbes irréguliers, voir l'appendice).

Emplois

1. Le conditionnel présent est employé pour une action future par rapport au passé.

   Le chameau a dit qu'on **pourrait** partager la miche.
   On a décidé que chacun **raconterait** son passé.

2. Pour exprimer **le futur proche** dans le passé, on emploie l'imparfait du verbe **aller + l'infinitif** du verbe.

   Il a demandé qui **allait dévoiler** sa date de naissance.
   Le chameau **allait partager** le pain, mais le loup et le renard n'ont pas voulu.

3. Le conditionnel présent exprime l'éventualité, la possibilité.

   La miche leur **permettrait** de patienter.
   Le loup **pourrait** bien chasser, selon le renard.

4. Le conditionnel présent peut exprimer un événement dont on n'est pas certain.

> Selon le loup, il **serait** plus intelligent que le chameau.
> Nous avons lu dans le journal qu'il y **aurait** des loups affamés dans les environs.

5. Il est employé pour adoucir la force d'une demande ou pour exprimer un ordre poliment (surtout avec le verbe **vouloir**).

> **Voudriez**-vous partager votre pain avec moi?
> Je **voudrais** qu'on ferme la porte.

Remarque 1

La conjonction **au cas où** est toujours suivie du conditionnel.

> Le chameau saurait se défendre **au cas où** les deux autres l'**attaqueraient**.

Remarque 2

Les verbes au conditionnel se traduisent généralement par *would*.
Cependant, le conditionnel du verbe **pouvoir** se traduit par *could*. Le conditionnel de **devoir** se traduit par *should* ou *ought to*.

6. L'imparfait, **jamais le conditionnel**, est employé après un **si** de condition. Dans une phrase conditionnelle, il y a deux propositions : la proposition conditionnelle qui commence par **si** (**même si**) et la proposition principale qui exprime le résultat ou la conséquence. C'est le verbe de la proposition principale qui est au conditionnel.

> Si les hommes **donnaient** du pain gratuit, ils **commenceraient** par en donner à leurs semblables.

Si les hommes **donnaient**	ils **commenceraient**
si + imparfait	**conditionnel**
condition	*résultat*

> Ils vous **nourriraient si** vous **étiez** prêts à travailler.

si vous **étiez**	ils vous **nourriraient**
si + imparfait	**conditionnel**
condition	*résultat*

Remarque 3

Il ne faut pas confondre le **si** qui introduit une proposition conditionnelle et le **si** *(whether)* qui introduit une question indirecte. Le conditionnel peut alors être utilisé dans la proposition subordonnée si le verbe principal est au passé.

> Le chameau ne **savait** pas **si** le loup et le renard **seraient** de bons compagnons.
> Il **a demandé si** on **pourrait** partager le pain.

Exerçons-nous

IX. Transformez les phrases selon le modèle :

Modèle : Le chameau croit qu'ils accepteront de partager le pain.

Le chameau **croyait** qu'ils **accepteraient** de partager le pain.

1. Le chameau croit que le loup et le renard seront de bons compagnons. *[croyait] [seraient]*
2. Il est certain que les hommes ne donneront jamais rien gratuitement. *[donneraient]*
3. Il affirme qu'il traversera les déserts pour un maître juste. *[affirmerait, traversait]*
4. Le renard pense qu'ils devront chercher de quoi manger. *[devoir] [pensait, pensaiteront, penserait, devraient]*
5. Le loup sait qu'ils trouveront quelque chose à se mettre sous la dent. *[savoir] [trouveraient]*
6. Le chameau pense qu'il vaudra mieux ne pas se chamailler.
7. Les deux autres n'imaginent pas que le chameau pourra manger le pain. *[savait]*
8. Ils ignorent qui dévoilera le premier sa date de naissance.

X. Mettez les verbes en italique au temps voulu (imparfait ou conditionnel).

Le renard a demandé au chameau s'il *recevoir* des repas gratuits. Celui-ci a répondu que si les hommes *faire* cadeau de repas gratuits, ils en *donner* d'abord à leurs semblables dont bon nombre *mourir* de faim. Le chameau a aussi déclaré qu'il *être* prêt à faire n'importe quoi pour un maître juste. Il *porter* de lourds fardeaux; il *supporter* la faim et la soif; il *aller* partout où on lui *ordonner* d'aller. S'il lui *falloir* manger des épines, il en *manger*. Toutefois, il ne *pouvoir* supporter l'injustice et si son maître le *maltraiter*, il *se sauver*.

XI. Mettez les verbes en italique au temps voulu.

1. Le renard ignorait qu'il *trouver* des compagnons.
2. Si demain ils ont du pain, ils le *partager*.
3. Nous ne savions pas si le loup et le renard *s'entendre*.
4. Si le loup mentait, le renard le *savoir*.
5. Le chameau *pouvoir* manger le pain immédiatement s'il le voulait.
6. Le chameau *approuver* la suggestion du loup si elle était raisonnable.
7. Il a dit que, la prochaine fois, il *apporter* des bougies pour éclairer l'assemblée.
8. Le renard trouvait que le chameau *devoir* manger de l'herbe et que le loup *pouvoir* chasser.
9. Le chameau est sûr qu'il *se souvenir* toujours de la rouerie de ses compagnons.
10. Il ne savait pas s'il *voyager* encore avec des compagnons.

Écrivons

XII. Les trois animaux de ce conte ont des personnalités très différentes. Écrivez un paragraphe sur le caractère du chameau.

XIII. Comparez brièvement les caractères du loup et du renard.

XIV. À votre avis, quelle est la morale du conte? Justifiez votre réponse.

Lisons II : Les Qualités qu'il faut avoir pour devenir juge

Un juge a choisi quatre de ses élèves, leur a annoncé qu'il les ferait assister le lendemain à une séance très importante au tribunal et qu'ensuite il les soumettrait à une sorte d'examen. Celui qui pourrait le mieux répondre serait présenté au roi et deviendrait juge. [...]

Après cette séance à laquelle ses élèves avaient assisté, le juge a voulu savoir ce que ceux-ci avaient retenu de la façon de mener un procès. Il les a réunis et leur a dit : « Écoutez-moi bien; je vais vous exposer un problème, vous allez y réfléchir et donner votre avis.

« Un jour, quelqu'un avait des invités et a envoyé son domestique acheter du lait. Celui-ci a obéi à son maître et est revenu à la maison, le pot plein bien en équilibre sur la tête. Or, une cigogne qui tenait un serpent dans son bec est passée au-dessus de lui; quelques gouttes de venin sont tombées dans le lait. Les invités ont mangé un entremets préparé avec ce lait et sont morts. À votre avis, qui est coupable? Qui doit être condamné? Que chacun de vous écrive sa réponse sur une feuille et me la donne. »

La chose faite, le juge a pris les feuilles et a lu les réponses.

Le premier élève avait écrit : « Si j'avais dû juger cette affaire, j'aurais condamné à mort le domestique pour sa négligence, car s'il avait couvert son pot à lait, le venin n'y serait pas tombé et rien ne serait arrivé. »

Le juge a rejeté cette sentence, car s'il est vrai qu'un récipient qui contient de la nourriture doit toujours être couvert, la probabilité que du venin y tombe est vraiment minime. D'ailleurs, il n'existait aucune loi stipulant qu'un tel récipient devait toujours être couvert.

Il a pris ensuite la feuille écrite par son deuxième élève et a lu : « Dans un tel cas, je n'aurais condamné personne, car la cigogne, qui volait avec un serpent vivant dans son bec, est seule coupable. Si les invités ont été empoisonnés, c'est que c'était leur destin de mourir par le venin de serpent. »

Le juge n'a pas non plus accepté ce jugement, car rejeter la faute sur le destin était, à son avis, trop facile et indigne d'un juge, qui doit davantage rechercher la raison de tout ce qui arrive.

Le troisième élève, lui, avait écrit : « Moi, j'aurais condamné l'hôte, car c'est lui qui a été la cause de la mort des invités. Il aurait dû auparavant goûter cet entremets pour savoir si ce repas n'avait pas été empoisonné par quelqu'un d'autre.

— Pourquoi l'hôte aurait-il dû avoir des soupçons au point de goûter tous les repas », a objecté le juge, en ajoutant qu'aucune loi n'obligeait un hôte à goûter les repas qu'il offrait à ses invités pour s'assurer qu'ils n'étaient pas empoisonnés.

Le quatrième élève s'était contenté d'écrire : « J'aurais besoin de nombreux renseignements supplémentaires. »

Le juge lui a demandé de s'expliquer. « À mon avis, a-t-il répondu, l'exposé de ce problème est incomplet. Tout d'abord, vous nous avez dit que quelques gouttes de venin d'un serpent tenu dans le bec d'une cigogne étaient tombées dans un récipient contenant du lait, récipient lui-même posé sur la tête d'un domestique. Mais d'où tenons-nous cette information, puisque le domestique lui-même ne s'en était pas aperçu? Si quelqu'un avait vu le venin tomber dans le pot à lait et qu'il n'en avait averti personne, alors oui, il serait coupable. Ou s'il avait averti l'hôte et que *celui-ci ait donné le lait*[6] aux invités, l'hôte aurait été coupable. Il faudrait, d'après moi, savoir qui a parlé en premier de cigogne et de serpent, et s'il n'a pas tout inventé. Si j'avais eu cette affaire à étudier, j'aurais convoqué l'hôte, le domestique, le vendeur de lait et le cuisinier. J'aurais aussi interrogé séparément tous les gens vivant dans cette maison, j'aurais pu alors peser leurs réponses. J'aurais interrogé plus spécialement la personne qui a parlé de la cigogne pour savoir si elle n'aurait pas inventé cette histoire. Et si tel

---

6 subjonctif passé = si celui-ci avait donné le lait

était le cas, j'aurais cherché à comprendre les raisons de ce mensonge. […] Le domestique, le cuisinier ou l'hôte haïssaient peut-être les invités et auraient fait exprès de les empoisonner... Le coupable aurait alors imaginé l'histoire du serpent. Il se peut aussi que cette histoire soit juste; de toute façon, avant de juger, il m'aurait fallu des informations supplémentaires. Un juge ne doit jamais rendre un jugement hâtif; il doit peser le pour et le contre de tout; il doit procéder à des investigations poussées avant de rendre sa sentence.

— Bravo, dit le juge, tu as su mettre à profit ce que tu as vu lors du procès auquel tu as assisté. Tu as compris qu'il fallait interroger les témoins et peser le pour et le contre en obtenant toutes les informations nécessaires. Tu es digne d'être juge; demain je te présenterai au roi ».

Shodja Ziaïan, *Contes iraniens islamisés: contes à dormir debout pour enfants pas si méchants que ça*, Toronto, Transmedia, 2001, p. 75-78.

Avons-nous bien saisi le sens du texte?

I. Choisissez la bonne réponse.

1. Le juge voulait
   a) présenter ses élèves au roi
   b) les faire assister à une séance au tribunal
   c) choisir un assistant

2. Dans le problème exposé par le juge, le domestique portait un pot de lait
   a) dans la main
   b) dans un sac
   c) sur la tête

3. Les invités sont morts
   a) parce qu'ils ont trop mangé
   b) parce qu'ils ont mangé un potage empoisonné
   c) parce que l'entremets était empoisonné

4. Le deuxième élève trouve coupable
   a) la cigogne
   b) le destin
   c) le serpent

5. Le juge a choisi le quatrième élève parce que
   a) il est le plus intelligent
   b) il ne croit pas à l'histoire de la cigogne
   c) il se renseigne avant de juger

II. Trouvez, dans le texte, les mots qui correspondent aux expressions suivantes.

   a) *le sort*, b) *une autre personne*, c) *il me faudrait*, d) *prévenu*, e) *d'abord*, f) *questionné*, g) *essayé de*, h) *il est possible*, i) *profiter de*

III. Répondez aux questions suivantes.

1. Dans quel but le juge a-t-il fait assister ses élèves à un procès au tribunal?
2. Pourquoi le maître avait-il envoyé son domestique acheter du lait?
3. D'où provenait le venin tombé dans le lait?
4. Pourquoi tous les invités sont-ils morts?
5. Selon le premier élève, pourquoi le domestique est-il coupable?
6. Qui est coupable selon le troisième élève? – Pourquoi?
7. Qui le quatrième élève aurait-il interrogé dans la maison de l'hôte?
8. Lequel des élèves deviendra juge?

Rappelons-nous

penser / la pensée

penser

penser à	appliquer son esprit à
penser de	juger, avoir une opinion sur
la pensée	l'action de penser; une fleur
réfléchir (à)	penser en se concentrant
la réflexion	concentration de la pensée, remarque

IV. Complétez les phrases en vous servant d'une des expressions ci-dessus. Faites les changements voulus.

1. « Je _____ , donc je suis », a dit Descartes.
2. Est-ce que vous _____ votre avenir?
3. Il faut _____ avant d'agir.
4. Qu'est-ce que vous _____ texte que vous venez de lire?
5. Pour son anniversaire, il lui a envoyé un bouquet de _____.
6. J'ai bien _____ votre proposition. Je l'accepte.
7. Ma très chère amie, je vous envoie mes _____ les plus affectueuses.
8. Il fait souvent des _____ méchantes.

Enrichissons notre vocabulaire

V. Le texte comporte plusieurs termes qui ont trait à la loi. Complétez les phrases suivantes en vous servant de ces termes.

1. Un des élèves deviendra _____.
2. Les élèves ont assisté à une séance au _____.
3. Le _____ de cet assassin a duré plusieurs semaines.
4. Le juge a longuement _____ le suspect.
5. Il y a deux _____ pour la défense.
6. Celle qui _____ cette affaire est une femme sévère.
7. Dans certains pays, les assassins sont _____.

8. Le jury a trouvé l'accusé _____. Le juge va prononcer la _____.

9. Tout le monde doit respecter _____.

10. Le tribunal a rendu un _____ qui me paraît injuste.

Quelques expressions à retenir

Expressions juridiques

le suspect	
soupçonner	penser que quelqu'un est coupable
l'accusé(e)	
condamner	punir, blâmer
la condamnation	le fait de condamner
le sursis	ajournement
condamnation avec sursis	condamnation remise à plus tard
peine de prison	condamnation à la prison
condamner à mort (à la peine capitale)	condamner à être exécuté
plaider coupable (non coupable)	se déclarer coupable *(innocent)*
témoigner	déclarer en justice; démontrer
un témoin	personne qui témoigne, personne qui a vu *(witness)*
le témoignage	ce que dit le témoin
acquitter	déclarer non coupable
l'acquittement	le fait d'être acquitté
le procureur	celui qui représente l'État

VI. Complétez les phrases en vous servant d'une des expressions ci-dessus. Faites les changements voulus.

1. De quoi cet homme est-il _____? — De vol.

2. _____ n'existe plus au Canada depuis 1962.

3. L'accusé a plaidé _____, mais je ne le crois pas innocent.

4. L'avocat a demandé _____ de son client qu'il déclare innocent. Il veut lui éviter une _____.

5. _____ a interrogé les _____.

6. _____ de la jeune femme qui a découvert le corps est très important.

7. Parce qu'il n'a jamais été condamné auparavant, le juge l'a condamné _____.

8. Il est accusé de vol, mais on le _____ aussi d'un crime plus grave.

Maîtrisons la grammaire

Le conditionnel passé

Forme

Le conditionnel passé est un temps composé formé du conditionnel présent de l'auxiliaire **avoir** ou **être** et du participe passé du verbe.

condamner	arriver	se conduire
j'aurais condamné	je serais arrivé(e)	je me serais conduit(e)
tu aurais condamné	tu serais arrivé(e)	tu te serais conduit(e)
il, elle, on aurait condamné	il, elle, on serait arrivé(e)	il, elle, on se serait conduit(e)
nous aurions condamné	nous serions arrivé(e)s	nous nous serions conduit(e)s
vous auriez condamné	vous seriez arrivé(e)(s)	vous vous seriez conduit(e)(s)
ils, elles auraient condamné	ils, elles seraient arrivé(e)s	ils, elles se seraient conduit(e)s

Le participe passé suit les mêmes règles d'accord que lorsqu'il est employé aux autres temps composés (passé composé, plus-que-parfait, etc.)

Le domestique avait préparé les repas qu'il **aurait empoisonnés**.
Les invités **seraient arrivés** de bonne heure s'ils avaient pu.
Elle croyait que les cigognes **se seraient envolées**.

Emplois

Le conditionnel passé est employé :

1. pour exprimer une action future par rapport à un fait passé. Cette action a déjà eu lieu ou n'aura pas lieu.

Je savais que le juge **aurait choisi** le quatrième élève. (Le juge l'a choisi.)
Dans un tel cas, j'**aurais condamné** à mort le domestique. (Je ne l'ai pas condamné.)

2. pour exprimer une possibilité qui ne s'est pas réalisée.

Tous les quatre **auraient voulu** devenir juges. (Ils ne pouvaient pas tous devenir juges.)
L'hôte **aurait dû** goûter les entremets. (Il ne les a pas goûtés.)

3. pour décrire un événement passé dont on n'est pas certain.

Le coupable **aurait imaginé** l'histoire du serpent.
Ils haïssaient peut-être les invités et **auraient fait exprès** de les empoisonner.

4. dans la proposition principale d'une phrase conditionnelle, après un **si** de condition, on emploie le **plus-que-parfait** et **jamais** le conditionnel passé.

S'il **avait couvert** son pot, le venin n'y **serait** pas **tombé**.
si + plus-que-parfait   conditionnel passé

Si j'**avais dû** juger cette affaire, j'**aurais condamné** à mort le domestique.
si + plus-que-parfait   conditionnel passé

proposition conditionnelle   proposition principale
si + plus-que-parfait   **conditionnel passé**

Exerçons-nous

VII. Mettez le verbe de la proposition principale à l'imparfait et faites les changements voulus.

> **Modèle :** Je pense qu'il aura vu la cigogne.
>
> Je **pensais** qu'il **aurait vu** la cigogne.

1. Elle croit que le domestique n'aura pas dit la vérité. *n'aurait pas dit*
2. Vous dites que tous les invités seront arrivés avant sept heures.
3. Je pense que le juge aura posé beaucoup de questions.
4. Il affirme que demain, il aura fini d'interroger tous les témoins.
5. Nous espérons que l'hôte ne sera pas mort.
6. Vous dites qu'elle se sera bien amusée à la campagne.
7. Je sais qu'on aura condamné le coupable à plusieurs années de prison.
8. Nous pensons qu'il leur aura fallu beaucoup de renseignements.

VIII. Mettez les verbes en italique au temps voulu.

1. Si vous aviez dû juger cette affaire, *interroger*-vous tout le monde?
2. Il a dit qu'il lui *falloir* des renseignements supplémentaires qu'il n'avait pas pu obtenir.
3. Vous *ne pas condamner* l'accusé si vous aviez mieux écouté les témoins.
4. Si vous aviez vu le venin tomber dans le récipient, vous *devoir* avertir l'hôte.
5. Qu'auriez-vous fait si on vous *poser* la question?
6. Si j'avais vu l'accident, je *avertir* la police immédiatement.
7. Selon le domestique, du venin *tomber* dans le récipient, mais ce n'est pas certain.
8. La police vous interroge au cas où vous *être* témoin de l'accident d'hier.

IX. Dans le passage ci-dessous, un journaliste rapporte des événements dont il a été témoin. Un autre journaliste, qui n'a rien vu, rapporte ce qu'il a entendu dire. Transformez le passage de façon à montrer les doutes du second journaliste.

Hier, vers cinq heures du soir, un jeune homme bien mis est entré à La Baie et s'est dirigé vers la parfumerie. Il s'est arrêté au rayon des eaux de toilette pour homme. Il a cherché à trouver un vendeur, mais n'en voyant aucun dans les environs, il a décidé de se servir lui-même et est parti, un flacon sous le bras. Quand il est arrivé à la sortie, le signal d'alarme s'est mis à sonner et plusieurs détectives se sont précipités pour arrêter le malfaiteur. Celui-ci a pris ses jambes à son cou et a réussi à échapper à la poursuite, mais dans sa hâte, il a laissé tomber le flacon qui s'est brisé sur le pavé. N'est-ce pas la preuve que « Bien mal acquis ne profite jamais »?

X. Transformez les phrases selon le modèle.

Modèle : Si le juge interroge l'accusé, il le trouvera coupable.

Si le juge **interrogeait** l'accusé, il le **trouverait** coupable.

Si le juge **avait interrogé** l'accusé, il l'**aurait trouvé** coupable.

1. Si la cigogne attrape le serpent, elle le mangera.
2. Si le domestique achète du lait, il lui faudra un récipient.
3. Les invités mourront si le lait est empoisonné.
4. Si le premier élève doit juger l'affaire, il condamnera le domestique.
5. Si les invités sont empoisonnés, la cigogne sera trouvée coupable, selon le deuxième élève.
6. Si le quatrième élève juge l'affaire, il aura besoin de renseignements supplémentaires.
7. Il interrogera tous les gens de la maison s'il veut savoir la vérité.
8. Si l'hôte hait ses invités, il fera exprès de les empoisonner.

XI. Mettez les infinitifs au temps voulu (conditionnel présent ou passé).

Si le quatrième élève avait été chargé de l'affaire, il *demander* beaucoup de renseignements. D'un autre côté, les trois autres élèves *se contenter* des détails qui leur *être* donnés. Selon le juge, ce *ne pas être* là le bon moyen de découvrir la vérité. Pour trouver le coupable, il *falloir* que la personne chargée de juger l'affaire interroge à fond tous les témoins. Elle *ne pas devoir* rendre un jugement hâtif. Elle *peser* le pour et le contre et ne *prononcer* sa sentence qu'après avoir mûrement réfléchi.

Écrivons

XII. Composez cinq ou six questions que vous auriez posées à l'hôte si vous aviez été chargé(e) de son procès.

Sourions un peu

Une jeune chamelle[7] a envie de se marier. Elle se présente dans une agence matrimoniale.
« Madame, je cherche un mari, mais je dois vous avouer que je suis gravement handicapée.
— Comment donc, mademoiselle?
— Hélas! je n'ai pas de bosses.»

Les lois sont toujours utiles à ceux qui possèdent et nuisibles à ceux qui n'ont rien.

Jean-Jacques Rousseau, *Du contrat social*.

Écoute

Écoutez le passage qui est lu deux fois. Ensuite, répondez aux questions.

Phonétique : *e* caduc (**muet**)

---

7   femelle du chameau

Section V : Posons des questions

CHAPITRE 15 : L'Argent

Textes à l'étude
- Lisons I : L'Avare (acte IV, scène 7)
- Lisons II : Le Commissaire interroge maître Jacques
  L'Avare (acte V, scène 2)

Vocabulaire et structures
- expressions avec *argent*
- d'autres expressions avec *coup* (sens figuré)
- *se fier / (se) confier*
- *ça va mal...*

Aspects grammaticaux
- L'interrogation
- Les mots interrogatifs invariables : les adverbes, les pronoms
- Les mots interrogatifs variables : les adjectifs, les pronoms

Lisons I : L'Avare

Molière

L'auteur de *L'Avare* est Molière, le plus grand dramaturge comique français (1622-1673).

On a volé à Harpagon, l'avare, la cassette qui contenait sa fortune.

Harpagon – (*Il crie au voleur dès le jardin*[1], *et vient sans chapeau.*) Au voleur! au voleur! à l'assassin! au meurtrier! Justice, juste ciel! Je suis perdu, je suis assassiné! On m'a coupé la gorge, on m'a dérobé mon argent! Qui peut-ce être? Où se cache-t-il? Que ferai-je pour le trouver? Où courir? Où ne pas courir? N'est-il point[2] là? N'est-il pas ici? Qui est-ce? Arrête! (*Il se prend lui-même le bras.*) Rends-moi mon argent, coquin[3]! … Ah! c'est moi! Mon esprit est troublé, et j'ignore où je suis, qui je suis, et ce que je fais. Hélas! mon pauvre argent, mon pauvre argent, mon cher ami, on m'a privé de toi! Et puisque tu m'es enlevé, j'ai perdu mon support[4], ma consolation, ma joie; tout est fini pour moi, et *je n'ai plus que faire*[5] au monde! Sans toi, il m'est impossible de vivre. *C'en est fait*[6], *je n'en puis plus*[7], je me meurs, je suis mort, je suis enterré! N'y a-t-il personne qui veuille[8] me ressusciter en me rendant mon cher argent et en m'apprenant qui me l'a pris? Euh! que dites-vous? Ce n'est personne. Il faut, *qui que ce soit qui ait fait le coup*[9], qu'avec beaucoup de soin *on ait épié l'heure*[10]; et l'on a justement choisi le temps[11] que je parlais à mon traître de fils. Sortons! Je veux aller quérir la justice et faire donner la question[12] à toute ma maison : à servantes, à valets, à fils, à fille, et à moi aussi. Que de gens assemblés! Je ne jette mes regards sur personne qui ne me donne des soupçons, et

---

1   Harpagon avait enterré sa cassette dans le jardin.
2   pas. **Point** n'est plus guère utilisé de nos jours.
3   vaurien
4   français moderne : soutien
5   je n'ai plus rien à faire
6   c'est fini
7   je suis complètement épuisé
8   subjonctif du verbe *vouloir* (voir le chapitre 21)
9   le coupable
10 subjonctif : on a attendu l'heure, le moment
11 le moment
12 la torture (pour obtenir des aveux)

tout me semble mon voleur. Eh! de quoi est-ce qu'on parle là? de celui qui m'a dérobé? Quel bruit fait-on là-haut? Est-ce mon voleur qui y est? De grâce[13], si on sait des nouvelles de mon voleur, je supplie que l'on m'en dise[14]. N'est-il point caché là parmi vous? Ils me regardent tous et se mettent à rire. Vous verrez qu'ils ont part, sans doute, au vol que l'on m'a fait. Allons, vite, des commissaires, des archers, des prévôts[15], des juges, des gênes[16], des potences et des bourreaux! Je veux faire pendre tout le monde; et si je ne retrouve mon argent, je me pendrai moi-même après!

L'Avare, acte IV, scène 7.

Avons-nous bien saisi le sens du texte?

I. Le paragraphe suivant respecte en général le sens du monologue d'Harpagon, sauf dans deux cas. Découvrez-les.

Quelqu'un a volé la cassette qu'Harpagon avait soigneusement cachée dans le jardin. L'avare est au désespoir. Il crie. La cassette contenait son argent. Il parle à son argent, son ami le plus cher. Sans son argent, il ne peut plus vivre. Il soupçonne son fils. Pour que le coupable avoue, il veut faire torturer tout le monde : servantes, valets, enfants et lui-même. Il sort pour aller chercher des commissaires, des avocats, des prévôts, des juges et des bourreaux.

II. Complétez les phrases par une expression tirée du texte.

1. Même avant d'entrer en scène, Harpagon crie _____.
2. On lui a _____ son argent.
3. Il _____ et croit attraper le voleur.
4. Son argent est son _____, sa _____, sa _____.
5. Si on lui rend son argent, Harpagon, qui est mort, pourra _____.
6. Celui qui a _____ a épié l'heure.
7. Harpagon pense que le voleur est _____ parmi le public.
8. Il veut _____ tout le monde.

III. Répondez aux questions suivantes.

1. Où Harpagon a-t-il caché sa cassette?
2. Au début de la scène, quelles phrases montrent qu'Harpagon ne sait où aller?
3. Quel sentiment peut inspirer le genre de phrases qu'emploie Harpagon s'adressant à son argent?
4. Combien de filles Harpagon a-t-il? Justifiez votre réponse.
5. Harpagon a-t-il de bons rapports avec son fils? Justifiez votre réponse.
6. À qui s'adresse le passage qui commence par les mots : « Que de gens assemblés »?
7. Pourquoi Harpagon veut-il faire venir des bourreaux?
8. Relevez trois exemples d'hyperboles (exagérations) dans le discours d'Harpagon.

---

13 par pitié
14 subjonctif de *dire*
15 officiers de justice
16 instruments de torture

Rappelons-nous

Expressions avec *argent*

l'argent	métal et fonds
espèces	pièces et billets
argent liquide	pièces et billets disponibles
un argent fou	des sommes énormes
payer (argent) comptant	payer la somme exacte
prendre pour argent comptant	croire naïvement
déposer, verser son argent (en banque)	mettre son argent dans son compte
un compte courant	un compte pour toutes les transactions

IV. Complétez les phrases en vous servant d'une des expressions ci-dessus.

1. Elle est riche comme Crésus. Elle gagne _____.

2. Je sais que je vous dois dix dollars, mais je n'ai pas _____. J'irai à la banque demain.

3. Mon employeur _____ mon salaire directement dans mon compte.

4. Le magasin nous a fait un rabais de 10 % parce que nous avons payé _____.

5. Ma fille vient d'ouvrir _____ à la banque.

6. Vous êtes d'une naïveté incroyable. Vous _____ tout _____.

Enrichissons notre vocabulaire

V. Relevez, dans l'extrait, quatre noms qui désignent des malfaiteurs.

VI. Relevez les noms qui désignent des personnes chargées d'imposer la loi. Nommez d'autres personnes chargées de la même fonction.

VII. Trouvez, dans le texte, les expressions équivalentes aux expressions en italique.

1. On m'a *volé* mon argent.

2. *Je suis très fatigué.*

3. *Je suis en train de mourir.*

4. Qui va *rendre la vie à* Harpagon?

5. Qui a *commis cette action criminelle?*

6. Ils *commencent* à parler.

Quelques expressions à retenir

D'autres expressions avec *coup* (sens figuré)

(faire) un mauvais coup	commettre une mauvaise action
préparer son coup	préparer une mauvaise action
un coup monté	une mauvaise action préméditée
un coup de chance	une réussite due au hasard

être dans le coup	être au courant
être aux cent coups	être très inquiet/inquiète
un coup de théâtre	changement brutal dans une pièce de théâtre
le coup de grâce	le coup que l'on donne à un blessé pour terminer ses souffrances; le coup qui détruit quelqu'un
sur le coup de deux, trois, etc. heures	quand deux, trois, etc. heures sonnent

coup = fois	
du premier coup	immédiatement
à tous les coups	à chaque fois
coup sur coup	sans interruption
du même coup	par la même action, en même temps

VIII. Complétez les phrases en vous servant d'une des expressions ci-dessus. Faites les changements qui s'imposent.

1. Je serai chez vous _____ midi.
2. Quand elle joue aux cartes, elle gagne _____.
3. Il a eu tant de malheurs. La mort de sa femme a été _____.
4. Il a ruiné ses associés. Il avait bien _____.
5. Tu as pu l'attraper quand elle sortait de son bureau? Ça, c'est _____.
6. Ce jeune garçon a déjà fait plusieurs _____.
7. Tu ne comprends rien à ce qui se passe. Tu _____.
8. Vous avez compris les explications _____.
9. Cette tragédie ne me plaît pas. Elle accumule les _____.
10. Elle n'a pas de nouvelles de son fils. Elle _____.

Maîtrisons la grammaire

L'interrogation

1. Il y a trois façons de marquer l'interrogation :

    a) par le ton de la voix   Il est caché parmi vous?

    b) en utilisant **est-ce que**   **Est-ce qu'**il est caché parmi vous?

    c) par l'inversion   **Est-il** caché parmi vous?

Remarque 1

Quand le sujet est un pronom à la première personne de l'indicatif présent, on emploie toujours **est-ce que**, sauf avec quelques verbes (**ai-je, suis-je, dois-je, puis-je, sais-je**).

    Est-ce que je révèle où est l'argent?

    Est-ce que je peux (puis) vous aider?

mais

    Puis-je[17] vous aider?

---

17 Seule la forme **puis** est utilisée dans l'inversion.

2. Quand le sujet du verbe est un **pronom personnel**, **on** ou **ce**, on inverse le verbe et le sujet.

   Est-il là?   Le **crois-tu**?
   Est-ce le voleur?

3. Avec un verbe négatif, **pas** (**plus**, **guère**, **jamais**) suit le pronom sujet.

   N'est-il **pas** ici?   N'est-il **plus** ici?
   Ne lui parlez-vous **jamais**?

4. Avec un temps composé, le sujet se place après l'auxiliaire.

   Ne l'avez-**vous** pas vu?   N'est-**il** pas caché là?

5. Quand le sujet n'est ni un pronom personnel, ni **on** ni **ce**, il reste devant le verbe. Il est alors répété après le verbe par le pronom personnel qui convient.

   Le voleur est-il parmi vous?   **Les avares** enterrent-**ils** leur argent?
   Cela est-**il** difficile à résoudre?

6. À la troisième personne du singulier, un **t** euphonique (pour le son) est placé entre le verbe et le pronom sujet si le verbe se termine par une voyelle.

   Se cache-t-il ici?   **A-t-il** fait le coup?

Exerçons-nous

IX. Mettez les phrases à la forme interrogative en utilisant *est-ce que*.

1. Vous avez vu l'assassin. *Est-ce que vous avez vu l'assassin | Avez-vous vu la'a*
2. La cassette est dans le jardin. *Où est la cassette?*
3. Je ne cherche pas à mentir. *Cherche*
4. On n'a pas choisi le bon moment. *N'a-t-on pas choisi le bon moment*
5. Harpagon parlait à son fils. *À qui parlait Harpagon*
6. Le voleur est caché parmi vous.
7. Harpagon a trouvé des commissaires.
8. Je n'ai pas lu soigneusement ce passage.

X. Faites le même exercice sans utiliser *est-ce que* quand c'est possible.

XI. Posez la question (d'abord avec *est-ce que*, puis sans es*t-ce que* quand c'est possible) à laquelle répondent les phrases suivantes.

1. Vous connaissez les pièces de Molière.
2. Tu as vu *L'Avare*.
3. Harpagon a parlé à des commissaires.
4. Le fils n'a pas volé la cassette.
5. Je ne peux pas deviner qui a fait le coup.
6. Harpagon veut faire venir des bourreaux.
7. Il y a beaucoup de gens assemblés.
8. Tu cherches à comprendre Harpagon.

Écrivons

XII. Lorsque vous travailliez à la bibliothèque, vous avez égaré votre grammaire française. Vous vous adressez à la bibliothécaire pour tenter de retrouver votre livre. Rédigez un dialogue d'une dizaine de phrases.

Maître Jacques, homme tout simple, cuisinier d'Harpagon, déteste l'intendant Valère. Quand le cuisinier apprend que la cassette d'Harpagon a été volée, il saisit l'occasion de se venger de Valère.

Maître Jacques (*à part*) — Voici justement ce qu'il me faut pour me venger de notre intendant : depuis qu'il est entré céans[18], il est le favori, on n'écoute que ses conseils; et j'ai aussi sur le cœur les coups de bâton de tantôt[19].

Harpagon — Qu'as-tu à ruminer?

Le commissaire — Laissez-le faire : il se prépare à vous contenter[20]. [...]

Maître Jacques — Monsieur, si vous voulez que je vous dise les choses, je crois que c'est monsieur votre cher intendant qui a fait le coup.

Harpagon — Valère?

Maître Jacques — Oui.

Harpagon — Lui, qui me paraît si fidèle?

Maître Jacques — Lui-même. Je crois que c'est lui qui vous a dérobé.

Harpagon — Et sur quoi[21] le crois-tu?

Maître Jacques — Sur quoi?

Harpagon — Oui.

Maître Jacques — Je le crois … sur ce que je le crois.

Le commissaire — Mais il est nécessaire de dire les indices que vous avez.

Harpagon — L'as-tu vu rôder autour du lieu où j'avais mis mon argent?

Maître Jacques — Oui, vraiment. Où était-il votre argent?

Harpagon — Dans le jardin.

Maître Jacques — Justement. Je l'ai vu rôder dans le jardin. Et dans quoi est-ce que cet argent était?

Harpagon — Dans une cassette.

Maître Jacques — Voilà l'affaire. Je lui ai vu une cassette.

Harpagon — Et cette cassette, comment est-elle faite? Je verrai bien si c'est la mienne.

Maître Jacques — Comment elle est faite?

Harpagon — Oui.

Maître Jacques — Elle est faite… elle est faite comme une cassette.

Le commissaire — Cela s'entend[22]. Mais dépeignez-la un peu, pour voir.

Maître Jacques — C'est une grande cassette.

Harpagon — Celle qu'on m'a volée est petite.

Maître Jacques — Eh oui! elle est petite, *si on le veut prendre par là*[23], mais je l'appelle grande pour ce qu'elle contient.

Le commissaire — Et de quelle couleur est-elle?

Maître Jacques — De quelle couleur… là, d'une certaine couleur… Ne sauriez-vous m'aider à dire?

---

18 ici
19 Valère a donné des coups de bâton à maître Jacques.
20 à vous dire ce que vous voulez savoir
21 d'après quoi
22 C'est évident.
23 si on parle de la cassette même

Harpagon — Euh!

Maître Jacques — N'est-elle pas rouge?

Harpagon — Non, grise.

Maître Jacques — Eh! oui, gris-rouge… c'est ce que je voulais dire.

Harpagon — Il n'y a point de doute : c'est elle assurément […] Ciel! À qui désormais se fier? Il ne faut plus jurer de rien et je crois après cela que je suis homme à me voler moi-même.

L'Avare, acte V, scène 2.

Avons-nous bien saisi le sens du texte?

I. Dans chaque groupe, une seule affirmation est fausse. Trouvez-la.

1. Maître Jacques n'aime pas l'intendant parce que
    a) il est le favori
    b) il a donné des coups de bâton à maître Jacques
    c) Harpagon l'écoute
    d) il est honnête homme

2. L'argent était
    a) dans une petite cassette
    b) dans le jardin
    c) dans une cassette grise
    d) dans une cassette rouge

3. Le commissaire demande à maître Jacques
    a) de dire les indices qu'il a
    b) de décrire la cassette
    c) d'écouter Harpagon
    d) de dire la couleur de la cassette

4. C'est Harpagon qui dit que
    a) la cassette est petite
    b) la cassette est grande
    c) la cassette était dans le jardin
    d) la cassette est grise

II. Répondez aux questions suivantes.

1. Quel verbe indique que, quand il entre en scène, maître Jacques se parle à lui-même?
2. Pourquoi maître Jacques veut-il se venger de l'intendant? Donnez deux raisons.
3. Quelle qualité, appréciée par Harpagon, Valère semblait-il avoir?
4. Pourquoi la combinaison *gris-rouge* est-elle impossible?
5. Qu'est-ce qui montre que maître Jacques ne sait rien du vol?
6. À votre avis, pourquoi Harpagon croit-il si facilement maître Jacques?

III. Complétez par une des expressions ci-dessus. Faites les changements qui s'imposent.

1. Harpagon croit Valère fidèle : il _____ lui.

2. Ne _____ pas à lui : il trompe tous ses amis.

3. Je _____ elle; elle a un visage qui ne me plaît pas.

4. C'est ma meilleure amie; je _____ elle.

5. Ils connaissent bien cette dame. Quand ils partent en voyage, ils _____ leurs deux enfants.

Enrichissons notre vocabulaire

IV. Répondez aux questions suivantes.

1. Généralement, ce sont les animaux qui *ruminent*. Nommez quelques ruminants.

2. Dans le nom *cassette,* le suffixe *–ette* est un diminutif (qui diminue, rend plus petit). Trouvez trois noms ayant le même suffixe.

3. Sur le modèle *gris-rouge,* trouvez trois adjectifs qui pourraient logiquement se combiner avec *gris.*

V. Trouvez, dans le texte, des expressions équivalentes aux expressions suivantes.

1. le préféré

2. je n'ai pas oublié

3. il faut

4. de l'endroit

5. si elle est à moi

6. décrivez

7. certainement

8. dorénavant

Quelques expresssions à retenir

Ça va mal...

c'en est fait	tout est fini
se mourir	être en train de mourir
n'en pouvoir plus	être complètement épuisé
être à bout de force(s)	n'avoir plus de force
se sentir perdu	ne savoir que faire

être à la fin de son rouleau	n'avoir plus de force, plus de vie
en avoir assez/ marre/ ras le bol	n'avoir plus de patience, de courage
ne savoir où donner de la tête	être très occupé(e)
ne savoir à quel saint se vouer	ne savoir où trouver de l'aide
avoir quelque chose sur le cœur	penser à une chose avec amertume
il ne faut jurer de rien	on ne peut être sûr(e) de rien (proverbe)

VI. Remplacez le tiret par une des expressions ci-dessus.

1. J'ai tant travaillé aujourd'hui que _____.
2. Cette voisine me demande de l'aider, mais je _____ le mauvais coup qu'elle m'a fait.
3. Ces gens sont si pauvres que le père _____ pour nourrir sa famille.
4. Face à toutes ces difficultés, nous _____.
5. Son amie est très malade : en fait, elle _____.
6. Je crois qu'il est honnête, mais _____.
7. _____ : après 10 ans de mariage, elle l'a quitté.
8. Voilà 10 fois que je lui répète la même chose; je _____.

Maîtrisons la grammaire

Les mots interrogatifs invariables

Les adverbes

Les **adverbes interrogatifs** sont : combien, comment, où, pourquoi, quand.

1. Avec les adverbes interrogatifs, on peut utiliser **est-ce que**, sans changer l'ordre des mots ou faire l'inversion du verbe et du sujet, en respectant les règles.

   Où est-ce qu'il est?   **Où** est-il?
   Comment est-ce que cette cassette est faite?
   Cette cassette, **comment** est-elle faite?

2. Quand le verbe est à un temps simple et qu'il n'a pas d'objet, on peut faire l'inversion du verbe et du sujet, même si ce sujet est un nom, sauf avec **pourquoi**.

   Où est l'argent?   **Quand** arrivera le commissaire?
   Combien vaut la cassette?

   mais

   Pourquoi maître Jacques accuse-t-il l'intendant?

Exerçons-nous

VII. Posez la question (d'abord avec *est-ce que*, puis sans *est-ce que*) à laquelle répond l'expression en italique. Servez-vous d'un adverbe interrogatif.

1. Je suis *ici*.
2. *Avec l'aide de la police*, il va trouver le coupable.
3. L'argent était *dans le jardin*.

4. La cassette est *petite*.
5. La commissaire arrivera *dans un instant*.
6. Harpagon crie *parce qu'il a perdu son argent*.
7. Il y a *mille spectateurs* dans la salle.
8. Il ne retrouvera *jamais* son argent.
9. On lui a volé son argent *pendant qu'il parlait à son fils*.
10. On lui a volé *deux mille francs*.

Les pronoms interrogatifs invariables

	Personnes		Choses	
	formes courtes	**formes longues**	**formes courtes**	**formes longues**
Sujet	qui	qui est-ce qui		qu'est-ce qui
Objet direct	qui (+ inversion)	qui est-ce que	que (qu') (+ inversion)	qu'est-ce que
Objet d'une préposition	qui (+ inversion)	qui est-ce que	quoi (+ inversion)	quoi est-ce que

1. **Qui, qui est-ce qui** sont employés comme **sujets** pour les **personnes**.

   Qui a volé?   **Qui est-ce qui** a volé?

2. **Qu'est-ce qui** est employé comme **sujet** pour les **choses**.

   Qu'est-ce qui est arrivé?   **Qu'est-ce qui** désole Harpagon?

Remarque 1

Qui et **qu'est-ce qui** sont suivis d'un verbe au singulier, même quand la réponse est au pluriel.

   Qui pose des questions dans cette scène? — Tous les personnages **posent** des questions.
   Qu'est-ce qui cause la colère de maître Jacques? — Les coups de bâton que Valère lui a donnés **causent** la colère de maître Jacques.

Remarque 2

Après **qui**, le verbe **être** est au pluriel s'il est suivi d'un mot pluriel.

   Qui sont ces gens?   Ce sont des juges et des commissaires.

3. **Qui** + inversion, **qui est-ce que** (**qu'** + voyelle) sans inversion, sont employés comme **objets** pour les personnes.

> **Qui maître Jacques a-t-il vu?**
> **Qui est-ce que** le commissaire va arrêter?

4. **Que** (**qu'** + voyelle ou **h** muet) + inversion, **qu'est-ce que**, sans inversion, sont employés comme **objets** pour les **choses** et les **idées**.

> **Que** ferai-je pour le trouver?   **Que** fera Harpagon?
> **Qu'est-ce que** le commissaire a demandé?

Remarque 3

Dans une phase courte, qui n'a qu'un verbe et un nom sujet, on fait l'inversion du verbe et du sujet après **que**.

> **Que** fera Harpagon?   **Que** raconte maître Jacques?

---

5. Après une **préposition**, **qui** + inversion, **qui est-ce que**, sans inversion, sont employés pour les **personnes**.

> **De qui** parlent-ils?   **À qui est-ce que** le commissaire pose les questions?

6. Après une **préposition**, **quoi** + inversion, **quoi est-ce que**, sans inversion, sont employés pour les **choses** et les **idées**.

> **Dans quoi** était l'argent?   **De quoi est-ce qu'on** parle là?

7. Pour demander une définition, on pose la question **qu'est-ce que** ou **qu'est-ce que c'est que**.

> **Qu'est-ce qu'un** prévôt?   **Qu'est-ce que c'est qu'une** potence?

Exerçons-nous

VIII. Posez la question à laquelle répond l'expression en italique en employant un *pronom interrogatif*. Donnez d'abord la forme avec *est-ce que*, puis la forme sans *est-ce que*.

1. L'argent était *dans une cassette*.
2. *Un valet* a volé l'argent.
3. Harpagon ne peut pas vivre *sans argent*.
4. Ils parlent *du voleur*.
5. Ce sont *les servantes* qui ont fait le coup.
6. Harpagon ne peut pas se fier *à sa famille*.
7. Il est privé *de son fils*.
8. Il demande *où est le voleur*.
9. Ce n'est pas *le fils d'Harpagon*.
10. La cassette est *en bois*.
11. Valère va voir *la fille d'Harpagon*.
12. Il est question *d'une cassette* dans ce passage.

Les mots interrogatifs variables

Les adjectifs interrogatifs

L'adjectif interrogatif s'accorde en genre et en nombre avec le nom qu'il qualifie.

masculin singulier	féminin singulier
quel	quelle
masculin pluriel	**féminin pluriel**
quels	quelles

Quel bruit fait-on là-haut?   De **quelle** couleur est-elle?

Quels conseils vous a-t-il donnés?

Les pronoms interrogatifs

Les pronoms interrogatifs sont composés de l'article **le, la, les** + **quel, quelle, quels, quelles.**

	SINGULIER		PLURIEL	
	masculin	**féminin**	**masculin**	**féminin**
	lequel	laquelle	lesquels	lesquelles
+ à	auquel	à laquelle	auxquels	auxquelles
+ de	duquel	de laquelle	desquels	desquelles

L'article se contracte

   a)   avec à : **auquel, auxquels, auxquelles**
   b)   avec de : **duquel, desquels, desquelles**

Emplois

Lequel est du genre et du nombre du nom qu'il remplace. Il indique un **choix** et est placé en début de phrase.

   Lequel (des valets) a fait le coup?
   Laquelle est la fille d'Harpagon?
   Auxquelles (des servantes) parlez-vous?

Exerçons-nous

IX. Complétez par la forme voulue de *quel* ou *lequel*.

1.   _____ consolation peut trouver Harpagon?

2.   _____ de ces personnes avez-vous rencontrée?

3. _____ des juges Harpagon connaît-il?
4. De _____ couleur est la cassette?
5. Dans _____ jardin était-elle cachée?
6. _____ est le plus fidèle, Valère ou maître Jacques?
7. _____ des valets le commissaire a-t-il posé des questions?
8. _____ de ses domestiques est-il question?

X. Utilisez l'inversion au lieu de *est-ce que*.

1. Où est-ce que je peux courir?
2. Qu'est-ce que ma cassette est devenue?
3. Où est-ce que Valère se cache?
4. Qui est-ce que c'est?
5. De quoi est-ce qu'on parle là?
6. Qu'est-ce que vous dites?
7. Est-ce qu'Harpagon veut faire pendre tout le monde?
8. Où est-ce que maître Jacques a vu rôder Valère?

XI. Posez la question à laquelle répond l'expression en italique. Servez-vous d'un mot interrogatif. Évitez *est-ce que*.

1. Harpagon crie *au voleur*!
2. On lui a volé *son argent*.
3. L'argent était dans *une cassette*.
4. Cette cassette était *grise*.
5. Il avait enterré la cassette *dans le jardin*.
6. Harpagon s'adresse *aux spectateurs*.
7. Il parle aux spectateurs *de choses qu'ils ne comprennent pas*.
8. Il les soupçonne *d'avoir part au vol*.
9. Maître Jacques ne pardonne *pas les coups de bâton que Valère lui a donnés*.
10. Il ne sait pas *de quelle couleur est la cassette*.

XII. En vous servant d'un mot interrogatif, posez la question (ou les questions) à laquelle (auxquelles) répondent les phrases suivantes. Quand c'est possible, évitez *est-ce que*.

1. À huit heures du soir, on a volé l'argent de Mélanie.
2. Elle a téléphoné à un détective célèbre.
3. Il est arrivé une heure plus tard.
4. Il a questionné tous les domestiques.
5. Il leur a expliqué qu'ils étaient tous suspects.
6. Marguerite, la cuisinière, était incapable de répondre aux questions.
7. Mélanie avait pourtant confiance en Marguerite.
8. Le détective a prouvé Marguerite coupable.

Écrivons

XIII. Un jeune homme, soupçonné d'avoir cambriolé une maison, a été arrêté. Vous êtes la personne chargée de l'enquête. Composez cinq questions que vous lui poserez.

Sourions un peu

Un gangster apprend que son fils de cinq ans vient de se battre avec un camarade d'école et l'a grièvement blessé. Il l'appelle et lui dit :

« Je te défends de faire ça, tu m'entends? Si tu recommences, tu seras puni. Dis-toi que quand on commence à tuer, un jour ou l'autre, on finit par voler ou mentir. »

Un voleur est poursuivi par des policiers sur le toit d'un gratte-ciel. Tout à coup, il glisse et tombe du cinquantième étage. Alors, il se met à crier :

— C'est moi qui ai volé. Arrêtez-moi!

Écoute

Écoutez le passage qui est lu deux fois. Ensuite, répondez aux questions.

Phonétique : **La liaison**

Section VI : Réfutons

CHAPITRE 16 : Vanité, vanité...

Textes à l'étude
- Lisons I : Le Jour où j'ai échappé à la boulimie
- Lisons II : Un monsieur élégant

Vocabulaire et structures
- le verbe *cacher*
- le poids
- le verbe *plaire*
- la bourse

Aspects grammaticaux
- La négation
- *Ni*, conjonction négative

Je préfère me voir maintenant que me revoir à l'époque.
par Magali Amadei

J'avais 14 ans quand tout a commencé. Cette année-là, mon frère adoré a eu un accident de moto. [...] On en a très peu parlé dans ma famille. J'ai tout gardé à l'intérieur. Puis au collège, alors que je voyais mon corps changer, quelqu'un m'a dit que j'avais pris du poids. Ce fut le déclencheur. J'étais danseuse, perfectionniste, et j'avais une certaine vision de ce que je devais être : fine, mince, légère comme un papillon. Pour moi, ces quelques mots étaient synonymes d'échec. Au début, ma boulimie a démarré comme un jeu : la première fois, une copine me tenait la porte des toilettes pendant que je vomissais. Puis, nous avons continué. En cachette. Chacune de notre côté.

Petit à petit, ce secret a fini par prendre toute la place dans ma vie. Pendant sept ans, je n'en ai parlé à personne. J'ai dissimulé, menti, oublié les autres. Je me suis coupée de tout. Le trouble était devenu mon confident : il bouffe ton énergie, ta santé, tes pensées. Comme une drogue. C'est épuisant. Manger, se faire vomir, ne plus manger : ce sont des façons de s'exprimer, de dire sa colère, sa tristesse. J'avais une sensation de contrôle mais, en réalité, c'était le trouble alimentaire qui gouvernait.

À 17 ans, quand je suis devenue mannequin, je ne gérais déjà plus rien, mais je ne m'en rendais pas compte. La mode était le pire des endroits où me retrouver. À chaque seconde de ma vie, j'étais jugée sur mon physique, regardée à la loupe. J'avais tellement envie d'être aimée qu'au bout du compte j'ai fini par perdre toute estime de moi-même. On me disait que le blanc ne m'allait pas, puis ensuite le rouge, puis le noir. Ma boulimie n'a fait qu'empirer. Pour se purger, certaines font de l'exercice, vomissent ou prennent des laxatifs. J'avais choisi les deux dernières méthodes. À la fin, je me faisais vomir six ou sept fois par jour. J'avais les cheveux et les ongles cassés, des cercles noirs autour des yeux. Toujours froid. [...] À force de me faire vomir, j'ai eu des caries. À cause de l'acidité. Aujourd'hui, j'ai deux implants, onze dents dévitalisées et sept couronnes. *Je tombais tout le temps dans les pommes*[1]. Même pendant les shootings, mais on ne me

---

1 familier : je m'évanouissais, je perdais connaissance

disait rien. Dans toutes les industries où nous sommes jugés sur notre apparence, c'est un tabou énorme. Tout comme dans le reste de la société. Mes parents auraient pu m'aider, mais ils étaient loin. En France, à des milliers de kilomètres des États-Unis, où je travaillais. [...] Ma carrière a commencé très vite, très fort : vue de l'extérieur, j'étais la fille super jolie qui gagnait bien sa vie, le mannequin du moment... À l'intérieur, c'était la guerre. L'autodestruction quotidienne. À la fin, je pensais au suicide tout le temps. Quand j'étais dans un avion, je me disais : « J'aimerais qu'il tombe ». Et puis vient un moment où tu ne peux plus le cacher. Chez les anorexiques, le corps se mange lui-même : privé de calories, il s'économise. Les organes s'amenuisent et s'arrêtent. Ce n'est vraiment pas une mort glamour. Après chaque vomissement, j'avais des baisses de tension, des palpitations. Je me disais que quelque chose n'allait pas, mais je ne m'avouais pas que j'étais boulimique. Jusqu'à ce shooting où j'avais pris tellement de laxatifs que je me suis allongée sur le sol des toilettes, en pensant que je n'allais pas me relever. Mon cœur battait très vite, j'avais des crampes terribles et l'impression de me vider de l'intérieur. Quelques semaines plus tard, j'étais si déprimée que je ne pouvais plus sortir de chez moi. Là, j'ai enfin décidé d'en parler. Un jour de 1994, j'ai écrit une lettre à mon copain de l'époque pour tout lui dire : je ne pouvais plus vivre avec cette douleur. J'avais peur d'être rejetée. Mais au lieu de ça, il m'a prise dans ses bras et m'a tout simplement dit : « Ça va aller. » Ce fut le début de mon rétablissement.

Ça prend du temps, c'est difficile, on y retombe, mais je m'en suis sortie.

Pour y arriver, il faut apprendre à ne pas être trop dur avec soi-même, ne pas hésiter à se faire aider par un psy[2], à se rendre dans un centre spécialisé. Accepter de ne plus se cacher. Il faut arrêter cette course à la perfection. Trop de personnes se disent : « Si j'étais belle, si j'avais de l'argent, tout irait bien. » Ce n'est pas vrai, la preuve. J'avais tout pour moi et, pourtant, j'étais très mal. Comme toutes les images sont retouchées mais qu'on ne le dit pas, les gens pensent : « Je pourrais très bien être comme ça », alors que le mannequin lui-même n'est pas comme ça. On a des idéaux de beauté malsains, irréalistes. Le monde de la mode est censé rester un rêve, une inspiration, pas une réalité à imiter. Quand j'y pense aujourd'hui, je me rends compte combien toute cette partie de ma vie n'a été que gâchis. Je ne faisais confiance à personne, même pas à moi-même.

Née en 1973 à Nice, Magali Amadei vit et travaille actuellement aux États-Unis.
Ancienne top model devenue actrice, elle a vécu avec la boulimie pendant sept longues années.

Propos recueillis par Flore Olive, *Paris Match* n° 3009 du 18 janvier 2007.

Avons-nous bien saisi le sens du texte?

I. Choisissez la bonne réponse

1. Ce qui a déclenché la boulimie, c'est que
   a) Magali voulait être danseuse
   b) quelqu'un lui a dit qu'elle avait pris du poids
   c) son frère a eu un accident de moto

2. Elle n'a parlé à personne de sa boulimie pendant
   a) trois ans
   b) quatorze ans
   c) sept ans

---

2   psychologue ou psychiatre

3. Pour maigrir
   a) elle faisait de l'exercice
   b) elle se faisait vomir
   c) elle prenait des drogues

4. Elle a eu des caries parce que
   a) elle ne mangeait pas suffisamment
   b) elle prenait des laxatifs
   c) elle se faisait constamment vomir

5. On ne lui disait rien pendant les shootings parce que
   a) on ne remarquait pas qu'elle était anorexique
   b) l'anorexie est un sujet tabou
   c) elle réussissait à cacher son état

6. Lorsqu'elle a décidé de parler de son état, elle a
   a) téléphoné à ses parents
   b) écrit une lettre à une amie
   c) écrit une lettre à son copain

II. Remplacez l'expression en italique par une expression équivalente tirée du texte. Faites les changements voulus.

1. On m'a dit que *j'avais grossi*.
2. Ma boulimie *a commencé* quand j'avais 14 ans.
3. *J'ai caché* la vérité.
4. Cette maladie *dévore* toute mon énergie.
5. Quand je suis devenue mannequin, je ne *contrôlais* plus ma vie.
6. Ma boulimie *est devenue plus grave*.
7. J'avais souvent *des battements de cœur*.
8. *Sa guérison* a pris du temps.
9. Les photos des mannequins *ne sont pas authentiques*.
10. Notre image de la beauté idéale *n'est pas réaliste*.

III. Trouvez, dans le texte, le contraire des expressions en italique.

1. On m'a dit que j'avais *maigri*.
2. Ma boulimie *s'est terminée* d'un coup.
3. Elle a toujours *dit la vérité*.
4. Ce que vous faites est *reposant*.
5. Voici le *meilleur* psy de la ville.
6. Avez-vous remarqué la *hausse* des prix?
7. Il faut *remplir* les verres.
8. Je ne sais pas si cet endroit est *sain*.

**IV. Complétez le passage suivant en vos propres mots ou en vous servant d'expre
tirées du texte. Respectez le sens du texte.**

Magali Amadei était _____ et rêvait d'être légère comme _____. Un jour, quelqu
dit qu'elle _____. Pour elle, ces mots ont été une catastrophe. Elle a commencé à _____ ...ir.
Et elle a continué _____.

À 17 ans, elle est devenue _____, profession où on est constamment jugé sur _____.
Pour rester mince, elle_____ des laxatifs et sa boulimie ne faisait que _____. Elle avait
les _____ cassés et des _____ autour des yeux. Elle avait toujours _____. À cause
de l'acidité causée par les vomissements, elle a eu des _____. Souvent, elle tombait _____.
Toutefois, elle ne parlait de son état à personne parce qu'elle avait peur d'être _____. Un jour elle
s'est sentie si malade et si déprimée qu'elle a écrit à son _____. Avec son aide et celle d'un psy,
elle _____.

Rappelons-nous

Le verbe *cacher*

cacher	dissimuler
se cacher	ne pas se montrer
se cacher de quelqu'un	ne pas lui dire ce qu'on pense ou ce qu'on fait
se cacher de quelque chose	ne pas reconnaître la chose
en cachette	secrètement
le cache-cache	jeu d'enfants
le cache-nez	une grosse écharpe

V. Complétez les phrases suivantes en vous servant d'une des expressions ci-dessus.

1. Ces fillettes jouent à _____.
2. Cette jeune fille anorexique se fait vomir _____.
3. Quand je vais le voir, il ne m'ouvre pas la porte. Il _____.
4. Il fait froid. Mettez votre _____.
5. Ne _____ de moi. Dites-moi la vérité.
6. Reconnaissez que vous n'aimez pas le travail. D'habitude, vous ne _____ pas de votre paresse.

Enrichissons notre vocabulaire

VI. Répondez aux questions suivantes.

1. *moto* est une abréviation de *motocyclette*.
   a) Trouvez un autre exemple d'abréviation dans le passage.
   b) Donnez deux autres exemples d'abréviation.

2. Trouvez, dans le texte, deux mots de la même famille que
   a) vie; b) sain; c) cache.

3. Faites deux phrases qui illustreront la différence entre **la** mode et **le** mode.

Quelques expressions à retenir

le poids

peser	avoir un certain poids, mesurer le poids
se peser	mesurer son propre poids
mince	svelte
maigre	trop svelte
fort(e)	euphémisme pour gros, grosse
prendre du poids	devenir plus gros(se)
perdre du poids	devenir plus mince (maigre)
maigrir	devenir plus mince (maigre)
grossir	devenir plus gros
s'évanouir	perdre connaissance
tomber dans les pommes (familier)	s'évanouir
suivre un régime	ne pas manger certains aliments

VII. Complétez les phrases en vous servant des expressions ci-dessus.

1. Elle est vraiment maigre. En fait, elle était déjà assez _____ avant de _____.
2. Elle mange si peu que, parfois, elle _____.
3. Elle est corpulente. Elle est obligée d'acheter ses vêtements dans les magasins pour femmes _____.
4. Il veut absolument _____. Il _____ sévère.
5. Je _____ tous les matins. J'ai peur de _____.
6. Le boucher a mal _____ la viande. Je l'ai payée trop cher.

Maîtrisons la grammaire

La négation

Les adverbes négatifs

Forme

adverbe	forme affirmative	forme négative
ne ... pas	Je m'en rendais compte.	Je **ne** m'en rendais **pas** compte.
ne ... plus	Je pouvais vivre.	Je **ne** pouvais **plus** vivre.
ne ... jamais	J'avais des crampes.	Je **n'**avais **jamais** de crampes.
ne ... guère	On a parlé de l'accident.	On **n'a guère** parlé de l'accident.
ne ... pas encore	Elle a écrit à son ami.	Elle **n'a pas encore** écrit à son ami.

1. Pour former la négation, il faut généralement deux éléments : **ne + un adverbe négatif** (**pas, guère, jamais, plus**).

> Le blanc **ne** m'allait **pas**.
> Je **ne** gérais **plus** ma vie.
> Elle **ne** mangeait **guère**.

2. Aux temps simples, **ne** (**n'** devant une voyelle ou **h** muet) précède toujours le verbe. L'adverbe négatif (**pas, jamais, plus, pas encore**, etc.) suit le verbe.

> Ce **n'**est **pas** une mort glamour.
> Je **ne** pouvais **plus** sortir de chez moi.
> Elle **ne** mangeait **jamais** à sa faim.

3. Aux temps composés, **ne** précède toujours l'auxiliaire et l'adverbe négatif le suit.

> On **n'**aurait **pas** pu l'aider.
> Elle **n'**a **jamais** parlé à ses parents.
> Ils **n'**ont **pas encore** remarqué son état.

Remarque 1

Les verbes **pouvoir, cesser, oser** peuvent s'employer au négatif sans le **pas**.

> Elle **ne pouvait** perdre de poids.

4. À l'interrogatif, avec l'inversion du verbe et du pronom sujet, **ne** précède le verbe ou l'auxiliaire et l'adverbe suit le pronom sujet.

> **Ne** va-t-elle **jamais** parler à ses amis?
> **N'**ont-ils **pas** vu qu'elle était boulimique?

5. Les pronoms objets directs ou indirects sont placés entre **ne** et le verbe ou l'auxiliaire.

> Je **ne m'**avouais **pas** que j'étais boulimique.
> Je **ne m'en** suis **pas** sortie facilement.

6. Avec un infinitif présent, on ne sépare généralement pas les deux éléments de la négation (**ne pas, ne plus, ne guère**, etc.) et on les place devant le verbe.

> Il faut apprendre à **ne pas** être trop dur avec soi-même.
> Il faut accepter de **ne plus** se cacher.
> **Ne pas** fumer!

7. Dans une proposition négative, les articles partitifs (**du, de la, de l'**) et l'article indéfini (**un, une, des**) deviennent **de** (**d'** devant une voyelle ou un **h** muet).

> Elle **n'**avait **pas d'**amis.
> Elle **n'**a **plus d'**énergie.

8. Jamais ... ne

    a) Jamais est souvent mis en relief en début de phrase.

        Jamais elle **ne** m'a parlé de son anorexie.

    b) Jamais, sans le **ne**, équivaut à l'anglais *ever*.

        Si jamais vous en avez le temps, passez me voir.

9. La réponse affirmative à une question au négatif est **si** (et non **oui**).

      S'est-elle rétablie? – **Oui**, elle s'est rétablie.
      Ne s'est-elle **pas** rétablie? – **Si**, elle s'est rétablie.

Remarque 2

L'expression **ne ... que** n'est pas un adverbe négatif. C'est une expression qui a le sens de **uniquement, seulement**. Ni l'article partitif ni l'article indéfini ne changent après **ne que**.

    Elle **n'a que des** ennuis.
    Il **ne** boit **que du** café noir.

Exerçons-nous

VIII. Mettez au négatif en employant *ne ... pas*. Faites les changements qui s'imposent.

  1. On en a parlé dans la famille.
  2. J'avais pris du poids.
  3. Elle se rendait compte de la situation.
  4. Mes parents auraient pu m'aider.
  5. Leur carrière a commencé très vite.
  6. Avais-je peur d'être rejetée?
  7. Se cacher!
  8. C'est vrai.
  9. Elle s'en est sortie.
 10. Nous avons écrit des lettres.
 11. Le lui a-t-on dit?
 12. J'avais vraiment peur de m'évanouir.

IX. Mettez au négatif. Évitez d'utiliser *ne ... pas*.

  1. Elle était déjà danseuse à cette époque.
  2. Elle voyait beaucoup ses parents.
  3. Elle tombait tout le temps dans les pommes.
  4. Elle travaillait encore dans la mode quand je l'ai rencontrée.
  5. Toujours, vous me mentez.
  6. Lui avez-vous déjà parlé? – Oui.

7. On a beaucoup parlé de l'accident dans la famille.

8. Vous reste-t-il encore de la dignité?

X. Mettez à l'affirmatif.

1. Au début, ma boulimie n'était pas encore grave.
2. Je n'en ai guère parlé à mes amis.
3. Elle ne voulait plus manger.
4. Elle n'a pas encore écrit à son copain.
5. Tu n'as jamais voulu être mannequin.
6. Ne va-t-il plus au cinéma?
7. Il faut ne pas se cacher.
8. Il faut ne plus se cacher.

Écrivons

XI. Magali est devenue mannequin, et cette profession dont rêvent beaucoup de jeunes filles ne lui a apporté que du malheur. Quel est le métier que vous aimeriez éviter à tout prix et pourquoi?

Lisons II : Un monsieur élégant

Je me présente : Narcisse Lebeau, 28 ans. J'habite un appartement très moderne au centre-ville et suis courtier en Bourse. Je puis dire, sans me vanter, que jamais ni les clients ni les patrons ne se plaignent de moi. Tous sont heureux du rendement des investissements dont je m'occupe. Pourquoi n'en serait-on pas satisfait? Je réussis à faire fructifier l'argent qui m'est confié, y compris le mien. Je ne manque pas d'audace ni d'astuce, mais je ne suis jamais coupable de témérité.

En ce qui concerne ma vie sociale, je ne puis pas non plus me plaindre. Sans doute y a-t-il des collègues qui sont jaloux de moi, mais en général, je crois que je n'ai pas vraiment d'ennemis dans le travail, ni de rivaux dans ma vie amoureuse. Je m'entends bien avec tout le monde. J'ai quelques bons amis avec qui j'aime aller prendre un verre de temps à autre, et j'ose croire que je plais aux femmes. Aucune ne refuse jamais mon invitation à dîner. Il est vrai que je ne lésine pas sur la dépense et que, quand j'invite, je fais bien les choses : des fleurs, un restaurant dans le vent où je suis connu, un vin fin. Je ne refuse rien à une jolie femme.

Je devrais donc être heureux. Et je le suis, je le suis … jusqu'à un certain point. On me répète sans cesse que je suis intelligent – et c'est vrai – que je fais un excellent travail – et c'est vrai aussi – que j'ai de l'esprit – ce qui est également vrai, mais personne ne me complimente jamais sur mon élégance. Je fais faire mes complets sur mesure chez le meilleur tailleur de la ville (ils me coûtent une petite fortune); mes chemises, en fin coton égyptien, sont également faites sur mesure et mes cravates, choisies avec soin. Quand je m'habille le matin, je ne néglige aucun détail : la pochette de soie est toujours assortie à la cravate; mais ni mes complets, ni mes cravates, ni mes jolies pochettes ne m'attirent de louanges. Ni ma peau impeccable non plus d'ailleurs. Le soir, je ne me mets jamais au lit sans m'être appliqué sur le visage une légère couche de crème hydratante de bonne qualité. Bien sûr, je me sers d'un baume après rasage et me vaporise d'Hermès avant de mettre le pied dehors. Un dernier regard à la glace me renvoie l'image d'une personne chic. Alors, pourquoi ne me dit-on pas que je suis beau?

Si vous le voulez, je vous enverrai ma photo et vous me direz ce que vous pensez de moi.

Avons-nous bien saisi le sens du texte?

I. Choisissez la bonne réponse.

1. Narcisse Lebeau s'occupe
   a) d'un appartement
   b) d'investissements
   c) de patrons

2. Lebeau n'est pas
   a) audacieux
   b) téméraire
   c) astucieux

3. Quand il invite une femme à dîner, il choisit un restaurant
   a) chic
   b) peu coûteux
   c) à la mode

4. 4) On répète sans cesse à Lebeau qu'il est
   a) intelligent
   b) élégant
   c) séduisant

5. Les vêtements de Lebeau sont faits sur mesure sauf
   a) ses complets
   b) ses cravates
   c) ses chemises

6. Lebeau voudrait qu'on lui dise qu'il est
   a) compétent
   b) intelligent
   c) beau

II. Complétez le passage qui suit en vous servant d'une expression tirée du texte. Faites les changements qui s'imposent.

Narcisse Lebeau est _____. Il est astucieux et ni patrons ni clients _____ de lui. Il réussit à faire _____ l'argent de ses clients; aussi, tout le monde est-il _____.

En ce qui concerne sa vie sociale, il ne _____ non plus. Parfois, il va _____ avec quelques bons amis et il croit qu'il _____ aux femmes. Quand il invite une femme à dîner, il ne _____ pas sur la dépense.

Hélas! Narcisse n'est pas vraiment heureux. Jamais on ne le _____ sur son élégance. Pourtant, il dépense _____ pour ses _____ et ses _____. Il prend soin de _____ qui est, dit-il, _____. Le soir, il s'applique sur le visage une couche de crème _____ et, le jour, un _____. Pourquoi ne lui dit-on pas qu'il est _____?

III. Répondez aux questions suivantes.

1. Pourquoi les clients de Lebeau sont-ils satisfaits?
2. Qu'est-ce qui prouve que Lebeau ne manque pas d'argent? – Donnez-en au moins deux preuves.
3. Pourquoi Narcisse croit-il qu'il plaît aux femmes?
4. Comment choisit-il les restaurants où il amène ses invitées?
5. Quelles qualités loue-t-on chez Narcisse?
6. Où fait-il faire ses complets?
7. Comment Narcisse soigne-t-il sa peau le soir?
8. Qu'est-ce qu'il fait avant de sortir?

Enrichissons notre vocabulaire

IV. Trouvez, dans le texte, des expressions équivalentes aux expressions suivantes.

a) en toute modestie, b) content, c) gain, d) j'ai beaucoup, e) j'ai de bons rapports, f) les femmes m'aiment bien, g) je suis amusant, h) très cher, i) fait des compliments, j) sortir

V. La terminaison –ette (pochette) est un diminutif féminin. Le diminutif masculin est –et. Comment appelle-t-on :

a) une petite maison, b) une petite chanson, c) un jeune frère ou fils, d) un petit col, e) un petit garçon? Trouvez au moins trois autres diminutifs se terminant par –et ou –ette.

Rappelons-nous

Le verbe *plaire*

plaire	
plaire à	être apprécié par (souvent dans les rapports amoureux)
se plaire	se trouver mutuellement agréables
se plaire (à)	s'amuser, trouver du plaisir (à)
s'il vous plaît	formule de politesse
déplaire	ne pas plaire, causer du dégoût
se déplaire	ne pas se plaire, ne pas se trouver bien
plu, déplu	participe passé

VI. Complétez les phrases en vous servant d'une des expressions ci-dessus. Faites les changements qui s'imposent.

1. Est-ce que Narcisse _____ aux femmes?
2. Passez-moi le sel, _____.
3. Est-ce que vous _____ au centre-ville?

4. Je n'aime pas les hommes vaniteux. Narcisse Lebeau me _____ souverainement.

5. Vous êtes allée au restaurant hier. Est-ce que le repas vous _____?

6. Ils vont se marier. Ils se sont rencontrés le mois dernier et ils _____ immédiatement.

Quelques expressions à retenir

La bourse

la Bourse	*Stock Exchange*
la bourse	sac où on met de l'argent
une bourse d'études	don d'argent qui permet d'étudier
un boursier, une boursière	quelqu'un qui a une bourse d'études ou qui travaille à la Bourse
un courtier	agent qui s'occupe de faire des transactions
un investissement	placement d'argent
le rendement	gain
le portefeuille	ensemble des valeurs détenues par une personne; sac où on range les billets de banque, etc.
l'intérêt (m)	
le taux de l'intérêt	pourcentage de l'intérêt
prêter	donner pour un temps déterminé
un prêt	ce qu'on donne pour un temps déterminé
emprunter	obtenir comme prêt
un emprunt	ce qu'on obtient comme prêt
une action	une part du capital d'une société (*share*)

VII. Complétez les phrases en vous servant d'une des expressions ci-dessus.

1. Je viens d'acheter une maison. J'ai besoin d'argent. La banque va m'en _____.

2. Le voleur a crié à la vieille dame : « _____ ou la vie! »

3. Mes _____ ont perdu beaucoup de valeur. Le _____ est maintenant très bas.

4. Ma sœur a de très bons résultats scolaires. Elle est _____.

5. Il est courtier. Il travaille à _____.

6. J'ai acheté des _____ dans cette société, mais le _____ n'est pas très satisfaisant.

7. Je dois voir mon courtier. Je veux améliorer mon _____.

8. À la fin du mois, Louis veut toujours me _____ 20 dollars.

Maîtrisons la grammaire

Ni, conjonction négative

conjonction	employée avec	forme affirmative	forme négative
ni … ni … ne	des sujets	Mes cravates et mes pochettes m'attirent des louanges.	**Ni** mes cravates **ni** mes pochettes **ne** m'attirent **de** louanges.
ne … ni … ni …	des objets directs	J'ai des ennemis et des rivaux.	Je n'ai **ni** ennemis **ni** rivaux.
ne … pas … ni	des objets directs	J'ai (et) des ennemis et des rivaux.	Je n'ai **pas** d'ennemis **ni** de rivaux.
conjonction	employée avec	forme affirmative	forme négative
ne … ni … ni	des objets indirects	Je manque d'audace et d'astuce.	Je **ne** manque **ni** d'audace **ni** d'astuce.
ne … pas … ni	des objets indirects	Je manque d'audace et d'astuce.	Je **ne** manque **pas** d'audace **ni** d'astuce.

1. L'article partitif (**du, de la, de l'**) et l'article indéfini (**un, une, des**) disparaissent après **ni … ni**, mais deviennent **de (d')** selon la règle avec **ne … pas … ni**.

> Il n'a **ni** argent **ni** charme.
> Il n'a **pas** d'argent **ni de** charme.

2. La conjonction **ni … ni** peut également précéder des adjectifs ou des adverbes.

> Il n'est **ni** beau **ni** élégant.
> Il **ne** travaille **ni** assidûment **ni** intelligemment.

Exerçons-nous

VIII. Mettez les phrases au négatif en utilisant la conjonction *ni*.

1. Il a des amis et des amies.
2. Les clients et les patrons se plaignent de lui.
3. Ses complets, ses cravates, ses pochettes de soie lui attirent des louanges.
4. Elle se plaint et de sa vie sociale et de sa vie professionnelle.
5. Il plaît à ses clients et à ses collègues.
6. Nous avons bu et mangé chez Pierre.
7. Il sait lire et écrire.
8. Elle est belle et élégante.
9. Il manque d'énergie, d'audace et d'astuce.
10. Dans ce passage, on trouve des conjonctions et des prépositions.

IX. Mettez les phrases suivantes au négatif en utilisant les expressions données entre parenthèses.

1. Il se vante. (ne ... jamais, ne ... guère, ne ... plus)
2. Il a de bons amis au bureau et à son club de tennis. (ni ... ni)
3. Ses clients sont satisfaits du rendement de leurs investissements. (ne ... plus, ne ... jamais, ne ... pas encore)
4. Il achète des cravates de soie et des chemises en fin coton. (ni ... ni, ne ... pas ... ni, ne ... jamais ... ni)
5. Il s'applique sur le visage une couche de crème hydratante. (ne ... pas, ne ... plus)
6. Il réussit à satisfaire et ses clients et ses patrons. (ne ... pas ... ni, ne ... ni ... ni)

Écrivons

X. Vous venez d'obtenir un nouveau poste que vous tenez à conserver. *Que vous faut-il éviter de faire?*

Formulez cinq règles (au négatif) que vous devez observer.

Sourions un peu

Ce monsieur a beaucoup trop bu. Il a du mal à se glisser dans sa voiture et il se met à hurler :

— Au secours! Les salauds ont tout emporté : le volant, le tableau de bord, le pare-brise, les pédales! Mais comment est-ce que je vais faire pour rentrer? Il faut que j'appelle la police...

Puis, tout à coup, il a un éclair de lucidité;

— Imbécile que je suis! Je me suis assis sur le siège arrière...

Écoute

Écoutez le passage qui est lu deux fois. Ensuite, répondez aux questions.

Phonétique : **La liaison (suite)**

Section VII : Précisons

CHAPITRE 17 : L'Éducation

Textes à l'étude
- Lisons I : La Fessée
- Lisons II : Dire merci, ça ne tue personne

Vocabulaire et structures
- *cour / cours / court*
- la voiture
- expressions avec *place*
- expressions avec *grâce*

Aspects grammaticaux
- Les pronoms relatifs *qui, que, dont, où*
- Les pronoms relatifs *lequel, auquel, duquel*

Lisons I : La Fessée, geste éducatif ou défoulement parental?

Il y a moins d'un siècle au Québec, battre un enfant avec une branche ou une ceinture n'avait rien d'un crime.[...]

Si le comportement des parents québécois envers leurs enfants a évolué à grande vitesse depuis les années 1960, un certain type de châtiment corporel jouit toujours d'une certaine popularité. Selon une étude de l'Institut de la statistique au Québec, 42,9 % des enfants avaient déjà reçu une fessée en 2000. Un chiffre qui montre une légère baisse de cette pratique, puisque c'était 48 % en 1999.

Marie-Hélène Gagné, professeure à l'École de psychologie, s'intéresse aux motivations des adultes ayant recours à ce type de châtiment. Dans un article publié avec des collègues dans le *Journal of Interpersonal Violence* l'automne dernier[1], la chercheuse révèle que près de deux Québécois sur trois considèrent la fessée parfois nécessaire. Pour cette enquête menée en 2002, l'équipe a interrogé 1 000 adultes. Quels parents auraient la main plus leste? D'abord ceux qui ont eux-mêmes reçu ce genre de correction dans leur enfance, mais sans violence excessive. Ces personnes auraient tendance à reproduire le mode d'éducation qu'on leur a appliqué sans s'interroger sur les autres outils à leur dispositon. Par contre, les victimes d'abus dans leur enfance, blessures et humiliation incluses, se prononcent davantage contre la fessée. [...]

Dérapage possible

Pédiatre et expert devant les tribunaux depuis près de 30 ans, Jean Labbé connaît sur le bout de ses doigts les risques de dérapage lorsque la main de l'adulte s'abat sur l'enfant. Dans son cabinet, il reçoit des enfants qu'on croit victimes de mauvais traitements. « Aujourd'hui, la vigilance envers la maltraitance[2] est plus grande qu'avant », observe le professeur de la Faculté de médecine. Il se souvient du cas récent d'une petite fille qui, après une journée d'absence à la garderie, y est retournée vêtue d'un chandail à manches longues en plein été. « Rapidement, le personnel a remarqué certains signes sur ses bras et on m'a référé l'enfant, note-t-il. Il s'agissait de marques caractéristiques qui n'auraient pas pu être causées par une chute. »

Au fil des ans, Jean Labbé a appris à reconnaître les lignes fines que laisse pendant plusieurs jours une claque violente sur un bras, une jambe ou la tête de l'enfant, ou même sur les doigts de l'agresseur. Son diagnostic est-il infaillible? « En revenant sur les expertises que j'ai effectuées ces dernières années pour la Direction de la protection de la jeunesse, j'ai compté 10 % de faux-positifs[3], avoue l'expert médical. Il s'agit de cas où les blessures de l'enfant avaient une cause accidentelle ou médicale. » Jean Labbé considère comme un moindre mal *que certains parents soient soupçonnés*[4] à tort de mauvais traitement. « Je comprends les ennuis que cela peut leur causer, mais c'est le prix à payer pour détecter les abus et y mettre fin », lance ce fervent adversaire de la fessée.

Taper, secouer, crier

Professeur à l'École de psychologie, Michel Boivin n'apprécie pas non plus la fessée, qu'il classe dans la catégorie des conduites coercitives hostiles, tout comme crier après son enfant ou le secouer. Le chercheur a suivi pendant plusieurs années près de 1 500 familles dont l'enfant n'était au départ âgé que de cinq mois. Il a constaté que ce type de pratique connaît un pic lorsque l'enfant a entre 17 et 30 mois. « Cela correspond approximativement au *terrible twos*, note le titulaire de la Chaire de recherche sur le développement social de

---

1   c'est-à-dire en 2007
2   néologisme pour mauvais traitements
3   erreurs
4   qu'on soupçonne certains parents

l'enfant. Vers deux ans, c'est l'âge où l'enfant développe sa capacité d'opposition. » Même si les études ne fixent pas une fréquence à partir de laquelle les fessées ont un impact sur le développement de l'enfant, M. Boivin *fait valoir*[5] que ces conduites parentales peuvent produire des comportements anti-sociaux ou de la violence.

La cause est entendue : corriger un enfant n'apporte pas grand-chose à son éducation. D'autant plus que, la plupart du temps, la main qui frappe traduit avant tout la colère du parent, exaspéré de ne pas se faire obéir. Michel Boivin a constaté que ces débordements se produisent souvent dans les familles où la discipline manque de constance. Les parents ne donnent pas assez de règles claires. [...]

Les psychologues *ont beau rejeter*[6] la fessée, ils reconnaissent volontiers qu'éduquer un enfant requiert souvent des nerfs d'acier.

Pascale Guéricolas, *Contact*, printemps 2008, p. 10-13.

Avons-nous bien saisi le sens du texte?

I. Choisissez la bonne réponse.

1. Il n'était pas illégal de battre un enfant avec une ceinture au Québec il y a
   a) moins de 20 ans
   b) moins de 50 ans
   c) moins de 100 ans

2. Depuis 1960, la fessée est devenue
   a) plus populaire
   b) ni plus ni moins populaire
   c) moins populaire

3. Généralement, les adultes qui ont recours à la fessée
   a) n'en ont jamais eu eux-mêmes
   b) ont reçu ce châtiment dans leur enfance
   c) ont été victimes d'abus dans leur enfance

4. La petite fille dont il est question ici portait un chandail en été
   a) pour cacher ses blessures
   b) parce que ses parents étaient pauvres
   c) pour cacher ses bras maigres

5. Le diagnostic de Jean Labbé est
   a) toujours juste
   b) fautif dans 10 % des cas
   c) souvent fautif

6. Les parents ont davantage recours à la fessée
   a) quand l'enfant a cinq mois
   b) quand l'enfant a trois ans
   c) quand l'enfant a environ deux ans

---

5 insiste sur le fait
6 rejettent en vain

II. Complétez les phrases en vous servant d'une expression tirée du texte. Faites les changements qui s'imposent.

1. Parfois, la fessée représente un _____ pour les parents.
2. _____ des parents québécois envers leurs enfants a changé ces derniers temps.
3. La professeure étudie les _____ des parents qui battent leurs enfants.
4. Les adultes _____ à ce genre de châtiment sont assez nombreux.
5. Les parents qui ont été battus pendant leur enfance ont tendance à avoir la main _____.
6. Ils ne se demandent pas s'il n'y aurait pas d'autres _____ pour éduquer leurs enfants.
7. Jean Labbé connaît sa profession _____.
8. Il y a des risques de _____ quand un adulte bat un enfant.
9. Une _____ violente laisse des marques sur les membres de l'enfant.
10. La fessée connaît _____ quand l'enfant a environ deux ans.

III. Répondez aux questions suivantes.

1. De quel pourcentage la pratique de la fessée a-t-elle baissé entre 1999 et 2005?
2. Quel pourcentage de Québécois continuent à considérer la fessée comme un type de châtiment nécessaire?
3. « Quels parents auraient la main plus leste? – Ces personnes auraient tendance… » Quel mode est utilisé dans ces deux phrases? Pourquoi?
4. Quelle est la profession de Jean Labbé?
5. Qu'est-ce qui explique la journée d'absence de la petite fille?
6. Quels « signes » le personnel a-t-il remarqués sur les bras de la petite fille?
7. Que signifient généralement des lignes fines sur les membres d'un enfant?
8. Selon Michel Boivin, quel peut être le résultat des châtiments corporels sur le comportement des enfants?

Rappelons-nous

cour / cours / court

la cour	le tribunal
en cour	au tribunal
la cour	*the courtyard*
dans la cour	*in the courtyard*
le cours	la classe
en cours	en classe
en cours	actuel
au cours de	pendant
court(e)	le contraire de long

IV. Complétez les phrases en vous servant d'une des expressions ci-dessus.

1. L'avocat ne peut vous parler maintenant : il est _____.
2. Je veux parler à la professeure quand elle aura fini son _____.
3. _____ de sa carrière, ce médecin a vu plusieurs enfants maltraités.
4. Après avoir fait leurs devoirs, les enfants jouent _____.
5. La leçon m'a semblé plus _____ que d'habitude aujourd'hui.
6. Le mois _____ n'a pas été très heureux jusqu'à présent.

Enrichissons notre vocabulaire

V. Trouvez, dans le texte, le contraire des expressions en italique. Faites les changements qui s'imposent.

1. Cette mode *n'a pas changé*.
2. Ce genre de châtiment *n'est plus populaire*.
3. Certains enfants *n'avaient pas encore reçu* de fessées.
4. Elles *évitent* ce genre de châtiment.
5. Pour elles, la fessée est *inutile*.
6. Ils se prononcent *moins* pour la fessée.
7. Il *ne* connaît *guère* les risques.
8. *Tout de suite*, nous avons compris les dangers.
9. Il considère ces erreurs comme *très graves*.
10. Le médecin est un *partisan enthousiaste* de la fessée.

Quelques expressions à retenir (surtout si vous conduisez une voiture)

démarrer	partir
rouler	conduire la voiture
accélérer	aller plus vite
ralentir	aller plus lentement
un frein	permet de ralentir
freiner	ralentir à l'aide des freins
reculer	contraire d'avancer
s'arrêter	cesser d'avancer
déraper	glisser (sur de la glace, par exemple)
le volant	sert à conduire
le pare-brise	vitre au-devant de la voiture
la carrosserie	l'extérieur de la voiture
la portière	la porte (d'une voiture)
la roue	il y en a quatre
brûler un feu	ne pas s'arrêter au feu rouge
faire de la vitesse	aller (trop) vite

La voiture / l'auto

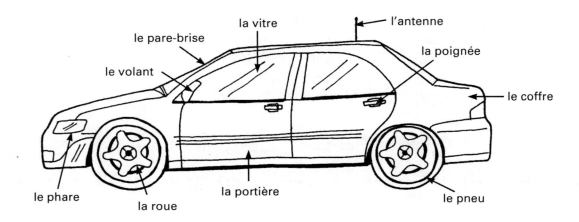

le pare-brise · la vitre · l'antenne · la poignée · le volant · le coffre · le phare · la roue · la portière · le pneu

VI. Complétez le passage en vous servant des expressions ci-dessus.

Pierre vient de s'acheter une voiture sport. Il est enchanté de son nouveau jouet. Il a un plaisir fou au _____ et ne se lasse pas de contempler les quatre _____ et la _____ rouge qui brillent au soleil. Les deux _____ s'ouvrent et se ferment avec une rare souplesse. Enfin, le jeune homme est en adoration devant sa nouvelle acquisition.

Malheureusement, il aime un peu trop _____ et oublie qu'une auto peut être un outil dangereux. Il _____ sans regarder derrière lui et s'il est toujours prêt à _____, il est beaucoup moins prêt à _____. Même en pleine ville, Pierre n'est pas prudent. Parfois, il lui est difficile de _____ aux _____. Il est obligé de _____ brutalement et risque ainsi une collision.

Un jour qu'il était particulièrement pressé parce qu'il allait voir son amie, il a _____. Il a tenté de _____, mais trop tard. Sa voiture a _____ et il n'a pu éviter une collision avec une auto qui venait en sens inverse. Heureusement, personne n'a été blessé gravement, mais hélas! le beau jouet de Pierre n'est plus maintenant qu'un beau souvenir.

Maîtrisons la grammaire

Les pronoms relatifs *qui, que, dont, où*

1. Qui

a) Qui **sujet** s'emploie pour les personnes et pour les choses.

Les gens **qui** ont reçu ce genre de châtiment dans leur enfance y ont recours plus tard.
42,9 % est un chiffre **qui** montre une légère baisse.

b) Qui est utilisé pour les personnes **après une préposition**.

Voici la petite fille **avec qui** il va à l'école.
C'est le médecin **à qui** on l'a référée.

2. Que

Que objet direct, **qu'** devant une voyelle, s'emploie pour les personnes et pour les choses.

> Jean Labbé reçoit des enfants **qu'**on croit être victimes de mauvais traitements.
> Ils reproduisent le modèle d'éducation **qu'**on leur a appliqué.

3. Dont

Dont (**de + pronom relatif**) est employé pour les personnes et pour les choses.

> La petite fille **dont** (**de qui**) Jean Labbé parle avait été battue par ses parents.
> Il a suivi 1 500 familles **dont** l'enfant n'était au départ âgé que de cinq mois.

Remarque

Le pronom **dont** suit toujours immédiatement le mot qu'il remplace.

> Voici l'enfant **dont** vous connaissez le père.

mais

> Voici l'enfant avec le père **de qui** vous travaillez.

---

4. Où

Où est utilisé pour le lieu et le temps.

> C'est la rue **où** j'habite.
> Connaissez-vous le club **où** il va?
> Vers deux ans, c'est l'âge **où** l'enfant développe sa capacité d'opposition.

Exerçons-nous

VII. Remplacez le tiret par le pronom relatif qui convient.

1. Il y a moins d'un siècle, les parents _____ battaient leurs enfants n'étaient pas rares.
2. C'est un genre de châtiment _____ jouit d'une certaine popularité.
3. Ils se souviennent encore des fessées _____ ils ont reçues.
4. Le médecin _____ vous me parlez est très connu.
5. C'est la psychologue avec la fille de _____ vous travaillez.
6. Le psychologue à _____ vous avez référé cette personne n'a pas beaucoup d'expérience.
7. L'enfant _____ vous connaissez les parents a des marques sur les bras.
8. Faites-moi savoir l'heure _____ l'enfant quittera la garderie.
9. Les recherches _____ ils font ne donnent guère de résultats.

VIII. Combinez les phrases en remplaçant l'expression en italique par un pronom relatif, précédé d'une préposition s'il y a lieu.

> Modèle : Elle a parlé au pédiatre. J'ai étudié *avec ce pédiatre.*
> Elle a parlé au pédiatre **avec qui** j'ai étudié.

1. Elle a des collègues intéressants. *Ils* ont publié un article dans le « Journal of Interpersonal Violence ».
2. L'enfant a des marques sur les bras. Les parents *de l'enfant* sont absents.
3. Le pédiatre est très connu. Vous voyez *le pédiatre*.
4. Je vais vous montrer le laboratoire. Cette femme fait ses recherches *dans ce laboratoire*.
5. Il a d'excellents outils. *Ces outils* sont très coûteux.
6. Ils donnent des fessées aux enfants. Elles n'ont aucun effet *sur les enfants*.
7. La mère avait honte des blessures. L'enfant avait *des blessures*.
8. Il y a des cas difficiles. On ne trouve pas de solution *à ces cas*.
9. L'enfant avait des blessures. On ne savait pas la cause *des blessures*.
10. Voilà le médecin. J'ai parlé hier *avec ce médecin*.

Écrivons

IX. Vous soupçonnez qu'un(e) petit(e) voisin(e) est victime de mauvais traitements, mais vous n'en êtes pas sûr(e). Que faites-vous? Est-ce que vous essayez d'abord de vous assurer que l'enfant est réellement maltraité ou faites-vous directement appel aux spécialistes? Le pour et le contre de ces deux façons d'agir.

Qu'est-ce que la gratitude?

Il y a deux composantes dans le processus de la gratitude. La première est l'évaluation. La personne qui reçoit se rend compte, *reconnaît*[7] qu'on lui donne quelque chose. Et elle est capable d'évaluer ce qu'elle reçoit, de l'apprécier, parce qu'elle a au moins un point de comparaison lui permettant de voir la différence entre un cadeau, une attention particulière et un simple objet ou un geste quelconque. C'est une démarche fondée sur l'expérience. C'est pour cela que les parents enseignent tôt aux enfants non seulement à dire merci, mais à distinguer ce qui est dû de ce qui est donné, à reconnaître que quelque chose de gratuit leur est offert. Un cadeau.

La deuxième composante est affective. C'est la capacité de ressentir, de se mettre à la place de l'autre et de reconnaître ainsi ce qu'il a fait. C'est l'empathie. Cette qualité n'est pas donnée à tout le monde. Elle peut toutefois se développer avec le temps. C'est le cas des enfants qui mettent des années avant de comprendre, de reconnaître et d'apprécier ce que leurs parents ont fait pour eux.

Incapables de reconnaissance

Les personnes qui sont incapables d'empathie banalisent les cadeaux qu'on leur fait : « Bah! c'est un objet qu'elle avait dans ses tiroirs » ou « C'est facile pour lui, il a de l'argent ». Elles ne peuvent pas imaginer l'élan affectif, la générosité, l'esprit de don à l'origine du cadeau.[...]

D'où vient l'incapacité de certaines personnes de se mettre en état d'empathie? Souvent de l'extrême sensibilité à la frustration qui prend chez elles toute la place. Elles sont sans cesse sur la défensive. Aveuglées par leur souffrance, leurs manques, leurs rancœurs intimes, elles ne reconnaissent que ce qui est mauvais. Elles n'ont aucune prédisposition au bonheur. Elles ne voient pas ce qui leur est favorable. Jamais vous ne les entendrez dire : « Tiens[8], la vie a été bonne pour moi aujourd'hui. »

Pas facile de recevoir!

Il y a des gens qui n'acceptent un cadeau que de mauvaise grâce, en marmonnant à peine un merci. Des gens à qui on ne peut rien donner. Souvent, c'est qu'ils ressentent le cadeau ou le geste gentil des autres comme une dette. Cela devient un poids. Un stress. Ils refusent de recevoir parce qu'ils refusent d'être responsables. Impossible pour eux de se mettre en simple état de recevoir, donc de gratitude, puisqu'il leur est impossible de reconnaître ce que les autres font de bon envers eux.

Ce n'est pas toujours, comme on pourrait le penser, parce qu'eux-mêmes sont incapables de donner. Au contraire, ce sont souvent des individus très généreux. On peut se rendre indispensable et ne jamais accepter d'être un poids pour les autres. C'est plutôt qu'ils souffrent d'une grande insécurité, ils craignent de ne pas en faire suffisamment en retour. [...] Quand on reçoit en pensant qu'il faut rendre dans la même mesure, on calcule tout le temps. Ce peut être très lourd. Alors, on préfère ne pas recevoir du tout.

Quand recevoir est humiliant

Admettre qu'on a besoin des autres ou que les autres peuvent faire quelque chose pour soi représente pour certains une expérience humiliante. Leur image d'eux-mêmes, leur confiance en soi portent sur le fait qu'ils

---

7   en italique dans le texte
8   exclamation indiquant la surprise

n'ont besoin de personne. Ce sont souvent des gens qui n'ont pas pu prendre suffisamment appui sur les autres au cours de leur vie. Un jour, ils réagissent en décidant de ne plus compter que sur eux-mêmes désormais.

Quand on est généreux envers eux, c'est comme si on les plaçait dans l'obligation de reconnaître que quelqu'un peut leur apporter quelque chose. Alors, on imagine bien qu'il leur est très difficile de dire merci, vraiment difficile de reconnaître l'apport des autres. Ce sont des personnes qui vont banaliser ce que vous avez fait pour elles, le critiquer, le nier ou encore s'empressser de vous rendre la pareille et même plus.

La rencontre de deux générosités

Quand on y pense bien, la gratitude, c'est la rencontre de deux générosités. La générosité de celui qui donne et la générosité de celui qui reçoit. En effet, il faut être ouvert à l'autre pour apprécier son geste à sa pleine valeur.[...]

L'apprentissage

Nous qui voulons rendre nos enfants heureux, nous ferions bien de les éduquer à la gratitude. Comment? D'abord en leur apprenant (comme nos parents l'ont fait avec nous) à dire merci. Belle leçon de politesse, mais aussi de reconnaissance, c'est-à-dire de conscience.

Ensuite, en ne leur donnant pas tout. L'enfant qui a toujours vu ses parents laisser de côté leur propre vie pour s'occuper de lui ne voit là rien d'extraordinaire. Il ne peut pas apprécier ce dévouement. Comment, en effet, peut-il prendre conscience de ce qu'il reçoit s'il ne connaît jamais le manque? S'il n'est pas en mesure de voir que ce qu'il a n'est pas gratuit, universel ou naturel comme l'air qu'il respire?

Rose-Marie Charest, *Châtelaine*, octobre 2006, p. 83-85 (extraits).

Avons-nous bien saisi le sens du texte?

I. Vrai ou faux?

1. L'empathie n'est pas innée.
2. L'empathie peut s'acquérir.
3. Les personnes qui n'ont pas d'empathie sont, en général, très heureuses.
4. Il y a des gens qui n'aiment pas recevoir.
5. Les gens qui n'aiment pas recevoir n'aiment pas donner.
6. Les gens qui n'aiment pas recevoir peuvent trouver la générosité des autres humiliante.
7. Les gens qui n'aiment pas recevoir ne veulent pas non plus compter sur eux-mêmes.
8. Reconnaître un don n'est pas une marque de générosité.
9. Il faut apprendre aux enfants à dire merci.
10. Pour leur apprendre la gratitude, il faut donner aux enfants tout ce qu'ils désirent.

II. Remplacez le tiret par une expression tirée du texte. Faites les changements qui s'imposent.

1. Il y a deux composantes dans le processus de la gratitude : _____ et _____ .
2. L'empathie peut _____ avec le temps.
3. Cette personne, incapable d'empathie, _____ les cadeaux qu'elle reçoit.
4. Parfois, dans un _____ de générosité, nous offrons un très beau cadeau.
5. Il se croit toujours menacé; il est toujours _____ .

6. Elle ne voit pas ce que la vie a de bon : elle est _____ par sa souffrance.

7. Il ne parle pas clairement. Je n'ai pas compris ce qu'il a _____.

8. Elle souffre d'un complexe : elle croit qu'un cadeau crée _____.

9. Ce sont des gens qui croient qu'ils peuvent tout faire eux-mêmes. Ils croient qu'ils _____ de personne.

10. Un enfant doit faire _____ de la gratitude.

III. Répondez aux questions suivantes.

1. Qu'est-ce qui nous apprend à faire la distinction entre ce qui est donné et ce qui nous est dû ?

2. Quelle qualité manque aux enfants qui n'apprécient pas ce que leurs parents font pour eux ?

3. Quelles sortes d'arguments certaines personnes utilisent-elles pour déprécier les cadeaux qu'on leur fait ?

4. Comment la psychologue explique-t-elle l'incapacité de certaines personnes à ressentir de l'empathie ?

5. Pourquoi certaines personnes « marmonnent-elles » leur merci ?

6. Pourquoi les individus incapables de dire merci sont-ils souvent très généreux ?

7. Pourquoi accepter un cadeau peut-il être une expérience humiliante pour certains ?

8. « ... la gratitude, c'est la rencontre de deux générosités. » Quelles sont les deux générosités dont il est question ici ?

9. Quelle est la première leçon qu'on doit donner aux enfants pour leur apprendre la gratitude ?

10. Pourquoi les enfants à qui on donne tout ne sont-ils pas reconnaissants ?

Rappelons-nous

Expressions avec *place*

la place	lieu public (place de l'Hôtel de ville)
une place	espace occupé par une personne, un siège, un emploi
prendre place[9]	s'asseoir
retenir sa (des) place(s)	réserver dans un théâtre, un train, etc.
sur place	sur les lieux, à l'endroit même
une place assise, une place debout	un siège ou une admission sans siège (dans un théâtre, par ex.)
chercher une place ; perdre sa place	chercher du travail, perdre son emploi
être, rester à sa place	se conduire correctement
se mettre à la place de quelqu'un	comprendre la personne
remettre (quelqu'un) à sa place	donner une leçon (à quelqu'un)

IV. Complétez les phrases en utilisant les expressions ci-dessus. Faites les changements qui s'imposent.

1. Vous ne comprenez pas cette personne. Vous êtes incapable de vous _____.

2. Le théâtre est plein. Il n'y avait plus de _____ ; je n'ai pu avoir qu'une _____.

3. L'économie est bien mauvaise. Hier, Juliette _____ ; maintenant, elle _____.

---

9   ne pas confondre avec **avoir lieu** = *to take place*

4. Ce monsieur est très impoli : j'ai dû le _____.
5. Dans les villages en France, il y a toujours une _____ de l'Église.
6. Le détective a fait son enquête _____.
7. Le spectacle va commencer. _____!
8. Je m'assieds toujours au premier rang, en face du prof. C'est _____.

Enrichissons notre vocabulaire

V. Les préfixes -in, -mé, -mal, -dé ont un sens négatif. Trouvez le contraire des mots suivants en utilisant un de ces préfixes.

a) capable, b) capacité, c) apprécier, d) possible, e) suffisant, f) gratitude, g) heureux, h) poli, i) politesse, j) propre

VI. Trouvez, dans le texte, des expressions équivalentes aux expressions suivantes.

a) la reconnaissance, b) comprend, c) un présent, d) il a les moyens, e) toujours, f) amertume, g) sans amabilité, h) avoir confiance en, i) la même chose, j) se rendre compte de

Quelques expressions à retenir

Expressions avec *grâce*

la grâce	le charme, l'élégance, le service
une grâce	une faveur
demander grâce	demander de la pitié
de bonne (mauvaise) grâce	avec (sans) gentillesse
rendre grâce	remercier
le coup de grâce	l'action qui détruit quelqu'un
à la grâce de Dieu	comme Dieu voudra, n'importe comment
gracié(e)	pardonné(e) (par l'État)
gracieux(-se)	charmant(e), élégant(e) – gratuit(e)
gracieusement	avec grâce – gratuitement

VII. Complétez les phrases en employant une des expressions ci-dessus.

1. Faites-moi la _____ de parler à mon patron pour moi.
2. La semaine dernière, il a perdu sa place. Hier, on lui a volé son portefeuille. Aujourd'hui, sa femme le quitte. Ça, c'est vraiment _____.
3. J'adore danser, mais après avoir passé cinq heures sur la piste, j'ai _____.
4. J'ai travaillé dur pendant tout le trimestre. Demain, nous avons les examens. Tant pis! _____.
5. Cette femme généreuse a offert _____ ses services.
6. Le gouverneur a _____ le condamné.
7. Ils ont accepté notre requête _____.
8. Madame le directrice, j'ai _____ à vous demander.
9. Cette danseuse est très _____ ; en fait, elle est _____ même.
10. Tu as beaucoup de chance dans la vie. Tu devrais en _____ à Dieu.

Maîtrisons la grammaire

Les pronoms relatifs *lequel, auquel, duquel*

1. Lequel, laquelle, lesquels, lesquelles s'emploient après une préposition pour les choses et, rarement, pour les personnes.

Lequel, lesquels, lesquelles se combinent avec la préposition **à** (**auquel, auxquels, auxquelles**) et avec la préposition **de** (**duquel, desquels, desquelles**).

> Savez-vous la raison **pour laquelle** ils ne disent pas merci?
> Je n'ai pas vu l'accident **auquel** vous faites allusion.
> C'est le cadeau **duquel** (**dont**) vous m'avez parlé.
> C'est la rue **dans laquelle** (**où**) elle demeure.
> Il est à l'âge **auquel** (**où**) on doit savoir remercier.

Remarque

Il faut, autant que possible, éviter d'employer les formes **duquel, auquel**, etc. car elles sont lourdes et peu euphoniques. **Où, dont** et, pour les personnes, **qui**, peuvent souvent remplacer **auquel, duquel**, etc.

Exerçons-nous

VIII. Remplacez le tiret par la forme de *lequel* qui convient.

1. Je lui suis reconnaissante de ce geste _____ elle a pensé.
2. C'est le tiroir dans _____ elle garde son argent.
3. Ce sont des personnes chez _____ il n'y a pas de sensibilité.
4. Les gens _____ vous avez parlé hier sont incapables de donner.
5. Voilà des obligations _____ il refuse de faire face.
6. C'est la maison dans _____ elle a appris la politesse.
7. Ils n'ont pas cette prédisposition au bonheur à _____ vous faites allusion.
8. Vous êtes arrivé à un âge _____ il faut savoir apprécier la générosité.
9. Je n'ai pas remarqué, chez eux, cette générosité de _____ vous me parlez.
10. Les enfants pour _____ ils font des sacrifices ne sont pas reconnaissants.

IX. Faites l'exercice VIII en remplaçant les formes de *lequel* par *qui, dont, où* lorsque c'est possible.

Récapitulation

X. Remplacez le tiret par le pronom relatif qui convient.

1. Il y a des personnes _____ sont incapables de gratitude.
2. Je crois qu'elle avait le cadeau _____ vous faites allusion dans ses tiroirs.
3. Le travail _____ elle a consacré des heures n'est pas apprécié.
4. Pouvez-vous expliquer l'insécurité _____ il souffre?
5. C'est le moment _____ on enseigne aux enfants à dire merci.

6. Les enfants à _____ on a appris la politesse sont plus heureux que les jeunes _____ ne connaissent pas la gratitude.

7. Voici des gens envers _____ vous avez été très généreux.

8. Montrez-vous aimable envers ces personnes _____ vous avez besoin.

9. Je n'oublie pas les multiples cadeaux _____ vous nous avez faits.

10. Je n'ai pas remarqué cette générosité _____ vous parlez.

11. La gratitude est un sentiment _____ elle n'est pas habituée.

12. Ce sentiment _____ vous parlez lui est inconnu.

13. La gratitude est un sujet _____ la psychologue a consacré un long article.

14. Voilà une maison _____ il y a des gens heureux.

15. Les outils avec _____ vous travaillez sont coûteux.

Écrivons

XI. Vous êtes chargé(e) d'élever un(e) enfant de cinq ans. Vous lui imposez des règles qu'il (elle) doit observer. Donnez quatre ou cinq de ces règles et dites pourquoi elles vous paraissent importantes.

XII. Un(e) enfant de 10 ans est extrêmement difficile et refuse de vous obéir. Quelles mesures prenez-vous pour le (la) persuader de changer?

Sourions un peu

On ne s'afflige point d'avoir beaucoup d'enfants
Quand ils sont tous beaux, bien faits et bien grands,
Et d'un extérieur qui brille;
Mais si l'un d'eux est faible et ne dit mot
On le méprise, on le raille, on le pille;
Quelquefois cependant c'est ce petit marmot
Qui fera le bonheur de toute la famille.

Charles Perrault, *Le Petit Poucet*

Écoute

Écoutez le passage qui est lu deux fois. Ensuite, répondez aux questions.

Phonétique : **La syllabation**

CHAPITRE 18 : Qu'est-ce que le bonheur?

Textes à l'étude
- Lisons I : Le Bonheur, c'est les autres (première partie)
- Lisons II : Le Bonheur, c'est les autres (deuxième partie)

Vocabulaire et structures
- le verbe *(se) rendre*
- le mouvement / le déplacement
- expressions formées avec *pouce*
- quelques expressions de temps

Aspects grammaticaux
- Les adjectifs et les pronoms démonstratifs
- Pronoms démonstratifs invariables

Lisons I : Le Bonheur, c'est les autres (première partie)

Craig et Marc Kielburger : ces noms vous disent quelque chose? Normal. Craig est cet adolescent de Toronto qui, après avoir lu dans le journal qu'un Pakistanais de 12 ans avait été assassiné parce qu'il dénonçait le travail forcé des enfants, a fondé, en 1995, l'Association Free the Children (FTC) / Enfants entraide pour libérer les jeunes de la pauvreté et de l'exploitation. Craig n'avait alors lui-même que 12 ans! Il en est toujours le président.

Depuis sa création, FTC a contribué à la construction de 423 écoles dans 23 pays et donné accès à l'eau potable à plus de 500 000 enfants. Marc, le frère aîné de Craig, qui a une formation en droit, s'est joint au mouvement en tant que directeur général.

Inspirés par leurs nombreuses expériences auprès d'enfants défavorisés, les Kielburger ont récemment publié *Me to We: Turning Self Help on its Head* (titre qu'on pourrait traduire par « Du je au nous : la croissance personnelle sens dessus dessous »). Un livre dont la détonante simplicité risque de bouleverser bien des idées reçues. À commencer par celle, véhiculée dans les ouvrages de croissance personnelle, qui soutient que la clé du bonheur se trouve d'abord en soi.

Châtelaine a rencontré Craig et Marc Kielburger.

Châtelaine : *Vous êtes très critiques envers les livres de croissance personnelle. Pourquoi?*

Craig Kielburger : Presque tous les livres de croissance personnelle ont une chose en commun : ils sont axés sur « moi ». Mon nouveau corps de rêve. Mon compte de banque mieux garni. Ma nouvelle carrière enrichissante. Le hic[1], c'est que le repli sur soi n'a jamais apporté le bonheur. Pas plus qu'il n'est possible d'être heureux seul dans sa bulle.

Marc Kielburger : Notre livre propose donc une approche différente. À nos yeux, l'atteinte du bonheur repose sur un principe simple : il faut se tourner vers le monde extérieur et non vers l'intérieur. Si le bonheur passe par la valorisation de soi, celle-ci n'est réalisable qu'au contact des autres.

---

1   le problème

D'où vous est venue l'idée d'écrire ce livre?

C.K. : Il est le fruit de nos voyages, de nos apprentissages et il ne cesse d'évoluer depuis 11 ans. Il pourrait se résumer ainsi : c'est la quête continue de deux jeunes hommes qui s'interrogent sur la vie et sur ce qui rend une personne heureuse et épanouie. L'élément déclencheur a été cette joie immense ressentie par les habitants d'un petit village de l'Équateur qui se sont réunis autour d'un projet commun, soit la construction d'une nouvelle école. Cette expérience nous a bouleversés et nous a permis de mettre en mots ce que nous ressentions depuis longtemps. [...]

Votre livre n'est pas très tendre envers les « enfants gâtés » d'Amérique.

M.K. : On ne dit pas que nous, les Nord-Américains, sommes gâtés, mais simplement qu'il est temps de nous réjouir de ce que nous avons. À commencer par l'accès à l'éducation, aux soins de santé, aux services sociaux... Des choses extraordinaires que nous avons tendance à tenir pour acquises. Dans notre livre, nous regardons comment vivent les gens dans les pays en voie de développement. Pour beaucoup d'entre nous, leurs habitants, pauvres et sans ressources, n'ont rien à offrir. Et pourtant, au fil de nos voyages, ce sont souvent eux qui nous ont paru les plus heureux. Ils n'ont peut-être pas les moyens de s'acheter des chaussures, mais ils sont heureux.

C.K. : Une anecdote illustre les propos de Marc. Lui et moi étions au Kenya, dans un village, pour y construire une école. C'était l'après-midi et nous étions assis sous un énorme acacia quand de lourds nuages noirs ont envahi le ciel et qu'un orage a éclaté. Nous nous sommes levés en vitesse pour nous mettre à l'abri. Au même instant, les villageois sont sortis de leurs huttes en courant et ont commencé à danser et à chanter. Ils célébraient l'arrivée de la pluie. Heureusement, un aîné nous a attrapés par le bras et entraînés à l'extérieur. « Dansez, nous a-t-il dit. La pluie annonce la vie. C'est bon pour nos récoltes. Cela va nous permettre de nourrir nos enfants. Nous allons peut-être même avoir des surplus que nous pourrons vendre pour envoyer nos enfants à l'école. » [...]

À vous écouter, notre société serait en crise.

M.K. : Bien des gens se cherchent, effectivement. Ils s'interrogent sur le sens à donner à leur vie. Matériellement, nous avons tous, ou presque, une maison, un jardin et une fourgonnette dans nos entrées de garage. Je ne dis pas qu'il n'y a pas de pauvreté au Canada, car il y en a beaucoup, mais il y a aussi des millions de personnes qui ressassent la même question: « Comment faire pour être heureux? »

C.K. : Et pourtant, nous connaissons tous la réponse. Il suffit de *se remuer un peu les tripes*[2] pour la trouver. C'est la famille, les amis, nos proches. C'est le fait de se lever le matin en sachant qu'on est utile, que quelqu'un a besoin de nous, qu'on sert à quelque chose. C'est à la base même de notre livre, *Me to We*. Car autant il faut célébrer l'abondance dans laquelle nous vivons, autant nous avons le devoir d'être généreux envers ceux qui en ont moins. Faisons du bénévolat. Prenons soin de nos proches et des aînés qui nous entourent. Prenons le temps de leur sourire. Marc et moi répétons qu'il ne faut pas plus de 10 minutes par jour pour changer le monde, que de toutes petites choses peuvent faire de grandes différences.

Luc Bouchard, *Châtelaine*, août 2006, p. 64-67.

---

2 se laisser guider par son cœur

Avons-nous bien saisi le sens du texte?

I. Les phrases suivantes ne respectent pas le texte. Corrigez-les.

1. Marc était un adolescent de Montréal; il a vu à la télévision qu'un enfant de 10 ans avait été exilé de son pays.
2. Marc, le frère cadet de Craig, qui est médecin, est le président de l'Association.
3. Le livre des Kielburger soutient que la clé du bonheur se trouve d'abord en soi.
4. Le livre est le résultat d'un sondage.
5. Les habitants pauvres leur ont toujours paru malheureux.
6. Au Kenya, quand la pluie a commencé à tomber, les enfants sont entrés rapidement dans leurs maisons.
7. Il y a beaucoup de gens qui se demandent : Comment faire pour devenir plus riches?

II. Répondez aux questions suivantes.

1. Qu'est-ce que Craig Kielburger a fait quand il avait 12 ans?
2. Qu'est-ce que l'Association Free the Children / Enfants entraide a fait jusqu'à présent?
3. Pourquoi dit-on que le livre publié par les Kielburger « risque de bouleverser bien des idées reçues »?
4. Selon Craig et Marc, sur quoi repose le principe du bonheur?
5. D'où leur est venue l'idée d'écrire ce livre?
6. De quoi les Nord-Américains devraient-ils se réjouir?
7. Quand un orage a éclaté, pourquoi les villageois ont-ils commencé à chanter et à danser?
8. Qu'est-ce que les gens qui sont matériellement aisés cherchent?
9. Selon les Kielburger, quelle est la source du bonheur?
10. Comment pouvons-nous être généreux envers les autres?

Rappelons-nous

Le verbe *(se) rendre*

rendre quelque chose à quelqu'un	redonner à quelqu'un ce qui lui est dû
rendre service à	apporter une aide à
rendre + adjectif	rendre heureux/ triste/ malade (= *to make*)
se rendre à un endroit	aller
se rendre compte	s'apercevoir

III. Complétez les phrases en vous servant d'une expression avec *(se) rendre*. Faites les changements qui s'imposent.

1. Marc et Craig _____ au Kenya pour construire une école.
2. Ces deux frères consacrent leur vie à _____ gens qui vivent dans des pays pauvres.
3. En lisant ce texte, je _____ du fait que même un petit geste peut avoir une grande valeur.
4. Apprendre qu'un garçon de 12 ans a pu changer le monde me _____ contente.
5. Ces enfants sont de véritables esclaves. Nous pouvons _____ la liberté qu'on leur a volée.

Enrichissons notre vocabulaire

IV. Traduisez les mots en italique par une expression qui se trouve dans le texte. Faites tous les changements nécessaires.

1. Les Canadiens ont beaucoup de ressources que, parfois, ils *take for granted*.
2. *Thinking only of oneself* ne garantit pas le bonheur.
3. Au Kenya, quand il faisait très chaud l'après-midi, nous *took cover* sous un énorme acacia.
4. Vous *take care of* vos vieux parents, car ils sont malades.
5. Les idées *conveyed* dans ce texte ne reflètent pas nécessairement l'opinion de tout le monde.
6. Ils *do not have the means* d'envoyer leurs enfants à l'école.
7. L'assassinat d'un Pakistanais de 12 ans a été *the trigger* de la création de l'Association Enfants entraide.
8. Les villageois *came together* pour travailler sur un projet.

V. Faites trois phrases où chacun des mots suivants aura un sens autre que celui qu'il a dans le texte : *atteinte, propos, garni*.

VI. Remplacez les mots en italique par une expression équivalente tirée du texte.

1. *Au cours des* années, l'organisation a évolué.
2. *La recherche* du bonheur est le but de beaucoup de personnes.
3. Je dois aller en Afrique. *Le problème*, c'est que mon nouveau passeport n'est pas arrivé.
4. C'est un enfant *à qui ses parents donnent tout ce qu'il veut*.
5. *Le progrès* économique de ce pays est surprenant.
6. Voir tant de pauvreté nous a *secoués*.
7. Ils *répètent sans cesse* la même chose.
8. L'association créée par Craig aide les enfants *pauvres*.
9. Un jeune a *fait connaître* ces abus.
10. Ils *blâment sévèrement* l'exploitation des enfants.

VII. Donnez le contraire des expressions en italique.

1. Ils vivent dans *la pauvreté*.
2. Vous devriez *être attristés* de voir la façon dont vivent ces gens.
3. Nous allons *démolir* une école.
4. Ce pays fait preuve d'*un fort déclin* économique.
5. Son *départ* a provoqué de vives émotions.

Quelques expressions à retenir

Le déplacement

Verbes indiquant le déplacement au sens absolu	Verbes indiquant le déplacement dans une certaine direction, vers un endroit
marcher	aller, se rendre à pied
courir	sortir en courant / traverser la rue en courant
voler	prendre l'avion, aller / venir / voyager en avion
conduire	aller / venir en voiture
nager	gagner (la rive / la plage) en nageant / aller à la nage

VIII. Traduisez les phrases suivantes.

1. He likes to walk. He walks to his office every day.
2. Sometimes, he rides his bicycle to work.
3. They ran out of their homes.
4. Did she fly? No, she drove.
5. Do you drive carefully?
6. We swam to shore.
7. I run every morning. It is good exercise.
8. The child ran across the street.
9. Did she walk to the store?
10. The plane was flying at a very high altitude.

Maîtrisons la grammaire

Les adjectifs et les pronoms démonstratifs

Formes

	Masculin singulier	Féminin singulier	Masculin pluriel	Féminin pluriel
Adjectifs	ce + consonne cet + voyelle ou h muet	cette	ces	ces
Pronoms	celui celui-ci celui-là	celle celle-ci celle-là	ceux ceux-ci ceux-là	celles celles-ci celles-là

Adjectifs démonstratifs

1. Comme leur nom l'indique, les adjectifs démonstratifs servent à désigner une personne ou une chose.

   ce journal   cet adolescent (voyelle)   cette joie, cette expérience
   ce hibou (h aspiré)   cet homme (h muet)   ces enfants, ces choses

2. Pour marquer la distinction entre deux (ou plusieurs) personnes ou objets, on ajoute **-ci**, **-là** après le nom; **-ci** s'applique à la personne ou à l'objet le plus proche.

   Ces habitants-ci sont plus heureux que **ces habitants-là**.

Pronoms démonstratifs

1. **Celui, celle, ceux, celles** sont utilisés devant une préposition ou devant un pronom relatif.

   Cette idée est **celle des** frères Kielburger.
   Nous avons le devoir d'être généreux envers **ceux qui** ont moins que nous.
   Celui qui l'a inspiré est un Pakistanais.

2. Les formes avec **-ci** et **-là** sont utilisées lorsque le pronom n'est pas suivi d'une préposition ou d'un pronom relatif.

> Préférez-vous ce livre-**ci** à **celui-là?**
> **Ceux-ci** sont plus pauvres que **ceux-là.**

mais

> **Ceux-ci** sont plus pauvres que **ceux** *du village voisin.*

3. -ci et -là, après le pronom démonstratif, renvoient respectivement au dernier objet mentionné (**celui-ci** = le dernier, *the latter*) et au premier objet mentionné (**celui-là** = le premier, *the former*).

> Craig a 27 ans; Marc a 32 ans. **Celui-ci** est l'aîné; **celui-là** est le cadet.

Exerçons-nous

IX. Remplacez le tiret par *l'adjectif démonstratif* qui convient, avec **–ci** et **–là** si c'est nécessaire.

1. _____ adolescent est plus consciencieux que _____ adolescent.

2. _____ enfants habitent dans un village de l'Équateur.

3. Dans _____ pays, les jeunes sont exploités.

4. _____ habitants se sont réunis autour du projet : construire _____ école.

5. _____ approche est simple, mais _____ approche ne l'est pas.

6. _____ travail ne convient pas à _____ enfant de douze ans.

7. _____ abri est plus sûr que _____ abri.

8. _____ orage a été dévastateur.

9. _____ abondance dans laquelle nous vivons ne durera pas toujours.

10. _____ lourds nuages annoncent la pluie.

X. Remplacez le tiret par le pronom démonstratif qui convient, avec **–ci** et **–là** si c'est nécessaire.

1. _____ qui vivent dans l'abondance devraient aider _____ des pays pauvres.

2. Dans cet article, il s'agit des clés du succès. _____ du bonheur n'est pas toujours facile à trouver.

3. Comment s'appelle _____ qui a fondé Enfants entraide?

4. Il y a beaucoup de concepts du bonheur. _____ qui sont véhiculés dans les ouvrages de croissance personnelle sont plus axés sur le moi que _____ qui sont prônés par les Kielburger.

5. Il a raconté plusieurs anecdotes. _____ que je préfère décrit la célébration à l'arrivée de la pluie.

6. L'Association Enfants entraide a été fondée par Craig Kielburger. _____ est canadien.

7. _____ qui se tournent vers les autres sont plus heureux que _____ qui ne pensent qu'à eux-mêmes.

8. J'ai lu plusieurs livres récemment, mais _____ que je préfère est *Du je au nous.*

9. Toutes ces idées sont intéressantes, mais _____ des frères Kielburger me motive davantage.

10. Ces deux villages sont difficilement accessibles. _____ se trouve près de l'équateur; _____ est situé dans une région montagneuse.

XI. Remplacez le tiret par le démonstratif qui convient, adjectif ou pronom.

> Modèle : _____ qui aident les autres sont heureux.
> **Ceux** qui aident les autres sont heureux.
> Je préfère _____ livre à _____.
> Je préfère **ce livre-ci** à **celui-là.**

1. _____ ouvrage présente des idées intéressantes, mais je préfère _____ qui sont exprimées dans le livre *Me to We*.

2. _____ vie d'exploitation est _____ des enfants des pays pauvres.

3. _____ que vous voyez est un ouvrier qui aide à construire _____ école.

4. Marc et Craig sont deux frères : _____ est président de l'Association Enfants entraide, _____ en est directeur général.

5. _____ deux jeunes hommes sont impressionnants. Ils ont fondé _____ mouvement qui aide de nombreux enfants dans le monde entier.

6. _____ villageois nous a pris par le bras et nous a amenés sous _____ arbre énorme, _____ que les habitants appellent l'arbre de la joie.

7. _____ eau n'est pas potable. Vous devriez boire seulement _____ en bouteille.

8. _____ qui veulent changer le monde peuvent y arriver en faisant de petites choses.

9. _____ habitants travaillent ensemble. _____ construisent un hôpital; _____ creusent un puits.

10. Ils ont déjà construit deux maisons. _____ maison est plus grande que _____.

11. Toutes _____ associations sont utiles; _____ aide _____ qui font des efforts pour libérer les jeunes de la pauvreté.

12. Marc et Craig ont été inspirés par de nombreuses expériences. _____ qu'ils ont vécues en Afrique sont aussi enrichissantes que _____ qu'ils ont vécues en Amérique du Sud.

Écrivons

XII. D'après-vous, où se trouve la clé du bonheur?

Lisons II : Le Bonheur, c'est les autres (deuxième partie)

Châtelaine a interviewé Craig et Marc Kielburger. Craig vient de déclarer qu'il ne faut pas plus de 10 minutes par jour pour changer le monde, que de toutes petites choses peuvent faire de grandes différences.

Châtelaine : *C'est toutefois plus facile à dire qu'à faire, non?*

Craig Kielburger : Il y a 10 ans, si quelqu'un nous avait dit tout ce que nous allions accomplir au cours de la prochaine décennie, jamais nous ne l'aurions cru! Et pourtant, nous avons travaillé avec des milliers de jeunes et réalisé de belles choses. [...] Imaginez un peu tout ce qu'il serait possible de faire si des centaines de milliers de personnes se décidaient à agir de concert...

Marc Kielburger : Voilà pourquoi il est important d'instaurer des programmes de bénévolat et de responsabilité sociale dans nos écoles. Nous travaillons d'ailleurs déjà avec une quinzaine de commissions scolaires à l'échelle du pays. En ce moment même, des dizaines de milliers d'étudiants canadiens apprennent les bases du volontariat[3] (organiser des assemblées, des collectes de fonds, etc.). Enseignons aux jeunes les grands enjeux de l'engagement social dès la sixième année, et ces valeurs resteront ancrées en eux pour toujours.

D'autant plus que le bénévolat est aussi une très bonne façon de rencontrer l'âme sœur?

C.K. : C'est vrai! *(Rires)* Cela permet de connaître des gens qui partagent les mêmes valeurs.

Sauf que l'altruisme ne convient peut-être pas à tout le monde...

M.K. : Les gens veulent apporter leur aide. Ils se demandent simplement comment. La philosophie de notre livre n'est rien de plus qu'un coup de pouce pour aider les gens à passer du désir à l'action. En fait, il suffit de commencer par de petits gestes. Puis, très vite, on prend conscience de leurs retombées et du plaisir qu'on a à les faire. Des choses toutes simples comme sourire, tenir la porte à un inconnu ou encore conduire de façon courtoise et respectueuse.

Plus vous répéterez ces gestes, plus ils deviendront naturels. Et puis un jour, après avoir discuté avec ce sans-abri que vous croisez quotidiennement dans la rue, vous chercherez à comprendre pourquoi il y a tant de pauvreté dans notre pays. Qui sait? Le simple fait de vous interroger vous incitera peut-être à faire un autre geste qui, à son échelle, améliorera le sort de personnes démunies.

C.K. : Cela ne veut pas dire que vous allez vous réveiller un matin et faire disparaître le travail forcé en Asie ou changer le sort des enfants soldats de la Sierra Leone. L'important, c'est que les gens prennent le temps de réfléchir. Qu'ils trouvent deux ou trois choses concrètes à accomplir pour aider leur entourage. Seuls ou en famille. Quelque chose qu'ils peuvent commencer à faire dès aujourd'hui pour mettre en place les circonstances favorables à un grand changement de société. Bien des gens ont du mal à passer à l'action, car ils se sentent accablés par leur vie. C'est d'ailleurs ce qui nous a incités à écrire notre livre. [...]

M.K. : On ne prétend pas connaître toutes les réponses mais, en côtoyant certains des plus grands maîtres à penser de notre temps, nous en sommes venus à la conclusion que la réponse aux questions que des millions de personnes se posent – existe-t-il quelque chose de plus? Plus que de travailler de neuf à cinq tous les jours?

---

3 bénévolat

Plus que de se stresser à payer l'hypothèque? Plus que de courir sans cesse après l'argent? – se trouve dans le simple geste de se tourner vers les autres.

Et vous croyez que nous sommes prêts, en tant que société, à faire le saut du « je au nous »?

M.K. : Nous n'avons pas le choix. Regardez les chiffres. Le nombre de gens dépressifs, de suicides, d'incidents liés au stress et au travail. Il y a une quantité incroyable de personnes seules, vidées et sans espoir. Est-ce qu'on passera du « je au nous » demain? dans un mois? un an? Je n'en sais rien. Mais il ne fait aucun doute que cela va se produire de notre vivant.

C.K. : Qu'on le veuille ou non, les humains sont plus interdépendants aujourd'hui qu'ils ne l'ont jamais été dans l'histoire. Il suffit de penser aux conséquences du réchauffement de la planète ou à la grippe aviaire. Sur les plans tant planétaire que national ou local, nous avons besoin les uns des autres.

Luc Bouchard, *Châtelaine*, août 2006, p. 67–68.

Avons-nous bien saisi le sens du texte?

I. Complétez les phrases suivantes.

1. Il y a dix ans, nous n'aurions jamais cru _____.
2. Il serait possible de faire des choses extraordinaires si _____.
3. En commençant par de petits gestes, _____.
4. « Rencontrer l'âme sœur » est une façon de dire _____.
5. Beaucoup de gens ont du mal à agir parce qu'ils _____.

II. Répondez aux questions suivantes.

1. Qu'est-ce que Craig et Marc ont accompli au cours de 10 ans?
2. Pourquoi suggèrent-ils d'introduire des programmes de bénévolat et de responsabilité sociale dans nos écoles?
3. Quel est l'objectif de leur livre?
4. Pourquoi les petits gestes sont-ils importants?
5. Que faut-il faire pour mettre en place les circonstances favorables pour effectuer un changement social?
6. Qu'est-ce que les grands maîtres à penser de notre temps ont appris aux deux frères?
7. Qu'est-ce que les questions que de nombreuses personnes se posent révèlent de leur état d'esprit?
8. Qu'est-ce qui indique que le saut du « je au nous » est devenu indispensable?
9. Quand Marc Kielburger prévoit-il le passage du « je au nous »?
10. Pourquoi, selon Craig Kielburger, est-ce que « les humains sont plus interdépendants aujourd'hui qu'ils ne l'ont jamais été dans l'histoire »?

Rappelons-nous

Expressions avec *pouce*

donner un coup de pouce	aider
se tourner les pouces	ne rien faire
manger sur le pouce	prendre un repas très rapidement
faire du pouce (au Canada)	faire de l'auto-stop
ne pas bouger d'un pouce	rester immobile

III. Complétez les phrases en employant l'expression avec *pouce* qui convient.

1. J'ai beaucoup à faire aujourd'hui et je n'ai pas le temps d'aller au restaurant. Je vais _____.
2. Quand il a vu le gros chien méchant, il _____. Il avait l'air paralysé.
3. Mon frère n'a pas de voiture. Pour se déplacer, souvent, il _____.
4. Au lieu de rester à la maison à _____ toute la journée, tu devrais faire du bénévolat.
5. Nous avons trouvé de l'argent pour notre projet grâce à cette association qui nous a _____.

Enrichissons notre vocabulaire

IV.

    a) Quel est le sens du mot : *quotidiennement*?

    b) Comment dit on :   i) une fois par semaine

                           ii) tous les mois

                           iii) tous les ans?

    c) Quel est le sens du mot *décennie*?

    d) Comment dit-on : une période de cent ans?

V.

    a) Quel est le sens du mot *une quinzaine* employé dans le texte – « une quinzaine de commissions scolaires »?

    b) Donnez un autre sens du mot *une quinzaine*.

    c) Comment dit on :   i) environ dix

                           ii) environ vingt

                           iii) environ cinquante?

VI. Le verbe *prétendre* est un faux ami : un mot français qui ressemble à un mot anglais, mais n'a pas le même sens.

    a) Traduisez le sens du mot *prétendre* dans la phrase : On ne *prétend* pas connaître toutes les réponses.

    b) Comment dit-on en français *to pretend*?

VII. Trouvez dans le texte le contraire des mots en italique.

1. Ses actions sont motivées par *l'égoïsme*.

2. En faisant une simple action, on peut *empirer* la situation.

3. *Très peu de* gens sont généreux.

4. Commençons par des choses *abstraites*.

5. Les gens *aisés* se trouvent dans toutes les régions du monde.

VIII. Expliquez en vos propres mots le sens des mots en italique.

1. Imaginez un peu tout ce qu'il serait possible de faire si des centaines de milliers de gens se décidaient à agir *de concert*.

2. On prend conscience de leurs *retombées*.

3. Ces valeurs resteront *ancrées* en eux pour toujours.

4. Nous travaillons d'ailleurs déjà avec une quinzaine de commissions scolaires *à l'échelle du pays*.

5. Ils se sentent *accablés* par la vie.

Quelques expressions à retenir

Quelques expressions de temps

il y a 10 ans	*10 years ago*
dès /à partir d'/ aujourd'hui	commençant aujourd'hui
en ce moment (même)	maintenant, actuellement
à ce moment-là	*at that time* (employé au passé)
à trois heures pile	à trois heures précises /exactement
à l'époque de	au temps de
à la tombée de la nuit	au moment où la nuit tombe / au crépuscule
de bonne heure	tôt
à l'heure	*on time*
à temps	*in time*
dans trois heures	trois heures après maintenant
en trois heures	indique le temps requis / la durée pour faire quelque chose
tout à l'heure	bientôt, il n'y a pas longtemps
au plus tard	*no later than, at the latest*
au plus tôt	*not before*
le plus tôt possible	dès que possible
dans les plus brefs délais	très rapidement, bientôt
à l'instant	tout de suite

IX. Complétez les phrases suivantes en employant une expression tirée de la liste ci-dessus.

1. Enfants entraide a été fondée par Craig Kielburger en 1995, c'est-à-dire _____ ans.
2. Quand il a fondé cette Association, il était très jeune. _____, il n'avait que 12 ans.
3. La conférence sur la pauvreté dans le monde a commencé à 19 heures. Je suis arrivée à 19 h 30. Je ne suis pas arrivée _____, mais je suis arrivée _____ pour entendre le discours de Craig Kielburger.
4. Afin de recevoir un reçu pour les impôts, vous devriez envoyer votre contribution _____ le 31 décembre.
5. Si tu veux changer la société, tu dois commencer _____ .
6. _____, dans beaucoup d'écoles, les étudiants apprennent l'importance de l'engagement social.
7. Ils vont aller en Afrique pour faire du bénévolat. Ils partiront ce soir. Leur vol décolle _____ deux heures. Le voyage en avion se fait _____ huit heures. Il faut partir _____pour arriver à l'aéroport trois heures avant le vol.
8. J'aimerais interviewer Craig et Marc. Je leur téléphonerai _____ pour prendre rendez-vous.
9. Il ne faut pas trop attendre pour instaurer des programmes de bénévolat dans les écoles; il faut le faire _____.
10. _____, de nombreux sans-abri cherchent un endroit où coucher.

Maîtrisons la grammaire

Les pronoms démonstratifs invariables

1. En général, **ceci** annonce une idée qui va être exprimée; **cela** (**ça**, forme familière) renvoie à une idée déjà exprimée.

> Ils nous disent **ceci** : un simple geste peut améliorer le monde.
> Est-ce qu'on passera du « je au nous » demain? Oui, **cela** va se produire de notre vivant.
> Je ne comprends pas **ça**.

2. Le pronom **ce** est utilisé comme antécédent d'un relatif quand il n'y a pas d'antécédent exprimé. Il a le sens de *la chose*.

> C'est **ce qui** nous a incités à écrire notre livre. (ce = la chose)
> Voilà **ce que** tout le monde cherche : le bonheur. (ce = la chose)

3. Ce est inséré entre **tout**, pronom, et le pronom relatif qui suit.

> Imaginez un peu **tout ce qu'**il serait possible de faire.
> Nous n'aurions pas pu imaginer **tout ce que** nous allions accomplir au cours de la prochaine décennie.

4. Ce (c') est employé lorsque le verbe **être** est suivi :

   a) d'un nom propre   **C'est Marc.**
   b) d'un nom précédé d'un article   **C'est une action** qui a des conséquences positives.
   c) d'un nom précédé d'un adjectif   **C'est une excellente idée.**
   d) d'un pronom   **Ce sont eux** qui changeront le monde.
   e) d'un adverbe   **C'était très bien.**

5. Ce (c'), toujours masculin, est employé devant **être** pour répéter ou annoncer une idée.

> L'important, **c'est** que les gens prennent le temps de réfléchir.
> **C'est** vrai : En faisant du bénévolat, on peut rencontrer l'âme sœur.
> Cette initiative, **c'est** vraiment **important**.

> mais

> Cette initiative **est** vraiment **importante**.

Exerçons-nous

X. Remplacez le tiret par l'adjectif démonstratif invariable qui convient.

1. Le bonheur, _____ est tout _____ que nous cherchons.
2. Améliorer le sort des enfants dans le monde, _____ est le rêve de Craig Kielburger.
3. Dites-vous bien _____ : les humains dépendent les uns des autres.
4. On dit que l'altruisme ne convient pas à tout le monde; _____, je ne le crois pas.
5. _____ qui le passionne, _____ est la justice sociale.
6. L'exploitation des enfants, je ne tolère pas _____!

7. L'amour, _____ est _____ dont le monde a besoin.
8. Écoutez bien _____ : _____ programme de bénévolat est devenu indispensable.
9. _____ est Marc, le frère aîné. _____ est lui le directeur général de l'Association.
10. Éliminer la pauvreté, _____ est tout _____ qu'ils veulent.
11. Les bases du bénévolat, _____ est _____ qu'apprennent les étudiants dans cette école.
12. Cette solution, _____ est vraiment intéressant.

Récapitulation

XI. Remplacez le tiret par le démonstratif qui convient, adjectif ou pronom variable ou invariable.

1. _____ gens croient au bonheur. _____ sont des gens qui font eux-mêmes leur bonheur.
2. Vous n'aimez pas _____ situation? _____ ne sont pas les autres qui vont la régler! _____ est vous qui devez la changer.
3. La réalité est bien différente de _____ qu'on voit à la télévision.
4. _____ qui ont les moyens de s'acheter tout _____ qu'ils veulent, sont-ils heureux?
5. Qu'est-ce que c'est que le bonheur? On ne parle que de _____.
6. Craig a 27 ans et Marc a 32 ans. _____ est l'aîné; _____ est le cadet.
7. Je suis sûr de _____ : un simple geste peut améliorer le sort de _____ enfants pauvres.
8. L'essentiel, _____ est de commencer à faire quelque chose de concret.
9. _____ exploitation et _____ esclavage sont inacceptables.
10. Dans _____ pays pauvre, _____ qui arrivent à la vieillesse sont dans la minorité.
11. _____ à qui j'ai parlé est la mère de _____ enfant pakistanais qui a été assassiné.
12. Qui a dit que tout _____ qui touche un être humain, me touche aussi?
13. Je préfère _____ attitude à _____ qu'on trouve dans les livres de croissance personnelle.
14. Si vous voyagez en Asie, connaître _____ langue, _____ est un avantage.
15. Les plus grandes joies sont _____ qu'on éprouve quand on se tourne vers les autres.

Écrivons

XII. Selon une maxime, « L'argent ne fait pas le bonheur ». Partagez-vous cet avis?

Sourions un peu

L'argent ne fait pas le bonheur, mais il y contribue pour 99 %.

Le bonheur, c'est le sourire du cœur.

Écoute

Écoutez le passage qui est lu deux fois. Ensuite, répondez aux questions.

Phonétique : **L'accent tonique**

CHAPITRE 19 : L'Aventure

Textes à l'étude
- Lisons I : Jeux de mains
- Lisons II : J'ai humé l'espace

Vocabulaire et structures
- *savoir et connaître*
- expressions avec *jeu / jeux*
- expressions avec *oreille*
- expressions avec *main*
- expressions relatives à la santé
- le voyage

Aspects grammaticaux
- Les adjectifs possessifs
- Les adjectifs possessifs et les articles définis avec les parties du corps

Lisons I : Jeux de mains (monologue de l'humoriste Raymond Devos)

Un jour, dans un salon... je bavardais... avec des gens.

J'avais les deux mains dans mes poches, et tout à coup... alors que j'avais toujours les deux mains dans mes poches... je me suis surpris en train de me gratter l'oreille.

Là, j'ai eu un moment d'angoisse. Je me suis dit : « Raisonnons calmement... De deux choses l'une! Ou j'ai une main de trop... et alors j'aurais dû m'en apercevoir plus tôt... ou il y en a une qui ne m'appartient pas! »

Je compte discrètement mes mains sur mes doigts... et je constate que le monsieur qui était à côté de moi, et qui apparemment avait les deux mains dans ses poches, en avait glissé une dans la mienne par inadvertance...

Que faire[1]?

Je ne pouvais tout de même pas lui dire : « Monsieur! Retirez votre main de ma poche!... » Ça ne se fait pas!

Je me suis dit : « Il n'y a qu'une chose à faire, c'est de lui gratter l'oreille. Il va bien voir qu'il se passe quelque chose d'insolite. »

Je lui gratte l'oreille... et je l'entends qui murmure : « Raisonnons calmement! De deux choses l'une! Ou j'ai une main de trop... et alors j'aurais dû m'en apercevoir plus tôt... ou il y en a une qui ne m'appartient pas! »

Et il a fait ce que j'avais fait.

Il a sorti sa main de ma poche... et il s'est mis à me gratter la jambe!

Que faire?

Je ne pouvais tout de même pas lui dire : « Monsieur! Cessez de me gratter la jambe! »

Il m'aurait répondu : « Vous me grattez bien l'oreille, vous! »

Et il aurait eu raison...

Et puis, ça ne se fait pas!

Et, subitement, j'ai réalisé que ma poche était vide puisqu'il en avait retiré sa main.

Je pouvais donc y remettre la mienne!

Lui remettrait la sienne dans sa poche, et chacun y trouverait son compte.

Je retire ma main de son oreille... que je n'avais plus aucune raison de gratter... ça ne se justifiait plus...! et comme je m'apprêtais à la glisser dans ma poche, il retire sa main de ma jambe... et la remet dans ma poche à moi!

Ah! l'entêté!

De plus, moi, j'avais une main qui restait en suspens! Hé! ... *où la mettre*[2]? C'est qu'une main, ça ne se place pas comme ça! Ah! j'ai dit : « Tant pis! ... » et je l'ai fourrée dans sa poche à lui!

Il est certain que, momentanément, cela équilibrait les choses! Mais! ... et c'est ce que je me suis dit : « Tout à l'heure... quand on va se séparer... il va se passer quelque chose! »

Eh bien, mesdames et messieurs[3], il ne s'est rien passé.

Il est parti avec ma main dans sa poche!

Alors, moi... j'ai couru derrière, je l'ai rattrapé, je l'ai insulté, il m'a insulté... et, petit à petit, *on en est venus aux mains*[4].

---

1 Que pouvais (devais)-je faire?
2 Où pouvais (devais)-je la mettre?
3 L'humoriste s'adresse à son public.
4 on s'est battus

Quand il a sorti ma main de sa poche, je l'ai récupérée au passage, et je lui ai flanqué la sienne à travers la figure en lui disant : « Monsieur! *Nous sommes quittes*[5]! »

Raymond Devos, *Sens Dessus-Dessous*, Éditions Stock.

Avons-nous bien saisi le sens du texte?

I. Corrigez les affirmations suivantes.

1. Le narrateur bavardait dans un bar.
2. Il avait une main dans sa poche quand il s'est surpris à se gratter la jambe.
3. S'il avait eu une main de trop, il ne s'en serait pas aperçu.
4. Le monsieur avait mis les deux mains dans la poche du narrateur.
5. Le narrateur a décidé de gratter la jambe du monsieur en question.
6. Quand le narrateur a voulu remettre sa main dans sa poche, sa poche était vide.
7. À la fin, le monsieur a couru derrière le narrateur.
8. Le narrateur et le monsieur se sont serré la main.

II. Répondez aux questions suivantes.

1. Qu'est-ce qui montre que le narrateur n'était pas en train de boire dans le salon?
2. Où étaient les deux mains du narrateur quand il « s'est surpris » en train de se gratter l'oreille?
3. Comment a-t-il compté ses mains?
4. Pourquoi le narrateur n'a-t-il pas dit au monsieur : « Retirez votre main de ma poche »?
5. Qui a gratté une oreille et qui a gratté une jambe?
6. Selon le narrateur, pourquoi le monsieur en question ne garde-t-il pas ses mains dans ses propres poches?
7. Qu'est-ce qui montre que le narrateur a l'habitude de mettre les deux mains dans ses poches?
8. Quelle main a giflé le monsieur?

Rappelons-nous

savoir et connaître

connaître + nom ou pronom objet (jamais suivi de *que* ni d'un infinitif)	*to be acquainted with* (une personne, une langue, un endroit…)
savoir + nom ou pronom savoir + proposition ou + infinitif	avoir une connaissance précise d'une chose

---

III. Complétez les phrases en vous servant soit du verbe *savoir*, soit du verbe *connaître*.

1. _____ -tu Raymond Devos? Non, mais je _____ qu'il est un humoriste célèbre.
2. L'auteur ne _____ pas le monsieur qui a la main dans sa poche.
3. Vous _____ la vérité maintenant. Je vous ai tout raconté.

---

5   Tout est réglé!

4. Depuis que je la _____, elle essaie d'apprendre à jouer du piano, mais malheureusement, elle ne _____ pas jouer.

5. _____ -vous Paris? — Non, mais je _____ que c'est la ville lumière.

6. Nous _____ parler français couramment. Nous _____ la littérature française.

Enrichissons notre vocabulaire

IV. Trouvez, dans le texte, les expressions équivalentes aux expressions en italique. Faites les changements qui s'imposent.

1. Un jour, _j'étais en train de causer._

2. J'ai ressenti une certaine _inquiétude._

3. Il aurait dû _remarquer_ qu'il n'avait qu'une main.

4. Il y a quelque chose de _bizarre_ qui se passe.

5. Cette main _n'est pas à moi._

6. Il _a commencé_ à compter ses doigts.

7. Il _a bien fait_ de lui gratter l'oreille.

8. Gratter la jambe de quelqu'un, _c'est inadmissible._

9. Qu'est-ce qui _est arrivé?_

10. À la fin, ils _se sont battus._

11. À un certain moment, j'ai pu _reprendre_ ma main.

12. Je lui ai _lancé_ une gifle.

V. Trouvez, dans le texte, le contraire des expressions en italique. Faites les changements qui s'imposent.

1. _Il me manque une main._

2. Il l'a fait _exprès._

3. _Mettez_ votre main dans la mienne.

4. Il _a commencé_ à me gratter la jambe.

5. Il _a eu tort._

6. Tout à coup, ma poche était _pleine._

7. _Tant mieux!_

8. _Tout de suite._

Quelques expressions à retenir

Expressions avec _jeu / jeux_

jeu d'adresse (billard, bowling, etc.)

jeu sportif (football [foot], hockey, etc.)

jeu d'équipe (football, aviron, etc.)

Jeux olympiques

jeu de société (qu'on joue en groupe)

jeu de hasard (loterie, roulette, etc.)

jeu de cartes, de dames _(checkers)_, d'échecs _(chess)_ (objets utilisés pour jouer)

maison de jeu = lieu où on risque de l'argent

un casino = un lieu où les jeux de hasard sont autorisés

jouer le jeu = respecter les règles du jeu ou de toute autre activité

VI. Complétez les phrases en vous servant d'une des expressions ci-dessus.

1. Moi, je joue au billard. J'aime les _____.

2. Madame Moreau termine toujours ses soirées par des _____.

3. Il ne pas _____. Il prend des drogues avant le match.

4. Nous achetons des billets de loterie toutes les semaines, mais nous ne gagnons jamais

aux _____.

5. Il a perdu une fortune dans les _____ et les _____.

6. Elle possède de magnifiques _____, en cristal et même en pierres semi-précieuses.

Expressions avec *oreille*

dormir sur ses deux oreilles	bien dormir
prêter l'oreille	écouter
avoir l'oreille fine	entendre tout
avoir de l'oreille	être doué pour la musique
écouter de toutes ses oreilles	écouter avec attention
n'écouter que d'une oreille	écouter sans se concentrer
dire quelque chose à quelqu'un dans le creux de l'oreille	dire quelque chose à quelqu'un discrètement

VII. Remplacez les expressions en italique par une des expressions ci-dessus. Faites les changements voulus.

1. Avez-vous *bien dormi* cette nuit?

2. Je chante faux. *Je n'arrive pas à distinguer les notes.*

3. *Si vous vous concentriez* pendant les cours, vous feriez plus de progrès.

4. Il entend tout ce que nous disons, même quand nous parlons à voix basse. *Il a une très bonne ouïe.*

5. Je lui parlerai de vos problèmes. Je vous promets de lui dire un mot *en particulier*.

6. Quand il s'est rendu compte que le couple se querellait, *il a écouté*.

Expressions avec *main*

se donner, se serrer la main	se prendre mutuellement la main (en signe d'amitié)
une poignée de main, un shake-hand	action de se donner la main
la main dans le sac	en flagrant délit
fait à la main	fait sans machine
lever la main sur quelqu'un	battre quelqu'un
en venir aux mains	se battre
un coup de main	de l'aide
mettre la main à la pâte	aider
mettre la main sur	attraper
faire main basse sur	prendre illégalement
faire des pieds et des mains	faire de gros efforts
ne pas y aller de main morte	exagérer

VIII. Complétez les phrases en vous servant d'une des expressions ci-dessus. Faites les changements qui s'imposent.

1. Après leur querelle, ils _____ en signe de réconciliation.
2. Regardez cette broderie. Elle est entièrement _____.
3. On a pris le voleur _____.
4. Il ne faut jamais _____ sur une personne plus faible que soi.
5. S.v.p., donnez-moi _____. J'ai tant à faire.
6. J'ai payé cette robe 500 $. Vraiment, ils _____ dans ce magasin.
7. Il a tant _____ qu'il a fini par obtenir son permis.
8. C'était une soirée très réussie, mais tout le monde _____.

Maîtrisons la grammaire

Les adjectifs possessifs

Forme

possesseur	singulier		pluriel
	masculin	**féminin**	**masculin et féminin**
je	mon	ma	mes
tu	ton	ta	tes
il/elle/on	son	sa	ses
nous	notre	notre	nos
vous	votre	votre	vos
ils/elles	leur	leur	leurs

Emplois

1. L'adjectif possessif s'accorde avec le nom qui le suit et non pas avec le possesseur.

   Il a sorti **sa** main de **ma** poche.

2. Comme l'article, l'adjectif possessif est répété devant chaque nom.

   Ils sont venus passer la nuit chez nous, mais ils ont apporté **leurs** couvertures et **leurs** serviettes de bain.

3. Avec les pronoms indéfinis **on, chacun, tout le monde**, etc., on emploie **son, sa, ses.**

   On ne met pas **sa** main dans la poche d'une autre personne.
   Chacun met les mains dans **ses** poches.

4. Devant un nom ou un adjectif féminin commençant par une voyelle ou un **h** muet, on emploie **mon, ton, son.**

> Je retire ma main de **son** oreille.
> Je te remercie de **ton** aimable attention.
> **Son** habitude est de trop bavarder.

Remarque

Devant un nom commençant par un **h** aspiré et devant *huitième* et *onzième*, on emploie **ma, ta, sa.**

> Je n'arrive pas à comprendre **sa haine.**
> C'est **sa huitième** année qu'elle commence.

Exerçons-nous

IX. Employez l'adjectif possessif qui convient.

Un jour, Julien était en visite chez _____ voisins qui avaient invité quelques-uns de _____ amis. Il y avait là un monsieur qui avait constamment les mains dans _____ poches. Julien connaissait cet homme; c'était un de _____ anciens collègues. Julien s'est approché de lui et les deux hommes ont commencé à parler de _____ expériences depuis _____ dernière rencontre. Le collègue de Julien avait eu des malheurs : il avait perdu _____ place et _____ épouse l'avait quitté. Heureusement, il avait fini par trouver un autre poste et _____ seconde femme n'avait que des qualités. Julien avait eu plus de chance : _____ travail lui plaisait; il allait bientôt se marier et _____ fiancée venait d'hériter d'une fortune.

X. Transformez les phrases selon le modèle.

> Modèle : Le livre est à moi.
> **C'est mon livre.**
> Les mains sont à elle.
> **Ce sont ses mains.**

1. La maison est à nous.
2. L'ordinateur est à eux.
3. Les enfants sont à elle.
4. Le salon est-il à vous?
5. Les jeux d'échecs sont à toi.
6. Les meubles ne sont pas à lui.
7. La lettre est à moi.
8. Le fils est à elle.
9. Le fils est à lui.
10. La fille est à lui.
11. Les voitures ne sont pas à eux.
12. Les fleurs sont à vous.

Les pronoms possessifs

Le pronom possessif remplace **un adjectif possessif + un nom.**

Forme

Le pronom possessif est composé de deux mots, le premier étant l'article défini : **le mien, la tienne, les leurs.**

possesseur	masculin singulier	masculin pluriel	féminin singulier	féminin pluriel
je	le mien	les miens	la mienne	les miennes
tu	le tien	les tiens	la tienne	les tiennes
il/elle/on	le sien	les siens	la sienne	les siennes
nous	le nôtre	les nôtres	la nôtre	les nôtres
vous	le vôtre	les vôtres	la vôtre	les vôtres
ils/elles	le leur	les leurs	la leur	les leurs

1. **Le** et **les** se contractent avec les prépositions **à** et **de.**
   singulier : **au** mien, **au** tien, **du** sien, **du** vôtre
   pluriel : **aux** siens, **aux** tiennes, **des** leurs, **des** nôtres

2. L'accent circonflexe sur le **o** des pronoms **le/la/les nôtre(s), le/la/les vôtre(s)** indique que le **o** est fermé. Dans les adjectifs *notre, votre,* le **o** est ouvert.

Emplois

1. Le pronom possessif a le genre et le nombre du nom qu'il remplace, de l'objet possédé et non du possesseur.

   Il avait retiré sa *main* de ma poche. Je pouvais donc y remettre **la mienne.**
   Il remettrait **la sienne** dans sa poche.

2. Le pronom possessif est utilisé dans le sens de **parents, famille** ou d'un **groupe** dont on fait partie.

   Nous recevons des amis demain. Serez-vous **des nôtres?**
   Cette femme travaille dur pour élever **les siens.**

Remarque

La possession peut aussi s'exprimer en utilisant

a) la préposition **de** + nom

C'est la main **du narrateur.**

b) le verbe **appartenir à**

Cette maison **appartient à ma sœur.**
Il y a une main qui ne **m'appartient** pas.

c) le verbe **être** et la préposition **à**, suivie du nom du possesseur ou de la forme tonique du pronom personnel.

Cette main n'**est** pas **au narrateur.**
Cette main **est à lui.**

Exerçons-nous

XI. Remplacez l'adjectif possessif + nom par le pronom possessif correspondant.

1.	votre main	**6.**	tes parents
2.	mon oreille	**7.**	nos invités
3.	votre chien	**8.**	leur salon
4.	mes chattes	**9.**	notre hôtel
5.	ton école	**10.**	leurs enfants

XII. Complétez les phrases en utilisant le pronom possessif qui convient.

1. Il a retiré sa main de ma poche et l'a mise dans _____.

2. Moi, j'ai retiré ma main de ma poche et l'ai mise dans _____.

3. Je n'aime pas notre salon; je préfère celui de nos voisins. _____ est plus confortable que _____.

4. Nos jeux sont simples. Vos jeux sont plus compliqués que _____.

5. Il m'a flanqué sa main dans la figure; alors moi, je lui ai flanqué _____ dans sa figure à lui.

6. Cette femme et cet homme travaillent pour _____.

7. Ce livre m'appartient. C'est _____.

8. Ils ont hérité de cette maison. C'est _____.

XIII. Transformez les phrases en utilisant un pronom possessif.

Modèle :   Cette voiture est à lui. – C'est **la sienne.**
Ces maisons nous appartiennent. – Ce sont **les nôtres.**
C'est le salon des Dupont. – C'est **le leur.**

1. C'est ton oreille.

2. Cet ordinateur lui appartient.

3. Cet ordinateur appartient à Marie.
4. Ce ne sont pas leurs parents.
5. C'est le père de tes enfants.
6. Ces livres ne leur appartiennent pas.
7. Ce sont nos amis.
8. Cette maison appartient à ces gens.
9. Ces livres sont à eux.
10. Cet hôtel ne m'appartient pas.
11. Cette voiture est à eux.
12. Est-ce votre amie?

XIV. Complétez les phrases en utilisant un possessif (adjectif ou pronom).

Un jour, monsieur Dubois était invité chez _____ voisins qui ont une maison plus grande que _____. Il y avait là beaucoup de monde. Monsieur Dubois a reconnu certains de _____ anciens collègues. Il s'est approché d'un de ceux-ci et ils ont commencé à parler de _____ souvenirs et des changements qui s'étaient produits dans _____ vies.

Tout à coup, Monsieur Dubois s'est aperçu qu'il y avait une main dans _____ poche. Comme il tenait un sandwich dans _____ main gauche et _____ verre dans _____ autre main, il était impossible que la main dans _____ poche lui appartienne. Il a regardé _____ ancien collègue bien en face. « Que fait là _____ main? » s'est exclamé monsieur Dubois. L'autre a brusquement retiré _____ main de la poche de Dubois et l'a vite fourrée dans _____. Trop vite peut-être! Le portefeuille de monsieur Dubois est tombé par terre. Tandis que celui-ci se baissait pour ramasser _____ portefeuille, le collègue *a filé à l'anglaise*[6].

Écrivons

XV. L'aventure du narrateur de *Jeux de mains* est vraiment extraordinaire. Toutefois, vous aussi avez dû avoir des aventures étranges. Racontez, en quelques mots, une de ces aventures.

---

6   est parti rapidement sans dire adieu

Lisons II : J'ai humé l'espace

Entrevue d'Anousheh Ansari qui a fait un voyage dans l'espace

Paris Match *Ce voyage valait-il la somme folle de 20 millions de dollars?*

Anousheh Anasari Absolument. Je ne regrette pas une seule de ces minutes passées dans l'espace. Sous tous ses aspects, ce voyage a dépassé mes espérances.

Et le prix?

Eh bien! un rêve n'a pas de prix. [...]

Mais avoir les moyens de débourser 20 millions de dollars ne suffit pas. Il faut une formation, un entraînement, passer des tests physiques, triompher d'une sélection impitoyable, non?

Je me suis formée seule à l'astronomie, tout en travaillant à côté. La préparation de ce vol a duré six mois. C'est la société *Space adventures* qui m'a contactée. Ils savaient que j'étais candidate. [...]

Quand vous êtes dans la fusée, prête à partir, qu'est-ce qui vous passe par la tête? Est-ce que vous avez peur?

C'est un mélange d'excitation et de calme. En fait, je me sentais très bien. Je croyais que ma pression sanguine et mon rythme cardiaque allaient exploser, mais non. Avant de monter, j'avais dit à ceux qui réceptionnent ces données de n'arrêter le lancement sous aucun prétexte, même si je frisais l'évanouissement! Au moment du départ, j'étais en paix avec moi-même. J'allais réaliser mon rêve. Pourquoi aurais-je dû m'inquiéter?

Avez-vous été malade pendant le lancement?

Non. C'était presque comme dans un avion qui décolle. On n'atteint que deux fois la gravité et j'avais pris des médicaments contre la nausée avant d'embarquer. Quelques minutes plus tard, j'étais sur orbite. C'est là que les choses se sont compliquées. Pendant les deux jours avant de rejoindre la Station internationale, j'ai été malade comme un chien. [...]

Vous dites avoir senti l'espace. Ça sent quoi, l'espace? [...]

J'ai trouvé que ça sentait le gâteau brûlé.

Comment faisiez-vous pour vous brosser les dents, prendre une douche, aller aux toilettes, marcher, dormir?

L'hygiène dans l'espace est la chose pour laquelle il reste énormément de progrès à faire. [Rires.] Pas question de prendre de douche. L'eau reste en suspension. On nous donne donc des serviettes humides, une ou deux par jour. Pour se laver les dents, il faut d'abord s'humecter la bouche avant de délicatement poser le dentifrice sur la brosse en faisant en sorte qu'il ne s'envole pas. Pas de précipitation. Une fois les dents brossées, il n'y a pas d'autre choix que d'avaler le dentifrice. Et croyez-moi : vous pouvez garder longtemps au fond de la gorge le goût de la menthe fraîche. [Rires.] Le pire, c'est pour se laver les cheveux. Il faut prendre l'eau et confectionner une sorte de grosse bulle au-dessus du crâne. Ensuite, il faut délicatement mettre un peu de shampoing dans la main et malaxer les cheveux tout doucement. Au moindre geste un peu brusque, tout *fiche le camp*[7].

Vous viviez 32 levers et couchers de soleil par jour. Quelle impression a-t-on en regardant la Terre en accéléré?

C'est magnifique. Encore aujourd'hui, lorsque je ferme les yeux, je revois ces moments de calme absolu et de paix. Vous voyez la Terre comme une planète. Il n'y a plus de pays, plus de continents, plus de peuples, plus de frontières. Vous la voyez une. Elle est toute bleue avec ses panachages de blanc. Si les gens pouvaient la regarder comme cela, ils auraient envie de la protéger. Les leaders du monde entier devraient monter dans l'espace et regarder la Terre. Ils auraient peur et n'oseraient plus y faire du mal ou lui faire du mal. Parce que, quand vous regardez autour de la Terre, vous voyez ces abîmes d'obscurité qui l'entourent et vous en percevez la menace. Vous vous rendez compte combien elle est fragile. Les premiers hommes qui ont marché sur la Lune, Neil Armstrong et Edwin Aldrin, parlaient aussi de cette fragilité. C'est la première chose à laquelle on pense. L'Univers paraît tellement hostile et la Terre si fragile.

Anousheh Ansari, interview de notre correspondant aux États-Unis (extraits),
Paris Match, 15–25 octobre 2006, p. 72–73.

---

7   disparaît

Avons-nous bien saisi le sens du texte?

I. Complétez les phrases en vous servant d'une expression tirée du texte.

1. Anousheh dit qu'elle a _____ l'espace.
2. Le voyage lui a coûté _____.
3. Elle s'est préparée au voyage pendant _____.
4. Elle n'a pas été malade pendant _____, mais en orbite, elle a été malade comme _____.
5. Elle compare l'odeur de l'espace à _____.
6. Dans l'espace, on ne peut pas prendre de douche parce que l'eau _____.
7. Après s'être brossé les dents, il faut _____ le dentifrice.
8. Elle voyait le soleil se lever _____ fois par jour.
9. Autour de la Terre, on voit _____.
10. Les premiers hommes qui ont marché sur la lune ont parlé de _____.

II. Répondez aux questions suivantes.

1. Pourquoi Anousheh ne regrette-t-elle pas d'avoir dépensé 20 millions pour faire son voyage?
2. Qu'est-ce qu'elle a étudié pour se préparer au voyage?
3. Qu'est-ce qu'elle craignait au moment du lancement?
4. Pendant combien de temps a-t-elle été malade?
5. Comment se lavait-elle dans la cabine?
6. Que peut-il arriver au dentifrice quand on se lave les dents?
7. Qu'est-ce qui est plus compliqué encore que se laver les dents?
8. De quelle couleur est la Terre vue d'en haut?
9. Quand on voit la Terre d'en haut, qu'est-ce qu'on a envie de faire, selon Anousheh?
10. Pourquoi pense-t-elle qu'on devrait envoyer les leaders du monde entier dans l'espace?

III. Trouvez, dans le texte, des expressions équivalentes aux expressions suivantes.

a) certainement, b) dépenser, c) à quoi pensez-vous?, d) le départ, e) à aucun prix, f) humer, g) mouiller, h) soudain, i) tranquillité, j) désireraient.

IV. Trouvez, dans le texte, le contraire des expressions suivantes.

a) atterrit, b) débarquer, c) tôt, d) sèches, e) le mieux, f) en-dessous, g) faire du bien, h) clarté.

Rappelons-nous

Expressions relatives à la santé

se sentir bien	avoir le sentiment d'être en bonne santé
aller bien (mal)	être en bonne (mauvaise) santé
aller comme ci comme ça	se sentir pas très bien, mais pas trop mal
être bien	être confortablement installé(e)
être à l'aise	être sans inconfort physique ou pécuniaire
confortable	pour les objets ou les endroits
une personne bien (homme, etc.)	une personne distinguée, ayant des qualités morales

V. Complétez les phrases suivantes en employant une des expressions ci-dessus. Faites les changements qui s'imposent.

1. Anousheh dit qu'elle _____ quand la fusée allait décoller.
2. Est-ce que vous _____ dans ce fauteuil?
3. Pour faire un voyage dans l'espace, il ne faut pas être à court d'argent. Il faut _____.
4. Comment _____? – Je _____ , merci, mais mon pauvre chien _____.
5. J'ai fait la connaissance de cette dame il y a quelques années. C'est vraiment une _____ .
6. Vous venez d'emménager. Est-ce que votre nouvel appartement est _____?

Enrichissons notre vocabulaire

VI. Le genre d'un nom dépend souvent de son suffixe.

1. **a)** Trouvez, dans le texte, trois noms se terminant par le suffixe **–ment**.
   b) Trouvez deux autres noms se terminant par le même suffixe.
   c) Quel est le genre de ces noms?

2. **a)** Trouvez, dans le texte, trois noms se terminant par le suffixe **–tion**.
   b) Trouvez deux autres noms se terminant par le même suffixe.
   c) Quel est le genre de ces noms?

3. **a)** Trouvez, dans le texte, trois noms se terminant par le suffixe **–ité**.
   b) Trouvez deux autres noms se terminant par le même suffixe.
   c) Quel est le genre de ces noms?

Quelques expressions à retenir

Le voyage

faire un voyage	voyager
partir en voyage	commencer un voyage
le départ[8]	le moment où l'on part
l'arrivée	le moment où l'on arrive
décoller	partir (pour un avion)
le décollage	
atterrir	arriver (à terre) pour un avion
l'atterrissage	
embarquer	monter dans un bateau
l'embarquement	
débarquer	descendre d'un bateau
le débarquement	
le passeport	
le guichet	endroit où on achète les billets
le billet (d'avion, etc.)	le document qui prouve qu'on a payé
un billet de chemin de fer	un billet de train

---

8 Le verbe **départir**, rarement utilisé, ne signifie pas partir en voyage.

| un billet d'aller et retour | un billet valable dans les deux sens |
| le quai | où l'on attend le train |

VII. Répondez aux questions en vous servant du vocabulaire ci-dessus.

1. Que faut-il emporter quand on fait un voyage dans un pays étranger?

2. Dans une gare, où attend-on le train? – Où achète-t-on les billets?

3. À quel moment court-on le plus grand risque d'accident dans un avion?

4. Quand on achète un billet de chemin de fer ou un billet d'avion, pourquoi vaut-il généralement mieux acheter un billet d'aller et retour?

5. Vous faites un voyage en mer. Que vous faut-il savoir pour ne pas manquer le bateau?

6. Quelqu'un vient vous chercher à l'aéroport. Que faut-il lui faire savoir?

Maîtrisons la grammaire

Les adjectifs possessifs et les articles définis avec les parties du corps

Emplois

1. L'article défini est utilisé devant les noms de parties du corps quand le possesseur est évident.

> Je ferme **les** yeux.
> Une fois **les** dents brossées, on avale le dentifrice.

Remarque

Les articles définis **le** et **les** se contractent avec les prépositions **à** et **de**, selon la règle.

> à + le = au   à + les = aux
> de + le = du   de + les = des

> Elle avait mal **au** dos.
> Elle s'est confectionné une sorte de grosse bulle au-dessus **du** crâne.

---

2. Certains noms, qui ne désignent pas des parties du corps, mais qui ont trait à la vie humaine (**vie, mémoire, vue,** etc.) suivent la même règle.

> Il commence à perdre **la** mémoire et **la** vue.

3. L'adjectif possessif est utilisé si la partie du corps est qualifiée par un adjectif (autre que **droit**(e) ou **gauche**) ou par un groupe de mots ayant une fonction adjectivale.

> Elle a posé **sa** tête **fatiguée** sur le coussin.
> Il est encore beau malgré **ses** cheveux **qui sont maintenant gris.**

mais

> Levez **la** main **droite** si vous êtes d'accord.

4. Pour indiquer le possesseur, on emploie l'objet indirect et l'article défini devant la partie du corps, en particulier avec les verbes pronominaux.

> Sa mère **lui** lave **le** visage deux fois par jour.
> Pour **se** laver **les** dents, il faut d'abord **s'**humecter **la** bouche.

5. L'article défini est utilisé devant le nom d'un vêtement ou d'une partie du corps dans les locutions exprimant la manière (répondant à la question « comment »).

> **Les** cheveux propres, elle se sent mieux.
> Il est entré **le** chapeau sur **la** tête.

Exerçons-nous

VIII. Complétez les phrases en employant un adjectif possessif ou un article, selon le cas.

1. Anousheh dit qu'elle a réalisé _____ rêve.
2. Au moment du départ, elle a cru que _____ cœur allait éclater.
3. Un autre candidat n'a pas été accepté parce qu'il avait _____ poumons faibles.
4. Tu es sale, mon enfant. T'es-tu lavé _____ visage ce matin?
5. Pendant deux jours, Anousheh a eu mal à _____ tête et à _____ dos.
6. Avant de se laver _____ dents, elle s'est humecté _____ lèvres.
7. _____ bouche humectée, elle a pu se brosser _____ dents.
8. Il est entré chez nous _____ mains dans _____ poches.
9. Il avait _____ mains sales. Je lui ai lavé _____ mains.
10. Quand elle ferme _____ yeux, elle revoit la planète Terre.

IX. Complétez les phrases par l'article défini ou l'adjectif possessif.

1. _____ rêve à moi est de faire le tour du monde. Quel est _____ rêve à eux?
2. Elle a mal à _____ estomac. Est-ce qu'elle a pris _____ médicaments?
3. Vous avez toujours _____ casquette sur _____ tête. Ce n'est guère poli.
4. « Rien dans _____ mains, rien dans _____ poches », dit une chanson.
5. Chère amie, j'aime contempler _____ belles mains.
6. Il s'est blessé _____ pied droit.
7. Quel bel homme! J'adore _____ magnifiques dents blanches!
8. Avez-vous pris _____ douche et vous êtes-vous lavé _____ cheveux?
9. Elle est tombée dans les pommes. Heureusement, _____ évanouissement n'a pas été long.
10. Je n'aime pas passer trop de temps en avion. Cela me donne mal _____ crâne.

Écrivons

X. Nous faisons tous des rêves. Comme Anousheh, rêvez-vous de faire un voyage dans l'espace, dans la Lune peut-être?

Dites pourquoi un tel voyage vous intéresserait ou ne vous intéresserait pas.

Sourions un peu

Le mot **poche** a plusieurs sens, comme vous le verrez par la petite histoire qui suit.

Une jeune fille kangourou est rentrée très tard d'une soirée chez des amis. Le lendemain matin, son père, furieux, la questionne.

« À quelle heure es-tu rentrée hier soir? Ne me mens pas! T'es-tu regardée dans la glace? As-tu vu les poches sous tes yeux? »

Un père et son grand fils veulent se faire photographier ensemble.
Le photographe suggère que, pour avoir l'air plus naturel, le fils pose la main sur l'épaule du père.
« Si vous voulez vraiment qu'il ait l'air naturel, dit le père, demandez-lui de mettre la main dans la poche où je garde mon portefeuille. »

Écoute

Écoutez le passage qui est lu deux fois. Ensuite, répondez aux questions.

Phonétique : **L'intonation**

Section VIII : Si nous ne sommes pas certains

CHAPITRE 20 : L'Absurde

Textes à l'étude
- Lisons I : La Cantatrice chauve (scène VII, extraits)
- Lisons II : La Cantatrice chauve (scène VIII, extraits)

Vocabulaire et structures
- *visiter / rendre visite*
- expressions avec *raison*
- *fois / foi / foie*
- *tout,* adverbe

Aspects grammaticaux
- Les pronoms et les adjectifs indéfinis
- Les indéfinis négatifs

Lisons I : La Cantatrice chauve

La Cantatrice chauve d'Eugène Ionesco (1909-1994) se joue à Paris depuis 1950. C'est une pièce « absurde », où le langage et la psychologie des personnages semblent n'avoir aucune logique. Toutefois, sous l'apparente absurdité, on découvre une critique féroce de notre société.

Réprésentation de la Troupe des Anciens de l'Université de Toronto

Monsieur et Madame Martin sont en visite chez les Smith. Ils sont tous en train de bavarder dans le salon.
On entend sonner à la porte d'entrée

M. Smith	— Tiens, on sonne.
Mme Smith	— Il doit y avoir quelqu'un. Je vais voir. (*Elle va voir. Elle ouvre et revient.*) Personne.

Elle se rassoit.

M. Martin	— Je vais vous donner un autre exemple...

Sonnette.

M. Smith	— Tiens, on sonne.
Mme Smith	— Ça doit être quelqu'un. Je vais voir. (*Elle va voir. Elle ouvre et revient.*) Personne.
	Elle revient à sa place.
M. Martin, *qui a oublié où il en est...*	
	— Euh!...
Mme Martin	— Tu disais que tu allais donner un autre exemple.
M. Martin	— Ah oui...

Sonnette.

M. Smith	— Tiens, on sonne.
Mme Smith	— Je ne vais plus ouvrir.
M. Smith	— Oui, mais il doit y avoir quelqu'un!
Mme Smith	— La première fois, il n'y avait personne. La deuxième fois non plus. Pourquoi crois-tu qu'il y aura quelqu'un maintenant?
M. Smith	— Parce qu'on a sonné!
Mme Martin	— Ce n'est pas une raison.

M. Martin	— Comment? Quand on entend sonner à la porte, c'est qu'il y a quelqu'un à la porte, qui sonne pour qu'on lui ouvre la porte.
Mme Martin	— Pas toujours. Vous avez vu tout à l'heure!
M. Martin	— La plupart du temps, si!
M. Smith	— Moi, quand je vais chez quelqu'un, je sonne pour entrer. Je pense que tout le monde fait pareil et que, chaque fois qu'on sonne, il y a quelqu'un.
Mme Smith	— Cela est vrai en théorie. Mais dans la réalité, les choses se passent autrement. Tu as bien vu tout à l'heure.
Mme Martin	— Votre femme a raison.
M. Martin	— Oh! vous, les femmes, vous vous défendez toujours l'une l'autre.
Mme Smith	— Eh bien, je vais aller voir. Tu ne diras pas que je suis entêtée, mais tu verras qu'il n'y a personne! (*Elle va voir. Elle ouvre la porte et la referme.*) Tu vois, il n'y a personne.

Elle revient à sa place.

Mme Smith	— Ah! ces hommes qui veulent toujours avoir raison et qui ont toujours tort!

On entend de nouveau sonner.

M. Smith	— Tiens, on sonne. Il doit y avoir quelqu'un.
Mme Smith, *qui fait une crise de colère*	— Ne m'envoie plus ouvrir la porte. Tu as vu que c'était inutile. L'expérience nous apprend que lorsqu'on entend sonner à la porte, c'est qu'il n'y a jamais personne.
Mme Martin	— Jamais.
M. Martin	— Ce n'est pas sûr.
M. Smith	— C'est même faux. La plupart du temps, quand on entend sonner à la porte, c'est qu'il y a quelqu'un.
Mme Smith	— Il ne veut pas *en démordre*[1].
Mme Martin	— Mon mari aussi est très têtu.
M. Smith	— Il y a quelqu'un.
M. Martin	— Ce n'est pas impossible.
Mme Smith, *à son mari*	— Non.
M. Smith	— Si.
Mme Smith	— Je te dis que non. En tout cas, tu ne me dérangeras plus pour rien. Si tu veux aller voir, vas-y toi-même!
M. Smith	— J'y vais.

Mme Smith hausse les épaules.
Mme Martin hoche la tête.

M. Smith, *va ouvrir*	— Ah! how do you do! (*Il jette un regard à Mme Smith et aux époux Martin qui sont tous surpris.*) C'est le capitaine des pompiers!

Eugène Ionesco, La Cantatrice chauve, scène VII (extraits), Gallimard, Folio, 1954.

---

1   changer d'avis

Avons-nous bien saisi le sens du texte?

I. Vrai ou faux?

1. Mme Smith va ouvrir la porte trois fois.
2. Mme Martin a une meilleure mémoire que son mari.
3. On frappe à la porte quatre fois.
4. Les femmes contredisent les hommes.
5. Quand Mme Smith va ouvrir, il y a quelqu'un.
6. Selon Mme Martin, les hommes ont toujours tort.

II. Répondez aux questions suivantes.

1. Des deux hommes, lequel est le plus sûr de ce qu'il affirme?
2. Qui défend Mme Smith?
3. Pourquoi Mme Smith se met-elle en colère?
4. Quel défaut, selon les femmes, ont les deux hommes?
5. À votre avis, que signifient les gestes de Mme Smith et de Mme Martin?

III. Remplacez les mots en italique par une expression tirée du texte.

1. M. Martin ne sait plus *ce qu'il allait dire*.
2. *Vous venez de voir.*
3. *D'habitude*, quand on entend sonner, il y a quelqu'un.
4. Tout le monde fait *la même chose*.
5. M. Martin est très *entêté*.
6. Tu *vas voir*.
7. *Ce n'est pas vrai*.
8. *C'est possible.*

Rappelons-nous

visiter / rendre visite

On rend visite à une personne.
On est en visite chez une personne.
On visite un endroit (pays, ville, musée, etc.)

IV. Complétez en utilisant une des expressions ci-dessus. Mettez le verbe au temps voulu.

1. Elle parle peu quand elle _____ chez ses beaux-parents.
2. _____ le Louvre quand vous étiez à Paris?
3. Elle _____ à son amie demain.
4. Ils _____ Londres l'été prochain.

Enrichissons notre vocabulaire

V. Répondez aux questions suivantes.

1. Trouvez, dans le texte, deux mots dérivés du nom *son*. Trouvez deux autres mots de la même famille.

2. Le préfixe **re**, devant un verbe, a le sens de *de nouveau, encore une fois*. Trouvez, dans le texte, deux exemples de verbes ayant ce préfixe. Donnez-en deux autres exemples.

3. Donnez le contraire des expressions en italique :
   a) Elle *a tort*.
   b) C'est *faux*.
   c) *C'est certain.*
   d) Moi *non plus*.
   e) Il *n'y a personne*.
   f) *Non*.

Quelques expressions à retenir

Expressions avec *raison*

la raison	le jugement, la cause
un mariage de raison	un mariage arrangé logiquement
avoir raison	ne pas se tromper
avoir raison de	vaincre la résistance de
perdre la raison	devenir fou, folle
se faire une raison	se résigner
en raison de	à cause de
à raison de	en comptant

VI. Complétez les phrases en utilisant une des expressions ci-dessus. Faites les changements qui s'imposent.

1. _____ est le contraire d'avoir tort.

2. Madame Smith ne voulait pas aller ouvrir la porte une troisième fois, mais son mari _____ elle.

3. Je ne travaillerai pas demain _____ ma fatigue.

4. « _____ du plus fort est toujours la meilleure », dit La Fontaine.

5. _____ 20 dollars de l'heure, vous gagnerez 160 dollars par jour.

6. Je ne serai jamais riche : je dois _____.

7. Le pauvre vieux ne reconnaît plus ses amis : il est en train de _____.

8. Est-ce _____ ? — Non, c'est un mariage d'amour.

Maîtrisons la grammaire

Les adjectifs et les pronoms indéfinis

Adjectif	Pronom
tout, toute, tous, toutes	tout, tous*, toutes
chaque	chacun, chacune
quelque, quelques	quelqu'un, quelqu'une ** quelques-uns, quelques-unes
plusieurs	plusieurs
certain, certaine certains, certaines	certains, certaines
autre, autres	l'autre, un autre, les autres l'un(e) … l'autre les un(e)s … les autres

* Le **–s** se prononce pour le pronom tous.
** rarement utilisé

Au sens positif

1. **On** (pronom), sans doute le plus souvent employé de tous les indéfinis, est utilisé uniquement comme sujet. Bien que singulier, il a souvent un sens pluriel (nous, ils, elles, etc.).

    Quand **on** sonne, il y a quelqu'un.
    On parle français au Québec.
    Est-ce qu'**on** va chez les Smith ce soir?

2. **Tout** (adjectif)

    a) **Tout, toute, tous, toutes** s'accordent en genre et en nombre avec le nom qu'ils qualifient. Ils sont généralement suivis de l'*article défini* ou de l'*adjectif possessif* ou *démonstratif*.

    Tous *nos* amis sont arrivés.
    Toutes *les* femmes se défendent les unes les autres.

    b) **Tous, toutes,** suivis d'un nombre ou d'un nom désignant une mesure ou le temps, indiquent la répétition.

    Toutes les deux minutes, on sonne.
    Tous les 50 mètres, il s'arrête.

> **Remarque 1**
>
> L'expression **tout le monde,** toujours au singulier, a le sens de toutes les personnes.
>
> **Tout le monde** fait pareil.

3. Tout (pronom)

    a) Les pronoms **tous** (le −s se prononce), **toutes,** employés comme sujets, peuvent précéder ou suivre le verbe ou l'auxiliaire.

        Tous parlent beaucoup.   **OU**   Ils parlent **tous** beaucoup.
        Toutes se sont défendues.   **OU**   Elles se sont **toutes** défendues.

    b) Quand **tout, toute, tous, toutes** sont objets du verbe, on les place généralement entre l'auxiliaire et le participe passé.

        M. Smith les a **tous** regardés.
        Je ne les ai pas **toutes** comprises.

    c) Tout, invariable, a le sens de toutes les choses.

        Tout est difficile dans ce chapitre.
        Tout est bien qui finit bien.

4. Chaque (adjectif)

    L'adjectif **chaque,** toujours singulier, indique que la personne ou la chose désignée appartient à un ensemble.

    Chaque fois qu'on sonne, Mme Smith va voir.

5. Chacun (pronom)

    Le pronom **chacun(e),** toujours singulier, comme l'adjectif **chaque,** indique que la personne ou la chose désignée appartient à un ensemble.

    Chacun fait pareil.
    Chacune des femmes contredit son mari.
    Chacun pour soi et Dieu pour tous.

6. Quelque(s) (adjectif)

    au pluriel, indique un petit nombre ou une petite quantité.

    Le capitaine a **quelques** conseils à donner.

7. Quelqu'un (pronom)

    s'applique à une personne indéterminée et s'emploie pour les deux genres.

    Il y a **quelqu'un.**

8. Quelques-uns, quelques-unes (pronoms) désignent un petit nombre de personnes ou de choses.

    Quelques-unes disent des choses intéressantes.

9. **Plusieurs (adjectif, pronom)**
> est toujours invariable.

> > **Plusieurs** personnes ont sonné.
> > **Plusieurs** ont sonné.

10. **Certain(s), certaine(s) (adjectifs)**
> précèdent le nom. Au pluriel, ils sont employés sans article.

> > M. Martin est un homme d'un **certain** âge.
> > **Certains** spectateurs ne comprennent pas Ionesco.

11. **Certains, certaines (pronoms)**
> s'emploient seulement au pluriel.

> > Parmi ces femmes, **certaines** sont avocates.

12. **(L') Un, (L') Une, l'autre (pronoms)**
> **a)** **(L') Un(e)**, qualifié, est suivi de **de**.

> > **(L') Un de** vous a tort.
> > **(L') Une des** deux femmes a raison.

> **b)** **Autre(s)**, pronom, est précédé de l'article.

> > Elle n'écoute pas **les autres**.
> > Dites-le à **l'autre**.

> **c)** Le pluriel de l'article indéfini + **autres** est **d'**.
> > Ils rendent visite à **d'autres**.

d) L'un(e) s'emploie avec **l'autre** comme sujet ou objet. Au pluriel, **les un(e)s … les autres** a le sens de **quelques-un(e)s, certain(e)s**.

> **L'un** parle, **l'autre** se tait.
> **Les uns** parlent, **les autres** écoutent.

e) **L'un(e) l'autre, les un(e)s les autres** ont le sens de **mutuellement**.

> Ils se détestent **l'un l'autre**.   Il faut s'entraider **les uns les autres**.

f) **L'un(e) l'autre, les un(e)s les autres** peuvent être utilisés avec une préposition placée entre les deux éléments.

> Ils se querellent **l'un avec l'autre**.
> Ils vivent **l'un pour l'autre**.

Remarque 4

L'un(e) et l'autre signifie **les deux**. Les uns et les autres signifie **tous, toutes**.

> Mme Martin et Mme Smith pensent que **l'une et l'autre** ont raison.
> **Les uns et les autres** parlent beaucoup.

Remarque 5

Lorsque **d'autres, quelques-uns, certains, plusieurs** sont objets directs sans complément, le verbe est précédé du pronom **en**.

> Avez-vous des exemples à donner? – Oui, j'**en** ai **plusieurs**.
> Il **en** a vu **d'autres**.

---

13. Aux pronoms indéfinis **on, chacun, tout le monde** correspond le pronom réfléchi tonique **soi**.

> **On** travaille pour **soi**.
> **Chacun** pour **soi** et Dieu pour tous.

Exerçons-nous

VII. Complétez les phrases par la forme voulue de *tout*. Utilisez l'article quand il le faut.

1. _____ personnages de *La Cantatrice chauve* sont bizarres.

2. M. Martin dit que _____ femmes se défendent les unes les autres.

3. Ils ont _____ regardé le pompier d'un air étonné.

4. Nous lui téléphonons _____ deux jours.

5. _____ deviendra plus facile dans quelque temps.

6. _____ ses efforts n'ont servi à rien.

7. Il a _____ fait pour nourrir sa famille.

8. _____ incendie sera immédiatement découvert.

9. Ils ont _____ le temps de bavarder.

10. _____ va mal pour le pompier.

VIII. Complétez par la forme voulue de *l'un(e) l'autre,* avec ou sans la préposition, selon le cas.

1. Mme Martin et Mme Smith se défendent _____.

2. Les personnages de la pièce ne s'aiment pas _____.

3. Elles se parlent rarement _____.

4. Pour se distraire, _____ vont au théâtre, _____ au cinéma.

5. Les Martin et les Smith se querellent_____.

6. _____ et _____ questionnent le pompier.

IX. Complétez les phrases par le pronom ou l'adjectif indéfini qui convient. Ajoutez l'article s'il le faut.

1. À _____ instant, ils interrompent le pompier.

2. _____ parle beaucoup chez les Smith, mais _____ conversation est insignifiante.

3. Quand _____ sonne, c'est qu'il y a _____.

4. _____ n'aiment pas le théâtre de l'absurde.

5. _____ fois que _____ sonne, _____ sursautent.

6. M. Smith pose _____ questions au capitaine.

7. Il y a toujours _____ quand _____ entend sonner.

8. Il y a _____ personnes qui aiment le théâtre; il y a _____ personnes qui ne l'aiment pas du tout.

9. J'ai rencontré Mme Smith _____ fois. _____ fois, elle était très élégante.

10. Avez-vous des amis à New York? – Oui, _____.

Écrivons

X. Imaginez une conversation absurde, à la Ionesco, entre trois ou quatre personnages (une douzaine de phrases).

Lisons II : La Cantatrice chauve

M. Smith vient de faire entrer le capitaine des pompiers. La conversation continue sur le même thème.

Le Pompier *(il a, bien entendu, un énorme casque qui brille et un uniforme)*

	— De quoi s'agit-il?
Mme Smith	— Mon mari prétendait...
M. Smith	— Non, c'est toi qui prétendais.
M. Martin	— Oui, c'est elle.
Mme Martin	— Non, c'est lui.
Le Pompier	— Ne vous énervez pas. Racontez-moi ça, madame Smith.
Mme Smith	— Eh bien, voilà [...]. On se disputait parce que mon mari disait que lorsqu'on entend sonner à la porte, il y a quelqu'un.
M. Martin	— La chose est plausible.
Mme Smith	— Et moi, je disais que chaque fois que l'on sonne, c'est qu'il n'y a personne.
Mme Martin	— La chose peut paraître étrange.
Mme Smith	— Mais elle est prouvée, non point par des démonstrations théoriques, mais par des faits.
M. Smith	— C'est faux puisque le pompier est là. Il a sonné, j'ai ouvert, il était là.
Mme Martin	— Quand?
M. Smith	— Mais tout de suite.
Mme Smith	— Oui, mais ce n'est qu'après avoir entendu sonner une quatrième fois que l'on a trouvé quelqu'un. Et la quatrième fois ne compte pas.
Mme Martin	— Toujours. Il n'y a que les trois premières qui comptent. [...]
Le Pompier	— Je vais vous mettre d'accord. Vous avez un peu raison tous les deux. Quand on sonne à la porte, des fois il y a quelqu'un, d'autres fois il n'y a personne.
M. Martin	— Ça me paraît logique.
Mme Martin	— Je le crois aussi.
Le Pompier	— Les choses sont simples, en réalité. *(Aux époux Smith.)* Embrassez-vous.
Mme Smith	— On s'est déjà embrassés tout à l'heure.
M. Martin	— Ils s'embrasseront demain. Ils ont tout le temps. [...]
Le Pompier	— Je vous avoue que je suis venu ici pour tout à fait autre chose. Je suis en mission de service.
Mme Smith	— Et qu'est-ce qu'il y a pour votre service, monsieur le capitaine?
Le Pompier	— Je vais vous prier de vouloir bien excuser mon indiscrétion *(très embarrassé)*; euh *(il montre du doigt les époux Martin)*... puis-je ... devant eux...
Mme Martin	— Ne vous gênez pas.
M. Martin	— Nous sommes de vieux amis. Ils nous racontent tout.
M. Smith	— Dites.
Le Pompier	— Eh bien, voilà. Est-ce qu'il y a le feu chez vous?
Mme Smith	— Pourquoi nous demandez-vous ça?
Le Pompier	— C'est parce que... excusez-moi, j'ai l'ordre d'éteindre tous les incendies dans la ville.
Mme Martin	— Tous?
Le Pompier	— Oui, tous. [...]
M. Smith, *reniflant*	— Il ne doit rien y avoir. Ça ne sent pas le roussi.

Le Pompier, *désolé*	— Rien du tout. Vous n'auriez pas un petit feu de cheminée, quelque chose qui brûle dans le grenier ou dans la cave? Un petit début d'incendie au moins?
Mme Smith	— Écoutez, je ne veux pas vous faire de la peine, mais je pense qu'il n'y a rien chez nous pour le moment. [...]
Le Pompier	*aux époux Martin* — Et chez vous, ça ne brûle pas non plus?
Mme Martin	— Non, malheureusement.
M. Martin	— Les affaires vont plutôt mal en ce moment.
Le Pompier	— Très mal. Il n'y a presque rien, quelques bricoles, une cheminée, une grange. Rien de sérieux. Ça ne rapporte pas. [...]
M. Smith	— Rien ne va. C'est partout pareil. [...]
Mme Smith	— Est-ce que vous êtes allé voir chez le marchand d'allumettes?
Le Pompier	— Rien à faire. Il est assuré contre l'incendie. [...]
M. Smith	— Essayez[2] voir chez Durand.
Le Pompier	— Je ne peux pas non plus. Il n'est pas anglais. Il est naturalisé seulement. Les naturalisés ont le droit d'avoir des maisons, mais pas celui de les faire éteindre si elles brûlent.

Eugène Ionesco, *La Cantatrice chauve*, scène VIII (extraits), Gallimard, Folio, 1954.

Avons-nous bien saisi le sens du texte?

I. Répondez aux questions suivantes.

1. Qui défend le point de vue de Madame Smith?
    a) M. Smith
    b) le pompier
    c) Mme Martin

2. Pourquoi le pompier suggère-t-il que les Smith s'embrassent?
    a) parce qu'il aime bien le couple
    b) parce qu'on lui a ouvert la porte
    c) pour montrer que la querelle a pris fin

3. Pourquoi le pompier peut-il parler devant les Martin?
    a) parce que les Martin sont discrets
    b) parce qu'ils connaissent les Smith depuis longtemps
    c) parce que le pompier n'a rien de secret à révéler

4. Pourquoi le pompier est-il venu chez les Smith?
    a) pour leur rendre visite
    b) pour voir s'il n'y a rien qui brûle chez eux
    c) parce qu'il est amoureux de Mme Smith

5. Pourquoi le pompier ne veut-il pas aller chez Durand?
    a) parce qu'il n'a pas le droit d'éteindre le feu chez un naturalisé
    b) parce que le pompier est xénophobe
    c) parce que Durand n'est pas le propriétaire de la maison qu'il occupe

---

2 familier. Essayez **de** voir…

II. Répondez aux questions suivantes.

1. Combien de fois avait-on sonné quand on a ouvert la porte au pompier?
2. Quand on lui explique les raisons de la querelle, qu'est-ce que le pompier essaie de faire?
3. Quelle est la mission du pompier?
4. Pourquoi monsieur Smith renifle-t-il?
5. Qu'est-ce qui nous montre que le pompier n'est pas très occupé?
6. Pourquoi le pompier aimerait-il avoir de grands incendies?
7. Pourquoi le pompier ne va-t-il pas chez le marchand d'allumettes?
8. Y a-t-il un personnage qui vous paraisse plus logique que les autres? Justifiez votre réponse.

Rappelons-nous

fois / foi / foie

la fois	indique la répétition
à la fois	en même temps
Il était une fois	le commencement des contes de fées
la foi	la croyance (en Dieu, par exemple)
le foie	l'organe qui sécrète la bile

III. Complétez en vous servant d'une des expressions ci-dessus.

1. On a sonné plusieurs _____ chez les Smith?
2. Les Français se plaignent beaucoup de leur _____.
3. _____ une belle princesse qui vivait dans un grand château.
4. Avez-vous _____ en cet homme?
5. On ne peut pas faire trente-six choses _____.

Enrichissons notre vocabulaire

IV. Trouvez, dans les texte, les expressions contraires aux expressions suivantes.

1. invraisemblable
2. compliquées
3. normale
4. il y a longtemps
5. allumer
6. heureusement
7. bien
8. le contraire

V. 1. *énervez* est dérivé de *nerf*. Trouvez quatre autres mots de la même famille.
2. *indiscrétion* est dérivé de *discret*. Trouvez quatre autres mots de la même famille.

VI. Relevez, dans le texte, des expressions équivalentes aux expressions suivantes.

1. naturellement
2. est-il question
3. on se querellait
4. restez calme
5. parfois
6. soyez à l'aise
7. le couple
8. grave
9. inutile
10. tâchez

Quelques expressions à retenir

Tout, adverbe

tout + adjectif ou adverbe	très
tout autre	complètement différent
tout au plus, au moins	au maximum, au minimum
tout à fait	complètement
tout de suite	immédiatement
tout à l'heure	très bientôt **ou** il n'y a pas longtemps
tout de même	pourtant
être tout yeux, tout oreilles	être très attentif
être tout ouïe	écouter soigneusement

VII. Complétez les phrases en vous servant d'une des expressions ci-dessus.

1. Le pompier est _____ fier de son uniforme.
2. M. Smith est _____ sûr que, quand on sonne à la porte, il y a quelqu'un.
3. On sonne. Je vais _____ ouvrir la porte.
4. Je croyais qu'ils vivaient à l'aise, mais la situation est _____.
5. Je vous écoute : je _____.
6. À bientôt, chère amie. – Oui, à _____.
7. Il a de mauvaises notes. C'est étonnant, car il est _____ intelligent.
8. Combien vous reste-t-il? – Oh! pas grand-chose, _____ une dizaine de dollars.

Maîtrisons la grammaire

Les indéfinis négatifs

Les adjectifs indéfinis négatifs

adjectif	fonction grammaticale du mot qualifié
aucun(e) ... ne	sujet
ne ... aucun(e)	objet
nul(le) ... ne	sujet
ne ... nul(le)	objet

Les adjectifs négatifs s'accordent, comme tous les autres adjectifs, avec le nom qu'ils qualifient.

1. **Nul** a le même sens que **aucun**, mais appartient à la langue littéraire.

Il n'a **aucune** (**nulle**) idée de la situation.

Les pronoms indéfinis négatifs

pronom	fonction grammaticale du mot qualifié	forme affirmative
aucun(e) ne	sujet	tous, toutes
ne ... aucun(e)	objet	quelques-un(e)s, plusieurs, certain(e)s
nul ne	sujet	tout le monde, tous
personne ne	sujet	quelqu'un, tous, toutes
ne ... personne	objet	quelqu'un, tous, toutes
rien ne	sujet	tout, toute
ne ... rien	objet	tout, toute

1. Quand il est sujet du verbe, le pronom indéfini négatif précède **ne, n'** devant une voyelle. Il est généralement employé au singulier.

Personne n'a sonné.
Rien ne va.

2. Le pronom négatif peut être objet direct ou complément d'une préposition.

Vous **n'**avez vu **personne?** (objet direct)
Elle ne parle **à personne.** (objet de la préposition **à**)
Il **ne** faisait **rien.** (objet direct)
Il ne pensait **à rien.** (complément de la préposition **à**)

3. Quand le pronom est objet du verbe, les deux éléments entourent le verbe aux temps simples.

> Je **ne** faisais **rien**.
> Nous **ne** connaissons **personne**.

4. **Aucun** et **personne** sont placés après le participe des temps composés.

> A-t-il découvert un incendie? – Non, il **n'**en a trouvé **aucun**.
> Et vous **n'**avez vu **personne**?

5. **Ne … rien** entourent l'auxiliaire des temps composés.

> Le pompier **n'**a **rien** vu.

6. Quand un des pronoms négatifs est qualifié, il faut insérer la préposition **de** devant l'adjectif.

> **Personne d'intéressant** n'est venu.
> Il ne trouve **rien de sérieux**.

Remarque 1

Ne confondez pas les noms féminins **personne** et **chose** avec les pronoms indéfinis **personne** et **quelque chose**, toujours masculins.

> J'ai rencontré **une personne** intéressante.
> Je n'ai rencontré **personne d'**intéressant.
> J'ai vu **une chose** amusante.
> J'ai vu **quelque chose d'**amusant.

---

7. **Nul(le) …** est plus littéraire que **aucun(e)** et est souvent utilisé dans des proverbes.

> **Nul n'**est prophète en son pays.

Remarque 2

L'expression **(ne pas) grand-chose** (nom composé masculin) est toujours utilisée au négatif et est placée après le participe aux temps composés.

> Elle **n'**a **pas** mangé **grand-chose**.
> Elle **n'**a **pas** mangé **grand-chose de bon**.

La réponse négative elliptique

Si l'on ne veut pas répondre négativement par une phrase complète, on peut utiliser la négation sans **ne**. (**Pas** n'est jamais employé seul.)

> Et vous n'avez vu personne? — **Personne**.
> Et qu'est-ce que vous faisiez à la porte? — **Rien**.
> Ont-ils beaucoup de difficultés? — **Aucune**.

Exerçons-nous

VIII. Transformez les phrases en employant le pronom ou l'adjectif indiqué. Faites les changements qui s'imposent.

1. Le pompier a vu quelqu'un (personne).
2. Il y a quelque chose qui brûle dans la cave (rien).
3. Ils disent beaucoup de choses (pas grand-chose).
4. Quelqu'un a sonné quatre fois (personne).
5. J'ai rencontré une personne intéressante (aucun).
6. Quelqu'un est responsable de l'accident (nul).
7. Avez-vous plusieurs choses à me dire (aucun)?
8. Il y a quelqu'un à la porte (personne).
9. J'ai vu quelque chose de beau (rien).
10. Elle voit beaucoup de monde (personne).

IX. Mettez les phrases suivantes à la forme négative en employant un indéfini. Faites les changements qui s'imposent.

1. Quelqu'un a sonné.
2. Tout est difficile dans ce chapitre.
3. Tous ont été étonnés quand le pompier est entré.
4. J'ai parlé à plusieurs personnes charmantes.
5. Il pense à tout.
6. Tout le monde est content.
7. Tous se considèrent importants.
8. Elle a beaucoup à dire.
9. Elle a apporté plusieurs cadeaux.
10. J'ai beaucoup de bonnes idées.

X. Répondez négativement aux questions en utilisant un pronom ou un adjectif indéfini.

1. Est-ce qu'il y a quelqu'un?
2. Avez-vous vu quelque chose d'intéressant?
3. As-tu plusieurs aventures à me raconter?
4. Offrez-vous beaucoup de bons plats à vos invités?
5. Mangent-elles beaucoup?
6. Avez-vous rencontré quelqu'un d'agréable?

XI. Faites le même exercice sans utiliser de verbe.

> Modèle : Est-ce qu'il y a quelqu'un? – (Non), personne.

Écrivons

XI. Les personnages de *La Cantatrice chauve* sont tous plus ou moins bizarres. Vous avez certainement, vous aussi, rencontré des individus excentriques ou qui mènent des vies hors de l'ordinaire. Imaginez une conversation entre vous et un de ces individus.

Sourions un peu

On reproche aux gens de parler d'eux-mêmes, c'est pourtant le sujet qu'ils traitent le mieux.

Anatole France, *La Vie littéraire*

On aime mieux dire du mal de soi-même que de n'en point parler.

La Rochefoucauld, *Maximes*

Écoute

Écoutez le passage qui est lu deux fois. Ensuite, répondez aux questions.

Phonétique : **Les consonnes à la fin d'un mot**

CHAPITRE 21 : Dures leçons

Textes à l'étude
- Lisons I : Pique-nique en campagne
- Lisons II : Un professeur obstiné

Vocabulaire et structures
- *chercher / chercher à*
- l'ennui
- expressions avec *courant*
- *mal*, nom et adverbe

Aspects grammaticaux
- Le subjonctif présent
- Le subjonctif passé
- Le subjonctif après certaines conjonctions

Lisons I : Pique-nique en[1] campagne

Monsieur et Madame Tépan sont venus pique-niquer avec leur fils, Zapo, sur le champ de bataille. Alors qu'ils sont en train de déjeuner, Zapo fait un prisonnier nommé Zépo. Les Tépan questionnent le prisonnier.

Répresentation de la Troupe des Anciens de l'Université de Toronto

Monsieur Tépan	—	Alors, comment est-ce que vous êtes venu à la guerre?
Zépo	—	Un jour, à la maison, j'étais en train d'arranger le fer à repasser de ma mère et il est venu un monsieur qui m'a dit « C'est vous, Zépo? – Oui. – Bon, il faut que tu viennes à la guerre. » Alors moi, je lui ai demandé : « Mais à quelle guerre? » et il m'a dit : « Tu ne lis donc pas les journaux? *Quel péquenot*[2]! » Je lui ai répondu que si, mais pas les histoires de guerre.
Zapo	—	Comme moi, exactement comme moi.
Monsieur Tépan	—	Oui, ils sont venus te chercher aussi.
Madame Tépan	—	Non, ce n'est pas pareil, ce jour-là, tu n'étais pas en train d'arranger un fer à repasser, tu réparais la voiture.
Monsieur Tépan	—	Je parlais du reste. *(À Zépo)* Continuez : après, qu'est-ce qu'il s'est passé?
Zépo	—	Alors, je lui ai dit que j'avais une fiancée et que si je ne l'emmenais pas au cinéma le dimanche, elle allait s'embêter. Il m'a dit que ça n'avait aucune importance.
Zapo	—	Comme à moi, exactement comme à moi.
Zépo	—	Alors mon père est descendu et il a dit que je ne pouvais pas aller à la guerre parce que je n'avais pas de cheval.
Zapo	—	Comme mon père a dit.
Zépo	—	Le monsieur a répondu qu'on n'avait plus besoin de cheval et je lui ai demandé si je pouvais emmener ma fiancée. Il a dit non. Alors si je pouvais emmener ma tante pour qu'elle me fasse de la crème *le jeudi*[3]; j'aime bien ça.

---

1 Il y a ici un jeu de mots. On fait un pique-nique **à la** campagne. Être **en** campagne, c'est faire la guerre.
2 Quel paysan!
3 Les écoliers avaient congé le jeudi après-midi.

Madame Tépan, *s'apercevant qu'elle l'a oubliée.* — Oh! la crème!

Zépo   — Il m'a encore dit non.

Zapo   — Comme à moi.

Zépo   — Et depuis ce temps-là, me voilà presque toujours seul dans la tranchée.

Madame Tépan — Je crois que toi et monsieur le prisonnier, puisque vous êtes si près l'un de l'autre et que vous vous ennuyez tellement, vous pourriez jouer l'après-midi ensemble.

Zapo   — Ah! non, maman, j'ai trop peur, c'est un ennemi.

Monsieur Tépan — Allons, n'aie pas peur.

Zapo   — Si tu savais ce que le général a raconté sur les ennemis.

Monsieur Tépan — Qu'est-ce qu'il a dit?

Zapo   — Il a dit que les ennemis sont des gens très méchants. Quand ils font des prisonniers, ils leur mettent des petits cailloux dans leurs chaussures pour qu'ils aient mal en marchant.

Madame Tépan — Quelle horreur! Quels sauvages!

Monsieur Tépan — Et vous n'avez pas honte de faire partie d'une armée de criminels?

Zapo   — Je n'ai rien fait, moi. *Je ne suis mal avec personne*[4]. [...]

Monsieur Tépan — On n'aurait pas dû le détacher[5]. *Si ça se trouve*[6], il suffira qu'on ait le dos tourné pour qu'il nous mette un caillou dans nos chaussures.

Zépo   — Ne soyez pas si méchants avec moi.

Monsieur Tépan — Mais comment voulez-vous qu'on soit? Je suis indigné. Je sais ce que je vais faire : je vais aller trouver le capitaine et lui demander qu'il me laisse faire la guerre.[...]

Madame Tépan — Bravo! Si j'étais un homme, je ferais pareil.

Zépo   — Madame, ne me traitez pas comme ça. D'ailleurs, je vais vous dire : notre général nous a dit la même chose sur vous.

Madame Tépan — Comment a-t-il osé faire un mensonge pareil?

Zapo   — Mais, vraiment, la même chose?

Zépo   — Oui, la même chose.

Monsieur Tépan — C'est peut-être le même qui vous a parlé à tous les deux.

[...]

(Tous boivent)

Madame Tépan, *à Zépo.* Et dans la tranchée, qu'est-ce que vous faites pour vous distraire?

Zépo   — Pour me distraire, je passe mon temps à faire des fleurs *en chiffon*[7]. Je m'embête beaucoup.

Madame Tépan — Et qu'est-ce que vous faites de ces fleurs?

Zépo   — Au début, je les envoyais à ma fiancée, mais un jour elle m'a dit que la serre et la cave en étaient déjà remplies, qu'elle ne savait plus quoi en faire et que, si ça ne me dérangeait pas, je lui envoie autre chose.

Madame Tépan — Et qu'est-ce que vous avez fait?

Zépo   — J'ai essayé d'apprendre à faire autre chose, mais je n'ai pas pu. Alors, je continue à faire des fleurs en chiffon pour passer le temps.

Madame Tépan — Et après, vous les jetez?

---

4 Je m'entends bien avec tout le monde.

5 Zapo avait d'abord lié les mains et les pieds du prisonnier. On les lui a détachés pour qu'il puisse manger.

6 peut-être

7 avec de vieux morceaux de tissu

Zépo	— Non, maintenant, j'ai trouvé moyen de les utiliser : je donne une fleur pour chaque copain qui meurt. Comme ça, je sais que même si j'en fais beaucoup, il n'y en aura jamais assez.
Monsieur Tépan	— Vous avez trouvé une bonne solution.

Fernando Arrabal, *Théâtre 2*, Paris, Christian Bourgeois, 1968, p. 190–194.

Avons-nous bien saisi le sens du texte?

I. Choisissez la bonne réponse.

1. Zépo ne savait pas qu'il y avait une guerre parce que
   a) il ne lit pas les journaux
   b) il est un péquenot
   c) il ne s'intéresse pas aux histoires de guerre

2. Quand on est venu chercher Zapo, il était en train de
   a) réparer le fer à repasser
   b) réparer la voiture
   c) lire le journal

3. Le dimanche, Zépo
   a) allait au cinéma
   b) allait chez sa tante
   c) réparait la voiture

4. Zapo ne veut pas jouer avec Zépo parce que
   a) Zépo est dans une autre tranchée
   b) Zépo est un ennemi
   c) Zépo n'a pas d'instruction

5. Dans la tranchée, Zépo fait des fleurs en chiffon parce que
   a) il s'ennuie
   b) il veut faire un cadeau à sa fiancée
   c) il aime envoyer ces fleurs à des copains

6. La fiancée de Zépo ne veut plus de fleurs parce que
   a) elle n'aime pas les fleurs en chiffon
   b) elle ne sait plus où les mettre
   c) elle veut que Zépo apprenne à faire autre chose

II. Complétez les phrases suivantes en respectant le sens du texte. Faites les changements qui s'imposent.

1. Zépo ne sait pas pourquoi lui et Zapo sont _____.
2. Quand un monsieur est venu le chercher, Zépo _____ arranger le fer à repasser.
3. Ils sont _____ Zapo aussi.
4. Le dimanche, Zépo _____ sa fiancée au cinéma.
5. _____, sa tante lui fait de la crème.

6. Dans la tranchée, les jeunes soldats _____ beaucoup.

7. Le général a dit que les ennemis sont très _____.

8. Ils mettent _____ dans les chaussures des prisonniers.

9. Madame Tépan croit que le général ennemi a dit _____.

10. Pour _____, Zépo fait des fleurs en chiffon.

III. Répondez aux questions suivantes.

1. Le « monsieur » commence par vouvoyer (dire *vous* à) Zépo; bientôt, il le tutoie (dit *tu*). Qu'est-ce que ce changement indique, à votre avis?

2. À votre avis, pourquoi Zapo et Zépo ont-ils presque le même nom?

3. Pensez-vous qu'il s'agisse d'une guerre récente? – Justifiez votre réponse.

4. Dans les répliques de Madame Tépan, qu'est-ce qui fait ressortir que les deux soldats sont encore des enfants?

5. Pourquoi Zépo ne pourra-t-il jamais faire assez de fleurs en chiffon s'il en donne une pour chaque copain qui meurt?

Rappelons-nous

chercher / chercher à

chercher

chercher + objet direct	essayer de trouver
chercher à + infinitif	essayer de
aller, venir chercher	aller, venir prendre (quelqu'un
(quelqu'un ou **quelque chose)**	ou quelque chose)

IV. Complétez les phrases en vous servant d'une des expressions ci-dessus. Faites les changements qui s'imposent.

1. Madame Tépan _____ comprendre pourquoi Zépo et Zapo sont ennemis.

2. Un monsieur _____ Zépo et un autre monsieur _____ Zapo.

3. Mon cours finit à six heures. _____ à six heures dix.

4. Jean n'est pas ici. Il _____ un ami à l'aéroport.

5. J'ai perdu ma grammaire française; je la _____ partout.

Enrichissons notre vocabulaire

V. Il ne faut pas confondre *mener* (*amener = to bring*; *ramener = to bring back* , *emmener = to take*) qui a le sens de *guider* une personne et *porter* (*apporter = to bring*; *rapporter = to bring back*; *emporter = to take away* , *remporter = to take away again*) qui a le sens de prendre un object dans ses mains, dans ses bras. *Rapporter* a aussi le sens de répéter, faire un rapport. Substituez *mener* ou *porter* ou un de leurs composés aux tirets.

1. Madame Tépan _____ un bon déjeuner.

2. Zépo voulait _____ sa tante à la guerre.

3. Je suis incapable de _____ ce paquet; il est trop lourd.

4. Le père _____ les enfants à l'école tous les jours; la mère les _____ à la maison.

5. Après le déjeuner, ils doivent _____ tous les restes du pique-nique.

6. Pouvez-vous me dire où _____ cette route?

7. Cet étudiant _____ tout ce qui se passe au professeur.

8. Le facteur _____ le courrier tous les jours.

VI. Trouvez, dans le texte, le contraire des expressions suivantes.

a) s'amuser, b) si loin, c) seuls, d) gentils, e) attacher, f) le contraire, g) un autre, h) peu.

Quelques expressions à retenir

l'ennui (m)

avoir des ennuis	avoir des soucis
ennuyer	agacer
s'ennuyer	ne pas s'amuser, trouver le temps long
s'embêter	s'ennuyer (plus familier)
un embêtement	un ennui
une distraction	(un moment d') inattention ou un amusement
distraire	déranger ou amuser
se distraire	s'amuser
distrait	inattentif
se plaire	passer le temps agréablement

VII. Complétez les phrases par les expressions ci-dessus. Faites les changements qui s'imposent.

1. L'économie est mauvaise. J'ai des _____ d'argent.

2. Il n'y a guère de _____ dans les tranchées. Zépo et Zapo _____ beaucoup.

3. Qu'est-ce que vous faites pour _____ le soir, après le travail? Moi, je _____ quand je n'ai rien à faire.

4. Est-ce qu'elle _____ dans son nouvel appartement?

5. Ce roman ne me plaît pas; il me _____.

6. Parfois, un moment de _____ suffit pour commettre une erreur grave.

7. Vous semblez préoccupé. Avez-vous des _____?

8. Cet enfant est incapable de se concentrer. Il est toujours _____.

Maîtrisons la grammaire

Remarques générales

1. Le subjonctif est un mode. Il est utilisé dans des propositions subordonnées. Il dépend de verbes, parfois sous-entendus, d'expressions impersonnelles ou de conjonctions exprimant :

   a) le doute → doubt

   b) l'attente – wait

   c) l'émotion – emotion

d) la volonté ← *will* (handwritten)

e) la concession

f) la condition

2. Le subjonctif est très souvent introduit par **que**, mais **que** n'est pas toujours suivi du subjonctif.

Le subjonctif présent

Forme

On forme le **subjonctif présent** en ajoutant les terminaisons **-e, -es, -e, -ions, -iez, -ent** au radical de la troisième personne du pluriel de l'indicatif présent.

laisser (ils laiss-ent)	finir (ils finiss-ent)	rendre (ils rend-ent)
que je laiss-**e**	que je finiss-**e**	que je rend-**e**
que tu laisse-**es**	que tu finiss-**es**	que tu rend-**es**
qu'il/elle/on laiss-**e**	qu'il/elle/on finiss-**e**	qu'il/elle/on rend-**e**
que nous laiss-**ions**	que nous finiss-**ions**	que nous rend-**ions**
que vous laiss-**iez**	que vous finiss-**iez**	que vous rend-**iez**
qu'ils/elles laiss-**ent**	qu'ils/elles finiss-**ent**	qu'ils/elles rend-**ent**

Avoir / Être are exceptions (handwritten)

Remarques

1. La première et la deuxième personnes du pluriel sont identiques à celles de l'imparfait de l'indicatif.

2. Le singulier et la troisième personne du pluriel des verbes en **-er** sont identiques au subjonctif et à l'indicatif.

3. Seuls huit verbes ont des subjonctifs irréguliers. Ce sont : **aller, avoir, être, faire, falloir, pouvoir, savoir, vouloir** (voir l'appendice).

4. Le subjonctif présent a un sens présent ou futur. Il est employé lorsque l'action de la proposition principale et de la proposition subordonnée sont simultanées ou lorsque l'action de la principale précède celle de la subordonnée.

> Il faut que tu **viennes** à la guerre. (simultanéité)
> Il veut emmener sa tante pour qu'elle lui **fasse** de la crème. (sens futur)

Le subjonctif passé

Aller = aill/all | Faire = fass (handwritten)
aillent (handwritten)

Forme

C'est un temps formé du subjonctif de l'auxiliaire **avoir** ou **être** et **du participe passé** du verbe. L'accord du participe passé se fait selon les règles habituelles.

Avoir   *Être* (handwritten)

dire	aller	se lever (verbe pronominal)
que j'aie dit	que je sois allé(e)	que je me sois levé(e)
que tu aies dit	que tu sois allé(e)	que tu te sois levé(e)
qu'il/elle/on ait dit	qu'il/elle/on soit allé(e)	qu'il/elle/on se soit levé(e)
que nous ayons dit	que nous soyons allé(e)s	que nous nous soyons levé(e)s
que vous ayez dit	que vous soyez allé(s), allée(s)	que vous vous soyez levé(s), levée(s)
qu'ils/elles aient dit	qu'ils/elles soient allé(e)s	qu'ils/elles se soient levé(e)s

Emplois du subjonctif

Pouvoir = puiss   /   *Savoir - sach* (handwritten)

Le subjonctif est employé :

1. après des verbes ou des expressions qui marquent la *nécessité* : **il faut (falloir)** et ses synonymes, les expressions **il est nécessaire, il est essentiel**, etc. sont suivies du subjonctif.

   Il faut que tu **viennes** à la guerre.
   Il n'est pas nécesaire qu'il **fasse** des fleurs en chiffon.

   Valoir = vaill/val (handwritten)

2. après des verbes ou des expressions qui indiquent la *possibilité* : **il se peut que, il semble que, il est possible (impossible) que**, etc.

   Il est impossible que la fiancée de Zépo **aille** à la guerre.
   Il semble que Zépo ne **puisse** pas faire assez de fleurs.

   Venir = vienn (handwritten)

Remarque 1

Les expressions **il, me (te, lui, etc.) semble que** et **il est probable que** ne sont pas suivies du subjonctif.

   Il me semble que Zépo ne **peut** pas faire assez de fleurs.
   Il est probable que Zapo **mourra** à la guerre.

---

3. après les verbes indiquant un *ordre*, la *volonté* ou un *désir*.

   Monsieur Tépan **va demander** au capitaine **qu'il** lui **laisse** faire la guerre.
   La fiancée de Zépo lui **a dit qu'il fasse** autre chose.
   Madame Tépan **veut que** les jeunes gens **jouent** ensemble.

Remarque 2

Le subjonctif est parfois utilisé comme impératif à la 3e personne du singulier Dans ce cas, il dépend d'un verbe sous-entendu, par exemple **il faut, je veux** etc.

   Qu'elle me **fasse** de la crème!
   Qu'elles soient à l'heure, sinon, elles seront punies.

Le subjonctif après certaines conjonctions

Une **conjonction,** comme son nom l'indique, est un mot qui sert à joindre deux mots ou deux groupes de mots. Une locution conjonctive est formée de plusieurs mots et joue le même rôle que la conjonction.

Le subjonctif est utilisé après des conjonctions exprimant :

a) *l'attente* (**avant que, en attendant que, jusqu'à ce que**)

Partons **avant qu'**il **mette** des cailloux dans nos chaussures.
Il fera des fleurs en chiffon **en attendant que** la guerre **finisse.**

Remarque 3

Après que est suivi de l'indicatif. Il n'indique pas l'attente.

Après qu'il a fait une fleur en chiffon, il l'envoie à sa fiancée.

b) le *but* (**pour que, afin que, de sorte que,** etc.)

Zépo veut emmener sa tante **pour qu'**elle lui **fasse** de la crème.
Ils leur mettent des cailloux dans les chaussures **afin** qu'ils **aient** mal en marchant.

c) la *crainte* (**de crainte que, de peur que**)

Ils ne tournent pas le dos **de crainte que** Zépo **mette** des cailloux dans leurs chaussures.

Remarque 4

Avec **avant que, de crainte que,** etc., un **ne,** dit explétif, peut précéder le subjonctif. Il n'a pas un sens négatif et son emploi *est facultatif*[8].

Il envoie des fleurs à sa fiancée **de peur qu'**elle **(ne)** l'**oublie.**

d) la *concession* (**quoique, bien que, malgré que, sans que**)

Bien qu'il **fasse** des fleurs en chiffon, Zépo s'ennuie.
Monsieur Tépan pense que, **sans qu'**il **ait** un cheval, Zapo ne peut pas faire la guerre.

Remarque 5

Si l'action de la subordonnée a précédé celle de la principale, on emploie le **subjonctif passé.**

Pour que la cave en soit remplie, il **faut que** Zépo **ait fait** beaucoup de fleurs en chiffon. (Il a fait les fleurs dans le passé, avant que la cave ne soit remplie.)

Bien que les Tépan **soient venus** sur le champ de bataille, leur fils n'**apprécie** pas leur visite.

---

8 n'est pas obligatoire

Exerçons-nous

VIII. Remplacez le verbe *devoir* par *il faut que*.

1. Vous devez faire de la crème pour les enfants.
2. Il doit aller à la guerre.
3. Elle ne doit pas s'ennuyer.
4. Vous ne devez pas mettre des cailloux dans les chaussures de vos ennemis.
5. M. Tépan doit parler au colonel.
6. Le général ne doit pas répéter la même chose à tout le monde.
7. Tu dois réparer la voiture de ton père.
8. Je dois venir parler aux soldats.
9. La cave ne doit pas être remplie de fleurs en chiffon.
10. Tu ne dois pas avoir mal aux pieds.

IX. Mettez les verbes au temps voulu.

1. Pour M. Tépan, il est essentiel que son fils *avoir* un bon cheval.
2. Pour que Zapo *ne pas s'ennuyer*, ses parents sont venus pique-niquer avec lui.
3. Afin que vous *avoir* mal en marchant, ils vous mettent des cailloux dans les chaussures.
4. M. Tépan veut que le colonel lui *permettre* de faire la guerre.
5. Bien que ses parents *apporter* un pique-nique, Zapo n'a pas beaucoup mangé.
6. Avant qu'ils *finir* leur repas, les avions ennemis sont arrivés.
7. Le monsieur dit qu'il faut que Zépo *venir* à la guerre.
8. Avant que la cave *être* remplie de fleurs en chiffon, la jeune fille était contente d'en recevoir.
9. Maintenant, il est nécessaire qu'il *faire* autre chose.
10. Il semble que votre fiancée *vouloir* un autre cadeau.
11. Il écrit tous les jours à son amie de crainte qu'elle l'*oublier*.
12. Bien qu'il *envoyer* des fleurs à la jeune fille la semaine dernière, elle ne l'a pas remercié.
13. J'ai fait la connaissance des Tépan deux jours avant qu'ils *aller* voir leur fils.
14. Après qu'ils *manger*, ils commencent à danser.
15. Sans que les Tépan s'en *apercevoir*, les avions ennemis sont arrivés.

[annotation manuscrite : Il me semble ≠ sub]

X. Mettez les verbes à la forme voulue. Expliquez pourquoi vous utilisez le subjonctif.

Zapo, fils unique des Tépan, est parti pour le champ de bataille. Un jour, un étranger est arrivé chez eux et a dit au jeune homme : « Il faut que tu m'*accompagner*. Il faut que tous les jeunes *aller* à la guerre. » M. Tépan a déclaré : « Je ne veux pas que mon fils *partir* avec vous. Il me semble qu'il *falloir* qu'il *avoir* un cheval et une épée pour lutter contre les ennemis. » Le monsieur a dit qu'il n'était pas nécessaire que les soldats *porter* des épées et *monter* à cheval. Maintenant, il fallait seulement qu'on *être* capable de lancer beaucoup de bombes sur l'ennemi pour gagner la guerre. Le monsieur a emmené Zapo sans que celui-ci *pouvoir* dire adieu à sa fiancée. Le jeune homme voulait que sa tante *venir* avec lui pour qu'elle lui *faire* de la crème de temps en temps, mais le monsieur a dit non. Après qu'il *arriver* dans la tranchée, Zapo s'est senti triste et seul. Bien qu'il *écrire* tous les jours à sa fiancée de crainte qu'elle ne l'*oublier,* il s'ennuie beaucoup; il faut vraiment qu'il *découvrir* un moyen de se distraire.

[annotations manuscrites : m'accompagnes ; aillent ; parte ; soit ; puiss ; fasse ; portent ; montent ; découvre ; écrive ; vienne ; arrivé ; l'oublie ; qu'il faut qu'il ait]

Écrivons

XI. Nous sommes tous d'accord que les guerres devraient être évitées à tout prix. Pourtant, il y a toujours une guerre quelque part.

À votre avis, en tant qu'individus, sommes-nous à même de jouer un rôle pour empêcher qu'il y ait des guerres? Y a-t-il eu parfois, dans l'histoire du monde, des guerres justes, des révolutions utiles?

Lisons II : Un professeur obstiné

Monsieur Muche, directeur d'une pension minable, entre dans la classe de Topaze. Il est accompagné de la baronne Pitart-Vergniolles.

Muche — Madame la baronne Pitart-Vergniolles désire vous parler. [...]

La baronne, à *Topaze* — Je viens vous demander, Monsieur Topaze, ce que vous pensez du travail de mon fils Agénor. [...] Il vous aime beaucoup, monsieur. Il parle souvent de vous à son père en des termes qui marquent une grande estime. [...] L'enfant vous apprécie à tel point qu'il a exigé que je vienne vous demander des leçons particulières. [...] Quand on a la chance de rencontrer un maître de cette valeur, le mieux que l'on puisse faire, c'est de s'en remettre à lui entièrement...

Topaze — Madame, j'en suis confus...

La baronne — Et de quoi seriez-vous confus? D'être la perle des professeurs?

Topaze — Oh!...

La baronne — C'est donc entendu. [...]

Topaze — C'est entendu, madame. Je vais vous dire, d'ailleurs, tout de suite, quelles sont mes heures de liberté... *[Il feuillette un petit carnet.]*

La baronne — Demain, demain... Permettez-moi maintenant de vous parler d'une affaire qui me tient à coeur.

Muche — Oh! une bagatelle qui sera promptement rectifiée.

Topaze — De quoi s'agit-il, madame?

La baronne, *elle tire de son sac une enveloppe.* — Je viens de recevoir les notes trimestrielles de mon fils et je n'ai pas osé montrer ce bulletin à son père.

Muche — J'ai déjà expliqué à Madame la baronne qu'il y a eu sans doute une erreur de la part du secrétaire qui recopie vos notes...

Topaze — Je ne crois pas, monsieur le directeur. Car je n'ai pas de secrétaire, et ce bulletin a été rédigé de ma main...

Il prend le bulletin et l'examine.

Muche, *il appuie sur certaines phrases* — Madame la baronne, qui vient de vous demander des leçons *particulières*, *a trois enfants dans notre maison* et je lui ai moi-même de *grandes obligations*. C'est pourquoi je ne serais pas étonné qu'il y eût[9] une erreur.

Topaze, *regarde le bulletin* — Pourtant, ces notes sont bien celles que j'ai données à l'élève.

La baronne — Comment? *[Elle lit sur le bulletin.]* Français, zéro. Calcul, zéro. Histoire, un quart. Morale, zéro[10].

Muche — Allons! Regardez bien, monsieur Topaze...Regardez *de plus près,* avec *toute votre perspicacité.*

Topaze — Oh! c'est vite vu... Il n'a eu que des zéros... Je vais vous montrer mes cahiers de notes... *(Il prend un cahier ouvert.)*

---

9 subjonctif imparfait. Langage courant : qu'il y *ait.*
10 Ces notes sont sur dix.

Muche	— Écoutez-moi, mon cher ami. Il n'y a pas grand mal à se tromper : *Errare humanum est, perseverare diabolicum*[11]. *(Il le regarde fixement entre les deux yeux.)* Voulez-vous être assez bon pour refaire le calcul de la moyenne de cet enfant?
Topaze	— Bien volontiers... Ce ne sera pas long...

Il s'installe à sa chaire, ouvre plusieurs cahiers et commence ses calculs. [...]

Topaze	— Madame, je vous jure qu'il n'y a pas d'erreur possible. Sa meilleure note est un 2... Il a eu encore un zéro hier, en composition mathématique... Onzième et dernier : Pitart-Vergniolles...
La baronne	— Et pourquoi mon fils est-il le dernier?
Muche, *il se tourne vers Topaze*	— Pourquoi dernier?
Topaze	— Parce qu'il a eu zéro.
Muche, *à la baronne*	— Parce qu'il a eu un zéro.
La baronne	— Et pourquoi a-t-il eu zéro?
Muche, *il se tourne vers Topaze sévèrement*	— Pourquoi a-t-il eu zéro?
Topaze	— Parce qu'il n'a rien compris au problème. [...]
La baronne	— Et pourquoi n'a-t-il rien compris au problème? Je vais vous le dire, monsieur Topaze, puisque vous me forcez à changer de ton. Mon fils a été le dernier parce que la composition était truquée. [...] Le problème était une sorte de labyrinthe à propos de deux terrassiers qui creusent un bassin rectangulaire. Je n'en dis pas plus.
Muche, *à Topaze, sévèrement.*	— Mme la baronne n'en dit pas plus.
Topaze	— Madame, après une accusation aussi infamante, il convient d'en dire plus!
Muche	— Calmez-vous, cher ami.
La baronne	— Nierez-vous qu'il y ait dans votre classe un élève nommé Gigond?
Muche, *à Topaze*	— Un élève nommé Gigond?
Topaze	— Nullement. J'ai un élève nommé Gigond.
Muche, *à la baronne*	— Un élève nommé Gigond.
La baronne, *brusquement*	— Quelle est la profession de son père?
Topaze	— Je n'en sais rien.
La baronne, *à Muche sur le ton de quelqu'un qui porte un coup décisif*	— Le père du nommé Gigond *a une entreprise de terrassement.* Dans le *jardin* du nommé Gigond, il y a *un bassin rectangulaire.* Voilà. Je n'étonnerai personne en disant que le nommé Gigond a été premier.
Muche, *sévèrement*	— Que le nommé Gigond a été premier. (*À la baronne, en souriant.*) Mon Dieu, madame...
Topaze, *stupéfait*	— Mais je ne vois nullement le rapport...
La baronne, *avec autorité*	— Le problème a été choisi pour favoriser le nommé Gigond. Mon fils l'a compris tout de suite et il n'y a rien qui décourage les enfants comme l'injustice et la fraude.
Topaze, *tremblant et hurlant*	— Madame, c'est la première fois que j'entends mettre en doute ma probité... qui est entière, madame, ... qui est entière...
Muche, *à Topaze*	— Calmez-vous, je vous prie. Certes, on peut regretter que le premier en mathématiques soit précisément un élève qui, par la profession de son père, et par la nature même du bassin qu'il voit chez lui, ait pu bénéficier d'une certaine familiarité avec les données du problème. (*Sévèrement.*) Ceci d'ailleurs ne se reproduira plus, car j'y veillerai... Mais, d'autre part, madame, *(la main sur le cœur)* je puis vous affirmer l'entière bonne foi de mon collaborateur.

---

11 Se tromper est humain; persévérer (dans l'erreur) est diabolique.

La baronne	— Je ne demande qu'à vous croire. Mais il est impossible d'admettre que mon fils soit dernier.
Topaze	— Mais, madame, cet enfant est dernier, c'est un fait.
La baronne	— Un fait inexplicable.
Muche	— C'est peut-être un fait, mais il est inexplicable.
Topaze	— Mais non, Madame, et je me charge de vous l'expliquer.
La baronne	— Ah! vous vous chargez de l'expliquer! Eh bien, je vous écoute, monsieur.
Topaze	— Madame, cet enfant est en pleine croissance.
La baronne	— Très juste. […]
Topaze	— Regardez bien votre fils, madame. Il a un facies terreux, les oreilles décollées, les lèvres pâles, le regard incertain.

La baronne, *outrée* — Oh!

Muche, *en écho* — Oh!

Topaze, *rassurant* — Je ne dis pas que sa vie soit menacée par une maladie aiguë : non. Je dis qu'il a probablement des végétations, ou peut-être le ver solitaire, ou peut-être une hérédité chargée, ou peut-être les trois à la fois. Ce qu'il lui faut, c'est une surveillance médicale. […]

La baronne, *à Muche* — Mais qu'est-ce que c'est que *ce galvaudeux mal embouché*[12]?

Muche, *sévère et hurlant* — Monsieur Topaze! *(Humble et désolé.)* Madame la baronne!

Topaze	— Mais madame …
La baronne	— *Un pion galeux*[13] qui se permet de juger les Pitart-Vergniolles.
Muche	— Monsieur Topaze, c'est incroyable … vous jugez les Pitart-Vergniolles!
La baronne	— *Un crève-la-faim*[14] qui cherche à raccrocher des leçons particulières …
Topaze	— Mais je parlais en toute sincérité … […]
La baronne	— Monsieur Muche, si ce *diffamateur professionnel*[15] doit demeurer dans votre maison, je vous retire mes trois fils *séance tenante*[16]. Quant à ce bulletin hypocrite, voilà ce que j'en fais.

Elle déchire le bulletin, jette les morceaux au nez de Topaze et sort. M. Muche, affolé, la suit, en bégayant : « Madame la baronne… Madame la baronne. » Topaze reste seul, ahuri…

Marcel Pagnol, *Topaze*, acte I, extraits, Paris, Fallois, 2004

Avons-nous bien saisi le sens du texte?

I. Choisissez la bonne réponse.

1. Le prénom du fils de la baronne est
   a) Gigond
   b) Agénor
   c) Pitart-Vergniolles

---

12 ce vaurien qui parle si vulgairement
13 un surveillant misérable
14 un homme si pauvre qu'il ne mange pas à sa faim
15 un homme qui détruit la réputation des autres
16 immédiatement

2. Dans la classe de Topaze, il y a
   a) 12 élèves
   b) 20 élèves
   c) 11 élèves

3. Les parents des élèves de la pension Muche reçoivent un bulletin
   a) tous les trois mois
   b) tous les six mois
   c) tous les mois

4. La vraie raison de la visite de la baronne est
   a) qu'elle veut féliciter Topaze
   b) qu'elle veut que Topaze donne des leçons particulières à son fils
   c) qu'elle veut que Topaze change les notes de son fils

5. Le nommé Gigond a été premier
   a) en mathématiques
   b) en histoire
   c) en français

6. Le père de Gigond est
   a) médecin
   b) mathématicien
   c) entrepreneur

7. Topaze pense que le fils des Pitart-Vergniolles souffre
   a) d'une maladie aiguë
   b) d'une hérédité chargée
   c) d'un facies terreux

II. Complétez les phrases en vous servant d'une expression tirée du texte. Faites les changements qui s'imposent.

1. Monsieur Muche est le _____ de la pension Muche.
2. La baronne vient, dit-elle d'abord, demander des leçons _____ à Topaze.
3. La baronne flatte Topaze en lui disant qu'il est _____ des professeurs.
4. La question du bulletin est une affaire importante pour la baronne : elle lui _____.
5. Monsieur Muche demande à Topaze de refaire le calcul de _____ d'Agénor.
6. Le père de Gigond a _____ de terrassement.
7. Grâce à la profession de son père, Gigond a _____ de certaines connaissances.
8. Monsieur Muche affirme _____ de Topaze.
9. Topaze ne pense pas que la vie d'Agénor soit _____.
10. La baronne retirera ses fils de la pension _____ si Topaze n'est pas mis à la porte.

III. Répondez aux questions suivantes.

1. Pourquoi la pension où travaille Topaze s'appelle-t-elle la pension Muche?
2. Qu'est-ce qui montre que Topaze a hâte de donner des leçons particulières?
3. Pourquoi la baronne n'a-t-elle pas osé montrer le bulletin d'Agénor au baron?

4. Pourquoi le bulletin d'Agénor est-il si mauvais?
5. Pourquoi Muche insiste-t-il pour que Topaze « retrouve » l'erreur?
6. De quels crimes la baronne accuse-t-elle Topaze?
7. Selon la baronne, pourquoi le problème était-il plus facile pour Gigond que pour les autres élèves?
8. À en juger par sa réponse, comment Topaze interprète-t-il le « Oh! » de la baronne?
9. Dans le diagnostic de Topaze, quelle remarque doit particulièrement blesser la baronne?
10. Pourquoi l'accusation de la baronne : « Un crève-la-faim qui cherche à raccrocher des leçons particulières » est-elle spécialement injuste?

Rappelons-nous

Expressions avec *courant*

courant : nom masculin

le courant de l'eau	le mouvement de l'eau
un courant d'air	un mouvement dans l'air, genéralement froid
dans le courant	au cours de, pendant
au courant	informé
être au courant	savoir
mettre, tenir quelqu'un au courant	informer la personne
se tenir au courant	être toujours bien informé

IV. Complétez les phrases en utilisant une des expressions ci-dessus. Faites les changements voulus.

1. Nous évitons les _____ parce que nous ne voulons pas attraper de rhumes.
2. Topaze ne pas _____ que Monsieur Gigond avait une entreprise de terrassement.
3. Si vous nagez dans la rivière, faites attention! _____ est très rapide à certains endroits.
4. Les ordinateurs deviennent de plus en plus compliqués. Il faut _____.
5. Je vous téléphonerai _____ de la semaine.
6. Si vous avez des nouvelles, _____.

Enrichissons notre vocabulaire

V. L'extrait contient beaucoup de termes qui ont trait à l'éducation. Servez-vous de ces termes pour compléter les phrases suivantes.

1. Après ses cours, ce professeur donne _____. Il a besoin d'argent.
2. Je n'ai eu qu'un C pour mon dernier travail. Je vais demander au prof ce que je peux faire pour améliorer ma _____.
3. Tous les trois mois, les parents de ces élèves reçoivent un _____.
4. Le professeur de mathématiques a donné à ses élèves trois _____ à résoudre.
5. Tu ne connais pas du tout la grammaire; c'est pourquoi tu n'as eu qu'un 2 en _____ française.
6. Il est si impoli que le prof l'a envoyé chez le _____.

7. C'est le _____ qui surveille les élèves quand ils font leurs devoirs.

8. Hier, tu as eu 2 en histoire. Aujourd'hui, tu as _____ , deux de moins.

VI. **a) Faites deux phrases où chacun des mots suivants aura un sens autre que celui qu'il a dans le texte : _note, composition_.**

b) Trouvez deux homonymes[17] des mots _foi, ver_. Utilisez chacun de ces homonymes dans une phrase qui en illustre le sens.

Quelques expressions à retenir

mal, nom et adverbe

le mal / les maux (pluriel)	le contraire du bien OU la douleur, la maladie
avoir du mal à	avoir des difficultés à
il n'y a pas de mal à + infinitif	ce n'est pas grave
il n'y a pas grand mal à + infinitif	ce n'est pas très grave
avoir mal à + partie du corps	souffrir dans cette partie du corps
faire mal à quelqu'un	_to hurt somebody_
faire du mal à quelqu'un	nuire à quelqu'un
mal + verbe	d'une mauvaise manière

VII. Complétez les phrases en vous servant des expressions ci-dessus.

1. Il faut rendre le bien pour _____ .

2. Avez-vous souvent _____ la tête? – Non, je n'ai pas souvent des _____ de tête, mais j'ai souvent _____ l'estomac.

3. Votre erreur n'est pas grave. _____ se tromper.

4. Vous me serrez la main si fort que vous _____ .

5. Il a une si vilaine écriture que je _____ à le lire.

6. Muche traite _____ ses employés.

7. Vous pardonnez trop à cet enfant; au lieu de l'aider, vous lui _____ .

8. Il se plaint de toutes sortes de _____ .

Maîtrisons la grammaire

Le subjonctif (suite)

Le subjonctif est employé

1. après les verbes ou expressions impersonnelles indiquant une _émotion_, tels **craindre, avoir peur, aimer, préférer, être content, heureux, triste, regretter, s'étonner, il est heureux, il est honteux,** etc.;

> Topaze **est heureux** qu'on **vienne** lui demander des leçons particulières.
> On peut **regretter** que le premier en mathématiques **soit** Gigond.
> La baronne **craint** que le père d'Agénor (**ne**) **se mette** en colère.

---

17 Un homonyme est un mot qui a le même son, mais non le même sens qu'un autre mot.

2. après les verbes ou expressions impersonnelles indiquant le *doute,* tels **douter, ne pas croire, ne pas penser, ne pas trouver, il est douteux, il n'est pas certain,** etc.;

> Muche **ne pense pas** vraiment qu'il y **ait** une erreur.
> La baronne ne **doute** pas que Topaze **soit** prêt à changer la note d'Agénor.

3. après les verbes exprimant la *négation,* tels **nier, ne pas dire, ne pas affirmer,** etc.;

> **Je ne dis pas** que sa vie **soit** menacée.
> **Nierez-vous** qu'il y **ait** dans votre classe un élève nommé Gigond?

4. après des verbes ou expressions impersonnelles impliquant un *jugement,* tels **il est bon, juste, préférable, important, il vaut mieux, c'est/il est dommage,** etc.;

> **Il vaut mieux** que vous **retrouviez** l'erreur.
> **C'est/Il est dommage** que Topaze **soit** si naïf.

5. dans les propositions relatives, après un *superlatif* ou un adjectif ayant un sens superlatif, tels **premier, dernier, seul,** etc. ou après des noms tels **le mieux, le pire** (superlatif de l'adjectif employé comme nom).

> Agénor est **le seul** qui **ait eu** zéro.
> Cette baronne est la personne **la plus snob** que je **connaisse.**
> **Le mieux** que l'on **puisse** faire, c'est de s'en remettre à lui.

Exerçons-nous

VIII. Mettez les infinitifs au subjonctif, présent ou passé, et dites pourquoi le subjonctif est employé.

1. Selon la baronne, Agénor exige que Topaze *venir* lui donner des leçons particulières.
2. Muche suggère que Topaze *refaire* le calcul des notes d'Agénor.

3. Agénor est le plus mauvais élève que Topaze *avoir* depuis qu'il enseigne.
4. Le professeur ne croit pas que la vie d'Agénor *être* en danger.
5. Hier, Topaze était désolé que ses élèves *ne pas comprendre* le problème.
6. La baronne craint que le baron ne *se mettre* en colère.
7. Elle doute qu'elle *pouvoir* montrer le bulletin au baron.
8. Muche ne doute pas que Topaze *obéir* à ses ordres.
9. Gigond est le seul élève qui *obtenir* de bonnes notes le trimestre dernier.
10. Pour Muche, il est important que la baronne *ne pas sortir* en colère de la pension.

IX. Mettez les infinitifs au temps et au mode voulus.

1. La baronne pense que Topaze *changer* la note d'Agénor.
2. Elle veut que le professeur lui *donner* des leçons particulières.
3. Topaze est heureux que ses élèves *avoir* de bons résultats.
4. Je ne dis pas que cet enfant *être* paresseux, mais je dis qu'il *ne pas faire* ses devoirs.
5. C'est l'étudiante la plus intelligente que je jamais *rencontrer.*
6. Est-ce le seul élève qui *obtenir* une si bonne note?
7. Craignez-vous que votre mari *voir* le bulletin?
8. Topaze attend avec impatience que la baronne *partir.*
9. Il est douteux que la baronne *vouloir* laisser ses trois fils à la pension Muche.
10. Muche affirme que le petit Agénor *se conduire* bien, mais Topaze ne trouve pas que l'enfant *être* bien élevé.

X. Mettez les infinitifs au temps et au mode voulus.

Avant que la baronne *arriver* à la pension Muche, Topaze a parlé confidentiellement à son collègue Tamise. Il lui *dire* qu'il *être* amoureux de la fille de Muche, Ernestine. Il admet qu'Ernestine ne lui *donner* guère d'encouragement, bien qu'elle lui *apporter* souvent des paquets de copies et demande qu'il en *faire* les corrections pour elle. Topaze est heureux qu'elle *vouloir* bien lui confier ce travail. Quoiqu'il *être* intelligent, il ne *voir* pas que la jeune fille *profiter* tout simplement de sa naïveté. L'amour est aveugle.

Tamise croit qu'il *connaître* le monde et il est flatté que Topaze lui *demander* son avis. Il pense que son collègue *plaire* à Ernestine puisqu'elle lui *confier* les précieux devoirs de ses élèves. « Il faut que tu la *prendre* dans tes bras et que tu l'*embrasser*, dit-il à Topaze. Après, tu pourras parler au père. Il est possible qu'il *consentir* à te donner sa fille si celle-ci ne nie pas que tu lui *plaire*. »

Hélas! le conseil de Tamise n'aura pas le résultat espéré.

Écrivons

XI. Dans l'extrait que vous avez lu, le caractère des personnages se révèle. Écrivez cinq phrases sur le caractère de Topaze ou de Muche ou de la baronne.

XII. On dit que l'amour est aveugle. En vous appuyant sur l'extrait de *Topaze*, montrez que l'amour maternel aussi peut être aveugle.

Sourions un peu

Si les Romains avaient dû d'abord apprendre le latin, ils n'auraient jamais eu le temps de conquérir le monde.

Albert Willemetz

Un élève questionne son maître : « Pouvez-vous citer cinq jours consécutifs de la semaine sans employer lundi, mardi, mercredi? »

Le maître réfléchit et finit par donner sa langue au chat.

« C'est facile, reprend l'élève : avant-hier, hier, aujourd'hui, demain, après-demain. »

Écoute

Écoutez le passage qui est lu deux fois. Ensuite, répondez aux questions.

Phonétique : **Les voyelles consécutives**

Appendice

FORMATION DES VERBES RÉGULIERS — PREMIER GROUPE

Infinitif
aimer

Présent de l'indicatif
j'aime
tu aimes
il aime
nous aimons
vous aimez
ils aiment

Impératif
aime
aimons
aimez

Participe présent
aimant*

Imparfait
j'aimais
tu aimais
il aimait
nous aimions
vous aimiez
ils aimaient

Futur
j'aimerai
tu aimeras
il aimera
nous aimerons
vous aimerez
ils aimeront

Conditionnel
j'aimerais
tu aimerais
il aimerait
nous aimerions
vous aimeriez
ils aimeraient

Participe passé
aimé

Passé composé
j'ai aimé

Plus-que-parfait
j'avais aimé

Futur antérieur
j'aurai aimé

Conditionnel passé
j'aurais aimé

Présent du subjonctif
j'aime
tu aimes
il aime
nous aimions
vous aimiez
ils aiment

Subjonctif passé
j'aie aimé

Passé simple
j'aimai
tu aimas
il aima
nous aimâmes
vous aimâtes
ils aimèrent

*Le participe présent est généralement formé du radical de la première personne du pluriel du présent de l'indicatif : aim-ons → aim-ant

FORMATION DES VERBES RÉGULIERS — DEUXIÈME GROUPE

Infinitif
finir

Présent de l'indicatif
je finis
tu finis
il finit
nous finissons
vous finissez
ils finissent

Impératif
finis
finissons
finissez

Participe présent
finissant

Imparfait
je finissais
tu finissais
il finissait
nous finissions
vous finissiez
ils finissaient

Futur
je finirai
tu finiras
il finira
nous finirons
vous finirez
ils finiront

Conditionnel
je finirais
tu finirais
il finirait
nous finirions
vous finiriez
ils finiraient

Participe passé
fini

Passé composé
j'ai fini

Plus-que-parfait
j'avais fini

Futur antérieur
j'aurai fini

Conditionnel passé
j'aurais fini

Présent du subjonctif
je finisse
tu finisses
il finisse
nous finissions
vous finissiez
ils finissent

Subjonctif passé
j'aie fini

Passé simple
je finis
tu finis
il finit
nous finîmes
vous finîtes
ils finirent

FORMATION DES VERBES RÉGULIERS — TROISIÈME GROUPE

Infinitif

rendre

Présent de l'indicatif

je rends

tu rends

il rend

nous rendons

vous rendez

ils rendent

Impératif

rends

rendons

rendez

Participe présent

rendant

Imparfait

je rendais

tu rendais

il rendait

nous rendions

vous rendiez

ils rendaient

Futur

je rendrai

tu rendras

il rendra

nous rendrons

vous rendrez

ils rendront

Conditionnel

je rendrais

tu rendrais

il rendrait

nous rendrions

vous rendriez

ils rendraient

Participe passé

rendu

Passé composé

j'ai rendu

Plus-que-parfait

j'avais rendu

Futur antérieur

j'aurai rendu

Conditionnel passé

j'aurais rendu

Présent du subjonctif

je rende

tu rendes

il rende

nous rendions

vous rendiez

ils rendent

Subjonctif passé

j'aie rendu

Passé simple

je rendis

tu rendis

il rendit

nous rendîmes

vous rendîtes

ils rendirent

FORMATION D'UN VERBE PRONOMINAL (RÉFLÉCHI)

Infinitif
se fâcher

Présent de l'indicatif
je me fâche
tu te fâches
il se fâche
nous nous fâchons
vous vous fâchez
ils se fâchent

Impératif
fâche-toi
fâchons-nous
fâchez-vous

Participe présent
se fâchant

Imparfait
je me fâchais
tu te fâchais
il se fâchait
nous nous fâchions
vous vous fâchiez
ils se fâchaient

Futur
je me fâcherai
tu te fâcheras
il se fâchera
nous nous fâcherons
vous vous fâcherez
ils se fâcheront

Conditionnel
je me fâcherais
tu te fâcherais
il se fâcherait
nous nous fâcherions
vous vous fâcheriez
ils se fâcheraient

Participe passé
fâché

Passé composé
je me suis fâché(e)

Plus-que-parfait
je m'étais fâché(e)

Futur antérieur
je me serai fâché(e)

Conditionnel passé
je me serais fâché(e)

Présent du subjonctif
je me fâche
tu te fâches
il se fâche
nous nous fâchions
vous vous fâchiez
ils se fâchent

Subjonctif passé
je me sois fâché(e)

Passé simple
je me fâchai
tu te fâchas
il se fâcha
nous nous fâchâmes
vous vous fâchâtes
ils se fâchèrent

VERBE AUXILIAIRE — AVOIR

Infinitif
avoir

Présent de l'indicatif
j'ai
tu as
il a
nous avons
vous avez
ils ont

Impératif
aie
ayons
ayez

Participe présent
ayant

Imparfait
j'avais
tu avais
il avait
nous avions
vous aviez
ils avaient

Futur
j'aurai
tu auras
il aura
nous aurons
vous aurez
ils auront

Conditionnel
j'aurais
tu aurais
il aurait
nous aurions
vous auriez
ils auraient

Participe passé
eu

Passé composé
j'ai eu

Plus-que-parfait
j'avais eu

Futur antérieur
j'aurai eu

Conditionnel passé
j'aurais eu

Présent du subjonctif
j'aie
tu aies
il ait
nous ayons
vous ayez
ils aient

Subjonctif passé
j'aie eu

Passé simple
j'eus
tu eus
il eut
nous eûmes
vous eûtes
ils eurent

VERBE AUXILIAIRE — ÊTRE

Infinitif
être

Présent de l'indicatif
je suis
tu es
il est
nous sommes
vous êtes
ils sont

Impératif
sois
soyons
soyez

Participe présent
étant

Imparfait
j'étais
tu étais
il était
nous étions
vous étiez
ils étaient

Futur
je serai
tu seras
il sera
nous serons
vous serez
ils seront

Conditionnel
je serais
tu serais
il serait
nous serions
vous seriez
ils seraient

Participe passé
été

Passé composé
j'ai été

Plus-que-parfait
j'avais été

Futur antérieur
j'aurai été

Conditionnel passé
j'aurais été

Présent du subjonctif
je sois
tu sois
il soit
nous soyons
vous soyez
ils soient

Subjonctif passé
j'aie été

Passé simple
je fus
tu fus
il fut
nous fûmes
vous fûtes
ils furent

VERBES IRRÉGULIERS

1. acquérir *to acquire* (conquérir, s'enquérir)

Présent de l'indicatif j'acquiers tu acquiers il acquiert nous acquérons vous acquérez ils acquièrent **Impératif** acquiers acquérons acquérez	**Participe présent** acquérant **Imparfait** j'acquérais **Participe passé** acquis **Futur** j'acquerrai **Conditionnel** j'acquerrais	**Passé simple** j'acquis **Présent du subjonctif** j'acquière tu acquières il acquière nous acquérions vous acquériez ils acquièrent

2. aller *to go*

Présent de l'indicatif je vais tu vas il va nous allons vous allez ils vont **Impératif** va (vas-y) allons allez	**Participe présent** allant **Imparfait** j'allais **Participe passé** allé (conjugué avec *être*) **Futur** j'irai **Conditionnel** j'irais	**Passé simple** j'allai **Présent du subjonctif** j'aille tu ailles il aille nous allions vous alliez ils aillent

3. appeler *to call* (ficeler, rappeler)

Présent de l'indicatif j'appelle tu appelles il appelle nous appelons vous appelez ils appellent **Impératif** appelle appelons appelez	**Participe présent** appelant **Imparfait** j'appelais **Participe passé** appelé **Futur** j'appellerai **Conditionnel** j'appellerais	**Passé simple** j'appelai **Présent du subjonctif** j'appelle tu appelles il appelle nous appelions vous appeliez ils appellent

4. (s') asseoir *to sit, to sit down*

Présent de l'indicatif	Participe présent	Passé simple
j' (je m') assieds	(s') asseyant	j' (je m') assis
tu (t') assieds	*ou*	
il (s') assied	(s') assoyant	**Présent du subjonctif**
nous (nous) asseyons		j' (je m') asseye
vous (vous) asseyez	**Imparfait**	tu (t') asseyes
ils (s') asseyent	j' (je m') asseyais	il (s') asseye
ou (plus rarement)	*ou*	nous (nous) asseyions
j' (je m') assois	j' (je m') assoyais	vous (vous) asseyiez
tu (t) assois		ils (s') asseyent
il (s') assoit	**Participe passé**	*ou*
nous (nous) assoyons	assis	j' (je m') assoie
vous (vous) assoyez	(conjugué avec *être* au sens	tu (t') assoies
ils (s') assoient	réfléchi : je me suis assis(e))	il (s') assoie
		nous (nous) assoyions
Impératif	**Futur**	vous (vous) assoyiez
assieds (-toi)	j' (je m') assiérai	ils (s') assoient
asseyons (-nous)	*ou*	
asseyez (-vous)	j' (je m') assoirai	
ou		
assois (-toi)	**Conditionnel**	
assoyons (-nous)	j' (je m') assiérais	
assoyez (-vous)	*ou*	
	j' (je m') assoirais	

5. battre *to beat, to hit* (**abattre, combattre**)

Présent de l'indicatif	Participe présent	Passé simple
je bats	battant	je battis
tu bats		
il bat	**Imparfait**	**Présent du subjonctif**
nous battons	je battais	je batte
vous battez		tu battes
ils battent	**Participe passé**	il batte
	battu	nous battions
Impératif		vous battiez
bats	**Futur**	ils battent
battons	je battrai	
battez		
	Conditionnel	
	je battrais	

6. boire *to drink*

Présent de l'indicatif	Participe présent	Passé simple
je bois	buvant	je bus
tu bois		
il boit	**Imparfait**	**Présent du subjonctif**
nous buvons	je buvais	je boive
vous buvez	**Participe passé**	tu boives
ils boivent	bu	il boive
		nous buvions
Impératif	**Futur**	vous buviez
bois	je boirai	ils boivent
buvons		
buvez	**Conditionnel**	
	je boirais	

7. conduire *to drive* (construire, cuire, déduire, détruire, induire, réduire, traduire)

Présent de l'indicatif	Participe présent	Passé simple
je conduis	conduisant	je conduisis
tu conduis		
il conduit	**Imparfait**	**Présent du subjonctif**
nous conduisons	je conduisais	je conduise
vous conduisez		tu conduises
ils conduisent	**Participe passé**	il conduise
	conduit	nous conduisions
Impératif		vous conduisiez
conduis	**Futur**	ils conduisent
conduisons	je conduirai	
conduisez		
	Conditionnel	
	je conduirais	

8. connaître *to know* (apparaître, disparaître, paître*, paraître, reconnaître)

Présent de l'indicatif	Participe présent	Passé simple
je connais	connaissant	je connus
tu connais		
il connaît	**Imparfait**	**Présent du subjonctif**
nous connaissons	je connaissais	je connaisse
vous connaissez		tu connaisses
ils connaissent	**Participe passé**	il connaisse
	connu	nous connaissions
Impératif		vous connaissiez
connais	**Futur**	ils connaissent
connaissons	je connaîtrai	
connaissez		
	Conditionnel	
	je connaîtrais	

*Ne s'emploie pas au participe passé ni au passé simple.

9. coudre *to sew*

Présent de l'indicatif	Participe présent	Passé simple
je couds	cousant	je cousis
tu couds		
il coud	**Imparfait**	**Présent du subjonctif**
nous cousons	je cousais	je couse
vous cousez		tu couses
ils cousent	**Participe passé**	il couse
	cousu	nous cousions
Impératif		vous cousiez
couds	**Futur**	ils cousent
cousons	je coudrai	
cousez		
	Conditionnel	
	je coudrais	

10. courir *to run* (accourir, discourir, recourir)

Présent de l'indicatif	Participe présent	Passé simple
je cours	courant	je courus
tu cours		
il court	**Imparfait**	**Présent du subjonctif**
nous courons	je courais	je coure
vous courez		tu coures
ils courent	**Participe passé**	il coure
	couru	nous courions
Impératif		vous couriez
cours	**Futur**	ils courent
courons	je courrai	
courez		
	Conditionnel	
	je courrais	

11. craindre *to fear, to be afraid of* (atteindre, ceindre, éteindre, feindre, peindre, plaindre)

Présent de l'indicatif	Participe présent	Passé simple
je crains	craignant	je craignis
tu crains		
il craint	**Imparfait**	**Présent du subjonctif**
nous craignons	je craignais	je craigne
vous craignez		tu craignes
ils craignent	**Participe passé**	il craigne
	craint	nous craignions
Impératif		vous craigniez
crains	**Futur**	ils craignent
craignons	je craindrai	
craignez		
	Conditionnel	
	je craindrais	

12. croire *to believe*

Présent de l'indicatif	Participe présent	Passé simple
je crois	croyant	je crus
tu crois		
il croit	**Imparfait**	**Présent du subjonctif**
nous croyons	je croyais	je croie
vous croyez		tu croies
ils croient	**Participe passé**	il croie
	cru	nous croyions
Impératif		vous croyiez
crois	**Futur**	ils croient
croyons	je croirai	
croyez		
	Conditionnel	
	je croirais	

13. cueillir *to gather, to pick* (**accueillir, recueillir**)

Présent de l'indicatif	Participe présent	Passé simple
je cueille	cueillant	je cueillis
tu cueilles		
il cueille	**Imparfait**	**Présent du subjonctif**
nous cueillons	je cueillais	je cueille
vous cueillez		tu cueilles
ils cueillent	**Participe passé**	il cueille
	cueilli	nous cueillions
Impératif		vous cueilliez
cueille	**Futur**	ils cueillent
cueillons	je cueillerai	
cueillez		
	Conditionnel	
	je cueillerais	

14. devoir *to have to, must, to owe*

Présent de l'indicatif	Participe présent	Passé simple
je dois	devant	je dus
tu dois		
il doit	**Imparfait**	**Présent du subjonctif**
nous devons	je devais	je doive
vous devez		tu doives
ils doivent	**Participe passé**	il doive
	dû (due, dus, dues)	nous devions
Impératif		vous deviez
dois	**Futur**	ils doivent
devons	je devrai	
devez		
	Conditionnel	
	je devrais	

15. dire *to say, to tell* (contredire, prédire)*

Présent de l'indicatif	Participe présent	Passé simple
je dis	disant	je dis
tu dis		
il dit	**Imparfait**	**Présent du subjonctif**
nous disons	je disais	je dise
vous dites		tu dises
ils disent	**Participe passé**	il dise
	dit	nous disions
Impératif		vous disiez
dis		ils disent
disons	**Futur**	
dites	je dirai	
	Conditionnel	
	je dirais	

*Ces deux verbes suivent la règle normale sauf à la 2ᵉ personne du pluriel de l'indicatif présent : vous contredisez, vous prédisez.

16. dormir *to sleep* (endormir, rendormir)

Présent de l'indicatif	Participe présent	Passé simple
je dors	dormant	je dormis
tu dors		
il dort	**Imparfait**	**Présent du subjonctif**
nous dormons	je dormais	je dorme
vous dormez		tu dormes
ils dorment	**Participe passé**	il dorme
	dormi	nous dormions
Impératif		vous dormiez
dors		ils dorment
dormons	**Futur**	
dormez	je dormirai	
	Conditionnel	
	je dormirais	

17. écrire *to write* (décrire, inscrire, réécrire ou récrire)

Présent de l'indicatif	Participe présent	Passé simple
j'écris	écrivant	j'écrivis
tu écris		
il écrit	**Imparfait**	**Présent du subjonctif**
nous écrivons	j'écrivais	j'écrive
vous écrivez		tu écrives
ils écrivent	**Participe passé**	il écrive
	écrit	nous écrivions
Impératif		vous écriviez
écris		ils écrivent
écrivons	**Futur**	
écrivez	j'écrirai	
	Conditionnel	
	j'écrirais	

18. employer *to use, to employ* (aboyer, déployer, moyer, ennuyer, essuyer, défrayer, essayer, frayer, payer)

Présent de l'indicatif	Participe présent	Passé simple
j'emploie	employant	j'employai
tu emploies		
il emploie	**Imparfait**	**Présent du subjonctif**
nous employons	j'employais	j'emploie
vous employez		tu emploies
ils emploient	**Participe passé**	il emploie
	employé	nous employions
Impératif		vous employiez
emploie	**Futur**	ils emploient
employons	j'emploierai	
employez		
	Conditionnel	
	j'emploierais	

Les verbes en **-ayer**, tels **payer, essayer, balayer** se conjuguent comme des verbes réguliers ou sur le modèle d'**employer**.

19. envoyer *to send* (renvoyer)

Présent de l'indicatif	Participe présent	Passé simple
j'envoie	envoyant	j'envoyai
tu envoies		
il envoie	**Imparfait**	**Présent du subjonctif**
nous envoyons	j'envoyais	j'envoie
vous envoyez		tu envoies
ils envoient	**Participe passé**	il envoie
	envoyé	nous envoyions
Impératif		vous envoyiez
envoie	**Futur**	ils envoient
envoyons	j'enverrai	
envoyez		
	Conditionnel	
	j'enverrais	

20. espérer *to hope* (céder, inquiéter, interpréter, lécher, préférer, refléter, régler, sécher)

Présent de l'indicatif	Participe présent	Passé simple
j'espère	espérant	j'espérai
tu espères		
il espère	**Imparfait**	**Présent du subjonctif**
nous espérons	j'espérais	j'espère
vous espérez		tu espères
ils espèrent	**Participe passé**	il espère
	espéré	nous espérions
Impératif		vous espériez
espère	**Futur**	ils espèrent
espérons	j'espérerai	
espérez		
	Conditionnel	
	j'espérerais	

21. faillir *to almost ...* Verbe défectif employé surtout aux formes ci-dessous :

Temps composés		Passé simple
j'ai failli		je faillis
j'avais failli		
etc.		

22. faire *to do, to make* (**défaire, refaire, satisfaire**)

Présent de l'indicatif	Participe présent	Passé simple
je fais	faisant	je fis
tu fais		
il fait	**Imparfait**	**Présent du subjonctif**
nous faisons	je faisais	je fasse
vous faites		tu fasses
ils font	**Participe passé**	il fasse
	fait	nous fassions
Impératif		vous fassiez
fais	**Futur**	ils fassent
faisons	je ferai	
faites		
	Conditionnel	
	je ferais	

23. falloir *to have to, must*   Verbe impersonnel employé aux formes suivantes :

Présent de l'indicatif	Participe passé	Passé simple
il faut	fallu (il a fallu, il avait fallu, etc.)	il fallut
Imparfait	**Futur**	
il fallait	il faudra	**Présent du subjonctif**
		il faille
	Conditionnel	
	il faudrait	

24. fuir *to flee* (**s'enfuir**)

Présent de l'indicatif	Participe présent	Passé simple
je fuis	fuyant	je fuis
tu fuis		
il fuit	**Imparfait**	**Présent du subjonctif**
nous fuyons	je fuyais	je fuie
vous fuyez		tu fuies
ils fuient	**Participe passé**	il fuie
	fui	nous fuyions
Impératif		vous fuyiez
fuis	**Futur**	ils fuient
fuyons	je fuirai	
fuyez		
	Conditionnel	
	je fuirais	

25. haïr *to hate*

Présent de l'indicatif	Participe présent	Passé simple
je hais	haïssant	je haïs
tu hais		
il hait	**Imparfait**	**Présent du subjonctif**
nous haïssons	je haïssais	je haïsse
vous haïssez		tu haïsses
ils haïssent	**Participe passé**	il haïsse
	haï	nous haïssions
Impératif		vous haïssiez
hais	**Futur**	ils haïssent
haïssons	je haïrai	
haïssez		
	Conditionnel	
	je haïrais	

26. jeter *to throw* (cliqueter, feuilleter, projeter, rejeter)

Présent de l'indicatif	Participe présent	Passé simple
je jette	jetant	je jetai
tu jettes		
il jette	**Imparfait**	**Présent du subjonctif**
nous jetons	je jetais	je jette
vous jetez		tu jettes
ils jettent	**Participe passé**	il jette
	jeté	nous jetions
Impératif		vous jetiez
jette	**Futur**	ils jettent
jetons	je jetterai	
jetez		
	Conditionnel	
	je jetterais	

27. lever *to raise, to lift* (acheter, amener, crever, emmener, enlever, mener, peser, semer)

Présent de l'indicatif	Participe présent	Passé simple
je lève	levant	je levai
tu lèves		
il lève	**Imparfait**	**Présent du subjonctif**
nous levons	je levais	je lève
vous levez		tu lèves
ils lèvent	**Participe passé**	il lève
	levé	nous levions
Impératif		vous leviez
lève	**Futur**	ils lèvent
levons	je lèverai	
levez		
	Conditionnel	
	je lèverais	

28. lire *to read* (élire, relire)

Présent de l'indicatif	Participe présent	Passé simple
je lis	lisant	je lus
tu lis		
il lit	**Imparfait**	**Présent du subjonctif**
nous lisons	je lisais	je lise
vous lisez		tu lises
ils lisent	**Participe passé**	il lise
	lu	nous lisions
Impératif		vous lisiez
lis	**Futur**	ils lisent
lisons	je lirai	
lisez		
	Conditionnel	
	je lirais	

29. mentir *to lie* (partir, ressortir, sortir)

Présent de l'indicatif	Participe présent	Passé simple
je mens	mentant	je mentis
tu mens		
il ment	**Imparfait**	**Présent du subjonctif**
nous mentons	je mentais	je mente
vous mentez		tu mentes
ils mentent	**Participe passé**	il mente
	menti	nous mentions
Impératif		vous mentiez
mens	**Futur**	ils mentent
mentons	je mentirai	
mentez		
	Conditionnel	
	je mentirais	

30. mettre *to put, to place* (commettre, promettre, remettre, soumettre)

Présent de l'indicatif	Participe présent	Passé simple
je mets	mettant	je mis
tu mets		
il met	**Imparfait**	**Présent du subjonctif**
nous mettons	je mettais	je mette
vous mettez		tu mettes
ils mettent	**Participe passé**	il mette
	mis	nous mettions
Impératif		vous mettiez
mets	**Futur**	ils mettent
mettons	je mettrai	
mettez		
	Conditionnel	
	je mettrais	

31. mourir *to die*

Présent de l'indicatif	Participe présent	Passé simple
je meurs	mourant	je mourus
tu meurs		
il meurt	**Imparfait**	**Présent du subjonctif**
nous mourons	je mourais	je meure
vous mourez		tu meures
ils meurent	**Participe passé**	il meure
	mort (conjugué avec *être*)	nous mourions
Impératif		vous mouriez
meurs	**Futur**	ils meurent
mourons	je mourrai	
mourez		
	Conditionnel	
	je mourrais	

32. naître *to be born*

Présent de l'indicatif	Imparfait	Passé simple
je nais	je naissais	je naquis
tu nais		
il naît	**Participe passé**	**Présent du subjonctif**
nous naissons	né (conjugué avec *être*)	je naisse
vous naissez		tu naisses
ils naissent	**Futur**	il naisse
	je naîtrai	nous naissions
Participe présent		vous naissiez
naissant	**Conditionnel**	ils naissent
	je naîtrais	

33. ouvrir *to open* (couvrir, découvrir, offrir, souffrir)

Présent de l'indicatif	Participe présent	Passé simple
j'ouvre	ouvrant	j'ouvris
tu ouvres		
il ouvre	**Imparfait**	
nous ouvrons	j'ouvrais	**Présent du subjonctif**
vous ouvrez		j'ouvre
ils ouvrent	**Participe passé**	tu ouvres
	ouvert	il ouvre
Impératif		nous ouvrions
ouvre	**Futur**	vous ouvriez
ouvrons	j'ouvrirai	ils ouvrent
ouvrez		
	Conditionnel	
	j'ouvrirais	

34. plaire *to please, to like* (complaire, déplaire, taire*)

Présent de l'indicatif	Participe présent	Passé simple
je plais	plaisant	je plus
tu plais		
il plaît	**Imparfait**	
nous plaisons	je plaisais	**Présent du subjonctif**
vous plaisez		je plaise
ils plaisent	**Participe passé**	tu plaises
	plu	il plaise
Impératif		nous plaisions
plais	**Futur**	vous plaisiez
plaisons	je plairai	ils plaisent
plaisez		
	Conditionnel	
	je plairais	

*N.B. il tait, sans accent sur le **i**

35. pleuvoir* *to rain*   Verbe impersonnel employé aux formes suivantes :

Présent de l'indicatif	Imparfait	Passé simple
il pleut	il pleuvait	il plut
ils pleuvent	ils pleuvaient	ils plurent
Participe présent	**Participe passé**	**Présent du subjonctif**
pleuvant	plu (il a plu, ils ont plu; etc.)	il pleuve
		ils pleuvent
	Futur	
	il pleuvra	
	ils pleuvront	
	Conditionnel	
	il pleuvrait ils pleuvraient	

***Pleuvoir** est utilisé surtout à la 3ᵉ personne du singulier. Toutefois, on peut l'employer au pluriel, mais au sens figuré : Les insultes, les honneurs (etc.) pleuvent.

36. pouvoir *to be able to, can*

Présent de l'indicatif	Imparfait	Passé simple
je peux	je pouvais	je pus
tu peux		
il peut	**Participe passé**	**Présent du subjonctif**
nous pouvons	pu	je puisse
vous pouvez		tu puisses
ils peuvent	**Futur**	il puisse
	je pourrai	nous puissions
Participe présent		vous puissiez
pouvant	**Conditionnel**	ils puissent
	je pourrais	

37. rendre *to take* (apprendre, comprendre, déprendre, entreprendre)

Présent de l'indicatif	Participe présent	Passé simple
je prends	prenant	je pris
tu prends		
il prend	**Imparfait**	**Présent du subjonctif**
nous prenons	je prenais	je prenne
vous prenez		tu prennes
ils prennent	**Participe passé**	il prenne
	pris	nous prenions
Impératif		vous preniez
prends		ils prennent
prenons	**Futur**	
prenez	je prendrai	
	Conditionnel	
	je prendrais	

38. recevoir *to receive* (apercevoir, concevoir, décevoir, percevoir)

Présent de l'indicatif	Participe présent	Passé simple
je reçois	recevant	je reçus
tu reçois		
il reçoit	**Imparfait**	**Présent du subjonctif**
nous recevons	je recevais	je reçoive
vous recevez		tu reçoives
ils reçoivent	**Participe passé**	il reçoive
	reçu	nous recevions
Impératif		vous receviez
reçois		ils reçoivent
recevons	**Futur**	
recevez	je recevrai	
	Conditionnel	
	je recevrais	

39. résoudre *to solve, to résolve*

Présent de l'indicatif	Participe présent	Passé simple
je résous	résolvant	je résolus
tu résous		
il résout	**Imparfait**	**Présent du subjonctif**
nous résolvons	je résolvais	je résolve
vous résolvez		tu résolves
ils résolvent	**Participe passé**	il résolve
	résolu	nous résolvions
Impératif		vous résolviez
résous		ils résolvent
résolvons	**Futur**	
résolvez	je résoudrai	
	Conditionnel	
	je résoudrais	

40. rire *to laugh* (**sourire**)

Présent de l'indicatif	Participe présent	Passé simple
je ris	riant	je ris
tu ris		
il rit	**Imparfait**	**Présent du subjonctif**
nous rions	je riais	je rie
vous riez		tu ries
ils rient	**Participe passé**	il rie
	ri	nous riions
Impératif		vous riiez
ris	**Futur**	ils rient
rions	je rirai	
riez		
	Conditionnel	
	je rirais	

41. rompre *to break* (**interrompre**)

Présent de l'indicatif	Participe présent	Passé simple
je romps	rompant	je rompis
tu romps		
il rompt	**Imparfait**	**Présent du subjonctif**
nous rompons	je rompais	je rompe
vous rompez		tu rompes
ils rompent	**Participe passé**	il rompe
	rompu	nous rompions
Impératif		vous rompiez
romps	**Futur**	ils rompent
rompons	je romprai	
rompez		
	Conditionnel	
	je romprais	

42. 42. savoir *to know, to know how*

Présent de l'indicatif	Participe présent	Passé simple
je sais	sachant	je sus
tu sais		
il sait	**Imparfait**	**Présent du subjonctif**
nous savons	je savais	je sache
vous savez		tu saches
ils savent	**Participe passé**	il sache
	su	nous sachions
Impératif		vous sachiez
sache	**Futur**	ils sachent
sachons	je saurai	
sachez		
	Conditionnel	
	je saurais	

43. servir *to serve*

Présent de l'indicatif	Participe présent	Passé simple
je sers	servant	je servis
tu sers		
il sert	**Imparfait**	**Présent du subjonctif**
nous servons	je servais	je serve
vous servez		tu serves
ils servent	**Participe passé**	il serve
	servi	nous servions
Impératif		vous serviez
sers	**Futur**	ils servent
servons	je servirai	
servez		
	Conditionnel	
	je servirais	

44. suffire *to suffice, to be enough*

Présent de l'indicatif	Participe présent	Passé simple
je suffis	suffisant	je suffis
tu suffis		
il suffit	**Imparfait**	**Présent du subjonctif**
nous suffisons	je suffisais	je suffise
vous suffisez		tu suffises
ils suffisent	**Participe passé**	il suffise
	suffi	nous suffisions
Impératif		vous suffisiez
suffis	**Futur**	ils suffisent
suffisons	je suffirai	
suffisez		
	Conditionnel	
	je suffirais	

45. suivre *to take, to follow* (**poursuivre**)

Présent de l'indicatif	Participe présent	Passé simple
je suis	suivant	je suivis
tu suis		
il suit	**Imparfait**	**Présent du subjonctif**
nous suivons	je suivais	je suive
vous suivez		tu suives
ils suivent	**Participe passé**	il suive
	suivi	nous suivions
Impératif		vous suiviez
suis	**Futur**	ils suivent
suivons	je suivrai	
suivez		
	Conditionnel	
	je suivrais	

46. vaincre *to defeat* (convaincre)

Présent de l'indicatif	Participe présent	Passé simple
je vaincs	vainquant	je vainquis
tu vaincs		
il vainc	**Imparfait**	**Présent du subjonctif**
nous vainquons	je vainquais	je vainque
vous vainquez		tu vainques
ils vainquent	**Participe passé**	il vainque
	vaincu	nous vainquions
		vous vainquiez
Impératif		ils vainquent
vaincs	**Futur**	
vainquons	je vaincrai	
vainquez		
	Conditionnel	
	je vaincrais	

47. valoir *to value, to be worth*

Présent de l'indicatif	Participe présent	Passé simple
je vaux	valant	je valus
tu vaux		
il vaut	**Imparfait**	**Présent du subjonctif**
nous valons	je valais	je vaille
vous valez		tu vailles
ils valent	**Participe passé**	il vaille
	valu	nous valions
		vous valiez
Impératif		ils vaillent
vaux	**Futur**	
valons	je vaudrai	
valez		
	Conditionnel	
	je vaudrais	

48. venir *to come*

   a)   avec *être* : devenir, intervenir, parvenir, provenir, (se) souvenir;

   b)   avec *avoir* : convenir, prévenir, subvenir, tenir (et ses composés).

Présent de l'indicatif	Participe présent	Passé simple
je viens	venant	je vins
tu viens		
il vient	**Imparfait**	**Présent du subjonctif**
nous venons	je venais	je vienne
vous venez		tu viennes
ils viennent	**Participe passé**	il vienne
	venu (conjugué avec être)	nous venions
		vous veniez
Impératif		ils viennent
viens	**Futur**	
venons	je viendrai	
venez		
	Conditionnel	
	je viendrais	

49. vivre *to lie* (revivre, survivre)

Présent de l'indicatif	Participe présent	Passé simple
je vis	vivant	je vécus
tu vis		
il vit	**Imparfait**	**Présent du subjonctif**
nous vivons	je vivais	je vive
vous vivez		tu vives
ils vivent	**Participe passé**	il vive
	vécu	nous vivions
Impératif		vous viviez
vis	**Futur**	ils vivent
vivons	je vivrai	
vivez		
	Conditionnel	
	je vivrais	

50. voir *to see* (revoir)

Présent de l'indicatif	Participe présent	Passé simple
je vois	voyant	je vis
tu vois		
il voit	**Imparfait**	**Présent du subjonctif**
nous voyons	je voyais	je voie
vous voyez		tu voies
ils voient	**Participe passé**	il voie
	vu	nous voyions
Impératif		vous voyiez
vois	**Futur**	ils voient
voyons	je verrai	
voyez		
	Conditionnel	
	je verrais	

51. vouloir *to want*

Présent de l'indicatif	Participe présent	Passé simple
je veux	voulant	je voulus
tu veux		
il veut	**Imparfait**	**Présent du subjonctif**
nous voulons	je voulais	je veuille
vous voulez		tu veuilles
ils veulent	**Participe passé**	il veuille
	voulu	nous voulions
Impératif		vous vouliez
veux veuille	**Futur**	ils veuillent
voulons veuillons	je voudrai	
voulez veuillez		
	Conditionnel	
	je voudrais	

CAS SPÉCIAUX

1. Les verbes se terminant par **-cer** prennent un **c cédille (ç)** avant les lettres **a** ou **o**.

Exemples : je commençais

nous commençons

Parmi ces verbes, il y a : annoncer, avancer, balancer, effacer, forcer, s'efforcer, lancer, menacer, prononcer, remplacer.

2. Les verbes se terminant par **-ger** prennent un **e** avant les lettres **a** et **o**.

Exemples : je mangeais

nous mangeons

Tels sont : arranger, changer, déranger, diriger, juger, nager, neiger, partager, plonger, protéger, songer, soulager, voyager.

VERBES SUIVIS DE L'INFINITIF SANS PRÉPOSITION

affirmer	estimer	prétendre
aimer	faillir	se rappeler
aller	faire	regarder
compter	falloir	rentrer
courir	s'imaginer	retourner
croire	juger	revenir
descendre	laisser	savoir
désirer	mener	sembler
détester	monter	sentir
devoir	oser	valoir mieux
dire	paraître	venir
écouter	partir	voir
entendre	penser	vouloir
envoyer	pouvoir	
espérer	préférer	

VERBES SUIVIS DE LA PRÉPOSITION *À* DEVANT UN INFINITIF

amener	continuer (**à** ou **de**)	inviter
s'amuser	décider*	mettre
s'appliquer	se décider**	se mettre
apprendre	donner	obliger
arriver	s'efforcer	parvenir
s'attendre	s'employer	se plaire
autoriser	encourager	se résigner
avoir	s'ennuyer	rester
chercher	enseigner	réussir
commencer (à ou de)	s'entendre	servir
se condamner	s'exercer	songer
conduire	habituer	tarder
consacrer	s'habituer	tenir
consentir	hésiter	travailler
	s'intéresser	

*Il m'a décidé **à** partir. J'ai décidé **de** partir.

Je me suis décidé **à partir.

VERBES SUIVIS DE LA PRÉPOSITION *DE* DEVANT UN INFINITIF

achever	éviter	se passer
s'apercevoir	s'excuser	permettre
arrêter	se fatiguer	persuader
s'arrêter	feindre	plaindre
avertir	féliciter	se plaindre
blâmer	finir	se presser
cesser	se garder	prévoir
charger	se hâter	prier
commander	inspirer	priver
conseiller	interdire	promettre
se contenter	se lasser	proposer
continuer	louer	punir
craindre	manquer	recommander
crier	se mêler	refuser
décider	menacer	regretter
défendre	mériter	remercier
demander	se moquer	reprocher
se dépêcher	négliger	risquer
dire	obliger	se soucier
douter	s'occuper	souffrir
se douter	offrir	soupçonner
écrire	omettre	se souvenir
s'efforcer	ordonner	supplier
empêcher	oublier	tâcher
s'ennuyer	pardonner	tenter
essayer	parler	se vanter

EMPLOIS PRINCIPAUX DU SUBJONCTIF

On emploie le subjonctif dans la proposition subordonnée après :

les verbes ou locutions qui expriment :		
un **doute** ou une **incertitude**	un **ordre**, une **volonté**, une **attente**	un **sentiment** où une **opinion négative**
je doute que je ne crois pas que croyez-vous que... ? je ne pense pas que pensez-vous que... ? etc.	je commande que j'ordonne que j'exige que je permets que je défends que j'interdis que je veux que je souhaite que je désire que je préfère que j'ai envie que j'empêche que j'attends que etc.	j'ai peur que je crains que je suis content(e) que je suis désolé(e) que je suis fâché(e) que je suis triste que je regrette que je suis étonné(e) que je suis surpris(e) que je ne dis pas que je nie que etc.
Expressions impersonnelles il est douteux que il n'est pas sûr que il n'est pas probable que il se peut que il semble que il ne semble pas que il est incroyable que il n'est pas vrai que il est (im)possible que il n'est pas clair que etc.	**Expressions impersonnelles** il faut que il est nécessaire que il n'est pas nécessaire que il est essentiel que il est urgent que etc.	**Expressions impersonnelles** il est (mal)heureux que il est triste que il est bon que il est sage que il est préférable que il vaut mieux que il est honteux que il (c')est dommage que il est important que etc.

On emploie le subjonctif dans la proposition subordonnée après :

certaines conjonctions		
bien que quoique malgré que afin que pour que avant que en attendant que jusqu'à ce que	à moins que sans que pourvu que de peur que de crainte que soit que ... soit que quoi que ce soit que qui que ce soit que	où que quelque ... que quel(s), quelle(s) ... que tout ... que si ... que etc.

un superlatif		
le plus … que	le pire que …	le dernier … que
le meilleur … que	le moins … que	il n'y a que …
le pire … que	le moins que …	le seul que …
le plus que …	le seul … que	le premier que …
le mieux que …	le premier … que	le dernier que …

un antécédent indéfini
Connaissez-vous quelqu'un qui **puisse** nous aider ? (**quelqu'un** est l'antécédent indéfini)

un verbe sous-entendu exprimant un souhait
Qu'il **vienne**! Dieu **soit** béni! **Vive** le Canada!

Glossaire

A

abaisser, to lower

abattre (s'), to fall down

abîme, m. deep hole, abyss

(d') abord, first

   tout d'abord, first of all

aborder, to approach

aboutir, to end up

abri, m. shelter

   à l'abri, sheltered

   se mettre à l'abri, to take shelter

abrité(e), adj. sheltered

accablé(e), adj. downcast

accompagner, to accompany

accomplir, to perform

accord, m. agreement

   être d'accord, to agree

   mettre d'accord, to get to agree

accoucher, to give birth

accoupler (s'), to mate

accueillir, to welcome

achat, m. purchase

acheter, to buy

achever, to finish

acier, m. steel

acquis(e), adj. acquired

   tenir pour acquis(e), to take for granted

acquitter (s'), to pay off, to discharge

acte, m. action

adieu, m. farewell

admettre, to admit, to let in

administratrice, f. director

ado, m. or f. teenager

aéré(e), adj. airy

   mal aéré, stuffy

afin de, prep. in order to

affaire, f. matter

affaires, f. pl. business

affamé(e) adj. or noun, starving (people)

affectif (ve), adj. emotional

affirmer, to declare, to say, to assert

affolé(e), adj. panic-stricken

affreux (euse), adj. horrible

affront, m. insult

âgé(e), adj. old, to be… years old

agenda, m. diary

agir, to act

   il s'agit de, it is a matter of, it is a question of

agneau, m, lamb

ahuri(e), adj. flabbergasted

aide, f. help

aider, to help

aigle, m. eagle

aigu, aiguë, adj. acute

ailleurs, elsewhere

   d'ailleurs, besides, moreover

aimer, to like, to love, to be in love with

aîné, m. oldest, elder, old people

aîné(e), adj. older

ainsi, adv. so, in this way

air, m. air, appearance

   avoir l'air, to seem

ajouter, to add

alimentaire, adj. (related to) food

aller, to go, to suit

   s'en aller, to go away

allonger (s'), to stretch out

allumer, to turn on the light

allumette, f. match

alors, adv. then

alors que, conj. when, whereas

alphabétisation, f. elimination of illiteracy

âme, f. soul

    âme soeur, soul mate

améliorer, to improve

amener, to bring

amenuiser (s'), to become smaller

ami, m. friend

amie, f. friend

amour, m. love

    par amour, out of love

amoureux, m. admirer

amoureux(euse), adj. in love

    tomber amoureux, to fall in love

amplement, adv. fully

amuser, to amuse

    s'amuser, to enjoy oneself

an, m. year

analogue, adj. similar

analphabète, adj. illiterate

analphabétisme, m. illiteracy

ancien, m. elder

ancré(e), adj. anchored, fixed

âne, m. donkey

aneth, m. dill

angoissse, f. anxiety

ange, m. angel

anglais(e), adj. English

angoissé(e), adj. distressed

année, f. year, grade

annexion, f. annexation

annoncer, to predict

annuel(le), adj. yearly

antérieur(e), adj. previous

apaiser, to placate

apercevoir (s'), to notice, to catch sight of

apitoyer, to move to pity

appareil, m. camera

    appareil photo numérique, digital camera

appartenir, to belong

appel, m. call

appeler, to call

    s'appeler, to be called

applaudir, to applaud, to clap

appliquer, to apply

apport, m. contribution

apporter, to bring

apprendre, to learn, to teach, to hear of

apprentissage, m. learning, experience

apprêter, to prepare

    s'apprêter, to get ready

approcher (s'), to come near

approuver, to agree with

appui, m. support

    prendre appui sur, to lean on

appuyer, to stress

    s'appuyer, to lean against

après, prep. or adv. after

    d'après, according to

après-midi, m or f., afternoon

arbre, m. tree

argent, m. money, silver

armoire, f. cupboard, wardrobe

    armoire à glace, wardrobe with a mirror

arranger, to fix

arrêter, to stop, to arrest

    s'arrêter, to stop

arrière, m. rear

arrivée, f. arrival

arriver, to arrive, to happen, to succeed

    il arrive, it happens

    arriver à, to manage

aspect, m. aspect, point of view

assemblée, f. crowd, meeting

asseoir, to seat

asservir, to subjugate

assez, adv. enough, fairly

   asseoir (s') to sit down

assis(e), adj. seated

assister, to attend

assortir, to match

assoupir (s'), to doze off

assurément, adv. for sure

assurer (s'), to make sure

astucieux (euse), adj. clever

atroce, adj. excruciating

attarder (s'), to linger

atteindre, to reach

atteinte, f. reaching

attendre, to wait

attente, f. expectation

attention, f. care, attention

   attention à, be careful of

attirer, to attract

attraper, to catch

aucun (e), adj. or pr. none, no

audacieux (euse), adj. daring

au-delà (l'), m. the beyond

au-dessus, adv. above, on the outside

aujourd'hui, adv. today

auparavant, adv. beforehand

auprès de, prep. near, compared with, with

ausculter, to examine

aussi, adv. also

aussitôt, immediately

autant, adv. as much, as many

   autant... autant, as ... so

   d'autant plus, the more so

automne, m. fall

autour de, prep. around

autre, adj. or pr. other

avaler, to swallow

avant, prep. before

avant de, prep. before

avantagé(e), adj. favoured, at an advantage

avare, m. or f. miser

avec, prep. with

avertir, to warn, to inform

aveugle, adj. blind

aveuglé(e), adj. blinded

avion, m. plane

avis, m. opinion

   à mon, son, etc. avis, in my, your, his, etc. opinion

avoir, to have ; pp. eu

   il y a, there is, there are

avouer, to admit, to confess

axer, to centre

B

bagatelle, f. trifle

baguette, f. stick of bread

bain, m. bath

baisse, f. drop

baisser, to lower, to diminish

banaliser, to treat as commonplace

banquise, f. ice field

barbouiller, to smear

barbu(e), bearded

baronne, f. baroness

bas, adv. softly, in a low voice

base, f. foundation

bataille, f. battle

bâton, m. stick

battre, to beat

baume, m. balm

bavarder, to chat

bave, f. dribble

beau, bel, belle, adj. beautiful, handsome

    avoir beau + inf., to (do something) in vain

beaucoup, adv. many, much, a lot of

beaux-arts, m. pl. fine arts

bec, m. beak

bedonnant(e), adj. portly, potbellied

bée, adj. f.

    bouche bée, with mouth open

bégayer, to stutter

bénéfice, m. profit

bénévolat, m. volunteer work

bénir, to bless

berger, m. shepherd

besoin, m. need

    avoir besoin de, to need

bête, f. animal

bicyclette, f. bicycle

bien, adv. well, quite

    bien du, des, much, many

    bien sûr, of course

    eh bien! well

bien que, conj. although

bientôt, adv. soon

bijou, m. jewel

blague, f. joke

blanc, blanche, adj. white

blanc, m. white, whiteness

blasé(e), adj. tired

blessé, m. wounded

blessure, f. wound

bleu(e), adj. blue

    bleu marine, navy blue

boeuf, m. ox, beef

bohémien (ne) n. or adj gipsy

boire, to drink; pp. bu

bois, m. wood

boisson, f. drink

boîte, f. box, can

    boîte vocale, voice mail

boiteux (euse), n. adj. limping, one who limps

bon(ne), adj. good

bon, adv. well, good

bonbon, m. candy

bonheur, m. happiness

bord, m. edge

bosse, f. hump

bossu(e) n. or adj., hunchback

bouche, f. mouth

bouchée, f. mouthful

bouchon, m. cork, stopper

boueux (euse), adj. muddy

bouffer, to eat up

bouger, to move

bougie, f. candle

bouleverser, to upset, to move deeply

boulimie, f. bulimia, compulsive eating

bourgade, f. small town

bourreau, m. executioner

bourse, f. purse, stock market

Bourse, f. Stock Exchange

bout, m. end, tip

    sur le bout des doigts, on the tip of one's fingers

    au bout de, after

    au bout du compte, finally

bouteille, f. bottle

bouton, m. button

    bouton de manchette, cufflink

boutonné(e), adj. buttoned up

branche, f. branch, department

bras, m. arm

bricole, f. trifle

bride, f. bridle

briller, to shine

brique, f. brick

briser, to break

brosse, f. brush

brosser, to brush

bruit, m. noise

brûler, to burn

brusque, adj. abrupt, sudden

brut(e), adj. rough

bulle, f. bubble

bulletin, m. report

but, m. aim

   dans le but, in order to

buveur, m. drinker

C

ça, pr. that

cabaret, m. tavern

cabinet, m. office

cacher, to hide

cachette, f. hiding place

   en cachette, secretly

cadavre, m. corpse

cadeau, m. present

cadenassé(e), adj. padlocked

cadre, m. frame

cahier, m. note book

cahotant(e), adj. bumpy, jolting

caillou, m. pebble

caisse, m. box

calcul, m. math, calculation

calmer, to calm, to satisfy

calvitie, f. baldness

cambrioleur, m. burglar

camionnette, f. van

campagne, f. countryside, campaign

canard, m. duck

cantatrice, f. female opera singer

car, conj. for

carafe, f. decanter

carie, f. tooth decay

carnet, m. note book

carrière, f. career

carte, f. card, menu

carton, m. cardboard

casque, m. helmet

casquette, f. cap

cassé(e), adj. broken

cassette, f. casket

cauchemar, m. nightmare

cause, f. cause

   à cause de, because of

cave, f. cellar

ce, cet, cette, adj. this, that

ceinture, f. belt

cela, pr. that

célibat, m. celibacy, being single

celui, celle, ceux, celles, pr. the one(s)

   celui-ci, celle-ci, ceux-ci, celles-ci, the latter

cellule, f. cell

censé(e), adj. supposed to

centaine, f. about a hundred

cependant, however

certains, pr. some

certes, adv. for certain

certitude, f. certainty

cerveau, m. brain

cesse (sans), adv. constantly

cesser, to stop

chacal, m. jackal

chacun(e), pr. everyone

chagrin, m. sorrow

chaîne, f. channel (TV)

chair, f. flesh

chaire, f. desk (teacher)

chaleur, f. warmth, heat

chamailler (se), to quarrel, to bicker

chameau, m. camel

champ, m. field

chance, f. luck, chance

    avoir de la chance, to be lucky

chanceux (euse), adj. lucky

chandail, m. sweater

chandelle, f. candle

changement, m. change

chanson, f. song

chanter, to sing

chanteuse, f. singer

chapeau, m. hat

chaque, adj. each, every

charger, to load

    se charger, to take upon oneself

chargé(e), adj. busy

chariot, m. cart

charmant(e), adj. charming

chasser, to hunt

chat, m. cat

châtiment, m. punishment

chaud(e), adj. warm, hot

    avoir chaud, to be warm

    il fait chaud, it is warm

chaussé(e), adj. with his shoes on

chaussure, f. shoe

chauve, m. bald man

chemin, m. way, road

cheminée, f. fire-place

chemise, f. shirt

cher, chère, adj. dear

chercher, to seek

    chercher des yeux, to look for

    venir chercher, to come for

    se chercher, to search for an identity

chercheur (euse), m and f. researcher

cheval, m. horse

à cheval, on horseback

cheveu, m. hair

chèvre, f. goat

chez, prep. at the house of, among

chic, adj. stylish

chien, m. dog

chiffre, m. figure, number

chiffrer, to assess

chirurgie, f. surgery

choisir, to choose

choix, m. choice

chose, f. thing

    pas grand-chose, not much

chuchoter, to whisper

chute, f. fall

ciel, m. sky, heaven

cigogne, f. stork

cinquantaine, f. about fifty

circuler, to move, to go about

cire, f. wax

citron, m. lemon

claque, f. slap

claquer, to bang, to chatter (teeth)

classeur, m. filing cabinet

clé, clef, f. key

cloche, f. bell

cœur, m. heart

    avoir sur le cœur, not to have forgotten

    tenir à cœur, to be important

coiffé(e), adj. hair combed

coiffure, f. hairdressing

coin, m. corner, neighbourhood, area

colère, f. anger

    une crise de colère, a fit of anger

collaborateur, m. colleague

collecte, f. collection

collège, m. high school

collier, m. necklace

colline, f. hill

combien, adv. how many, how much, to what extent

commander, to order

comme, prep. as, like

comme, adv. how

comment, adv. how, what, what do you mean?

commissaire, m. police captain, police superintendent

commission scolaire, f. schoolboard

complet, m. suit

composante, f. component

comportement, m. behaviour

composition, f. test

comprendre, to understand

   y compris, including, included

compte, m. account, satisfaction

   se rendre compte, to realise

   tout compte fait, all things considered

compter, to count, to expect, to intend

concert (de), adv. together

concierge, m. or f., caretaker (of building)

condamner, to sentence, to condemn

conduite, f. behaviour

confiance, f. trust, confidence

   faire confiance, to trust

confier, to entrust

confrère, m. colleague

confus(e), adj. embarrassed

connaissance, f. knowledge, acquaintance

   faire la connaisssance (de), to meet

   perdre connaissance, to faint

connaître, to know

conscience, f. awareness

   prendre conscience, become aware

conseil, m. advice

conserve, f. canned food

conserver, to keep

consommation, f. consumption

consommer, to consume, to eat

constater, to notice

consulter, to consult, to check

contenir, to contain, to hold

contenter (se), to content oneself, to be satisfied

contraire, m. opposite

   au contraire, on the contrary

contre, prep. against

   par contre, on the other hand

convaincre, to convince; pp. convaincu

convenir, to be suitable, to agree

   il convient de (imp.), it is proper, necessary

convoquer, to summon

copain, m. buddy

coqueluche, f. whooping cough, darling

coquille, f. shell

coquin, m. rascal

corbeau, m. crow

corne, f. horn

corps, m. body

correction, f. punishment

corsage, m. blouse

costume, m. suit

côté, m. side

   à côté de, next to

   de côté, aside

coté(e), adj. well rated

côtoyer, to mix with

cou, m. neck

couche, f. layer

coucher, to sleep

coucher(se), to go to bed

coucher, m. set (sun)

couché(e) adj. lying down

couler, to run, to flow

couloir, m. corridor

coup, m. blow, stroke, dirty trick

    faire le coup, to commit the deed

    coup d'oeil, glance

    jeter un coup d'oeil, to glance

    coup de bâton, blow (given with stick)

    coup de pied, kick

    coup de poing, punch

    coup de pouce, push, encouragement

    coup de sonnette, ring

    du coup, from then on

coupable, adj. guilty

coupe, f. cut

couper, to cut

coupure, f. cut

courant, m. current

    courant d'air, draft

courant(e), adj. common

courir, to run

couronne, f. crown

courrier, m. mail

cours, m. course, class

    libre cours, free rein

cours (au... de), prep. in the course of

course, f. race

court(e), adj. short

courtier, m. broker

courtois(e), adj. courteous

coût, m. cost

couteau, m. knife

coûter, to cost

coûteux (euse), adj. expensive

coutume, f. custom, habit

    avoir coutume, to be accustomed, to be used to

couver, to sit on an egg

couverture, f. blanket

couvrir, to cover; pp. **couvert**

craindre, to fear, to be afraid

crapaud, m. toad

craquer, to break down

crasseux (euse), adj. dirty

cravate, f. tie

créer, to create

crème, f. cream

creuser, to dig out

cri, m. shout

crier, to shout, to scream

critique, f. criticism

critiquer, to criticize

croire, to think, to believe

croiser (se), to meet

croissance, f. growth

croix, f. cross

croyance, f. belief

cuillère, f. spoon

cuisine, f. cooking, kitchen

cuisinier, m. cook

D

daigner, to condescend

dame, f. lady

dans, prep. in

davantage, adv. more

déballer, to unpack

débattre (se), to fight

débordement, m. outburst

debout, adj. standing up

débrouiller (se), to manage

début, m. beginning

décennie, f. decade

déchirer, to tear up

décisif (ve), adj. final

déclencher, to start

déclencher (se), to go off

déclencheur, m. start, trigger

    élément déclencheur, release mechanism

décollé(e), adj. sticking out (ear)

décoller, to take off (plane)

découler, to ensue

décourager, to discourage

découverte, f. discovery

découvrir, to discover

décrire, to describe

décrocher, to unhook

décroché(e), adj. unhooked, unfastened

déçu(e), adj. disappointed

dedans, adv. inside

déduire, to deduce, to conclude

défaut, m. fault, shortcoming

défense, f. defense

   défense de, no

défoulement, m. release, relief

dégager (se), to emanate

déguiser, to disguise, to hide

déguster, to savour

dehors, adv. outside

déjà, adv. already

déjeuner, to have lunch or breakfast

déjeuner, m. lunch

   petit déjeuner, breakfast

demain, adv. tomorrow

demander, to ask

   se demander, to wonder

démarche, f. method, formality, process

démarrer, to start

demeurer, to stay, to remain

démuni(e), adj. deprived

dénombrer, to count, to list

dénoncer, to denounce

dent, f. tooth

dentifrice, m. tooth paste

départ, m. departure, start

dépasser, to exceed, to overtake

dépêcher (se), to hurry

dépeindre, to depict, to describe

dépense, f. expense

déplacer (se), to move

déposer, to place, to drop

déprimé(e), adj. depressed

depuis, prep. since, for

déranger. to trouble, to disturb, to bother

dérapage, m. error, slipping

dernier (ère), adj. last

dérober, to steal

dérouler, to unroll

derrière, prep., adv. behind

dès, prep. since, from

descendre, to come down, to get off, to take down

désespéré(e), adj. in despair, wretched

désobéir, to disobey

désolé(e), adj. very sorry

désormais, adv. from now on

destin, m. destiny

détonant(e), adj. explosive

détrôner, to oust, to take the place of

dette, f. debt

devant, m. front

devant, prep. in front of

développement, m. development

   en développement, developing

devenir, to become

deviner, to guess, to detect

devise, f. motto

dévitalisé(e), adj. (dent), root canal

dévoiler, to unveil, to reveal

devoir, must, to have to; pp. dû

dévouement, m. devotion

Dieu, m. God

   mon Dieu! Heavens!

difforme, adj. misshapen

diplôme, m. diploma, degree

dire, to say, to tell

    vouloir dire, to mean

dire, m. saying. statement

directeur,directrice général(e), f. general manager, CEO

discours, m. speech

discuter, to discuss, to argue

disposer (de), to have (for one's use)

disposition, f. disposal

dispute, f. quarrel

dissimuler, to hide

distraire (se), to amuse oneself

distrait(e), adj. absent minded

dizaine, f. about ten

doigt, m. finger

domestique, m. servant

domiciliaire, adj. residential

dompter, to tame

don, m. gift

donc, adv. therefore

données, f. data, facts

donner, to give

dont, pr. of which, whose

dormir, to sleep

dos, m. back

dossier, m. file

dot, f. dowry

doté(e), adj. endowed

doucement, adv. gently

douche, f. shower

douleur, f., grief, pain

douloureux (euse), adj. painful

doute, m. doubt

    sans doute, probably

douter, to doubt, to have doubts about

    se douter, to suspect

    doux, douce, adj. sweet, soft

dramaturge, m. or f. dramatist

dresser (se), to stand up

drogué, m. drug addict

droit, adv. straight

droit, m. right, law

    être dans son droit, to be within one's right

dur(e), adj., hard, harsh

durer, to last

E

eau, f. water

échanger, to exchange

échapper, to escape

échec, m. failure

échelle, f. ladder, scale, level

échelon, m. rung, grade

échouer, to fail

éclairer, to light up, to give light

éclat, m. brightness

éclater, to burst, to start

école, f. school

economiser, to save

écoute, f. listening

écouter, to listen

écran, m. screen

écraser, to crush

écrasant(e), adj. crushing

écraser (s), to crash

écrier (s'), to shout, to exclaim

écrire, to write

écriteau, m. sign

édenté(e), adj. toothless

effectuer, to carry out

effet, m. effect

    en effet, in fact

efficace, adj. efficient

efforcer (s'), to try

également, adj. also

égaré(e), adj. lost

eh bien, excl. well

élan, m. surge, movement

élève, m. and f. pupil

élevé(e), adj. high

elle, pr. she, her

 elle-même, herself

embarquer, to cart off

embêter, to annoy

 s'embêter, to be bored

embrasser, to kiss

 s'embrasser, to kiss each other

émeraude, f. emerald

emission, f. broadcast

emménager, to move in

emmener, to take

empêcher, to prevent

empêtrer (s'), to get entangled

empirer, to get worse

emploi, m. employment

 emploi du temps, timetable, schedule

empoisonné(e), adj. poisoned

emporter, to take away, to outdo

empreinte, f. impression

 empreinte digitale, finger print

empresser (s'), to hasten

en, pr. of it, of them, from it etc.

en, prep. in, by, while

enceinte, adj. pregnant

 tomber enceinte, to become pregnant

encore, adv. again, even

 pas encore, not yet

endormir (s'), to fall asleep

endroit, m. spot, place

énervant(e), adj. annoying

énerver (s'), to get excited

enfance, f. childhood

enfant, m. or f. child

enfer, m. hell

enfin, adv., at last, finally, well

enfourcher, to mount

enfreindre, to infringe

enfuir (s'), to flee

engouement, m. craze, infatuation

enjeux, m. pl. stakes

enlever, to take away

ennui, m, boredom, problem

ennuyer (s'), to be bored

enquête, f. investigation

enquêter, to investigate

enregistrer, to register

enseigner, to teach

ensemble, adv. together

ensoleillé(e), adj. sunny

ensuite, adv. then

entamer, to begin

entendre, to hear

 entendu, agreed

 bien entendu, naturally, of course

s'entendre, to get along

enterrer, to bury

entêté(e), adj. stubborn

entier (ière), adj. whole

entourage, m. those around

entourer, to surround

entracte, m. intermission

entraider (s'), to help one another

entraînement, m. training

entraîner, to drag

entre, prep. between

entrée, f. entrance, first course

entremets, m. dessert

entreprendre, to undertake

entreprise, f. firm, business

entrer, to enter, to go in

    faire entrer, to let in

envahir, to invade

envelopper, to wrap up

envers, m. opposite, reverse

envers, prep. towards, to

envie, f. wish

    avoir envie, to wish, to want

environ, adv. about

envoi, m. sending

envoler (s'), to fly away

envoyer, to send

épanoui(e), adj. radiant, happy

épaule, f. shoulder

épée, f. sword

épier, to spy on

épine, f. thorn

épingle, f. pin

époque, f. period, time

    à l'époque, at that time, in those days

épouvantable, adj. horrifying

époux, m. husband; pl. couple

éprouver, to feel

épuisant(e), adj. exhausting

épuisé(e), adj. worn out, exhausted

Équateur, m. Ecuador

équilibre, m. balance

    en équilibre, balanced

équilibrer, to balance

équipe, f. team

errer, to wander

erreur, f. mistake

escalier, m. stairs

espace, m. space

espérance, f. hope, expectation

espérer, to hope

espoir, m. hope

esprit, m. mind, spirit, wit

essayer, to try

estime, f. respect

estomac, m. stomach

et, conj. and

étagère, f. shelf

étaler, to lay out, to display

étancher, to quench

état, m. state

États-Unis, m.pl. United States

été, m. summer

éteindre, to extinguish, to put out

étendre (s'), to stretch out

étendu(e), adj. stretched out

étonner, to surprise

étrange, adj, strange

étrangère, f. stranger, foreigner

être, to be ; pp. été

    être à, to belong

être, m. being

étriqué(e), adj. skimpy

étude, f. study

eux, pr. them

évaluer, to evaluate, to assess

évanouissement, m. fainting

évanouir (s'), to faint

éveil, m. awakening

    tenir en éveil, to keep awake

éveiller, to awaken

évidemment, of course

evident(e), adj. obvious

éviter, to avoid

évoluer, to evolve, to change

excitation, f. excitement

exclamer (s'), to exclaim

exécuter, to execute, to put to death

    s'exécuter, to comply

exiger, to demand

expertise, f. (expert's) report

expliquer, to explain

exposé, m. presentation

exprès, adv. on purpose

exprimer, to express

extérieur(e), adj. outside

extérieur, m. outside

F

face (faire), to face

  en face, opposite

facies, m. face

facile, adj. easy

façon, f. way

  de toute façon, in any case

faible, m. weakness, partiality

faillir + inf., almost

faim, f. hunger

faire, to make, to do

  faire en sorte que, to act in such a way that

  ne faire que, only to

  se faire, to be done

  se faire à, to become accustomed to

  s'en faire, to worry

fait, m. fact

famé(e) (mal), adj. of ill repute

famille, f. family

  en famille, with one's family

fardeau, m. load

farder (se), to make up

fauché(e), adj. broke

faut (il), it is necessary, to need, pp. fallu

faute, f. fault, error, guilt

fauteuil, m. armchair

faux, fausse, adj. wrong

favoriser, to favour, to give an advantage to

féerie, f. enchantment, magic spectacle

femme, f. woman, wife

fendre, to crack

fenêtre, f. window

fer, m. iron

  fer à repasser, iron (for ironing)

fermer, to close

  fermer à clef, to lock

fermeture, f. closing

fessée, f. spanking

festin, m. feast

fête, f. party

  fête nationale, national holiday

  faire la fête, to party

feu, m. fire

  faire du feu, to light a fire

feuille, f. sheet of paper

feuilleter, to leaf through

fichier, m. file

fidèle, adj. faithful, loyal

fier (se), to trust

figer, to freeze

figure, f. face

figuré(e), adj. figurative

fil, m. thread, wire

  au fil des ans, as years go (went) by

fille, f. girl, loose woman

  petite-fille. grand daughter

fils, m. son

fin, f. end

fin(e), adj. dainty, fine

financier (ière), adj. financial

finir, to end

  finir par, to manage to

fixer, to set

flanquer, to fling

flatté(e), adj. flattered

fleur, f. flower

flic, m. policeman

foi, f. faith

fois, f. time

    une fois, once

    à la fois, at the same time

    des fois, at times

folie, f. madnes, crazy behaviour

follement, adv. madly

fonctionnement, m. working, behaviour

fond, m. bottom, back

fonds, m. pl. funds

fond de teint, m. foundation

fonder, to base, to set up

fondre, to melt

force, f. strength

    à force de, prep. by dint of

formation, f. formation, education, training

forme, f. form, shape

    être en forme, to be well

former, to form, to educate

formidable, adj. tremendous

fort, adv. loud, strongly, hard

fort(e), adj. strong

fortement, adv. strongly, greatly

fou, folle, adj. mad

fouler (se), to sprain

fourgonnette, f. van

fourrer, to stick, to shove

fraîchement, adv. recently

frais, fraîche, adj. fresh

frapper, to hit, to knock

frère, m. brother

frigidaire, m. refrigerator

    frigo, m. fridg

frileux (euse), adj. who feels the cold

friser, to be close to

frissonner, to shiver, to shake

froid, m. cold

froidement, adv. coldly

front, m. forehead

frontière, f. border

fructifier, to yield a profit

fuir, to flee

fumé(e), adj. smoked

fusée, f. rocket

G

gâchis, m. mess

gagner, to win, to earn

    gagner sa vie, to earn one's living

gaillard, m. strapping fellow

gant, m. glove

garçon, m. boy, waiter, fellow

garde (prendre), to take care

garder, to keep

garderie, f, day-care

garer, to park

gargouille, f. gargoyle

garni(e), adj. stocked

gâté(e), adj. spoilt

gâteau, m. cake

gauche, adj. left

gauche, f. left hand side

gazon, m. lawn

geler, to freeze

gêner(se), to stand on ceremony

genou, m. knee

genre, m. kind

gens, m.pl. people

gentil(le), adj. kind

gérer, to control

geste, m, gesture, movement

gibier, m. game

glace, f. mirror, ice

glacé(e), adj. icy

glisser, to slide

gorge, f. throat

gouailleur (euse), adj. cocky

gourmand(e), adj. greedy, fond of eating

goût, m. taste

    prendre goût, to acquire a taste

goutte, f. drop

grâce à, prep. thanks to

graisse, f. fat

grand(e), adj. big, tall, large

Grande-Bretagne, f. Great Britain

grandir, to grow, to grow up

grange, f. barn

grand-mère, f. grandmother

gratter, to scratch

gratuit(e), adj. free

gratuitement, adv. without asking for payment

grave, adj. serious

gelotter, to shiver

grenier, m. attic

grever, to put a strain on

grille, f. metal grate

grippe, f. flu

    grippe aviaire, bird flu

gris(e), adj. grey

gronder, to rumble

gros(se), adj. fat

grossesse, f. pregnancy

guère

    ne … guère, adv. not much

guerre, f. war

    faire la guerre, to wage war

guetter, to watch for

guillemet, m. quotation mark

H

habillé(e), adj. dressed

habiller (s'), to dress, to get dressed

habilleuse, f. dresser

habit, m. outfit, dress

habitant, m. inhabitant

habitude, f. habit, custom

    d'habitude, usually

    avoir l'habitude, to be accustomed

haïr, to hate

hameau, m. hamlet

hanter, to haunt

harceler, to harass

hardes, f. pl. old clothes, rags

hareng, m. herring

hâte, f. haste

    avoir hâte, to look forward to

hâtif (ve), adj. hasty

hausser, to raise

    hausser les épaules, to shrug one's shoulders

haut(e), adj. high

haut, m. top

    de (du) haut en bas, from top to bottom

hautain(e), adj. haughty

hélas, adv. alas

herbe, f. grass

hérédité, f. heredity

    hérédité chargée, a family history of ill health

heure, f. hour, o'clock, time

    de bonne heure, early

    tout à l'heure, just now, soon

heureusement, adv. fortunately

heureux (euse), adj. happy, lucky

hibou, m. owl

hic, m. problem

hindou(e), adj. Hindu

histoire, f. story, history

hiver, m. winter

hocher (la tête), to shake one's head

homicide, m. manslaughter

homme, m. man

jeune homme, m. young man

honte, f. shame

    avoir honte, to be ashamed

honteux (euse), adj. ashamed

humecter, to wet

humer, to smell, to breathe in

humeur, f. mood

humide, adj. moist

humiliant(e), adj, humiliating

hurler, to scream

I

ici, adv., here

    ici-bas, in this world

    par ici, this way

idée, f. idea

    idée reçue, preconceived idea

ignorer, not to know

illuminer, to light up

image, f. image, picture

imaginer, to imagine, to picture

imbécile, adj. fool

impitoyable, adj. pitiless

important (l'), m. the important thing

importer, to matter

    qu'importe, what does it matter

impressionnant(e), adj. impressive

impressionné(e), adj. impressed

inadvertance (par), adv. inadvertantly

inattendu(e), adj. unexpected

incendie, m. fire

incertain(e), adj. uncertain, vague

incliner (s'), to bow

incomber, to fall upon

inconnu, m. unknown man

inconsciemment, adv. subconsciously

incontournable, adj. unavoidable

incroyable, adj. incredible

inculquer, to teach

indice, m. clue

indifférent(e), adj. cold

indigne, adj. unworthy

indigné(e), adj. indignant

infamant(e), adj. defamatory

infirmière, f. nurse

informe, adj. shapeless

inquiéter, to worry

inquiétant(e), adj. worrying

inquiétude, f. anxiety

insaisissable, adj. elusive

insolite, adj. unusual

insomnie, f. sleeplessness

installer (s'), to settle

instant, m. instant

    à l'instant, right now

instaurer, to establish

institutrice, f. teacher

insu, m.

    à mon, ton, son etc. insu, without my, your, his, etc. knowledge

intendant, m. manager

interdiction, f. ban

intéresser (s'), to be interested in

intérieur, m. inside

interpeller, to call out, to address

interpréter, to play

interroger, to question

intimité, f. private life, intimacy

intouchable, m. or f. untouchable

intrigué(e), adj. puzzled

inutile, adj. useless

invité(e), m. and f. guest

irlandais(e), adj. Irish

irréaliste, adj. unrealistic

issu(e), adj. born

ivre, adj. drunk

J

jamais, adv. never, ever

jambe, f. leg

jardin, m. garden

  jardin zoologique, zoo

jeter, to throw, to throw away

  se jeter, to throw oneself

jeu, m. game

jeune, adj. young

  jeune fille, f. young woman

jeune, m. and f., young person

jeûne, m. fast

jeunesse, f. youth

joindre (se), to join

joli (e), adj. pretty

joue, f. cheek

jouer, to play, to act, to perform

  se jouer, to be performed

jouir, to enjoy

jour, m. day

  au jour le jour, from day to day

  de nos jours, nowadays

  par jour, a day

journal, m. newspaper

journée, f. day

joyeux (euse), adj. happy

jugement, m. judgement

  rendre un jugement, to pass sentence

jurer, to swear

juron, m. swearword

jusque, jusqu'à, prep. until, up to

juste, adj. exact, true, just

justement, adv. exactly

L

là, adv. there, at that moment

  là-haut, up there

lâcher, to let go

laine, f. wool

laisser, to leave, to allow

  laisser tomber, to drop

lait, m. milk

lancement, m. launching

lancer, to throw

  se lancer, to throw oneself, to launch

langue, f. tongue

larme, f. tear

laver, to wash

le, la, les, pr. him, it, her, them

léger (ère), adj. light

légèrement, adv. slightly

légion, f. large number

légume, m. vegetable

lendemain, m. next day

  lendemain soir, next evening

  du jour au lendemain, from one day to the next

lequel, laquelle, lesquels, lesquelles, pr. which

lésiner, to skimp

leste, adj. quick

leur(s) adj. their

leurs (les), pr. their people

lever, to raise

  se lever to get up

lever, m. rise (sun)

lèvre, f. lip

libérer, to free

liberté, f. freedom, leisure

lié(e), adj. tied, linked

lieu, m. place

  au lieu de, instead of

lilas, m. lilac

lire, to read; pp. **lu**

lisse, adj. smooth

lit, m. bed

livre, m. book

loge, f. box

loi, f. law

loin, adv. far

long(ue), adj, long

  le long de, along

longtemps, adv. (for) a long time

longueur, f. length

loquace, adj. talkative

lors, prep. during

lorsque, conj. when

louange, f. praise

  à votre louange, to your credit

loup, m. wolf

loupe, f. magnifying glass

lourd(e), adj. heavy

lui, pr. him, her, to him. to her

lumière, f. light

lune, f. moon

lustre, m. chandelier

luxueux (euse), adj. expensive

lycée, m. high school

M

machine, f. machine

  machine à écrire, typewriter

magasin, m. store

  grand magasin, department store

maigreur, f. thinness

maigrir, to lose weight

main, f. hand

  en venir aux mains, to fight

maintenant, adv. now

mais, conj. but

maison, f. house, establishment

  maison de santé, nursing home, mental home

maître, m. master

  maître à penser, a master who teaches you to think

mal, m. pain, trouble, evil

  avoir mal, to have pain

  faire (du) mal, to hurt

mal, adv. badly

malade, m. or f. sick person, patient

maladie, f. illness, disease

maladroit(e), adj. clumsy

maladroitement, clumsily

malaise, f. feeling of sickness

  avoir un malaise, to feel sick, dizzy

malaxer, to massage

malgré, prep. in spite of

malheur, m. misfortune

malheureusement, adv. unfortunately

malheureux, m. unfortunate man, poor man

malheureux (euse), adj. unhappy, unfortunate

malsain(e), adj. unhealthy

mammifère, m. mammal

manche, f. sleeve

manchot,.m. penguin; manchot empereur, emperor penguin

manger, to eat

manque, m. shortcoming, want

manquer, to miss, to lack, to be short of

mansarde, f. attic

manteau, m. coat

matelas, m mattress

maquiller, to make up

marchand, m. merchant, salesman

marche, f. walk, step, stair

marché, m. market

marcher, to walk

mari, m. husband

marier, to marry

  se marier, to get married

marmonner, to mutter

marquer, to show

marron, m. chestnut

marron, adj. brown

matin, m. morning

maudit(e), adj. cursed

maussade, adj. gloomy

mauvais(e), adj. bad

me, pr., me, to me

méchant(e), adj. nasty

méchamment, adv. in a nasty way

méconnaissable, adj. unrecognizable

médicament, m. medicine, drug

mégot, m. cigarette butt

meilleur(e) adj. better

   le, la meilleur(e), the best

mélange, m. mixture

même, adj. same, very

   moi-, toi-, elle-, etc.- même, myself, yourself, herself etc.

   être à même, to be able to

   tout de même, all the same

même, adv. even

menace, f. threat

menacer, to threaten

mendiant, m. beggar

mendier, to beg

mener, to lead, to conduct

mensonge, m. lie

menthe, f. mint

mentir, to lie

menu(e), adj. small

mépriser, to despise

mer, f. sea

méritant(e), adj. deserving

mériter, to deserve

merveille, f. marvel

messagerie, f. text messaging

mesure, f. measure

   sur mesure, to measure

   être en mesure, to be capable

métier, m. profession, job

métro, m. subway

mettre, to put, to take (time) ; pp. mis

   mettre à pied, to dismiss, to let go

   mettre à part, to except

   mettre au monde, to give birth

   mettre en place, to set up

   mettre le pied dehors, to go out

   mettre pied à terre, to get off (bicycle)

mettre (se), to begin

   se mettre au lit, to go to bed

   se mettre en route, to set out

meurtrier, m. murderer

miche, f. loaf

mien (le), mienne (la), miens (les), miennes (les), pr.
mine

mieux (le), m. the best

milieu, m. middle

   au milieu, in the middle, in the midst

millénaire, m. millennium, a thousand years

milliard, m. billion

millier, m. thousand

minable, adj. shabby

mince, adj. slim

minutieusement, adv. minutely, with great care

miroir, m. mirror

misérable, adj. wretched

misère, f. poverty, misery

mission, f. mission, assignment

mobiliser, to assign

mode, m. method

mode, f. fashion

moindre, adj. least, smallest

moine, m. monk

moins, adv. less

   au moins, at least

   du moins, at least

   le moins, the least

mois, m. month

moment, m. moment

en ce moment, now

momentanément, adv. for a moment

mon, ma, mes, adj. my

monde, m. world

beaucoup de monde, many people

tout le monde, everybody

monnaie, f. change

monter, to rise, to go up

montrer, to show

se montrer, to show oneself

monseigneur, m. My Lord

monsieur, messieurs, m. sir, gentlemen

moquer (se), to laugh at, to ridicule

morceau, m. piece

mort, f. death

mort, m. a dead man

morte, f. a dead woman

mortellement, adv. mortally, madly

mot, m. word

mettre un mot, to send a note

mouchoir, m. handkerchief

mourir, to die; pp. mort

mourir d'envie, to be dying to

se mourir, to be dying

moyen, m. way, means

les moyens, m. pl. the means (financial)

moyen âge, m. Middle Ages

moyenne, f. average

en moyenne, on average

munir, to provide, to equip

mur, m. wall

mûr(e), adj. ripe

murmurer, to mutter

N

naissance, f. birth

naître, to be born

natal(e), adj. native

ne … plus, adv. no longer

ne … que, adv. only

néant, m. nothingness

neige, f. snow

nerf, m. nerve

nettoyeur, m. cleaner

neuf, neuve, adj. new

nez, m. nose

mettre le nez dehors, to go out

ni… ni , conj. neither… nor

nier, to deny

niveau, m. level

niveau de vie, standard of living

Noël, f. or m. Christmas

noir(e), adj. black

noisette, f. hazelnut

nom, m. name, noun

nombre, m. number

nombreux (euse), adj. numerous

nommer, to name, to call

notamment, adv. for instance

note, f. mark

noter, to jot down

nourrir, to feed

nous, pr. we, us

nouveau, nouvelle, adj. new

de nouveau, again

nouvelle, f. a piece of news

nuage, m. cloud, soupçon

nuit, f. night

nullement, adv. not at all

O

obéir, to obey

obscurité, f. darkness

observer, to point out

obstination, f. determination

obtenir, to obtain, to receive

occasion, f. opportunity

    à l'occasion, occasionally

    d'occasion, secondhand

occuper, to hold

    s'occuper de, to look after

oeil, m.eye

    jeter un coup d'œil, to glance at

œuf, m. egg

offrir, to offer, to give

oiseau, m. bird

    oiseau-mouche, humming bird

    l'oiseau rare, the exceptional man (woman)

ombragé(e), adj. shaded

ombre, f. shade, eye shadow

on, pr. one, we

ongle, m. nail

or, m. gold

or, adv. now

orage, m. storm

ordinateur, m. computer

ordonner, to command, to order

ordure, f. garbage

oreille, f. ear

    boucles d'oreilles, f. pl. ear rings

oreillons, m.pl. mumps

orner, to adorn, to embellish

orthographe, f. spelling

oser, to dare

où, adv.and pr. where, when

ou, conj. or

    ou ... ou, either... or

    ou bien ... ou bien, either ... or

oubli, f. omission, lapse of memory

oublier, to forget

ouf! phew (expresses relief)

ouistiti, m. marmoset

ours(e), m.and f., bear

    ours blanc, polar bear

ourson, m. young bear

outil, m. tool

outré(e), adj. outraged

ouvert(e), adj. open

ouvrage, m. work

ouvrier, m. workman

    ouvrier agricole, farm hand

ouvrir (s), to open

P

pain, m. bread

paisible, adj. peaceful

paix, f. peace

panachage, m. mixture

panne, f. breakdown

    tomber en panne, to break down

panneau, m. sign

pantalon, m. trousers

papillon, m. butterfly

par, prep. by, per

paraître, to appear, to seem

parce que, conj. because

parcourir, to cover (distance), to travel

par-dessus, prep. over

    par-dessus le marché, moreover

    par-dessus tout, above all

pareil, adv. the same, such

pareille, f. the same thing

paresse, f. laziness

parfois, adv. sometimes

parfum, m. perfume

parfumer (se), to wear perfume

parler, to speak

parmi, prep. among

parole, f. word, speech

  adresser la parole, to speak

part, f. share

  avoir part à, to have a share in

  prendre part, to take part

  d'autre part, on the other hand

part (à), adv. aside

part (à), prep. apart from

partager, to share, to divide

particulier (ière), adj. special, private

partie, f. part

  faire partie, to belong

partir, to leave, to start

  à partir de, starting from, since

partout, adv. everywhere

pas, m. step

passage, m. way, passage

  au passage, on the way

passé, m. past

  par le passé, in the past

passer, to pass, to spend

passer (se), to happen

passionnant(e), adj. exciting

passionnel(le), adj. of passion

patienter, to wait

patron, m. boss

patte, f. foot

paupière, f. eyelid

pauvre, adj., poor, unfortunate

pauvreté, f. poverty

pays, m. country

paysan, m. peasant

peau, f. skin

pédiatre, m. or f. pediatrician

peigne, m. comb

peindre, to paint

peine, f. sorrow, sentence

faire de la peine, to cause sorrow, to hurt

  à peine, barely

peinture, f. painting

pendant, prep. during, for

pendant que, conj. while

pendre, to hang

pénitencier, m. prison

pensée, f. thought

penser, to think

perçant(e), piercing

percer, to pierce, to see through

perdre, to lose

perdurer, to continue, to last

père, m. father

perle, f. pearl, the best

permettre, to allow, to enable

permis, m. permit, licence

personnage, m. character

personne, pr. nobody

personne, f. person

peser, to weigh

peste, f. plague

pétiller, to sparkle

petit(e), n. or adj. little one, little, small

petit à petit, adv. little by little

peu, adv. little

  un peu, a little, slightly

peuple, m. people, population, nation

peuplé(e), adj. populated

peur, f. fear

  avoir peur, to be afraid

peut-être, adv. perhaps

pharmacien, m. pharmacist, druggist

phoque, m. seal

phrase, f. sentence

pièce, f. room, play, coin

pied, m. foot

pierre, f. stone

pincée, f. pinch

pire, m. (the) worst

pis, adv. worse

   tant pis, too bad

place, f. place, seat, job, room

plafond, m. ceiling

plaider, to plead

plaindre, to pity

   se plaindre, to complain

plaire, to appeal, to be found attractive

plaisir, m. pleasure

   faire plaisir, to please

plan, m. plan, level

planificateur, m. planner

planifier, to plan

plat, m. dish

   plat principal, main course

plateau, m. stage, set

plein(e), adj. full

   en plein + noun, in the middle of

   en plein air, in the open air

pleurer, to cry, to weep

plonger, to plunge

pluie, f. rain

plupart (la), most

plus, adv. more

   le plus, the most

   de plus en plus, more and more

   non plus, neither

   plus..., plus..., the more... the more

plusieurs, adj. several

plutôt, adv. rather

poche, f. pocket

pochette, f. pocket handkerchief

poids, m. weight

   prendre du poids, to put on weight

poignard, m. dagger

poignarder, to stab

point (ne), adv. not

poitrine, f. chest

poisson, m. fish

poivre, m. pepper

policier, m. policeman

   policier en civil, plainclothes policeman

polio, f. infantile paralysis

pompier, m. fireman

   le capitaine des pompiers, the fire chief

pondre, to lay (eggs)

pont, m. bridge

populeux (euse), adj. densely populated

portable, m. cell phone

porte, f. door

porter, to wear, to carry, to strike

   porter sur, to concern

poser, to place

   poser des questions, to ask questions

poste, m. position

   poste de police, police station

potable, adj. drinkable, drinking (water)

potence, f. gallows

poulet, m. chicken

pouls, m. pulse

pour, prep. for

pour, m.

   le pour et le contre, the pros and cons

pourquoi, adv. why

poursuivre, to continue

pourtant, adv. yet

pousser, to push, to drive

pouvoir, to be able to, pp. **pu**

   il se peut, it may be

pousser, to push, to utter (a cry)

poussé(e), adj. thorough

précipitation, f. rush

précipiter (se), to throw oneself, to rush

préféré(e), adj. favourite

premier (ière), adj. first

   en premier, adv. first

prendre, to take; pp. pris

préoccuper, to preoccupy, to worry

près de, prep. near, almost

près, adv. close

présenter, to introduce

presque, adv. almost

pressé (e), adj. in a hurry

pression, f. pressure

prêt(e), adj. ready

prétendre, to claim, to maintain

prétexte, m. excuse

preuve, f. proof

prévenir, to warn

prier, to pray, to beg

prière, f. prayer, request

privé(e), adj. private, deprived

priver, to deprive

   se priver, to deprive oneself

prix, m. price

probité, f. integrity

procès, m. lawsuit

prochain(e), adj. next

proche, adj. close, near

proche, f. or m. person close to one

Proche-Orient, m. Near East

procurer (se), to get

produire, to produce

   se produire, to take place

prof, m. or f. teacher

profit, m. profit, advantage

   mettre à profit, to take advantage

profiter, to benefit, to take advantage

profond(e), adj. deep

profondément, adv. deeply

progéniture, f. offspring

proie, f. prey

promener (se) to walk

prononcer (se), to declare oneself

propos, m. talk, subject, words

propos (à), adv. by the way

à propos de, prep. about

propriétaire, m. and f. owner

   propriétaire terrien, landowner

propulser, to propel

protéger, to protect

prouver, to prove

provenir, to come from

puis, adv. then

puisque, conj. since

puissance, f. power

puissant(e), adj. powerful

purger, to serve

Q

quai, m. embankment

quand, adv. when

quant à, prep. as for

quartier, m. neighbourhood

   quartier général, headquarters

que, adv. how

quel, quelle, adj. what (a)

quelconque, adj. any, indeterminate

quelque chose, pr. something

quelques, adj. a few, some

quelqu'un, pr. someone

   quelqu'un d'autre, somebody else

quereller, to quarrel

quérir (aller), to go and ask to come

question, f. question, torture

   remettre en question, to challenge

qui, pr. who, whom, which, that

quitte, adj. quits

quitter, to leave

quoi, pr. what, anything, the means

   de quoi, something

quolibet, m. jeer

quotidien(ne), adj. daily

quotidiennement, adv. daily

R

raccrocher, to grab

raconter, to tell, to relate

raffinement, m. refinement, sophistication

rage, f. rage, anger

   faire rage, to rage

raison, f. reason

   avoir raison, to be right

raisonner, to reason, to reason with

ramasser, to pick up

rancoeur, f. resentment

rapidement, adj. quickly

rappeler (se), to remember, to recall, to remind

rapport, m. connexion

rapporter, to bring back, to bring a profit

rapprocher (se), to come closer

rasage, m. shave

raser (se), to shave

   se raser de près, to give oneself a close shave

rassasier, to satisfy (hunger)

rattraper, to catch up with

rayé(e), adj. striped

rayon, m. radius, department

rayonnant(e), adj. radiant

réadaptation, f. rehabilitation, readjustment

réagir, to react

réalisable, adj. attainable

réaliser, to achieve

réceptionner, to receive

recevoir, to receive

rechange, m. replacement

réchauffement, m. warming

réchauffer (se), to warm up

rechercher, to look for

recipient, m. container

récolte, f. harvest

recommencer, to start again

reconduire, to renew

reconnaissance, f. gratitude

reconnaître, to recognize

reconstituer, to piece together

recopier, to copy

récupérer, to recover

rédiger, to write

refaire, to do again

refermer, to close again

réfléchir, to think, to reflect

reflet, m. reflection

refouler, to push back

regard, m. glance, eye, look, expression

regarder, to look at

règle, f. rule

règlement, m. régulation

régner, to reign, to prevail, to rule

rejeter, to reject

rejoindre, to reach

réjouir (se), to be delighted, to appreciate

relever (se), to get up again

remarque, f. comment

remarquer, to notice

remettre, to put back, to return

   se remettre, to entrust

remonter, to date back to

remplacer, to replace

remplir, to fill

remuer, to move

renard, m. fox

rencontre, f. meeting

rencontrer, to meet

rendement, m. return

rendez-vous, m. appointment, date

    donner rendez-vous, to make an appointment

rendre, to return

    rendre + adj. to make

    se rendre, to go

rêne, f. rein

rengorger (se), to be pleased with oneself

renifler, to sniff

renseignement, m. information

rentrée, f. start of the school year

rentrer, to go back in

renverser, to knock over, to stagger, to upset

renvoyer, to send back, to reflect

répandre, to spill

réparer, to repair

repartir, to go away again

répartition, f. distribution

repas, m. meal

repli (sur soi), m. withdrawal into oneself

répliquer, to reply

répondre, to answer

réponse, f. answer

repos, m. rest

reposer, to rest

    se reposer, to rest (person)

reprendre, to take back

représentation, f. performance

reprise, f. occasion

reproduire (se), to reproduce, to happen again

requérir, to demand

réquisitoire, m. indictment

résoudre, to solve

respectueux (euse), adj. respectful

respirer, to breathe

ressasser, to keep turning over

ressembler, to look like

ressentir, to feel

ressortir (faire), to bring out, to emphasize

ressusciter, to resurrect, to bring back to life

rester, to remain, to stay

    il reste, there remains

résumer, to sum up

    se résumer, to be summed up

rétablissement, m. cure

retard, m. lateness

    en retard, late

retenir, to retain, to remember

retirer, to take out, to withdraw

retombée, f. effect, consequence

retomber, to disappear, to fall again

rétorquer, to reply

retoucher, to touch up

retour, m. return

retourner, to go back

    se retourner, to turn around

    s'en retourner, to go back

retrouver, to find again

    se retrouver, to meet again, to find oneself

réunir, to bring, call together

    se réunir, to come together

réussir, to succeed

revanche (en), adv. on the other hand

réveil, m. awakening

réveiller, to wake (somebody) up

    se réveiller, to wake up

révéler, to reveal, to betray

revenir, to come back, to return

revenu, m. income

rêver, to dream

réverbère, m. street light

revers, m. back

revêtir, to put on

revoir, to see again

rhume, m. cold

ricaner, to snigger

richesse, f. wealth

rictus, m. grin

rien, pr. nothing

rien, m. a mere nothing

rire, m. laugh, laughter

risquer, to risk, to be likely

riz, m. rice

robe, f. dress

rôder, to loiter, to prowl about

roi, m. king

rôle, m. part

rosé(e), adj. pink

rouerie, f. cunning, sly trick

rouge, adj. red

rougeole, f. measles

roussi, m. something burning

rubéole, f. German measles

rue, f. road, street

S

sac, m. bag

salle, f. room, hall, theatre

salon, m, lounge, sitting room

saluer, to greet

sang, m. blood

sang-froid, m. calm, cool head

sanglier, m. boar

sanguine(e), adj. (of the) blood

sans, prep. without

sans-abri, m. homeless person

santé, f. health

saouler (se), to get drunk

saut, m. jump

sauver, to save

savoir, to know ; pp. **su**

savonneux (euse), adj. soapy

scène, f. stage

séance, f. sitting

sec (sèche), adj. dry

secouer, to shake

séduire, to charm

sel, m. salt

selon, prep. according to

semaine, f. week

semblable, m. fellow creature

semblant (faire), to pretend

sembler, to appear, to seem

sens, m. meaning, sense, direction

    sens dessus-dessous, upside down

sensibilité, f. sensitivity

sensible, adj. sensitive

sentiment, m. feeling

sentir, to feel

    se sentir, to feel

serin, m. canary

serpent, m. snake

serre, f. greenhouse

serrer, to squeeze

    se serrer la main, to shake hands

sertir, to set (precious stones)

serveuse, f. waitress

serviette, f. towel

servir, to serve, to be useful to

    servir à, to be used for

se servir de, to use

seuil, m. entrance

seul(e), adj. single, alone

seulement, adv. only

sévir, to rage

si, conj. if, whether

si, adv. so, yes

SIDA, m. AIDS

siècle, m. century

siffler, to whistle

significatif (ve), adj. significant, revealing

silhouette, f. figure

sillonner, to criss-cross

singe, m. monkey

siroter, to sip,

sœur, f. sister

soie, f. silk

soif, f. thirst

soigneusement, adv. carefully

soin, m. care

soir, m. evening

   ce soir, tonight

soirée, f. party (evening)

soit, adv. that is to say

sol, m. ground, soil, floor

solitaire, m. and f. recluse

sombre, adj. dark

   il fait sombre, it is dark

somme, f. sum

sommeil, m. sleep

sommeiller, to doze

somnambule, m.or f. sleepwalker

somnoler, to doze

son, sa, ses, adj. his, her

son, m. sound

songer, to think

sonner, to ring

sonnette, f. bell, ring

sonneur, m. bell ringer

sorcellerie, f. witchcraft

sort, m. fate

   tirer au sort, to draw lots

sorte, f. kind

sorte (de... que), conj. so that

sortie, f. exit

sortir, to go out, to come out, to take out

sou, m. cent, penny

   sans le sou, pennyless

soudain, adv. suddenly

souffle, m. breath

souffrance, f. suffering

souffrir, to suffer

souhaiter, to wish

soulever, to raise

soumettre, to submit, to subject to

soupçon, m. suspicion

soupirer, to sigh

source, f. spring

sourcil, m. eyebrow

sourd(e), n and adj., deaf

sourire, m. smile

sourire, to smile

   se sourire, to smile at each other

souris, f. mouse

sous, prep. under

sous-marin(e), adj. under water

sous-sol, m. basement

soutenir, to support, to argue

souvenir (se), to remember

souvent, adv. often

spectacle, m. performance, show

squelettique, adj. skeleton-like

stipuler, to state, to stipulate

stressant(e), adj. stressful

se stresser, to become stressed

subir, to suffer, to bear

subitement, suddenly

sud, m. south

sud-coréen(nne), adj. South Korean

suffire, to suffice, to be enough

suffisamment, adv. enough

suite, f. continuation, sequel

   à la suite, following

suivant(e), adj. following

suivre, to follow; pp. suivi

supplier, to beg

supporter, to bear, to put up with

sur, prep. on, out of

sûr (e), adj. certain

   bien sûr, of course

surcroît, m. addition

   de surcroît, what is more

sûreté, f. safety

surprendre, to surprise

surprise, f. surprise

   faire une surprise, to surprise

sursaut, m. (en), with a start

surtout, adv. especially

surveiller, to supervise

surveillance, f. supervision

surveillant, m. supervisor

suspens, (en), m. in mid-air

suspension, (en), f. suspended

T

tableau, m. table, picture

taille, f. waist, size

tailleur, m. suit

talon, m. heel

tandis que, conj. while

tanière, f. den

tant, adv. so much

   tant pis, too bad

   tant que, conj. as long as

   en tant que, prep. as

tante, f. aunt

tantôt, adv. earlier

tapage, m. noise

taper, to hit

tapis, m. carpet

tard, adv. late

tas, m. heap

taux, m. rate

teint, m. complexion

télécopieur, m. fax machine

tel(le), adj. such

tellement, adv. so, so much, to such an extent

témérité, f. foolhardiness

témoin, m, witness

tempête, f. storm

temps, m. time, weather

   le bon vieux temps, the good old days

   de temps à autre, from time to time

   de temps en temps, from time to time

tendre, to offer, to hold out

tendre, adj. loving, kind

tenir, to hold; pp. tenu

   tenir à, to be keen on, to want

tension, f. (blood) pressure

tentation, f. temptation

tenter, to attempt

terminer (se), to end

terrassement, m. excavation

terrassier, m. worker (who digs the ground)

terre, f. earth, land

   par terre, on the ground

terreux (euse), adj. sallow, muddy

terrien(ne), adj. of the earth

tête, f. head

   en tête, ahead

   avoir la tête dure, to be stubborn

têtu(e), adj. stubborn

tiens! excl, well ! really !

tiers, m. third

tige, f. stem, stick,

tirer, to pull